双闪工艺铜冶炼工厂建设技术与管理

SHUANGSHAN GONGYI TONG YELIAN
GONGCHANG JIANSHE JISHU YU GUANLI

主审 ⊙ 梁磊

主编 ⊙ 李伟

中国十五冶金建设集团有限公司 编

中南大学出版社
www.csupress.com.cn

·长沙·

U0668854

贺《双闪工艺铜冶炼工厂建设技术与管理》专著出版

以科技创新赋能有色行业发展

以核心竞争力打造全球一流的

铜冶炼工程企业

中国有色金属工业协会 陈学森

二零二四年十二月

编撰委员会

◇ **主　任**

梁　磊

◇ **副主任**

李　伟　　何水金

◇ **委　员**

喻振贤	张宜松	田群力	黄　辉	蒋　雷
王宏林	王　平	陈国华	李俊林	周卫辛
李　汇	余学志	李启汶	金　艳	张宪林
崔国柱	熊国涛	黄清平	张　强	陈光利
郑江华	张　黎	张　辉	梁舒凌	刘大卫
赖　静	陈昌厚	胡国联	王永军	孙刚雄
何国武	李文杰	资桂云	石　宝	韩　明
范志明				

编审人员名单

主　　审：梁　磊

主　　编：李　伟

编撰人员：第一章　詹　研　梁　磊

第二章　何　利　朱鑫萌　许魁柱　喻红高
熊卫国　李载波　孙大章　郭　峰
靳文友

第三章　孙大章　李红芳　朱　胜　潘文翔
詹　研　邹　勇　梅　朝　李威威
吴　棒　李晓宇　郭海鑫

第四章　孙大章　许魁柱　李海东　田　鑫
王自超　梅　朝　李朋朋　张德飞
胡梓勋　娄海亮　刘　琦

第五章　孙大章　许魁柱　柯希坤　廖稳业
汪　顺　周宇航　何　军　石虎成
石　烜　曾召水　娄春裕

第六章　孙大章　许魁柱　李红芳　曹祥乾
邹　勇　白方正　梅　朝

第七章　白方正　吴　棒　曾召水　娄海亮
李士鑫　张德飞　李载波

第八章　邹　勇　许魁柱　谢海洋　李载波
郭　峰　孙大章　詹　研　李海东
曾召水　李红芳　李　伟

附　　录　张　黎　吴桂兴

（以上排名不分先后）

审核人员：李　伟　周卫辛　李　汇　余学志

统稿人员：吴桂兴　李晓宇　阮班正

内容简介

Introduction

    本书以双闪工艺的视角，从铜冶炼工厂建设全过程出发，统筹考虑了铜冶炼工厂建设规划设计、施工建设、生产运营等各方面情况。首先就铜冶炼双闪工艺发展和工艺特点，以及工厂总体布置进行简要介绍，并对涉及项目管理方面的策划、组织、资源控制、采购业务和一体化管理工作进行论述；之后以标准化工厂为基础，按照总平面要求，重点叙述了原料区和火冶区、电解区、制酸区、渣选区和动力区的功能及布置，有关区域系统的设计与优化，以及重要工程部位施工流程和关键施工工艺的方法、要点、关键环节和注意事项。同时，还介绍了工厂的调试工作。

    本书可供从事铜冶炼工厂建设工程项目管理者、专业技术工作者等阅读，也可供同行和科研院所相关人员参考。

序 一

Preface 1

经过多年的探索,双闪工艺已成为全球火法铜冶炼的先进生产工艺。该工艺在进一步降低成本、提高效率和加强环保等方面,为世界铜产业发展提供了有力支撑。

经过七十余载的发展,中国十五冶金建设集团有限公司(以下简称中国十五冶)从湖南长沙起步,到定鼎武汉,已逐步成长为大型冶金建设央企,形成了冶炼领域的传统优势。

值得一提的是,在全球现有的 9 座双闪工艺铜冶炼厂中,中国十五冶作为主建单位,先后建设了祥光铜业 40 万 t/a 双闪阴极铜工程、铜陵有色 40 万 t/a 双闪铜冶炼技改工程、东南铜业 40 万 t/a 双闪铜冶炼工程、广西金川铜业防城港 40 万 t/a 双闪铜冶炼工程、阳新弘盛 40 万 t/a 双闪阴极铜冶炼 EPC 工程这 5 座冶炼厂。目前,铜陵有色 50 万 t/a 双闪铜冶炼厂绿色智能铜基新材料工程、印尼阿曼 90 万 t/a 双闪铜精粉冶炼厂也正在建设中。

2023 年 2 月 14 日,由中国十五冶 EPC 总承包施工的全球最先进的阳新弘盛 40 万 t/a 项目建成投产,并顺利实现了"一次投产成功,一年达产达标"的目标,以此赢得了行业和社会的广泛赞誉。迄今为止,在国内现有的火法铜冶炼产能 1300 万 t/a 的项目中,中国十五冶承担主工艺施工的占 70%。

作为国内最早参与双闪铜冶炼厂建设的工程企业,中国十五冶积累了丰富的施工管理和技术经验。此书是中国十五冶对二十多年参与双闪工艺铜冶炼厂建设实践的一次全面总结,是全体工程建设者汗水和智慧的结晶。

全书以专业的视角,从工艺概述、项目管理、原料火冶区、电解区、制酸区、渣选区和动力区、设备调试、良好实践和经验反馈等方面,全面系统总结了双闪铜冶炼厂建设的设计优化、施工方法、控制要点、关键环节和管理经验,对后续过程建设具有很强的指导意义和参考价值。

  实践永无止境，创新永无止境。希望中国十五冶进一步抓住全球铜产业建设发展的契机，在实践中不断总结和推广应用新技术、新工艺、新装备、新方法，打造品牌，巩固核心竞争力，加快建设成为全球一流的铜冶炼工程企业，为我国乃至世界铜冶炼产业建设发展做出新的更大贡献！

中国工程院院士

2024 年 12 月于南昌

序 二

Preface 2

世界铜冶炼，主要分为火法冶炼和湿法冶炼两大类。其中，火法冶炼占比达到80%以上。铜火法冶炼工艺的理论基础是高温物理化学，主要是通过高温进行化学反应并熔化形成不相溶的熔融相，以此实现有效的相分离。其工艺流程是将铜精矿等原料通过造锍熔炼、铜锍吹炼、粗铜精炼后，再进行阳极铜电解，从而产出阴极铜。

目前，火法冶炼(熔炼、吹炼)工艺，主要有闪速熔炼+P-S转炉吹炼、闪速熔炼+闪速吹炼、顶吹熔炼+P-S转炉吹炼、富氧底吹熔炼+P-S转炉吹炼、侧吹熔炼+P-S转炉吹炼、侧吹熔炼+顶吹吹炼等。其中，闪速熔炼+闪速吹炼工艺(即双闪工艺)因高效、节能、环保的特点，为新建铜冶炼厂的工艺选型提供了更优的方案。

1949年，世界第一台闪速炉在芬兰投产，便标志着闪速炼铜工艺的到来。1995年，自世界第一座双闪工艺工厂在美国肯尼科特铜冶炼厂建成投产，经过近30年的发展和完善，它以稳定可靠的技术特点，成为当今世界最先进的铜冶炼技术之一。

2007年建成的阳谷祥光铜业冶炼厂，是我国第一家追赶世界先进铜冶炼技术、世界第二家采用双闪工艺的铜冶炼厂。目前，国内外已建成和在建的双闪工艺铜冶炼厂已有9座。其中，国内已建成5座，1座正在建设中。国外，除美国肯尼科特铜冶炼厂外，印尼阿曼铜冶炼厂、印尼自由港格雷西克铜冶炼厂还在建设之中。

中国十五冶金建设集团有限公司(简称中国十五冶)成立于1953年，不仅是我国为恢复和发展冶金工业而设立的工程建设单位，也是有色行业最早"走出去"的工程企业之一。经过七十余载的发展，中国十五冶现已成为湖北省高新技术企业、湖北省企业技术中心单位，拥有冶金施工总承包特级、冶金和建筑工程设计双甲级、7个施工总承包一级、21个专业承包一级资质。多年来，中国十五冶先后在国内和世界30多个国家完成了1000多个工程的设计和施工，拥有专利技术100余项，荣获鲁班奖12项，国家优质工程奖等300余项。

作为中国铜冶炼工程建设行业的龙头企业，中国十五冶作为主要施工单位先后参与建成6座40万t/a铜冶炼厂(全球共8座)。祥光铜业双闪阴极铜工程，安装了世界最大的阳极炉；铜陵有色双闪铜冶炼技改工程，一次性建成当时世界上规模最大的铜冶炼厂；东南铜业铜冶炼工程，创国内双闪项目建设最快纪录；南国铜业侧加顶铜冶炼工程，安装了世界最大工艺窑炉；阳新弘盛双闪铜冶炼EPC工程，打造全球领先铜冶炼智能标杆工厂；还有广西金川铜业防城港铜冶炼工程和正在建设中的铜陵有色50万t/a双闪铜冶炼厂绿色智能铜基新材料工程。其丰富的项目建设经验、业务水平和专业能力，为打造全球一流的铜冶炼工程企业和行业矿山全产业链综合服务商奠定了坚实基础。

诚信、专业，用心创造价值，是中国十五冶人矢志不渝的追求。经过几代人的接续奋斗，中国十五冶已在矿山、冶炼等领域培育出自己的行业优势，能为国内外客户提供设计、咨询、投资、建设、采购、运营等优质服务。

在中国有色矿业集团成为科技创新型企业羽翼丰满之际，我热忱期望：中国十五冶能在世界铜冶炼行业建设和研究领域，取得新的更大突破，为集团公司打造核心竞争力、建设持续科技领先型中央企业、奋进世界一流企业贡献力量。

中国有色矿业集团有限公司党委书记、董事长

2024 年 12 月

前言

Foreword

　　双闪(闪速熔炼+闪速吹炼)技术是当今世界上最先进的铜冶炼技术之一，具有节能、环保、高效的特点。目前，采用该法生产的铜量占世界铜产量的三分之一以上。迄今为止，全球已建成在生产的双闪工艺铜冶炼厂共有 7 座，其中 6 座由中国十五冶金建设集团有限公司（简称中国十五冶）承建。中国十五冶是国务院国资委直管的中央企业——中国有色矿业集团全资子公司，具有冶金施工总承包特级资质，参与了国内 50 万 t/a 及以下各类规模的铜冶炼厂建设，其中阳新弘盛 40 万 t/a 高纯阴极铜清洁生产项目为 EPC 总承包。中国十五冶以雄厚的技术实力和丰富的管理经验，铸就了一批世界领先的绿色、智能、高效的铜冶炼标杆工厂。

　　中国十五冶成立于 1953 年，是为恢复和发展我国冶金工业而设立的工程企业，是有色行业最早"走出去"的企业之一，荣膺 2024 年度 ENR"全球 250 家最大国际承包商"第 111 位，是湖北省高新技术企业、湖北省企业技术中心。在冶炼、矿山等工业领域具有核心优势，拥有专利技术 100 余项，获得鲁班奖 12 项，国家优质工程奖等 300 余项，为国内外客户提供设计、咨询、投资、建设、采购、运营等优质综合服务。

　　本书以双闪铜冶炼工厂项目建设为载体，不仅介绍了双闪铜冶炼工艺特点、项目总体策划、施工组织、设计、技术、质量、进度、安全、环保、采购、材料、设备、现场管理、财务、经营、成本、项目党建、一体化以及职业健康管理等成功经验，还介绍了双闪铜冶炼厂原料区、火法冶炼区、电解区、制酸区、渣选区等重点区域设计与优化、施工方法、控制要点等。

　　本书系列工作旨在通过成功案例总结经验、提炼成果、做好传承，为铜冶炼工程项目建设施工组织提供保障，为其他同类工程施工提供借鉴和参考。本书也为铜冶炼工艺研究、设计、科研及相关院校教学提供参考。本书编写过程中得到了中国有色矿业集团领导、工程院院士和行业大师的指导，公司参与铜冶炼项目建设的相关领导、专家和员工的大力支持，以及相关专业总师的指导和校审，在此表示感谢。

由于我们的理论水平和实践经验有限，书中难免有不妥或错误之处，敬请广大读者和同仁批评指正，并提出宝贵意见。

《双闪工艺铜冶炼工厂建设技术与管理》

编撰委员会

2024 年 12 月

目 录

Contents

1

第一章　工艺概述

第一节　铜冶炼双闪工艺发展

铜冶炼工艺主要有火法炼铜和湿法炼铜两种方法，其中火法炼铜是当前生产铜的主要方法，世界上 80% 以上的铜是通过火法炼得的。双闪铜冶炼是一种高效强化的火法铜冶炼技术，双闪工艺是指在熔炼和吹炼阶段均采用闪速炉技术进行冶炼，具有高处理量、高富氧浓度、高铜锍品位和高热负荷的特点，是一种强化清洁冶炼技术。

目前，火法铜冶炼(熔炼、吹炼)工艺纷繁多样，其熔炼工艺有闪速熔炼、顶吹熔炼、诺兰达熔炼、侧吹熔炼、底吹熔炼等，其吹炼工艺有 P-S 转炉吹炼、闪速吹炼、顶吹吹炼、底吹吹炼等。我国应用较为广泛的火法铜冶炼(熔炼、吹炼)工艺主要有 6 种：闪速熔炼+P-S 转炉吹炼，闪速熔炼+闪速吹炼，顶吹熔炼+P-S 转炉吹炼，底吹熔炼+P-S 转炉吹炼，侧吹熔炼+P-S 转炉吹炼，侧吹熔炼+顶吹吹炼。

在当今倡导循环经济、创建资源节约型社会的大趋势中，闪速熔炼+闪速吹炼铜冶炼工艺(以下简称双闪工艺)因环保、节能和高效的特点，在众多铜冶炼工艺中脱颖而出，为铜冶炼企业提供了更先进的铜冶炼解决方案。

一、铜冶炼双闪工艺的发展

目前，世界上铜矿物主要分为硫化矿和氧化矿，特别是硫化矿分布最广，是当今炼铜的主要原料。硫化矿经过选矿富集后主要采用火法工艺炼铜，火法炼铜主要分为造锍熔炼和铜锍吹炼两步，熔炼是火法炼铜最重要的冶炼过程之一，其工艺主要分为传统熔炼和现代强化熔炼两种。

传统熔炼工艺主要有鼓风炉、反射炉及电炉熔炼等，因其能耗高、热效率低、铜锍品位低、烟气 SO_2 浓度低、环境污染严重等缺点，已逐渐被高效、节能和低污染的强化熔炼工艺取代。

强化熔炼工艺又可分为闪速熔炼和熔池熔炼两大类，闪速熔炼主要有奥图泰闪速熔炼和 INCO 氧气闪速熔炼；熔池熔炼工艺种类较多，如富氧顶吹浸没熔池熔炼法、三菱连续炼铜法、回转式侧吹炉法(诺兰达炼铜法、特尼恩特转炉熔炼法)、固定式侧吹炉法(瓦纽科夫炉、白银炉和金峰炉等)以及富氧底吹炼铜法等。

其中，竞争力强、发展快并且工业应用较多的当数奥图泰闪速熔炼。采用该法生产的铜量约占世界铜产量的三分之一以上。闪速熔炼具有技术成熟可靠、自动化程度高、生产强度大、作业成本低、环境保护好等优势，被称为标准的清洁炼铜工艺。

铜锍吹炼技术的发展相对较为滞后，世界上约85%的铜锍仍采用转炉吹炼。P-S转炉吹炼技术具有工艺成熟可靠、电解残极可以返回转炉处理、能耗低等优点，但缺点是转炉间断操作，烟气量波动大，炉口漏风率高，烟气SO$_2$浓度低，吊包子作业和转炉操作过程存在空气污染情况，环保条件差。为此，国内外都在研究开发连续吹炼新工艺以取代P-S转炉，如闪速吹炼、澳斯麦特顶吹浸没吹炼、诺兰达吹炼和底吹吹炼法等。闪速吹炼工艺是在闪速炉一步炼铜工艺基础上开发应用的连续吹炼工艺。

1949年，世界上第一台闪速炉（奥图泰闪速炉）在芬兰投产。为了满足生产需要，闪速炼铜技术不断创新发展，于1995年首次实现工业化应用，并形成了双闪铜冶炼工艺技术。自1995年世界第一座双闪工艺工厂——美国肯尼科特铜冶炼厂投产以来，经过数十年的发展和完善，双闪技术已成为稳定可靠的铜冶炼技术。该技术是当今世界上最先进的铜冶炼技术之一，具有节能、环保、高效的特点。而通过计算机在线优化系统控制进行铜冶炼生产的技术，更是在世界铜冶炼范围处于领先地位。由于环保要求越来越严苛，老旧冶炼厂的P-S转炉已不能满足环保要求，正在逐渐被淘汰。从热平衡和造渣角度来看，以往熔炼的冰铜品位很难超过65%，而闪速熔炼的冰铜品位可以达到甚至超过70%，由于其是连续熔炼，故熔炼的效率很高。闪速吹炼可以使用高浓度富氧吹炼，不仅可以保证热平衡，而且是连续吹炼，因而符合铜冶炼的发展趋势。

尽管双闪铜冶炼工艺技术在国外应用不多，但在中国得到了广泛应用。以美国肯尼科特冶炼厂作为样板工厂，将双闪技术引进中国，于2007年投产的阳谷祥光铜业有限公司是继美国肯尼科特冶炼厂之后的世界上第二座、国内第一座采用双闪工艺的铜冶炼厂。

截至目前，中国已建成5座双闪铜冶炼工厂，1座正在建设中；国外双闪铜冶炼厂除肯尼科特冶炼厂外，正在建设的还有印尼阿曼铜冶炼厂；另外，印尼自由港格雷西克（Gresik）铜冶炼厂已建成，即将正式投产。

二、使用双闪工艺的项目盘点

目前，世界上已建成使用或在建的双闪工艺铜冶炼工厂有9座，分别由芬兰奥图泰公司、中国瑞林工程技术股份有限公司和中国恩菲工程技术有限公司提供技术支持。中国十五冶作为中国铜冶炼施工行业的龙头企业，参与了除美国肯尼科特冶炼厂和印尼自由港格雷西克（Gresik）铜冶炼厂外的其他7座双闪工艺冶炼厂的建设，具有丰富的组织和技术实力。

美国肯尼科特冶炼厂（简称肯尼科特冶炼厂）是全球第一家采用双闪工艺的铜冶炼厂，于1995年6月投产，产能为28万t/a阴极铜。肯尼科特冶炼厂也是目前国外已建成并投用的唯一一家采用双闪工艺的铜冶炼厂。

山东阳谷祥光铜业有限公司（简称祥光铜业），是继肯尼科特冶炼厂之后世界上第二座采用双闪工艺的铜冶炼厂，其设计规模为40万t/a（一期20万t/a）阴极铜，分两期建设，一期工程于2007年8月投产，二期工程于2011年4月投产。祥光铜业通过技术革新，制造完成具有自主知识产权的"旋浮铜冶炼"精矿喷嘴，并于2020年打包出口美国肯尼科特冶炼厂，标志着中国铜冶炼关键技术与装备首次向北美输出，取得成功。

铜陵有色金冠铜业分公司（简称金冠铜业）是继祥光铜业之后第三座采用双闪工艺的铜冶炼厂。金冠铜业双闪铜冶炼工艺充分吸收了肯尼科特冶炼厂和祥光铜业闪速吹炼技术方案设计与生产操作等方面的经验，结合铜陵有色在闪速熔炼技术上多年的生产经验，在工艺配置、设备选型方面进行了诸多技术创新,其设计规模为 400 kt/a 阴极铜,于 2012 年 12 月投产。

广西金川有色金属有限公司(简称金川铜业)则是继金冠铜业之后第四座采用双闪工艺的铜冶炼厂,该厂的规模为 400 kt/a 阴极铜,于 2013 年 11 月投产。

随后是中铝东南铜业有限公司(简称东南铜业),其设计规模为 400 kt/a 阴极铜,于 2018 年 8 月投产。

阳新弘盛铜业有限公司(简称弘盛铜业),其设计规模也是 400 kt/a 阴极铜,该冶炼厂大量引入了智能化控制技术,在 2023 年 2 月投产。

铜陵有色绿色智能铜基新材料项目(简称铜基新材料项目),其设计规模为 500 kt/a 阴极铜,于 2023 年 4 月开工,目前正在建设中。

印尼自由港格雷西克(Gresik)铜冶炼厂(简称印尼自由港铜冶炼厂),是继美国肯尼科特冶炼厂后国外第二座采用双闪工艺的冶炼厂,也是目前全球单线设计规模最大的铜冶炼厂,其设计规模为 60 万 t/a 阴极铜。于 2021 年开工,于 2024 年 9 月建成并开始试生产。

印尼阿曼铜冶炼厂,是国外第三座双闪工艺铜冶炼厂。其设计规模为 90 万 t/a 铜精矿,于 2022 年 6 月开工,目前正在建设中。

已建成或在建的使用双闪工艺的铜冶炼厂情况,如表 1.1-1 所示。

表 1.1-1　双闪工艺铜冶炼厂列表

序号	项目名称	国家	位置	所属企业	产能/处理量	备注
1	肯尼科特冶炼厂	美国	犹他州盐湖城	力拓集团	280 kt/a 阴极铜	已建成
2	祥光铜业	中国	山东省聊城市阳谷县	厦门建发股份有限公司	400 kt/a 阴极铜	已建成
3	金冠铜业	中国	安徽省铜陵市	铜陵有色金属集团股份有限公司	400 kt/a 阴极铜	已建成
4	金川铜业	中国	广西防城港市	金川集团股份有限公司	400 kt/a 阴极铜	已建成
5	东南铜业	中国	福建省宁德市	中国铝业	400 kt/a 阴极铜	已建成
6	弘盛铜业	中国	湖北省黄石市新港园区	大冶有色金属集团控股有限公司	400 kt/a 阴极铜	已建成
7	铜基新材料项目	中国	安徽省铜陵市	铜陵有色金属集团股份有限公司	500 kt/a 阴极铜	在建
8	印尼自由港格雷西克铜冶炼厂	印度尼西亚	印尼东爪哇省格雷西克	自由港麦克莫兰印尼公司	600 kt/a 阴极铜	已建成
9	印尼阿曼铜冶炼厂	印度尼西亚	印尼西努沙登加拉省西松巴哇镇	印尼阿曼矿业公司	900 kt/a 铜精矿	在建

第二节　铜冶炼双闪工艺特点

一、铜冶炼双闪工艺的特点

双闪铜冶炼是一个强化连续冶炼的过程，其特点是高效、节能、环保，具体体现为工艺控制稳定，熔炼、吹炼等重要工序需密闭，反应温度高、速度快、强度大、效率高。而且，铜精矿经充分干燥后，在入炉过程中充分利用了精矿中硫、铁的氧化反应热，热效率高，燃料消耗少，可以实现自热效果，粗铜、阳极铜、阴极铜单位标煤能耗设计指标低于国际的能耗限额先进值。烟气余热锅炉能够回收冶金炉及二氧化硫转化反应余热，将余热用来发电。

双闪工艺能够有效避免二氧化硫和粉尘烟气外排，解决了铜冶炼过程中的低空污染问题，生产环境好，环保优势明显。而且，冶炼过程中产生的烟气相对稳定，有利于二氧化硫的有效回收，与高浓度制酸工艺有效结合，保证了制酸系统生产平稳，既提高了环保效益，又能带来一定的经济效益。

此外，反应塔采用立体水冷却技术，炉子寿命长，作业率高；机械化和自动化程度高，劳动条件好，生产过程用计算机控制，操作人员少；低压供风，鼓风动力消耗少。

双闪铜冶炼工艺除以上优点外，也存在对铜精矿要求较高、烟尘率偏高和投资稍大等不足。

二、铜冶炼双闪工艺流程

采用双闪铜冶炼技术的冶炼厂的工艺流程差别不大，都是闪速熔炼+闪速吹炼+阳极精炼三步，最后通过阳极板进行电解而得到阴极铜。值得注意的是，后续采用双闪技术的铜冶炼厂，其技术工艺都是吸取了已投产双闪铜冶炼厂的经验，结合环保政策、工程所在地条件及智能化的发展等情况来改进和优化，目前已相对成熟。双闪铜冶炼技术的工艺流程见图1.2-1。

图1.2-1

三、铜冶炼双闪工艺主要工序介绍

(一)配料

配料工序设有多个配料仓，采用仓式配料法。配料仓分别存放铜精矿、石英砂、渣精矿和吹炼渣等，按闪速熔炼炉混合精矿成分的要求配比。为保证配料精度，目前均采用计算机在线控制的自动配料系统。混合铜精矿经电磁除去精矿中的铁质杂物，以及由振动筛除去块状物料和杂物后，通过皮带送往蒸汽干燥机。配料工序示意图见图1.2-2。

图1.2-2

(二)蒸汽干燥

混合铜精矿中一般还含有6%~14%(质量分数)的水分，水分含量越大，在冶炼过程中的能耗越大，产生的烟气越多。另外，闪速熔炼炉需要实现自热反应，也要求含水率控制在0.3%以内，因此混合铜精矿需要进行干燥处理。

干燥技术有气流干燥、回转窑干燥和蒸汽干燥三种，除肯尼科特冶炼厂采用回转窑干燥法外，目前双闪工艺的混合铜精矿干燥均采用蒸汽干燥法。早期的贵溪冶炼厂、金隆铜业采用过气流干燥法，但因其耗能大、污染大、占地面积大等不足，后续都改成了蒸汽干燥法。

蒸汽干燥机属跨界引用粮食加工行业技术，分为盘管式和直管式，均以余热锅炉产出的蒸汽为热源，在干燥机内混合矿与蒸汽盘管外壁接触，蒸汽传递热量给矿粉，使其干燥。干燥过程产生的废气，经布袋收尘处理至达标排放，蒸汽管内冷凝水可回收利用。蒸汽干燥工序流程示意图见图1.2-3。

图1.2-3

（三）铜精矿输送

经干燥机干燥的铜精矿采用气力输送技术运输至塔顶目标仓。准确地说，气力输送技术应为浓相气力输送技术，采用密闭耐磨管道，使压缩空气通过程序控制进入输送泵内，物料在受到足够的压力后，再在管道助吹的压力下，以一定的速度进入输送管道，再输送至塔顶目标仓，以达到输送的目的。混合铜精矿再由塔顶目标仓经溜管至炉顶仓存储，经计量后进入闪速熔炼炉熔炼。

（四）闪速熔炼

闪速熔炼是双闪铜冶炼工艺的核心工艺之一。储存在炉顶仓中的干矿，通过给料圆顶阀进入炉顶中间仓，沿下料管进入两个失重计量仓内进行失重计量，计量仓下部设有搅拌器，底部设有变频调速的螺旋给料机，混合铜精矿由螺旋给料机按预定的投料量给出，进入风动流槽，随后进入精矿喷嘴，喷入反应塔内，使混合精矿与富氧空气充分接触反应，同时通过反应塔顶的天然气烧嘴补充反应塔熔炼物料所需的热量。在反应塔反应生成冰铜及炉渣的熔融物落入沉淀池。因比重差别，冰铜和炉渣分离，生产出品位为70%左右的冰铜；之后，通过流槽使冰铜排放至冰铜粒化室，进行粒化；炉渣则排放至渣包中，通过渣包车运送到选矿车间，经缓冷后进行磨碎、浮选，渣精矿重新返回闪速炉熔炼。

（五）冰铜备料和输送

冰铜备料分为冰铜研磨和干燥。冰铜研磨采用冰铜磨，其工作原理是借助磨辊和磨盘的相对运动来磨碎物料。当物料喂到磨盘中心时，由于磨盘转动产生离心力的作用，物料被甩入工作面，大块物料被压碎，细物料受压后形成一层料床，颗粒之间相互摩擦、剪切使棱角和边缘剥落而被粉碎，粉碎后的物料由风环进入磨内的热气流烘干，粒度合格的物料可以通过磨顶的分级器而进入收尘捕集设备，粒度较大的物料被分级器甩出，重新落入磨盘，与喂入的新料一起继续被碾磨。冰铜粉粒度由分级器的转速来控制，碾磨的压力除了磨辊的自重外，还依靠一套液压装置提供压力。

研磨完的冰铜粉通过热风炉烘干，采用气力输送的方法或随烟气将冰铜粉送入收尘器中，再将收尘器中的冰铜粉送入冰铜仓。冰铜磨工序流程示意图见图1.2-4。

图1.2-4

（六）闪速吹炼

闪速吹炼也是双闪铜冶炼工艺的核心工艺之一。细磨的冰铜粉被输送至闪速吹炼炉炉顶的冰铜仓中。装入闪速吹炼炉的物料有冰铜、烟尘、生石灰粉和石英砂。由于配料过程在炉顶完成，因此各自都有独立的料仓。加料装置根据各自要求的加料精度来选择，冰铜和烟尘采用的是失重计量装置；由于生石灰粉和石英砂要求的精度不是太高，为节省投资，采用了螺旋给料机加料，通过变频调速调节给料量，现今石英砂加料装置多为皮带输送。

计量好的冰铜、烟尘、生石灰粉和石英砂通过各自的加料管加入输送机中混合，然后进入闪速吹炼炉的冰铜喷嘴中。

闪速吹炼工艺过程和闪速熔炼非常相似，冰铜在高温、高氧化条件下氧化，从硫化物转化为金属铜。石灰熔剂被用来生成熔融钙铁渣，相比于铁硅渣而言，前者更好，这是因为四氧化三铁在钙铁渣中的溶解度更大。同时，加入少量的石英砂来改变炉渣成分，从而提高耐火砖炉衬的寿命。

闪速吹炼产出品位为98.5%的粗铜，粗铜定期由放铜口放出，通过溜槽流入阳极炉进行精炼；吹炼炉渣定期通过溜槽流入渣粒化装置，经粒化后用胶带运输机输送到脱水仓中静置脱水，之后再用汽车运输至精矿库中储存，经配料后送到闪速熔炼炉。

未反应的硫化物被气流带走，利用位于沉淀池顶部靠近上升烟道与沉淀池顶部交界处的喷嘴喷入氧气，使它们在上升烟道燃烧。闪速吹炼炉产出的烟气在余热锅炉中冷却，热交换的热量送到余热发电站发电，冷却的烟气进入沉尘室及电收尘器除尘，除尘后的烟气送去制酸系统。

（七）阳极精炼和浇铸

双闪铜冶炼厂均采用回转式阳极炉精炼，以从吹炼炉产出粗铜，但铜冶炼设计单位和生产企业始终在对回转式阳极炉进行改进。目前，各双闪铜冶炼厂的阳极炉精炼基本都采用了透气砖技术和稀氧燃烧技术。

阳极板的浇铸均采用圆盘浇铸机。

（八）残极处理

残极是阳极板在电解车间电解产生的，残极处理是铜冶炼的最后工序。处理残极目前有两种方案：一种是采用竖炉将残极进行熔化，然后送保温炉暂存，最后通过与阳极炉共用的圆盘浇铸机来浇铸成阳极板。一种是采用NGL炉进行处理，NGL炉结合了倾动炉和回转式阳极炉的优点，能够很好地将杂铜或块状粗铜进行熔化并精炼。在配置上，采用了NGL炉与阳极炉并列布置的方式，共用圆盘浇铸机，节省了占地面积和投资。

（九）烟气处理

烟气处理是铜冶炼工厂重要的工艺步骤。在双闪铜冶炼过程中，会产生烟气的工序包括铜精矿干燥、熔炼、吹炼、冰铜粒化、冰铜干燥、阳极精炼、环集等。

铜精矿干燥、冰铜磨的烟气主要是含烟尘，基本没有二氧化硫等污染物，通过布袋收尘器收尘达标后即可排放。

熔炼和吹炼是双闪铜冶炼工艺二氧化硫的主要产出点，产出的含二氧化硫高温烟气都是通过余热锅炉降温并回收余热，再经电收尘器进一步收尘后送制酸系统制备硫酸。

阳极精炼烟气，基本是降温后通过布袋收尘器收尘，再送脱硫系统处理，也有些方案是把阳极炉氧化期烟气送入制酸系统。

冰铜粒化尾气、吹炼渣粒化尾气，主要是水汽，也含有少量的二氧化硫，在排放标准不高的地区都是直接排放，但目前对环保要求提高，都是通过脱硫处理后再排放。

环集烟气由于含有烟尘、二氧化硫等，通常是收尘后再进行脱硫处理。一般情况下，其他烟气也会汇入环集烟气系统统一进行脱硫。

烟气制酸方面。目前，制酸技术包括常规转化技术和高浓度转化技术，目前均采用高浓度转化技术。常规转化技术由于二氧化硫浓度低使得系统烟气量大，造成投资大、运行成本高，目前除了肯尼科特冶炼厂外，其他冶炼厂已经基本不采用。

第三节　双闪工艺铜冶炼工厂总体布置

一、总体布置原则

双闪工艺铜冶炼厂筹建初期，建设各方根据规划用地所在区域的位置、地貌、自然状况等因素，结合双闪工艺特点进行整体布置，以便将双闪铜冶炼工艺涉及的原料、火冶、电解等多个功能区以及所含的数十个单位工程的建(构)筑物融入其中，使之布局紧凑又能发挥相应功能。具体原则如下：

(1)满足生产工艺流程要求，力求工艺物料输送距离短且顺畅，管线敷设便捷，人、货合理分流；

(2)满足环境保护有关要求，利用风向减少相互干扰，改善厂区环境；

(3)满足各种外部防护距离要求；

(4)满足各功能分区和设施的布局要求，为生产创造有利条件；

(5)减少动力损失，尽量靠近主要负荷中心；

(6)功能分区明确，路网结构清晰，平面布局合理，道路交通安全、顺畅；

(7)充分利用厂区现有外部交通条件，尽量减少工程量，节省投资；

(8)合理布局和节约用地，最大限度地合并建筑物；

(9)充分借鉴已建成铜冶炼厂的经验；

(10)满足现行《建筑设计防火规范》《有色金属企业总图运输规范》及有关规程、规范要求。

二、功能分区及设施组成

(一)各功能分区

双闪工艺铜冶炼工厂按功能划分，一般划分为：原料区、火法冶炼区、电解区、制酸区、渣选区、公辅区(含动力区、水处理区)和厂前区七个区域。

(二)各功能分区主要设施及设备

(1)原料区：精矿仓、配料厂房、配料上料皮带廊。

主要设备：精矿智能抓斗行车、配料仓。

(2)火法冶炼区：熔炼主厂房(含闪速熔炼、闪速吹炼、阳极精炼及圆盘浇铸)、干燥厂房、余热锅炉(含熔炼、吹炼)、收尘系统(含熔炼、吹炼、精炼)、冰铜库、冰铜磨、冰铜粒化、吹炼渣粒化、渣缓冷场、环保排烟系统。

主要设备：蒸汽干燥机、闪速熔(吹)炼炉、阳极精炼炉、圆盘浇铸机、熔(吹)炼余热锅炉、熔(吹)炼收尘器、冰铜磨、堆取料机、冰铜粒化装置、吹炼渣粒化装置。

(3)电解区：电解车间、净液车间。

主要设备：电解槽、电解智能行车、阴极拨片机组、阳极整形机组、电解整流变压器、硫酸铜蒸发机组。

(4)制酸区：环集脱硫、脱硝工段、净化工段、转化工段、干吸工段、SO_2风机房、酸库。

主要设备：电除雾器、转化器、干燥塔、吸收塔、SO_2风机、低温位热吸收装置。

（5）渣选区：粗碎车间、渣选车间、浓密车间、精矿尾矿堆场。

主要设备：颚式破碎机、球磨机、半自磨机、浓密机、浮选槽。

（6）动力区：空压站、柴油发电站、110 kV 总降压站、给水加压泵站、余热发电站、天然气锅炉房。

主要设备：汽轮发电机组、柴油发电机组、天然气锅炉。

（7）水处理区：化学水处理站、废酸处理站、酸性废水处理站、废水深度处理站、初期雨水处理站。

主要设备：中和反应槽、中和浓密机、悬浮填料过滤器、厢式隔膜板框压滤机。

（8）厂前区：办公楼、中控楼、化验楼、生产准备中心、食堂、宿舍楼。

主要设备：综合通信系统，智能送样、制样、快速分析系统。

三、总体布置实例

以弘盛 40 万 t/a 高纯阴极铜清洁生产项目（简称弘盛铜业）总体布置为例，该厂区按功能划分为原料区、火法冶炼区、电解区、制酸区、渣选区、动力区、水处理区和厂前区。

厂区内诸如铜精矿、冰铜、电解铜、熔（吹）炼渣及烟气等生产原料和产出品经过统筹设计，均按各自合理流向输送运行。

第二章　项目管理

第一节　总体策划与组织管理

项目总体策划是在开展项目前,对项目进行全面、系统的规划和设计,确定项目的建设方向、目标和重点任务,为项目的实施提供指导和保障。项目策划的好坏能够在很大程度上决定项目的成败,对于项目的成功实施具有重要意义。

做好一个项目,是需要提前做足功课的,它对于下一步项目的执行起着决定性作用。前期收集信息充分与否,也是项目总体策划的必要输入条件。而项目总体策划构架考虑内容和风险的颗粒度和深度,更是对项目执行有针对性的指导意义。

项目总体策划工作包括项目前期决策阶段的策划和实施阶段的策划两个阶段。项目组织管理工作一般有项目策划阶段、设计阶段、采购阶段、施工阶段、试运行阶段。项目总体策划与组织管理是相辅相成的,前后的逻辑关系紧密相连,互为进退。下面就铜冶炼双闪工艺项目的总体策划与组织管理展开论述。

一、项目总体策划

(一)项目前期决策阶段的策划

项目前期决策阶段以《铜冶炼双闪建设项目管理大纲》为核心开展工作,重在围绕项目信息收集、调查分析、目标定义等几个阶段,其内容主要包含:

(1)建设环境条件调查和分析;

(2)项目建设目标的论证和项目定义;

(3)项目功能分析和总平面的分配;

(4)与项目决策有关的组织、管理和经济论证;

(5)与项目有关的技术方面的论证;

(6)项目决策风险的分析。

(二)实施阶段的策划

项目实施阶段的策划主要围绕项目前期策划对目标进行分解并具体组织实施,最终达到合同履约。内容包括:

1.铜冶炼双闪项目的概况

2.项目的目标管理(细化/分解)

(1)项目总体目标定位:项目建成后先进程度、在行业内的影响力、使用年限、总体参数设定等;

（2）工期目标：从开工建设到项目交钥匙阶段重大里程碑节点目标完成时间要求；

（3）质量目标：项目总体创优目标及全过程建设质量目标分解；

（4）费用目标：在设计、采购、施工过程中对费用的把控程度，设定概算指标；

（5）HSE 目标：项目全生命周期内的安全环保指标；

（6）竣工验收目标。

3.项目范围的管理（界面/WBS）

（1）项目管理范围的确定：业主双方职责权限和阶段性任务内容；

（2）项目范围分解结构：合同范围内 WBS 分解，单位工程、分部、分项工程的划分。

4.管理组织机构

根据项目实际情况，可以设立总包牵头单位，负责设计及采购工作，下设土建及安装两个专业施工单位，具体负责项目施工组织。根据项目特点设置总包单位职能管理部门，第一层级为项目指挥部（业主方与总承包商成立联合指挥部）；第二层级为项目管理层、设计控制部、采购部、工程管理部、计划控制部、QA/QC 部、HSE 部、调试部、财务部、商务合约部、BIM 组、文控组、综合部等；第三层级为土建、安装专业施工单位，各设计采购和施工分承包商等。根据项目管理大纲和策划要求，对各层级对应各级别人员拟定相应工作职责。

5.分包模式确定

根据项目的特点，从专业特性、风险防控及施工经验方面综合考虑，对勘察、设计、检测、桩基检测、尾气烟囱、110 kV 总降压站、脱硫脱硝、水处理专业工程进行分包。分包单位的选择严格按照采购管理办法的规定，本着公开、公平、公正的原则，通过公开招标比价，在进行背景调查和综合评价后，选择诚信度高、履约能力强、服务优的分包单位，其他采用自有班组加劳务分包方式进行。

6.合同管理

合同管理主要是合同的存档归类与备案、合同履约过程中的对照条款检查等。

7.质量管理

质量管理包括设计、采购、施工等的质量管控，其侧重点或方法都不同，主要内容包含项目工程质量目标及分解、工程质量保证体系、质量管理措施等。

8.进度计划管理

项目进度管理主要采用 P6 软件进行计划编排和管理，进度管理主要包含总体进度计划及进度保证措施，管理的重点是在各阶段计划偏离时有预警提醒及纠偏措施，以日保周、以周保月、以月保季度和年，确保总体计划不偏离。

9.采购管理

采购管理主要是制订采购管理办法，厘清各方各层级和各岗位职责，在技术文件编制审核、招采开标定标、合同签订、驻厂监造、交货、试运行、性能检测等各阶段都有相应专业人员进行管理。

10.资金管理

项目资金管理主要是做好项目资金预算、制订资金使用计划、监控和控制资金使用情况、及时调整资金分配以应对变化、确保资金使用符合项目目标和客户期望。在项目资金管理中，资金规划是一个至关重要的环节。资金规划需要根据项目的具体情况，设定合理的资金支出和收入预期，包括项目启动前的初步资金估算，以及项目执行过程中的资金调配和监控。在资金规划过程中，需要考虑项目周期、风险因素、通货膨胀等因素，以确保资金的充分利用和保值增值。

11. 成本管理

项目成本管理主要是对成本的控制。在项目执行过程中，需要对项目的各项成本进行严格控制，防止出现成本超支的情况。成本控制需要从多个方面进行，例如人工成本、材料成本、机械成本、管理成本等，都需要进行详细的核算和控制。工程施工过程中成本控制的重点是在施工方案、工序衔接、新工艺新技术应用上降低直接费用，在管理上是尽量缩短管理流程以降低间接费用。

12. 项目变更管理

项目变更管理是在项目执行过程中，针对项目范围、进度、成本、质量、技术等方面的变更，进行有效的管理和控制，以确保项目能够按照计划顺利进行。项目变更管理包括变更管理流程、变更管理团队的职责和权限、变更申请的评估和决策过程，以及变更实施和监控的方法。

13. 职业健康、安全、环境、消防保安及社会职责管理

在项目建设过程中，职业健康、安全、环境、消防保安及社会职责管理贯穿整个过程。其最终目的是在完成项目的同时确保所有参建人和物不发生职业健康、安全、环境、消防保安事故，并尽到各方应尽的社会职责。

14. 沟通的管理

项目沟通就是项目相关方或相关人之间的信息传递，分正式沟通和非正式沟通，沟通方式包含电话、洽谈、会议、报告、邮件、来往文件形式。从管理上而言，沟通需要明确沟通目标、沟通方式、沟通频次、沟通内容、明通方向、沟通风险、沟通角色与责任、沟通反馈机制等。

15. 风险的管理

风险管理过程为：①对项目风险的识别：识别可能具有影响项目进展的风险，并能记录每个风险的特点；②对风险的量化：评估风险和风险之间的相互作用，以便评定项目可能产出结果的范围；③对风险的对策研究：确定对机会进行选择及对危险做出应对；④对风险对策实施控制：对项目进程中风险所产生的变化做出反应。项目初期，要对风险管理制订风险管理计划，以确定风险识别、分析、减缓策略，确定风险管理的职责，从而为项目的风险管理提供完整的行动纲领。

16. 项目的收尾管理

项目收尾内容主要包括竣工收尾、验收、结算、决算、回访保修、管理考核评价。其中竣工收尾指完成项目的最后阶段工作，以确保所有任务完成。验收，指确认项目成果符合预期，满足客户需求。结算和决算指处理项目相关的财务事宜。回访保修指确保项目后续服务的顺利进行。管理考核评价指对项目进行全面的评估和总结。有效的项目收尾管理可以确保项目的顺利结束，并为未来的项目提供宝贵的经验和教训。

17. 人力资源管理

项目人力资源管理是一种管理人力资源的方法和能力。项目人力资源管理是组织计划编制也可以看作战场上的"排兵布阵"，就是确定、分配项目中的角色、职责和汇报关系。一般采用的方法包括：参考类似项目的模板、人力资源管理的惯例、分析项目干系人的需求等。

18.项目后的评价

项目后评价是指在项目结束后对项目进行全面评估和总结的过程，包括对项目目标达成情况、项目过程管理、团队合作、项目风险和项目经验等方面进行评价和总结。只有对项目的各个方面进行全面评价和总结，才能为今后的项目管理和团队建设提供有益的经验和教训，不断提高项目管理的水平和质量。

二、项目组织管理

做好双闪冶炼项目组织管理是工程建设过程中最为重要环节之一，如何科学组织及高效管理是实现项目高质量履约的首要前提。设计、采购、施工做到有效协同衔接，既可以在确保安全和质量的前提下最大化缩短工期目标，又能将资源组织协调利用率最大化，减少变更与返工，最终顺利完成试运行和设备性能考核，实现既定目标。

（一）项目策划阶段

项目的组织管理需提前做好策划，主要是根据项目管理特点，开展好设计、采购、施工阶段的管理目标、实施主体、管理机构、人员配置、要素组织、办公能力和生产能力的形成、管理细则、时间进度计划、具体过程控制、定期分析与调整等，从组织管理上看结果，从结果上反推组织管理的调整措施。

（二）设计阶段

在设计阶段，根据发包方需求，结合自身设计综合能力，为了确保中标率及高质量过程实施，可以选择独立设计或者联合体模式，单独设立的设计机构多由于专业设计能力较弱，协调设计优质资源困难，难以在创造效益方面发挥优势，但是在话语权、内部协同和成本控制方面优于联合体。联合体投标自然选择综合实力强的设计机构，虽然其设计能力、进度把控、质量方面优于独立体，但同样存在上述独立设计优势上成为劣势的问题。因此，要想实现真正意义上的工程总承包，需要总包单位提高自身综合能力，打造优秀的设计机构。

（三）采购阶段

采购阶段的重点在于采购寻源建库、采购技术资料编制、招标采购成本、质量和进度控制。采购机构设置要充分利用公司数据库及项目采购资源，要充分考虑各个环节的人员配置，包括技术资料编制、招采谈判人员、驻场监造、出入库管理和资料员等。采购寻源上要在项目合同签订前，项目投标过程中同步开展，充分提高集采率、中标率，减少废标率及单一来源采购，更好更大地提高采购质量。

（四）施工阶段

首先，要有清晰的组织架构和健全的职能部门，在项目机构设置上必须有直接上下级关系或合同关系，并有可执行的考核机制。可采取直管项目模式调动人事关系，形成直接上下级关系或直接形成实质性分包关系，这不仅有利于项目管理，还能提高执行力。其次是重在生产要素的组织与计划控制和实施，如40万t双闪冶炼属于超大规模项目，宜采用集团军模式，做好生产要素的整合与分配。同时，可设置直管综合班组、安全文明班组，部分设备采购可沿用本项目的采购带安装模式。另外，施工区域划分不宜按照专业划分，宜按照区域进行划分，以减少协调工作量。

（五）试运行阶段

试运行需提前根据总体关键线路和施工进展情况制订详细的试运行计划，按照专业划分组织试运行专业团队，并设置纵向管理结构，由总指挥统一决策指挥，全员岗前必须进行交底培训，确保试运行工作有条不紊。试运行过程的重点在于试运行前的检查、流程步骤的统一号令、试运行过程的监控和调整、应急预案等，以及时解决试运行中出现的问题。试运行最终验收应按照相关标准和规范在监理和业主的共同见证下进行，从而确保项目顺利投入生产。

双闪冶炼建设项目总承包的优势是，可以提高项目的整体效率和协调性。同时，总承包承担了整个项目的风险和责任，可以提供一站式解决方案，简化客户的管理和沟通。然而，总承包模式也存在一些挑战和风险。总承包单位需要具备丰富的项目管理经验和良好的沟通能力，确保项目达到质量要求。还需要与不同的供应商和承包商进行有效的沟通合作，处理潜在的纠纷和冲突，因此做好项目总体策划与组织管理尤其重要，在今后的项目工程中我们还需要进一步探索。

第二节　合同管理

合同管理是项目管理的核心组成部分，而根据合同相对方的不同又分为两个方向的合同，一是与上游发包商签署的承包合同，通常称为主合同；二是与下游分包商或材料、设备供应商等签署的分包合同。

全流程的合同签署涉及起草、评审、谈判、签订、执行以及后续变更、索赔、终止等多个阶段。合同管理的目的，是确保合同条款能得到正确执行，风险得到合理的控制，并最终达到项目目标的顺利实现。

一、合同管理体系的建立

合同管理体系的组织机构应自上而下地建立和健全，确保覆盖企业的每个层次和工程项目的各个角落。应在总部、分公司、项目各层级设立合同管理机构，负责合同管理的各项具体工作。确保项目各类合同的签订、履约、变更、结算和最终终止等各个环节都能得到有效的控制。

各层级合同管理机构需根据各自职责制订相关的管理办法。两级公司管理部门需制订企业的合同管理制度并不断完善，根据日常合同履约中暴露出的问题进行科学性、合理性、有效性的调整；检查并监督本企业各类合同的订立、履行是否符合公司管理办法的要求。而项目部则为合同具体的执行机构，在具体项目中代表公司履行合同义务。同时，各级管理机构应对合同档案进行规范化管理，包括档案的分类、归档、借阅等，确保合同档案的完整性和安全性。

在纵向的合同管理中，上级部门一是应明确合同签订的具体流程，包括合同文本的起草、审核、签署等环节。二是合同订立前上级管理机构应对下级提交的拟签署合同文本进行审核，确保合同的合法性和可行性。三是在合同履约中，上级管理机构应对下级的合同履行情况进行实时监督，确保合同得到全面、实际地履行。

下级管理机构一是应严格遵守上级制订的合同管理制度，确保合同管理工作的规范化、标准化。在合同签订和履行过程中，还应加强风险防控措施，及时发现并处理潜在风险。同时，积极为上级管理机构提供准确、及时的信息和数据支持，协助其更好地开展工作。除此之外，还应与上级管理机构保持良好的沟通协调机制，及时汇报工作进展和遇到的问题，共同推动合同管理工作的顺利开展。

二、承包合同管理

（一）承包合同的含义

承包合同是施工单位与业主或发包方之间就某项特定工程项目的建设所达成的正式协议。在此份合同中，双方应对各自的权利、责任及义务进行清晰的界定，确保工程项目的顺利进行。承包合同根据双方不同的合作模式分为EPC（设计—采购—建造）、BOT（建造—经营—转让）、DBB（设计—招标—建造）等多种合作模式。工程企业常用的合作模式，便是EPC及其相应的变化模式。

（二）合同谈判

合同谈判是合同签署前的重要步骤，双方需在秉承着尊重事实及招、投标文件等前提下进行充分的研讨。而作为施工单位，在项目投标阶段，投标方应充分做好发包方的相关背景调查工作，例如对方公司当前面临的境况、真实的诉求等；同时，应当尽早找到对方的关键人物，例如针对招标中一些模糊的条款，在保证双方利益的前提下，可以进行充分的论证以达到双赢的结果。

（三）合同签订

双方就合同细节达成一致后应迅速签订合同，合同是双方维护自身利益的有效途径。但是在合同签订时，应注意合同签订人是否为公司法人或授权代理人，合同签章是否与招标中的发包人一致。

（四）项目履约

在项目实施过程中，合同是双方行使权利、履行义务的根本准则，项目参建人员必须充分学习合同，由合同管理主责部门进行成本合同交底，告知合同执行的每一个细节，分析风险点、亏损点、利润点及履约过程中应重点关注的事项，确保合同条款得到严格执行。例如合同约定的付款条件、奖惩条约以及具有法律效力的签署人等。同时，团队还需要对可能出现的风险进行评估和预防，以避免因合同执行不当导致的损失。合同管理团队还需要与各方保持良好的沟通，及时解决合同执行过程中出现的问题，确保项目的顺利进行。

在项目实施过程中，总承包管理团队通过与发包人、分包人以及材料、设备供应商的紧密合作，确保了项目的顺利实施。合同起草阶段就对项目的目标、范围、时间、成本、质量、安全、变更、索赔、奖励、罚款等关键要素进行了明确的界定，并在合同评审阶段对合同条款进行了详细的审查，确保合同的合法性和可执行性。在合同谈判阶段，合同相对方通过充分沟通，达成了共识，确保了合同的公平性和合理性。在合同签订阶段，确保了合同的正式性和完整性。在合同执行阶段，对合同的执行情况进行持续监控，及时处理合同变更、索赔、终止等事宜，确保合同的顺利执行。

在合同执行过程中，总承包管理团队根据项目实际情况对项目履约风险进行了实时的评估及化解。通过定期的风险评估会议，识别潜在的合同风险点，进行分析，并制订相应的应对措施。

（五）变更管理

工程变更是指在工程项目实施过程中，由于各种原因导致原设计方案、施工图纸或合同约定的工程内容、工程量、工期、质量标准等发生变化的情况。在双闪工艺铜冶炼厂项目中，工程变更可能由以下等原因引起：发包人有新的意图或需求，如改变建筑功能、外观或削减项目预算等；上级企业行政主管部门或国家政策变化引起的变更；设计方案与实际情况不符，无法施工，需要修改设计；新技术的出现或现有技术的改进，使得原施工技术不再适用，需要变更施工技术；材料价格波动、劳动力市场变化等，可能影响工程造价和施工进度，导致工程变更。

在办理变更中，我们应依据承包合同约定的变更流程，由发包人直接发出或发包人批准监理人发出。变更指示应说明变更的目的、范围、变更内容以及变更的工程量及其进度和技术要求，并附有关图纸和文件。承包人收到变更指示后，应按变更指示进行变更工作。

另外，承包人对自身的勘察设计、采购、施工、竣工试验、竣工后试验存在缺陷和不满足标准、规范、法律法规以及不满足发包人要求的，不属于变更的范围。

（六）索赔管理

索赔是指工程合同履行中，当事人一方由于另一方未履行合同规定的义务或者出现了应当由对方承担的风险而遭受损失时，向另一方提出赔偿要求的行为。索赔管理是指在索赔事件发生后，对索赔事件进行管理的行为，一般包括发包人索赔、反索赔。

发生索赔的情况通常会有以下原因：发包人提供图纸或施工场地延误、发包人要求提前向承包人提交交付材料和工程设备、发包人提供的材料和工程设备不符合合同要求、发包人提供的资料错误导致承包人的返工或造成工程损失、发包人原因造成工期延误、因发包人提供的材料、工程设备造成工程不合格等。

在索赔事项中，承包人必须严格遵守国家法律法规和合同条款，确保索赔的合法性和合规性。一旦发现索赔事件，应及时收集证据并准确计算索赔金额，确保索赔的及时性和准确性。

在某双闪工艺铜冶炼厂项目中，残极工艺由 NGL 炉方案变更为残极撕碎方案，导致承包方已安装的钢构平台需拆除，涉及安装及拆除费用 150 余万元。

在某双闪工艺铜冶炼厂项目中，原厂区围墙外立面设计为红色砖墙，由于地方政府整体规划要求，变更为真石漆，涉及费用 50 余万元。

因此，为了有效办理索赔，承包人应明确各部门责任，设置专人负责索赔事宜，建立索赔台账，及时收集和整理与索赔相关的各种证据材料，如施工记录、会议纪要、来往函件等。同时，在处理索赔的过程中，要加强沟通和协商，尊重客观事实，避免矛盾激化。只有这样，才能确保索赔工作的顺利进行，保障双方的合法权益。

三、分包合同管理

分包合同是指总承包人或者勘察、设计、施工承包人承包建设工程后，将其承包的某一部分工程或某几部分工程，再发包给其他承包人，与其签订承包合同项下的分包合同。分包合同的管理涉及勘察、设计、设备、材料、专业分包、劳务分包、服务等多个方面。

以某双闪工艺铜冶炼厂项目的防腐专业分包工程为例。该项目的防腐工程预估总价1.0 亿元，最终实际签订分包合同总价 5371.38 万元，最终完成产值 5900 余万元，根据防腐材料的种类(如耐酸砖、玻璃钢、耐酸瓷板、耐酸陶瓷填料、衬铅、防腐环氧自流平、防腐砂浆共七个标段)进行招标，共签订七份分包合同。这样分类带来的好处是可以细分各领域有优势的分包商,最终达到预期的效果,同时合同清单较单一,大大减轻了前期招标及后续结算的工作量。但大幅度增加不同的分包商也同时增加了交叉施工的协调难度。

分包合同的签订是项目履约过程中降本增效措施有力的降本手段,在承包合同已定的前提下,尽可能选用低价优质的分包商,这便能最大限度地增加项目的效益。我们在分包合同的履约时常常只会代发劳务分包的农民工工资,而专业分包一般都打包给专业分包商全权负责。但在实际履约过程中,我们也发现,仍会存在类似的农民工信访事件。这就提醒了我们,在项目履约中一定要杜绝以包代管,要真正做到精细化管理,例如:约定工程款支付后要求分包商提供农民工工资发放的回执,或是直接由项目部代发,这样均能有效地避免此类事件的发生。

四、争议的解决

在建设工程中,常伴有争议,争议包括发包人与承包人之间以及承包人与分包人之间等多个维度。涉及工程项目的多个方面,包括合同管理、施工管理、财务管理等多个方面。

在合同文本中,我们都会设置争议的解决办法。如在发生了争议的时候,双方可以友好协商或者提请争议评审组评审,当协商不成、不愿提请争议评审组评审或者不接受争议评审组意见的时候,可以向有管辖权的地方法院提起诉讼。

例如某专业分包商在项目完工后向政府相关部门反映农民工欠薪情况,经多方研讨承包人基本认定该欠薪情况不属实。第一是该分包方提供的农民工欠薪清单中工人姓名无法与项目的实名制考勤一一对应,二是部分人员实际为该分包单位的管理人员,三是承包人、发包人及当地政府有关部门提出的要求该分包商提供与欠发工资相匹配的在场劳动证明材料,该分包商无法提供。经过多次协商,最终确定尽快完成该分包结算,同时梳理该分包的农民工欠薪真实情况,如真实存在,由承包人代为发放剩余欠款,并邀请公安部门现场见证,确保工资足额发放到个人,将相应的款项从该分包的最终付款中扣除。但如果在结算确认的过程中仍发生相关的恶性事件,承包人也可通过法律途径保护自身的权利。

因此在项目履约过程中,我们均应严格做好项目的资料管理工作,以准备诉讼材料的思维来精细化日常管理工作,做到有备无患。同时,应充分了解相关法律法规和程序,确保自身权益得到充分保障。

建设项目合同管理对于保障项目质量、进度和投资控制具有重要意义。通过对合同签订、执行、变更、解除和终止等环节的严格管理,可以有效降低项目风险,提高项目成功率。同时,合同管理人员还需不断提高自身业务素质和专业能力,以满足日益复杂的建设项目合同管理需求。

第三节 设计管理

在铜冶炼双闪工艺工厂建设中,设计的主导作用是业主和总承包商共同认可的,设计阶段的设计图纸和文件是工程设备材料采购、现场施工和工程验收的依据。而项目设计管理是确保项目成功建成的关键环节。设计管理不仅涉及技术方案的制订,还包括对资源的有效配置、时间的合理安排以及成本的控制。分析项目设计过程的主要特点,可以发现处处都有价值增长点,通过科学的设计管理,可以最大限度地提升工程建设的效率、质量和效益,为实现双闪工艺铜冶炼工程的建设目标奠定坚实基础。

完整的双闪工艺铜冶炼工厂建设工程要经过可行性研究阶段、设计阶段、采购阶段、建安阶段、和调试验收 5 个阶段。而每个阶段都有各自的基本工作内容，设计阶段的根本任务是详细地描述项目交付物的具体要求或者主要用图纸表达项目建成功能要求的实施方案。

一、项目设计管理的基本概念

(一)项目设计管理的定义

项目设计管理是指在项目生命周期内，对设计活动进行计划、组织、协调和控制的一系列管理活动。其目的是确保项目设计成果的质量、满足客户需求、降低设计成本，并在规定的时间内完成设计任务。

(二)项目设计管理的重要性

(1)确保工程质量：通过科学的设计管理，可以提前发现并解决设计中的问题，避免施工过程中产生的返工和浪费。

(2)优化资源配置：合理的设计管理能够有效配置人力、物力和财力，降低项目成本。

(3)提高工程效率：科学的设计流程和管理制度可以缩短设计周期，提高设计效率，确保项目按时推进。

(4)积极参与设计方案的确定：确保采用便于施工的最优方案，例如桩基工程的桩型的统一、油漆工程的统一等，以降低施工复杂性。

二、设计管理体系的建立

(一)组织机构的建立

建立专门的设计管理组织机构，明确各成员的职责和分工。设计经理负责整体设计管理工作，配备专业的设计师负责具体设计任务，同时安排协调人员负责与其他部门的沟通协调。

(二)制订管理办法文件

制订详细的设计管理办法文件，明确设计各个阶段的工作要求和审批流程，确保设计工作满足工艺、质量、进度、成本控制要求。

(1)工艺、设备技术研讨交流制度。

(2)设计方案讨论制度。

(3)设计成本控制制度。

(4)设计进度管理制度。

(5)设计质量控制考核激励制度。

(6)文控管理制度。

(7)来文审阅执行制度。

(8)图纸审核发放制度。

(9)图纸资料归档管理制度。

(10)设计变更管理制度。

(11)设计驻场服务制度。

(12)设计管理周例会制度。

（三）设计管理方法

（1）进度管理：制订详细的设计进度计划，明确各个设计阶段的时间节点。定期对设计进度进行检查和评估，及时发现并解决进度延误问题。采用有效的进度控制措施，如关键路径法等，以确保设计工作按时完成。

（2）质量管理：建立设计质量管理制度，明确设计质量标准和要求。对设计过程进行质量监控，加强设计文件的审核和评审。及时处理设计质量问题，采取纠正和预防措施，确保设计质量符合要求。

（3）成本管理：制订设计成本预算，明确设计费用的控制目标。对设计成本进行核算和分析，及时发现成本超支问题。采取成本控制措施，如优化设计方案、合理选择设计单位等，降低设计成本。

（4）合同管理：签订规范的设计合同，明确双方的权利和义务。对设计合同的执行情况进行跟踪和管理，及时处理合同变更和纠纷。确保设计单位按照合同要求履行职责，保障项目的顺利进行。

（5）信息管理：建立设计信息管理系统，对设计文件、资料等进行有效管理和存储。及时收集、整理和传递设计信息，确保信息的准确性和及时性。加强与其他部门的信息沟通和共享，提高工作效率和协同性。

（四）设计深化和协调管理

（1）设计深化：在初步设计的基础上，对设计方案进行深化和细化，确保设计的可实施性和合理性。加强与施工单位的沟通和协调，了解施工过程中的实际需求，对设计进行必要的调整和优化。

（2）协调管理：协调设计单位与其他相关单位之间的关系，如业主、施工单位、供应商等。组织召开设计协调会议，及时解决设计过程中出现的问题和矛盾。加强设计与施工的衔接，确保设计意图在施工过程中得到有效贯彻和执行。

三、项目设计管理的流程

（一）设计需求分析

在项目启动阶段，首先需对客户的需求进行深入分析。这包括：

（1）项目背景：了解项目的背景、目标和范围。

（2）客户需求：与客户进行沟通，了解客户重点要求，并明确其对设计的具体要求。

（3）法律法规：了解相关法律法规和行业标准，确保设计方案的合规性。

（二）设计方案制订

在充分理解需求的基础上，制订设计方案。该方案应包括：

（1）总体设计方案：包括工艺流程、设备选型、布局、产能和各项控制指标等。

（2）技术规范：明确设计中涉及的技术标准和规范。

（3）成本估算：对设计方案进行初步的成本估算，以便设计概算控制和后期财务决策。

（4）施工图纸的深入审查：确保各专业图纸的准确性，避免在安装工序中发现图纸错误，从而影响施工进度。

（三）设计评审与优化

初步设计方案完成后，需要进行评审和优化：

（1）专家评审：邀请行业专家对设计方案进行评审，提出改进意见。

（2）方案优化：根据评审意见，对设计方案进行优化，提高其可行性和经济性。

（四）设计文件编制

对于完成优化后的设计方案，还需要进行详细的施工图设计文件编制，包括：

（1）设计图纸：包括总图，各专业工艺流程和设备布置图，建筑、结构、给排水、暖通、电力、绿化等专业施工图纸。

（2）技术说明：对设计图纸进行详细的技术说明，确保施工人员理解设计意图。

（3）材料清单：列出所需材料及其规格，便于后续采购。

（4）设计文件的归档管理：强化设计文件的归档管理，以便后续查阅和使用。

（五）设计变更管理

在项目实施过程中，可能会出现设计变更的情况，需要建立变更管理机制：

（1）变更申请：项目参与方需对变更进行正式申请，说明变更原因。

（2）变更评估：对变更申请进行评估，分析其对项目进度、成本和质量的影响。

（3）变更实施：经批准后，及时实施变更，并更新相关设计文件。

四、项目设计管理中的关键技术

（一）工艺设计技术

工艺设计是铜冶炼项目设计管理中的重要组成部分，涉及冶炼工艺的选择、设备的布局及其工作流程的设计。合理的工艺设计能够最大限度地提高资源的利用效率，降低能耗。

（二）信息化设计管理

随着信息技术的发展，信息化设计管理逐渐成为现代项目管理的重要手段。通过采用BIM（建筑信息模型）等技术，可以实现设计过程的可视化、协同化和智能化，提高设计效率和质量。

（三）风险管理技术

在项目设计管理中，风险管理是不可忽视的重要环节。通过识别、评估和应对设计过程中的潜在风险，可以有效减少项目实施中可能出现的问题。例如，采用风险矩阵分析法，对设计方案中可能存在的技术风险、资源风险和时间风险进行量化评估，从而制订相应的预防和应对措施。

五、项目设计管理重点工作

（一）明确设计目标和要求

（1）在项目启动初期，与相关各方充分沟通，明确项目的功能需求、技术标准、概预算限制和时间节点等。确保设计团队准确理解项目的总体目标。

（2）制订详细的设计任务书，将目标和要求具体化，为设计工作提供明确的指导。

（二）组建专业的设计团队

（1）挑选具备丰富经验和专业技能的设计师、工程师等组成设计团队。确保团队成员在各自领域具有较高的专业水平。

（2）通过集中办公、网上会议、微信群等形式建立良好的团队协作机制，促进不同专业之间的沟通与合作。

（三）设计过程控制

（1）制订合理的设计进度计划，并严格按照计划执行。定期对设计进度进行检查和评估，及时发现并解决进度延误问题。

（2）建立设计评审制度，在关键节点对设计成果进行评审。邀请相关专家、业主代表等参与评审，确保设计符合要求。

（3）加强设计变更管理，严格控制设计变更的审批流程。确保变更的必要性和合理性，避免因变更导致成本增加和工期延误。

（四）与相关方沟通协调

（1）与业主、设备厂家、施工单位、监理单位等相关方保持密切沟通。及时了解他们的需求和意见，将其反馈到设计中。

（2）协调解决设计与采购、施工、试车等之间的矛盾和问题，确保设计方案在施工过程中能够顺利实施。

（五）设备返资管理

1. 建立设备返资制度

制订明确的设备返资流程和标准，包括返资的时间节点、验收标准、文档要求等。确保设备返资工作有章可循。

明确各参与方的职责和义务，确保设备返资工作顺利进行。

2. 设备验收与记录

在设备返资时，对设备进行严格的验收。检查设备的数量、型号、规格、性能等是否符合要求，记录设备的使用情况和维护记录。

对存在问题的设备，及时与供应商沟通协商，确定解决方案。

3. 文档管理

建立完善的设备返资文档管理体系，包括设备清单、验收报告、维护记录等。确保文档的完整性和准确性。

对文档进行分类归档，方便查询和管理。

4. 数据分析与反馈

对设备返资数据进行分析，总结设备使用过程中的问题和经验教训。将分析结果反馈给设计部门和设备供应商，以为后续项目提供参考。

（六）设计优化管理

1. 持续改进的理念

树立持续改进的设计理念，鼓励设计团队在项目实施过程中不断寻找优化的机会。

建立设计优化的激励机制，对提出优秀优化方案的团队成员进行奖励。

2. 技术创新与应用

关注行业技术发展动态，积极引入新的设计理念、技术和材料。通过技术创新提高设计质量和效率。

对新技术进行充分的论证和试验，确保其在项目实施中的可行性和安全性。

3. 成本控制与效益分析

在设计优化过程中，充分考虑成本因素。通过优化设计方案，降低项目成本，提高经济效益。

进行成本效益分析，评估设计优化方案的投入产出比，以确保优化方案在经济上是可行的。

4.与现场施工结合

加强设计与施工的结合，充分考虑施工的可行性和便利性。通过优化设计方案，降低施工难度和风险，提高施工效率。

邀请施工单位参与设计优化过程，听取他们的意见和建议，与他们共同制订优化方案。

六、项目设计管理的团队建设

(一)组建高效的设计团队

项目设计管理的成功离不开高效的设计团队。团队成员应具备多学科的专业知识，包括建筑、结构、冶金、机械、管道、电气、自动化、环境工程等。团队成员应明确各自的职责分工，确保在设计过程中有效协作。

(二)加强团队培训与交流

定期开展团队培训和交流活动，提高团队成员的专业技能和协作能力。

七、项目设计管理的监控与反馈

(一)设计过程的监控

在设计阶段，应建立健全监控机制，定期对设计进度、质量和成本进行检查。通过设置关键绩效指标(KPI)，对设计活动进行量化评估，确保项目设计按照计划进行。

(二)反馈机制的建立

设计完成后，应进行项目总结，收集各方反馈，分析设计过程中的优缺点。通过对设计管理经验的总结，将为后续项目提供宝贵的参考。

八、案例分析：成功的设计管理实践

为了更好地理解项目设计管理的重要性，列举下面一个成功案例。

在某大型铜冶炼项目中，设计团队在初期通过充分的需求分析，明确了客户的核心需求和行业标准。在方案制订阶段，团队采用了模块化设计方法，将复杂的工艺流程分解为多个模块，降低了设计复杂性和施工难度。经过专家评审和方案优化，设计方案得以顺利通过。

在项目实施过程中，设计变更管理机制的建立使得团队能够及时应对现场情况的变化，确保了工期的基本稳定。此外，项目使用了BIM技术进行设计可视化，团队成员间的协作效率显著提升，最终使项目如期交付，得到了客户的高度认可。

九、项目设计管理的总结与展望

通过加强项目设计管理，双闪工艺铜冶炼工厂建设项目在后期实现了工期和成本的有效控制，设计变更问题得到了显著改善。项目团队在设计管理实践中积累了丰富的经验，明确了设计管理在项目成功中的重要性。

未来，项目设计管理将面临更多挑战，如技术的快速发展、环保要求的提高等。为此，我们应持续优化设计管理流程，探索智能化设计管理新模式，提升项目的整体管理水平。

第四节　工程设备采购管理

在大部分冶金项目中，工程设备(包括长周期设备、关键重要设备、定型设备、非标设备、电气仪表等)费用占整个建设项目总投资的比例非常大，一般为50%~70%。可见，工程设备管理是项目管理的一项重要工作，是确保工程项目顺利进行、提高生产效率与质量和工程效益的关键环节。项目工程设备管理包括设计提资、设备采购、设备厂家资料返提资设计、设备监造、设备运输和到场验收、设备人员到场指导及安装调试、随机资料及备品备件交付到设备性能验收的全周期管理流程，可分为八个管理阶段，各管理阶段都有明晰的工作内容和注意事项，这样才能确保工程设备管理在各阶段都能得到有效控制。

一、设计提资阶段

(1)对设备采购而言，提资是一项至关重要的环节，它如同桥梁，连接着工序间的协同工作。设计院根据以往经验，对项目各种设备的技术参数、选型、优秀供应商等给出专业意见。拿到设备提资后，由采购方邀请业内优秀供应商到场或采取线上视频会议的方式进行技术交流，再根据技术交流和提资资料进行设备技术文件的编制。

(2)设备技术文件是招标文件的重要部分之一，是评标阶段技术评分的考核标准，它代表着设备基本要求。设备技术文件主要由以下部分组成：

①项目概况：工艺条件和参数，以及主要性能指标要求。

②质量标准，以及设备组成零部件、标准件等主要配置和性能要求。

③供货范围和界区。

④主要性能验收指标和考核要求。

⑤主要需要提供技术资料的范围、内容、交付时间和要求。

⑥主要技术服务和质量保证。

二、设备采购执行

(一)制订设备采购计划

根据项目总体采购计划，编制项目总体工程设备采购计划，报采购主管领导、项目生产经理/项目总工程师、项目经理审核通过后，报业务部门按计划执行。在执行过程中，结合现场生产需求，对工程设备采购计划进行进一步的分解，编制每月采购计划，明确技术型号、合同签约、交货时间、安装时间和采购方式，加强处理突发情况的应变能力。

设备采购计划的执行一是严格遵循采购计划流程；二是重点审核设备需用计划中品名、规格型号、技术要求条款；三是编制设备采购计划时，提前做好市场调查，明确设备的市场定位，满足EPC合同中相关质量要求条款；四是针对重要核心的设备，在计划中进行分级处理。

如某冶炼厂项目的重要、关键设备清单见表2.4-1。

表 2.4-1　某冶炼厂项目的重要、关键设备清单

序号	名称	技术参数	制造周期
1	闪速熔炼、吹炼喷嘴系统设备	处理量(干基)：设计值为 290 t/h，其可调范围为 80~330 t/h；物料含水量：<0.3%；物料最高温度：140 ℃；炉内最高温度为 1450 ℃；喷嘴工艺风量及富氧浓度：喷嘴工艺风量 60000 Nm³/h，风量调节范围为 40%~110%，富氧浓度为 60%~95%。	6 个月
2	冰铜磨布袋收尘器	一级布袋 $F = 7168$ m²，二级布袋 $F = 8192$ m²(具体面积由供货厂家确定)；一级布袋 $Q = 217516$ Nm³/h $= 325803$ m³/h(97 ℃时)，二级布袋 $Q = 226217$ Nm³/h $= 342619$ m³/h(95 ℃时)。	4 个月
3	蒸汽干燥机	单台处理能力 $Q = 180$ t/h(湿基，含水约 8.5%)；铜精矿、石英砂、渣精矿等混合物(物料成分、含水、比重详见蒸汽干燥机订货资料附件)，铜精矿粒度 80%≤-200 目，石英砂粒度不超过 2 mm。	10 个月
4	闪速熔炼、吹炼余热锅炉设备	熔炼锅炉型式：水平直通烟道式、强制循环；锅炉额定工作压力：5.0 MPa(G)；蒸汽性质：饱和蒸汽；给水温度：133 ℃；产汽量：76.2 t/h(参考值)；对流区入口烟温：(650±30)℃；锅炉排烟温度：(360±20)℃；锅炉烟风阻力：<200 Pa；出口烟气含尘：≤500 mg/Nm³；余热锅炉整体漏风率：≤5%。 吹炼锅炉型式：水平直通烟道式、强制循环；锅炉额定工作压力：5.0 MPa(G)；蒸汽性质：饱和蒸汽；给水温度：133 ℃；产汽量：27.5 t/h(参考值)；对流区入口烟温：(650±30)℃；锅炉排烟温度：(360±20)℃；锅炉烟风阻力：<200 Pa；余热锅炉整体漏风率：≤5%。	9 个月
5	冰铜磨	处理能力：>100 t/h(干基)；产品细度：80%以上的细度≤74 μm；产品(冰铜)含水：≤0.3%。	10 个月
6	铜电解槽、脱铜电解槽	电解槽材质：混凝土+玻璃钢；电解槽短边壁厚为 115 m，长边边壁厚不大于 96 m。(强度需满足工况要求)；电解槽出液口：DN50，在电解槽上部，2 个，两端出液，要求出液口的液位可调；电解槽放上清液口：DN50，在电解槽底部；电解槽放泥口：DN50，在电解槽底部。	5 个月
7	湿式半自磨机、湿式溢流型球磨机	设备规格(筒体内径×筒体长度，m×m)：5.8×5.8；初选功率：3000 kW；临界转速率：75%；钢球充填率 8%~15%；总充填率 30%~35%；格子板开孔：30 mm。	8 个月
8	冰铜粒化、吹炼渣粒化装置	冰铜粒化装置能力需保证：Q(最大)= 150 t/h，冰铜排放速度在 60~150 t/h 的范围内可以随时调整。 吹炼渣粒化装置能力需保证：Q(最大)= 65 t/h，吹炼渣排放速度在 35~65 t/h 的范围内可以随时调整。	6 个月
9	电解专用吊车及吊具	设备规格：32 t(4×8 t)；行车跨距：$L_k = 31.5$ m；主起升：起重量 32 t(4×8 t)，提升高度>7 m(应满足工艺作业的需求)；副起升：起重量 10 t，提升高度>10 m(应满足工艺作业的需求)。	6 个月
10	阴极剥片机组	设计处理能力为 600 片/(h·台)。 阴极板规格(宽×长)：1030 mm×1050 mm，厚度：3.25 mm；剥片后的不锈钢阴极板排板间距 100 mm，每槽 55 块；两台阴极剥片机组的处理能力最大需满足每天双跨出装 160 槽的阴极板处理量。	8 个月
11	硫酸系统净化电除雾器	二级电除雾出口酸雾<5 mg/Nm 或除雾效率>99.5%，二级电除雾出口含尘<2 mg/Nm³；二级电除雾出口含 As≤1 mg/Nm³；单级压降<0.5 kPa，两级压降<1.0 kPa。	4 个月

23

续表2.4-1

序号	名称	技术参数	制造周期
12	智能铜库	铜库库容量：≥3000 t；阴极铜垛入库速度：≥72 垛/h，同时满足阴极铜垛出库速度：≥60 垛/h。	6个月
13	精矿库智能抓斗起重输送集群系统设备	精矿库桥式智能抓斗起重机(六台，每跨各三台)，起重量：$Q=20$ t；跨度：$L_k=31.5$ m；提升高度：$H=12$ m。通过智能感知技术掌控设备状态、库存状态等信息，经库区智能管理系统分析后自主分解生产计划，通过智能调度、智能路径规划等自主决策形成运行指令，并由智能设备自主执行完成任务指令并反馈执行结果。	6个月

(二)成立项目采购组织机构

1. 工程设备采购领导和定标小组

为服务项目的工程设备采购，应成立工程设备采购领导和定标小组，领导小组成员由公司级领导和专家组成。

2. 工程设备采购小组

为强化项目设备采购工作，理顺和加快项目设备采购，应及时与业主、监理、设计院、供应商等单位协调沟通，提高采购效率，明确责任人及职责，应成立工程设备采购小组。

(三)主要职责

(1)负责采购管理工作，协调业主、监理、设计院、供应商等相关方的关系。

(2)根据初步设计和总体工作计划安排，编制设备采购总体计划、月度设备采购计划、设备采购执行计划、采购资金计划。

(3)向设计院催要设备订货资料，编制设备采购技术文件。

(4)负责通过对接设计院、专业门户网站、现场供应商、与行业协会联系等方法进行供应商寻源，通过视频、现场交流等方法进行技术交流，找准设备的档次及选型配置，形成技术要求。

(5)根据设备采购执行计划和设备订货资料编制设备采购方案、采购文本；

(6)设备招标采购、合同签订及合同履行情况监控；

(7)完成对供应商先期确认图纸(ACF)和最终确认图纸(CFC)的催交，以及催货、驻厂监造、运输和交接等工作；

(8)根据设备合同条款，负责组织供应商做好设备技术服务工作；

(9)负责工程完工后的备品备件、专用工具、随机资料的清点与移交。

(10)采购档案管理工作，组织编写项目采购完工报告。

(11)从供应商的资质、生产能力、技术水平、质量管理、交付能力、价格水平、售后服务等多个方面进行综合评估，制订明确的评估标准和权重，以便客观、公正地对供应商进行评价，筛选出符合企业要求的优质供应商，建立长期合作关系。

(四)提出采购需求

这里的采购需求，主要包括三个方面：一是对采购的产品做出清晰而准确的规定，同时也有助于供应商准确地理解；二是详细地制订产品的检验程序和规范；三是形成完整的采购文件，如行业规定、产品标准、技术文件等资料。

(五)设备的招标采购

1.确认采购方式

工程设备采购遵循"公开、公平、公正"和"货比三家"的原则,保证按质、按量、按时,且以合理的价格和可靠的供货来源,获得所需的设备及有关服务。根据项目的性质、规模和企业的相关采购制度,以及所采购设备对项目的影响程度,包括质量和技术要求、供货周期、数量、价格以及市场供货环境等因素,来确定采用招标、询比价、竞争性谈判和单一来源采购等方式。

2.供应商资信调查

调查供应商的资质、体系认证、技术水平和技术优势;用户业绩财务状况、产品的设计能力、制造能力、集成能力、供应和服务能力;供应商的分布、地理位置、交通运输等情况,并认真组织技术交流。

3.确定中标供货商

根据企业采购管理办法和招标文件中的评标方法、评标标准、评标程序,确定中标供货商。

4.签订采购合同

采购方和中标供货商应当在中标通知书发出之日起30日内,根据招标文件和中标供货商的投标文件订立书面合同。中标供货商无正当理由拒签合同,或者在签订合同时向项目部提出附加条件,或者不按照招标文件要求提交履约保证金的,采购方有权取消其中标资格,其投标保证金不予退还;给采购方造成的损失超过投标保证金数额的,中标供货商还应当对超过部分予以赔偿。各部门合同应有统一合同编号、编号办法,并明确采购合同的履行地点、履行方式、到货时间、付款期限及方式、违约责任、物资名称、发票种类、验收标准等。

5.采购合同、文档的管理

在采购管理工作中,合同、文档管理能否做好做细也是重点,确保合同、文档的完整性、有效性和追溯性,使合同、文档管理在采购工作中充分发挥指导、协调和快速查询作用。对于采购文控人员来说,除了应在理论上对项目做更深层次的了解外,在实践工作当中,也应该更积极地参与配合本部门及外部门工作,为部门及整个项目高效运作做好基础保障。

三、设备厂家资料返提资设计

设备厂家资料返提资动态台账由采购方实时更新,该过程中返提资资料的及时确认和修改完善由设计院与厂家交流落实。具体流程为:①采购方建立设备厂家资料返提资动态表;②采购方提供返提资资料发送设计院;③设计院与设备厂家交流定稿合格返提资资料;④采购方通知设备厂家提供正式版返提资资料;⑤第二批及后续设备返提资资料按流程②~④进行。

自中标通知书发出后,采购方技术人员联系中标厂家提供初版(可编辑版)设备资料(主要是满足下游专业设备外形,满足土建设计要求的基础条件),原则上小设备5天内,大设备10天内,单项分包工程30~45天提供。收到第一批订货资料后同步发给设计院,填写设备返资动态表上的"初稿返回日期"。

设计院收到初版(可编辑版)设备资料后,简单设备2天内返初步提资意见,复杂设备3天内返意见,并填写设备返资动态表上的"设计院返回初稿返资意见日期"。同时,按照设备返资动态表上的联系方式,联系设备厂家修改设备资料直至满足设计要求为止。原则上,小设备3天,大设备7天,单项分包工程20～30天。

设备资料返资资料设计确认无误后,告知采购方通知设备厂家对设备资料盖章并发往采购方指定邮箱,采购方应将资料发至设计指定邮箱作为设计院图纸设计依据,盖章版资料存档保存。

四、设备监造

为监督制造厂家保证设备制造质量,严格把好质量关,消除常见性、多发性、重复性质量问题,将全厂设备监造方式分为三类:驻场监造、关键过程监造、远程视频和图片监造。

对具体监造设备根据技术协议及相关技术文件制订相应的《XX监造方案》,与供应商议定后实施。适用工程总承包项目设备采购过程中,对供应商设备的制造、检验、验收、包装、发运等过程的控制。依据设备供货合同及技术协议,按照国家有关法规、规章,对采购设备制造和生产过程中的工艺流程、制造质量及设备供应商的质量体系进行监督。

采购方根据设备的特点和项目要求,确定需要监造设备的监造方式,安排监造工程师进行监造检验工作。对重要的、关键的设备采用驻厂监造方式时,协调供应商配合监造工程师的监造工作。对于有特殊要求的设备,应根据设备的要求,委托专业设计人员或有相应资格和能力的第三方进行监造、检验。采购方或其指定的监造人员有权依据合同对第三方的检验工作实施监督和控制。

在质量检验现场,供应商必须协调解决监造工程师提出的相关问题,整改完毕后监造工程师应对厂家提交的现场质量检验报告签字确认。检验确认质量合格的设备出具出厂检验认可书,并由监造工程师签字,同意交付装运。《检验报告文件》或《出厂检验认可书》不能解除供货厂商对设备技术规格和技术要求的最终质量保证。

如因工程急需来不及检验而放行时,应对产品及其有关文件标示"紧急"字样和进货未检验标记,并填写有关产品紧急放行记录的表格报备采购方。同时,对检验的产品应进行相应标识:未检验,检验合格,检验不合格。对检验结果为有条件验收、拒收的设备应做出处理决定。

五、设备运输和到场验收

(1)采购方应依据采购合同约定的交货条件制订设备运输计划,并组织实施。对超限和有特殊要求设备、危险品的运输,应制订专项运输方案,可委托专业的运输机构承担运输等。对于国际运输,应依据采购合同约定、国际公约和惯例进行,办理清关、商检及保险等手续。设备运至指定地点后,接收人员应对照送货单进行清点,签收时应注明到货状态及其完整性,填写接收报告并归档等。

(2)到场验收由采购方负责组织,在开箱验收前48小时书面通知厂家到场时间,厂家须在开箱检验前24小时内书面明确是否参加开箱检验,采购方应积极做好设备的检验准备工作,包括场地、库房和开箱所需的机具、工具等。设备到场验收流程如下:

①验收前的准备:验收前厂家应提供发货清单、装箱单、检验文件、合格证等有关资料。

②外观验收:按照合同和技术协议核对到货设备名称、型号规格、数量等是否与合同和技术协议相符,并做好记录。查看有无因装卸和运输等原因导致的残损,如有残损应做好残

损情况的现场记录，必要时拍照留存。

③重量验收：对于有重量要求的设备，应先安排过磅检验并保存好过磅单据。

④设备技术资料的交接验收：设备技术资料(图纸、设备使用与保养说明书和备件目录等)、产品合格证、随机配件、专用工具、监测和诊断仪器、特殊材料、润滑油料和通信器材等，是否与合同和技术协议内容相符。对于有特殊材质要求的设备，供货商必须提供权威部门出具的《材质分析报告书》，否则不予验收。

⑤开箱验收：对于装箱运输的设备，要现场开箱验收并做好开箱记录。如开箱后不易保管和存放的，可以协商由需方代管，在安装之前再行开箱检验。

⑥验收结论：对于验收无问题的设备，由采购方牵头组织业主、监理、厂家、安装方填写《设备进场验收单》，以同意设备的进场安装；对于验收有问题的设备，限期要求厂家进行整改，整改完成后，再进行第二次验收，之后再填写《设备进场验收单》。

六、设备人员到场指导及安装调试

在设备安装前，安装方根据发货清单和装箱清单再次对设备进行开箱清点，尤其需要查看其中的关键零部件。采购方根据安装方的设备安装计划，提前通知厂家安排技术人员到场，按照合同约定提供技术服务，在安装、调试过程中，如由于厂家技术人员未按照卖方现场服务人员的指导导致安装、调试不成功和(或)出现合同设备损坏，厂家应自行承担责任。厂家人员应积极配合设备的安装、调试工作，并对设备的安装、调试情况及时进行记录。厂家人员不可随意离开现场，在离场前需找安装方主管设备的技术员签署离场通知单，并经过采购方同意后方可离开现场。

在设备的安装、调试阶段，采购方需全过程参与，对于安装方反馈的设备问题，做好书面记录，并及时协调处理。

在设备安装调试完成后，厂家还需对设备操作人员进行必要的培训和技术指导，包括设备操作标准，以及维修技术标准、点检标准、给油脂标准、维修作业标准等内容。

七、随机资料及备品备件交付

为方便现场对随机资料及备品备件的开箱清点，在发货前提前通知厂家对设备的随机资料、备品备件进行单独装箱。现场需配备专用仓库以用于存放备品备件和随机资料，采购方需对仓库空间提前做好规划，根据设备类型、合同编号进行分类存放。

(一)随机资料的要求

因项目的设备来自多个供应厂家，为保证资料模板的一致性，对各设备的随机资料做统一要求，具体如下：

(1)将随机资料分为五类，即返资资料、设备实物清点配套资料、安装类随机资料、调试及维护类随机资料、保证类随机资料。

(2)随机资料应编制目录和装订成册后提供，将其作为设备验收的一部分。

(3)资料提供形式：PDF电子版文档和纸质版资料分别提供，电子版文档、图片、视频资料应按照常用格式提供。

(4)资料提供数量：PDF电子版文档一份，纸质版资料一式六份。

（5）竣工图、检验资料、验收资料均应提供盖章版。

（6）因设备存在多样性（成套设备、系统设备、静止设备、动力设备等），以上四版块要求提供的资料仅作基本要求，如有特殊要求应在合同中进行注明。

（二）备品备件的要求

（1）备件标识：厂家需对各备品备件进行贴标，再进行装箱。

（2）清单核对：备品备件到货后，采购方应在第一时间组织业主、监理、厂家进行开箱验收，根据合同条款和技术要求，核对备品备件的型号、规格、数量是否与清单一致。

（3）质量检验：对于有特殊要求的备品备件，要求厂家出具检验报告资料，必要时委托第三方进行检验。

（三）交付流程

（1）准备阶段：在交付前，采购方需再次核对随机资料和备品备件清单，确保其完整性和准确性。

（2）交付阶段：按照合同约定的时间和方式将随机资料和备品备件交付给业主，并办理必要的交接手续。

（3）验收阶段：业主验收随机资料和备品备件清单，如有问题应及时沟通。

八、设备性能验收

设备性能验收由采购方负责组织，在进行性能验收前，采购方须根据合同、技术协议、设备操作手册等技术资料，编制设备性能验收方案，并确保现场水、电、气等条件不会对性能验收造成影响。

当设备已经连续满负荷正常运行至少 72 h 时，采购方组织业主、监理、厂家到现场对设备进行性能考核，设备的性能考核指标应严格按照合同和技术协议中的约定条款进行考核。如设备在考核中达到或视为达到技术性能考核指标，则业主、采购方、厂家应在考核完成后 7 日内签署《设备验收证书》，《设备验收证书》的内容应包括但不限于设备基本信息以及技术参数、检查、测试、观察结果的记录和分析、对设备的评价和结论等。

如果第一次性能验收试验达不到设备技术协议所规定的一项或多项性能保证值，则应共同分析原因，由厂家采取措施，并在第一次验收试验结束后 1 个月内进行第二次验收试验。如果第二次性能考核测试仍不能达到技术协议规定的一项或多项技术指标，厂家必须采取有效措施于 3 个月内使之达到各项保证指标，并承担由此产生的费用。如超过规定的期限后，第三次验收试验仍不能达到合同和技术协议规定的保证指标，则以业主意见为主，可以对设备进行让步接收或不予验收，并参照合同条款，对厂家进行处罚。

良好的工程设备管理对于保障工程顺利进行、提高施工效率和质量都具有非常重要的意义。在实际的施工工作中，要根据工程的具体情况进行设备管理的思路和方案制订，充分发挥设备管理的作用，确保工程的顺利进行。同时，设备管理工作需要持续改进和完善，以提高设备管理的水平和效率。

第五节 材料管理

一、项目材料管理定义

项目材料管理是指对项目所需的各类材料进行有效的计划、采购、储存、使用和清算的全过程管理，其涉及计划的统筹、供应商选择、采购合同签订、物流运输、仓储管理、账目处理、库存控制、材料使用和核销结算等环节，是项目管理中不可或缺的一部分。

二、项目材料管理的重要性

（一）目的

降本增效、保障供应。

（二）保供

项目材料管理是保证项目生产正常进行的物质前提。任何一种材料，如不能在适当的时间，以适当的质量、数量保证供应，就会给项目正常生产带来影响，严重的可能导致施工生产中断，停工待料，直接影响施工计划的完成。因此，要保证生产的顺利进行，就必须组织好材料供应的管理工作。

（三）成本

最优的项目材料管理就是减少项目资金占用，项目的材料成本占项目建设成本的50%～70%。故项目材料成本有两方面的含义：一是有效管理材料计划，合理组织材料进场，减少材料储备，尽量少占用项目资金成本；二是有效控制材料消耗，降低材料管理各环节的费用支出避免各环节和过程错误。因此，规范、合理、及时的项目材料管理对项目成本有着直接影响。

（四）质量与效率

规范项目材料管理，有利于保证工程质量和提高劳动生产率。如果材质不合格或运输保管不善，都会影响工程质量；或由于组织不善造成二次搬运以及材料规格不符引起代用，会造成物力和人力的浪费，从而降低劳动生产率。所以，加强项目材料管理，通过有效地管理各环节来保证材料质量和提高工作效率具有重要意义。

三、项目材料管理的内容

项目材料管理的主要内容，可归纳为计划统筹、寻源询价、采购执行、保证供应、供应商管理、仓储管理、消耗控制、加速周转、核算与核销、内部协同、信息化应用、经验总结等方面，具体内容有：

（1）项目材料的计划管理是项目材料管理的起点。计划分为需用计划与采购执行计划。材料计划管理有时效性、准确性、完整性要求，同时要形成有效的材料计划管理能力，这是项目材料管理的合规性、成本、效率的基本要求。

例如：某铜冶炼厂项目所需玻璃钢制品材料，通过采购实施前与项目甲方、设计方沟通，清理全厂11个子项玻璃钢制品材料计划，实现了计划统筹，形成了集约采购，也取得较好的效益（表2.5-1）。

表 2.5-1 铜冶炼厂所需玻璃钢制品材料

序号	品名	规格	材质	标准	单位	用途
1	直管	φ520×10	FRP	HG/T 2163—1991	mm×m	硫酸净化
…	…	…	…	…	…	共 21 项
2	直管	φ92×6	FRP	HG/T 2163—1991	mm×m	环集脱硫
…	…	…	…	…	…	共 8 项
3	直管	φ20×2.5	FRP	HG/T 2163—1991	mm×m	雨水收集
…	…	…	…	…	…	共 7 项
4	直管	φ62×6	FRP	HG/T 2163—1991	mm×m	尾气烟囱
…	…	…	…	…	…	共 8 项
5	直管	φ320×10	FRP	HG/T 2163—1991	mm×m	酸性废水
…	…	…	…	…	…	共 22 项
6	直管	φ170×10	FRP	HG/T 2163-1991	mm×m	综合管网
…	…	…	…	…	…	共 6 项
7	直管	φ324×12	FRP	HG/T 2163—1991	mm×m	渣缓冷循
…	…	…	…	…	…	共 18 项
8	直管	φ1200×13	FRP	HG/T 2163—1991	mm×m	电解车间
…	…	…	…	…	…	共 57 项
9	直管	φ1100×13	FRP	HG/T 2163—1991	mm×m	净液车间
…	…	…	…	…	…	共 34 项
10	直管	φ116×8	FRP	HG/T 2163—1991	mm×m	冰铜粒化
…	…	…	…	…	…	共 3 项

（2）寻源询价与采购执行是相互关联关系，一次充分的寻源询价，就会产生一个好的采购效果，也是实现降本增效、合理高效、优质采购的基本前提。

（3）保证供应材料管理的首要任务是根据施工生产的要求，按时、按质、按量供应生产所需的各种材料。经常性保持供需平衡，既不能因短缺导致停工待料，也不能因超储积压而造成浪费或资金占用。

（4）供应商管理涉及寻源询价、采购执行、保证供应等环节，供应商是项目的一项重要资源，良好互动的供应商往来关系，能促进项目施工生产高效开展。

（5）降低消耗需合理地、节约地使用各种材料，提高它们的利用率。为此，要制订合理的材料消耗定额，以预算量为上限，严格地按定额计划平衡材料计划、供应材料、考核材料消耗情况，在保证供应时监督材料的合理使用、节约使用。

（6）加速周转缩短材料的流通时间，这也意味着加快资金的周转。为此，要统筹安排供应计划，搞好供需衔接；要合理选择运输方式和运输工具，尽量就近组织供应，力争直达直拨供应，减少二次搬运；要合理设库和科学地确定库存储备量，保证及时供应，加快周转。

（7）全面实行项目月度经济活动分析，不断降低材料管理费用，以最少的资金占用、最低的材料成本，完成最多的生产任务。为此，在材料供应管理工作中，必须明确经济责任，加强经济核算，提高经济效益。

（8）任何一个工程项目都不会独立存在，一定会存在施工单位内部协同事宜，大型项目所在地更易成为内部的区域中心。依据相关制度与协同发展和资源整合的要求，各项目部要积极、主动与上级管理机构对接，上报各类需求计划、存货情况或需要内部协同事宜，由上级机构负责整合区域各类需求计划，使施工单位内部各类资源共享，实现资源高效利用。

（9）信息化应用是施工单位发展的必然趋势，项目的信息化应用是施工单位信息化建设的落脚点。项目材料管理要充分利用信息化软件，处理日常工作中的记录资料、采购管理、合同管理、各类台账、账目处理、月度经济活动分析资料等。

（10）不断开展项目完工后的经验总结，做到提高事项认知，提升管理团队的业务能力，促进施工单位的综合管理能力的提高。

四、项目材料管理策划重点

不同的项目，都存在其不一样性。为实现有效的、针对性的管理，项目材料管理策划要结合施工单位相关制度，建立项目材料管理的差异化管理制度或管理要点、投入一定的材料仓储设施、深化管理流程或实施细则，并设置相适应的机构和配置相适应的人力资源。

（1）制订项目材料管理的要点不是对上级管理机构制度的复制，而是针对项目合同、项目特点来制订，其重点是响应项目合同要求，与项目甲方或发包人、监理方的材料管理要求、流程相适应，主要是业务流转、往来工作表格的明确、管理要求与要点的识别与明确等。

（2）项目材料管理机构和人力资源配置，在项目策划阶段予以明确，在实施阶段进行适度调整，以为施工单位实现可持续发展培养材料管理人才。

（3）为实现有效的项目材料管理，在项目的前期策划中，应明确材料仓储场地的规划，并在项目建设初期组织实施。

五、项目现场材料管理要点

凡项目所需的各类材料，自进入施工现场至施工结束清理现场为止的全过程所进行的材料管理，均属施工现场材料管理的范围。施工项目现场材料管理包括以下主要内容：

（1）材料进场依据：凡进入施工现场的材料，材料接收人应持有此类材料的有效执行计划，或送货人持有采购合同、进料计划。无计划的材料，不能进入现场，或等待确认后才能进入现场。

（2）材料进场验收：为了把住质量和数量关，在材料进场时必须根据采购合同、进料计划、送料凭证、质量保证书或产品合格证，进行材料的数量和质量验收；验收工作按质量验收规范和计量检测规定进行；验收内容包括品种、规格、型号、质量、数量、证件等；验收要做好记录、办理验收手续；对不符合计划要求或质量不合格的材料，应拒绝验收。

（3）材料的储存与保管：进库的材料应验收入库，建立台账；现场的材料必须防火、防盗、防雨、防变质、防损坏；施工现场材料的放置要按平面布置图实施，做到位置正确、保管处置得当、合乎堆放保管制度；要日清、月结、定期盘点，做到账实相符。

（4）材料领发：是否做到"谁使用、谁领料"，凡有定额的工程用料，凭限额领料单领发材料；施工设施用料也实行定额发料制度，以设施用料计划进行总控制；超限额的用料，用料前应办理手续，填制限额领料单，注明超耗原因，经签发批准后实施；建立领发料台账，记录领用状况和节超状况。

（5）材料使用监督：现场材料管理责任者应对现场材料的使用情况进行分工监督。监督的内容包括：是否合理用料，是否严格执行配合比，是否认真执行领发料手续，是否做到工完料清，是否按规定进行用料交底和工序交接，是否做到按平面图堆料，是否按要求保护材料等。检查是监督的手段，检查要做到情况有记录、原因有分析、责任有明确、处理有结果。

（6）材料回收：分包单位或班组余料必须回收，及时办理退料手续，并在限额领料单中登记扣除。余料要造表上报，按要求安排办理调拨和退料。设施用料、包装物及容器，在使用周期结束后组织回收，建立回收台账，并处理好与供应商的往来事宜。

（7）周转材料的现场管理：按前期策划、工程量、施工方案编报需用计划。各种周转材料进入施工现场均应充分考虑现场进度与实际需求。周转材料要有合格的存放场地，按要求进行发放和做好记录。退库周转材料按验收标准回收和清点，做好记录，建立维修制度，并阶段性按周转材料损耗要求计提周材损耗量，同步完善审批程序。

六、项目现场甲供材管理

管理项下的甲供材管理指一种类型的甲供材管理，即根据签订的工程合同时事先约定，由发包人直接或间接供应的物资，一般在工程结算中仅计量不计价，过程中做到实物管理，最终结算时进行核算核销的甲供材。

工程项目中存在甲供材既是一种正常现象，也是一种趋势。存在甲供材的项目肯定存在甲供材管理。甲供材管理是一项统筹性工作，其项目招标文件、项目合同、完工结算等环节都有明确的文本约定。

甲供材实施过程中须抓住的几个关键点：

（1）计划申报：计划量按预算量100%申报，按发包人要求格式与内容申报。

（2）验收发放：甲供材主流供货方式都是发包人按计划采购，然后直接供货至计划申报方，故项目在甲供材的到货验收与实物发放至使用方时，做到多方联合验收、单据管理、台账数据及时更新。

（3）核算核销：做到每批次与发包人进行甲供材核对（有利于发包人与其供应商结算）；每月与发包人进行一次月度甲供材核对，并签字盖章确认；每月与使用方进行一次月度项目方提供的甲供材核对，并签字盖章确认。

（4）盘点：以预算量为"参照物"，以甲供材台账的记录数据为统计对象，进行预算量与实物量的对比分析。

甲供材实施过程中常见的几类异常情况：

（1）计划变更：与项目工程部门密切配合，对已到的甲供材，要及时与发包人沟通并第一时间办理退料，对未到的甲供材，书面告知发包人取消变更部分的计划。

（2）计量单位不一致：甲供材的实物计量单位，有可能存在与定额的计量单位不一致的情况，应尽量保持与定额的计量单位一致，便于后期的项目甲供材核销与结算。

（3）材料名称不一样：甲供材的实物名称有可能与定额或图纸的材料名称不一致，造成结算人员无法对甲供材进行核销。因名称不一样的甲供材，视为超领材料，存在全额扣款的风险。

（4）实物数量记录混乱：甲供材的核销一般是按单位工程核销，如存在甲供材与发包人的月度核算资料、甲供材台账的实物数量与单位工程之间记录混乱的情况，会给项目结算人员增加非常大的工作量。

七、项目材料管理的经验与教训

经验是有关行为后果的一种知识。通过不断总结之前的经验，在以后的项目材料管理工作中推广成功的经验：

（1）根据项目的特点及采购量大小，建立采购管理机构，保障项目材料采购的高效、合规。

（2）重视计划统筹能力。为减少材料同类项的采购频次，提高采购效率，可借鉴同类型项目的经验，进行需求计划和采购执行计划的统筹，或借助项目发包人的技术能力，做好计划和技术要求的协调和统筹。

（3）在采购项目材料前，要编制材料技术要求。一份完善的材料技术要求，是实现材料精准采购的保障。

（4）建立有效互动的供应商管理关系，以维护项目供应链的稳定，确保项目材料品质和服务的一致性，降低项目履约风险。

（5）针对项目特点而实施的采购项目标，能为项目取得较好的采购经济效益，同时保障项目的进度需求。

（6）重视项目材料仓储条件建设，规范存储项目建设期的各类材料，实现有效的项目材料实物管理能力。

（7）要形成三个层面的月度材料结算能力，即项目发包人的月度材料结算能力、项目分包方的月度材料结算能力、供应商的月度材料结算能力。这些能力的形成，都是建立在一个完整的基础台账上。

（8）项目开始前，应针对项目特点分析出核心类材料类别，制订标准与要求，保证项目材料的品质。

教训是行为后果的一面镜子，在项目材料管理过程中，也存在很多不足和教训，在此总结如下：

（1）未形成有效的项目材料预算总量控制能力。项目的经营部门与物资部门，往往存在互动性不够、项目领导团队一般重进度轻成本、未进行月度有效的经济活动分析、易造成项目主要材料超预算等问题。

（2）现场周转材料管理能力弱。周转材料的重要性主要体现在提高项目的工作效率、节约施工成本、资源可以实现循环利用上。但项目在实际管理周转材料过程中，管理重视程度不够、决心不够、上下环节的配合度不够等原因，往往会造成周转材料的周转率不够、占用时间长、收发存及维护力度不够等问题，使周转材料成为项目材料管理中的痛点。

（3）项目材料计划管控综合能力不强。现在的项目受设计图纸影响大，受项目的工程技术人员能力不足影响大，受项目材料计划管理人员个人能力影响大，这些都是项目材料计划管控综合能力弱的直接原因。

（4）项目的场站设置不合理。项目现场设置的钢筋加工点容易受分区和分包单位的选择影响，造成一个项目现场多个钢筋加工点并存、未形成集中管理、未形成同类资源综合利用等一系列管理问题。

第六节 现场管理

作为工程建设总承包的重要时间阶段，项目现场工作是铜冶炼厂建设的最终归集处，汇集了设计、采购、设备、材料、试车和项目管理的方方面面，是一个立体式管理空间。项目现场管理是工程由施工图纸转化为实物的过程表现，对图纸能否按照设计标准要求和能否满足最终产品交付物的各种性能参数指标起着决定性作用。现场管理是一项全覆盖、全方位、全要素的科学管理，其更多的是要实现资源要素的充分准备、合理匹配和高效利用，以达到各种资源的最优发挥。

结合双闪铜冶炼项目规模和要求，从参与建设项目的实际经验和情况来看，项目现场管理涉及面广、交叉复杂、动态多变，故风险和问题时有发生。这里只就项目的生活(办公)、生产临时设施设置和施工总平面管理进行重点关注和论述。

一、组织机构建立

项目管理组织结构的选择，反映生产要素间相互结合的形式，即管理活动中各种职能的横向分工与层次划分。要使组织活动有效进行，就需要建立合理的组织机构，项目组织机构对项目的成败有很大影响。项目的组织结构通常受项目的目标、项目的任务、项目所能获得的资源多少、项目的各种制约条件、项目所处的环境等条件的影响和限制。

铜冶炼项目建设现场的组织的设立，依据业主和工程总承包商或施工总承包商事先确定的施工合同要求，结合施工的范围和具体内容，并按照有利于施工各种资源有效组织所进行的设置，来赋予权利和义务。例如，某40万t/a双闪铜冶炼EPC总承包项目，在组织结构上设立一个总牵头单位抓总协调管理，下设两个专业分部形式来策划。具体可划分为总承包项目部、土建分部、安装分部三大部分，总承包项目部总体牵头协调管理，同时负责EPC项目中的设计和采购部分的组织管理与实施。土建与安装部分分别由土建分部和安装分部进行组织管理与实施。

二、生活及办公临时设施

(一)布置的原则、标准和要求

生活及办公临时设施主要包括办公、餐饮、住宿、洗漱、厕所、停车、综合仓库、健身娱乐及休闲等综合建筑。在设计规划过程中，应以人为本，并满足实用性、安全性、经济性和环保性的原则，合理规划建筑功能分区，选用合适的建筑材料，引进先进技术手段来确保临时建筑的结构安全。在设计上，应尽可能降低建筑成本，提高资源利用效率。具体的设计规划标准和要求参考中华人民共和国行业标准《施工现场临时建筑物技术规范》(JGJ/T 188—2009)。

(二)管理的重点

生活及办公临时设施规划、设计和实施的管理重点在功能性的满足上。另外，在硬件配置合理性上，也要充分满足建设的快速高效要求，以利于项目建设初期快速形成生活及办公区，其次是软件配置和应用，做到科学合理，最终满足项目建设全生命周期的各阶段性要求。

三、生产临时设施

（一）布置的原则、标准和要求

生产临时设施主要包含施工水电、道路、现场办公室、厕所、休息间、木工及钢筋工和铁件加工车间、车辆冲洗设备、搅拌站和大门围挡等，其布置原则为满足功能需求、安全可靠、经济环保和易于拆除回收等，其布置规划设计和施工过程应按照先整体后局部、先地下后地上、人车分流等原则。其标准要求参考《施工现场临时建筑物技术规范》（JGJ/T 188—2009）执行。

（二）管理的重点

施工建设的重点是要满足施工需求，按照工期施工顺序统筹考虑，注意避免临时建筑物的布置规划与正式工程建筑物的冲突，其次要考虑到工期变化引发的抢工和特殊自然环境条件变化下，在满足经济环保要求前提下做好设计冗余以应对突变情况。

四、项目施工总平面管理

项目通过总平面动态管理，分阶段对现场总平面布置进行统一规划，总平面布置根据工程进度来做动态调整。总平面管理的目的就是确保各项施工工序流畅、现场人员流动安全有序，物资设备运输通畅、施工机械高效作业，道路设置合理且畅通，给排水有效管控，电力可靠保障等。

（一）管理原则和要求

管理原则和要求主要为：尽量减少施工用地，使平面布置紧凑合理；合理组织运输，减少运输费用，保证运输方便通畅；施工区域的划分和场地的确定，应符合施工流程要求，尽量减少专业工种和各工程之间的干扰；充分利用各种永久性建筑物、构筑物和原有设施为施工服务，降低临时设施的费用；各种生产生活设施应便于工人的生产生活；满足安全防火、劳动保护的要求。

（二）具体控制要点

项目部负责整个现场的安全文明施工总策划，包含门禁安保系统、围墙宣传、五牌一图、单位工程牌、形象宣传栏、员工维权公示牌、现场临厕管理等，各分部根据需要配合。项目实施全过程中，分部负责整个现场的临时道路施工及维护；分部负责临水、临电主干线的施工和运行维护。项目实施全过程中，施工现场所有材料及构件均要有组织堆放，原则上材料及钢构堆放要保持一个方向，且尽量紧凑。

土方开挖及基础施工阶段总平面管理：土建分部根据永临结合思路，负责编制主排水系统、交通主干道、现场洗车槽、永久围墙、现场应急厕所、现场垃圾集中堆放点的方案，报总包项目部批准后实施。安装分部结合设计总平面图，负责编制现场临时用水主干线及临时用电主干线方案，报总包项目部批准后由土建分部实施。土建分部、安装分部负责编制现场办公集装箱、工具室、吸烟点方案，报总包项目部批准后各自实施。总包项目部指定土方堆放地点、垃圾堆放地点。土建、安装分部现场每天要做到工完料清，垃圾运送到指定地点。土建分部负责编制土方阶段临边维护、余土覆盖、降尘防尘、路面保洁方案，报总包项目部批准后实施。土建分部编制土方阶段现场工程车辆交通安全运行及人车分流方案，报总包项目部批准后实施。

土建结构施工阶段总平面管理：土建分部负责编制钢筋车间、木工车间、搅拌站、水泥仓库、钢材仓库、车辆维修间、施工车辆停放点的布置方案，报总包项目部批准后实施。土建分部负责编制土建施工阶段现场成品堆放及保护、材料倒运、人车分流、边坡防护、余土外运、现场周材堆放等方案，报总包项目部批准后实施。对地下给水、排水、电缆、管沟施工，土建、安装分部要做到充分协同，避免二次开挖造成损失。土建分部道路浇筑混凝土前，须安装分部及总包项目部生产经理签字确认。

钢结构和设备施工阶段总平面管理：土建、安装分部钢结构进场前，要充分考虑现场钢结构堆放点，编制钢结构堆放及运输方案，报总包项目部批准执行。安装分部设备进场前，要完成一般设备仓库建设，对于大型设备编制一次性卸货并就位的方案，报总包项目部批准实施。土建、安装分部结构及设备吊装，需占用公共道路时，需提前一天提交占路申请并编制车辆疏导方案，报总包项目部协调批准后实施。未经总包项目部批准堆放钢结构和设备的区域，一律不得堆放材料设备，因施工特殊情况，需报总包项目部综合研究批准后方可堆放。土建、安装分部拖至现场吊装点的钢结构，在现场临时堆放不得超过7天；超过7天的钢结构，一律要求重新倒运回钢结构固定堆放点。

管道和电仪安装阶段总平面管理：土建分部现场工具箱需集中转移到指定地点；安装分部现场工具箱根据车间就近规范摆放。土建、安装分部电气管道材料，根据需用量从仓库领取，施工地点存放的电缆不得超过5天，存放的管道及配件不得超过一周。管道和电仪施工的边角余料，必须每天清理到指定垃圾堆放点，违反规定的单位，严格按照安全文明施工规定进行处罚。现场施工出现工种交叉作业矛盾时，原则上，其优先顺序为钢结构、设备、管道、电气、仪表、调试。

联调联试阶段总平面管理：土建、安装分部现场工具室及办公室，根据需要保留一定数量，其他全部运出施工现场。现场保留的集装箱，集中到指定区域规范摆放。土建分部负责将现场临时厕所全部拆除，且将化粪池破除、填平并夯实。安装分部应做好试验用油、试验用水、试验用酸等介质的管理，做到污油废酸不得污染环境及进入下水道，让系统试验用水有组织地排放。

第七节　进度管理

项目进度计划是项目组织根据合同约定的工期对项目实施过程进行的各项活动做出的周密安排。项目进度计划的主要内容是系统地确定所有专业工作内容和工序、完成这些工作的时间节点、不同阶段的关键线路、交叉作业的交接始点和终点、可搭接的（并联的）区段等，保证在合理工期内，用尽可能低的成本和尽可能高的质量完成工程。进度计划是业主、总承包商、分包商以及其他项目利益相关者进行沟通的最重要的工具，完整的进度计划体现了项目各参与方对项目的时间、资源、费用的安排。从某种程度上来说，项目进度计划是项目各方进行交流、协调、控制、监督和考量的依据。

项目整体进度控制实行里程碑计划和三级进度管控计划（项目总控进度计划、项目总体进度计划和项目详细进度计划），项目进度宜采用P6软件进行统一管理，主要对项目的计划编制、计划执行、计划调整以及计划检查等情况进行统计分析并纠偏。

一、进度计划定义

（1）项目里程碑计划：重点体现项目的主要控制点以及项目执行的总轮廓。

（2）项目总控进度计划（一级）：是在里程碑计划基础上的细化，并综合考虑设计和采购进度因素。

（3）项目总体进度计划（二级）：是根据设计阶段、设备采购阶段、工程施工阶段的主要内容、合理周期和逻辑关系编制的可操作的进度安排。综合考虑费用、资源（工、料、机）要素投入、施工工期等。该计划完成后可作为对设计进度、设备采购进度、施工进度的管理和控制依据。

（4）详细施工进度计划（三级）：是在总体施工计划的基础上，按照 WBS 结构分解至最低层级（工序层级），是对项目所有施工作业最小工序的具体安排，每项作业周期不得超过 2 天。

二、里程碑计划及三级控制计划编制要求

（1）项目里程碑计划是根据 EPC 合同节点要求，对合同节点进行细化和完善，形成里程碑节点计划。

（2）项目总控计划根据项目初步设计、设计出图计划、总平面布置图、设备布置图、设备一览表、物资设备材料询价计划、设备材料采购计划等编制。总控计划时间节点先与设计、采购专业沟通协调后确定，作为施工专业的限制条件，总控计划应分解并细化到施工 WBS 的"分项"层级。

（3）项目总体计划是在总控计划的基础上，根据项目初步设计确定的工作范围和内容，结合设计出图计划、设备采购计划和施工进度计划等编制。总体计划包括分部工程的开始、完成时间及关键的里程碑控制点时间，包含相应的材料、人力、机具资源要素投入，并分解到施工 WBS 层级中的"分类"层级。

（4）详细施工计划是在总体计划的基础上细化分解，直至工序层级（即 WBS 最底层作业）。

三、P6 网络计划编制

项目初期，邀请建设单位、设计单位、监理单位等参建各方召开进度计划编制专题会议，结合初设图纸工程量编制完成项目单位工程施工计划，并协调设计控制部和采购部根据单位工程施工进度计划，结合设计出图、设备采购周期等因素分别编制符合现场进度要求的施工图出图计划和设备采购计划；同时，根据单位工程施工计划、施工图出图计划和设备采购计划，利用 P6 软件编制完成各项 P6 网络进度计划，包括 EPC 总体网络进度计划、里程碑节点计划、施工图出图计划、设备采购网络计划、单位工程施工进度计划。

四、施工进度管理协调措施

（1）总承包施工单位根据招标文件要求的工期、质量、文明施工等目标，结合相关工程的施工经验，编制项目的施工总控制进度计划，对各专业工程明确阶段性工期控制节点。

（2）各专业根据阶段性工期控制节点建立年度施工进度计划、季度施工进度计划、月度施工进度计划，以月度施工进度计划保季度施工进度计划，以季度施工进度计划保年度施工进度计划，实行动态滚动管理。

（3）项目部制订每周、每月进度计划会制度，将现场施工情况与进度计划进行比对，找出工期滞后的原因，提出解决问题的办法，确保各项进度计划的落实。

（4）根据施工现场实际情况，可调整 P6 计划，改变已预设的施工工艺、作业项之间的逻辑关系，以创造更多的工作面来加快进度。

（5）通过设置工段、分区域负责人等措施，开展工段、分区域劳动竞赛，加快工程进度。

（6）不同时期制订不同的节点目标，加大对 P6 关键线路子项的人力、物力、机械设备的投入。

（7）不断总结计划执行过程中存在的漏洞、不合理项，及时召开专题会来总结经验和教训，以为后续工作提供借鉴。

五、周、月进度计划编制及纠偏

（1）每月定期利用 P6 软件导出施工进度计划甘特图，同时编制下月进度计划，下发各单位进行查阅。结合现场施工实际进展情况，根据反馈意见协调工程相关部门进行审核，审核通过后，再利用 P6 软件进行修改调整，编制出完备的月度施工计划，后经项目经理签字盖章，再报监理、业主审批执行。月末对当月进度计划完成情况进行分析，在月例会上进行汇报，对未完成子项，准确核实进度差距，调整下月进度，以尽可能将进度差距消化在本阶段剩余时间内。

（2）根据月度施工计划编制周计划，根据设计、采购、施工周计划制作每日督办清单，将每项工作细化到每天，落实到相关责任部门和责任人，每日跟踪周计划进展情况，每周分析设计、采购、施工进度情况，在周例会上进行通报，实时掌握现场施工情况、设备采购挂网情况、施工图出图情况，将收集到的资料进行整理并发送给相关责任人进行督办。每月 15 日左右，根据现场实际进度和计划进度进行对比分析，对出现偏差的事项联系相关责任人查明产生偏差的原因，并分析偏差对后续工作的影响，与工程部、设计控制部、采购部进行沟通，采取措施加以调整，确保项目进度始终在可控范围内。

六、进度调整的方法

（一）改变工作接口

当不同工作任务之间的交接方式或衔接点存在问题影响进度时，可通过改变工作接口来调整。比如在项目初期，原料处理车间与熔炼车间之间的物料输送接口设计较为复杂，原计划是等原料处理车间全部完工并验收后，才开始进行与熔炼车间连接部分的施工，这使得熔炼车间后续设备安装调试工作需要等待较长时间，影响整体进度。项目团队经过评估，决定改变工作接口方式，在原料处理车间主体结构完成且部分设备安装就位后，就同步开展与熔炼车间连接部分的施工，让两个车间的施工实现部分并行，提前开启了熔炼车间设备的预调试工作，节省了约一个月的等待时间。

（二）调整工作逻辑关系

重新梳理各项工作的先后顺序。若存在一些工作并非必须严格按原顺序进行，可适当调整。例如，按照原计划，精炼车间的一些辅助设备安装需在所有精炼主设备安装完成之后进行，但在实际施工中发现，部分辅助设备的安装位置并不会对主设备安装造成干扰，且先安装辅助设备还能为后续主设备的调试提供一些便利条件，于是调整了工作逻辑关系，将部分辅助设备的安装提前到主设备安装过程中同步进行，合理利用了时间差，这就使得精炼车间整体设备安装调试周期缩短了约两周时间。

（三）调整工作持续时间

对一些耗时较长的关键工作，可通过增加人力、设备等资源投入来缩短其持续时间；或者对于一些非关键工作，在不影响总工期的前提下适当延长时间，调配资源到更关键的任务上，实现进度的优化。例如，在熔炼炉的建造过程中，由于前期地质勘探不够准确，导致基础施工遇到了一些复杂的地质情况，如地下溶洞等，使得基础施工时间比原计划超出了近两个月，严重影响了后续熔炼炉主体建造及安装进度。为了追回延误的工期，项目团队决定在确保安全和质量的前提下，增加熔炼炉主体建造环节的人力和设备投入。原本每天安排一个施工班组进行炉体钢结构焊接，调整后，增加到两个班组同时作业，并且额外调配了一台大型吊装设备用于加快部件安装速度。通过这些措施，成功将熔炼炉主体建造及安装的工作持续时间缩短了一个半月，基本弥补了前期基础施工延误的时间。

（四）调整资源供应

根据工作的实际进展和需求，合理调配资源。如发现某阶段某项工作因资源短缺进展缓慢，及时从其他相对宽松的工作任务上调配人员、材料等资源过来，保障工作顺利推进。例如，在项目建设中期，正值多个车间同时进行设备安装的高峰期，出现了电气安装专业人员短缺的情况，导致部分车间的电气系统安装进度缓慢。项目管理团队迅速从其他地区调配了一批经验丰富的电气安装工人，并与当地的劳务公司紧急协商，临时招募了一些有相关基础的人员过来，在进行短期培训后便可上岗。同时，对各类电气设备及材料的供应进行了重新梳理，优先满足重点车间的需求。通过这些资源供应的调整，各车间电气系统安装工作得以顺利推进，避免了因人员和资源短缺造成的工期延误。

七、进度控制的优化

（一）工期优化

通过分析关键线路上的工作，寻找可压缩时间的环节。比如采用更先进的技术、工艺或增加额外资源投入等方式，在保证质量的前提下缩短关键工作的持续时间，从而达到缩短总工期的目的。例如，在项目初期，按照常规施工流程，熔炼系统中的大型熔炼炉建造工期较长，且被确定为关键线路上的关键工作，若按原计划施工，将严重影响整体项目工期。项目团队经过调研和论证，决定采用一种新型的模块化建造技术。这种技术可以将熔炼炉在工厂预先制作成若干大型模块，然后运至施工现场进行快速组装。通过采用该技术，原本需要6个月的熔炼炉建造时间，现缩短至4个月。

（二）费用优化

综合考虑工期与费用的关系：一方面避免为了赶工期而过度投入资源，导致费用大幅增加；另一方面，也不能因过度控制费用而使工期严重延误。通过对不同方案的成本效益分析，找到既能满足工期要求，又能控制费用合理的最佳方案。例如在选择施工队伍、设备租赁等方面进行性价比评估。又例如，在环保设施建设方面，原计划选用一种进口的先进废气处理设备，虽然处理效果好，但采购成本高昂，且设备运输和安装周期较长，会影响项目进度。项目团队对多种废气处理设备进行了详细的成本效益分析，综合考虑设备性能、价格、运输安装难度等因素，最终决定选用一款国内生产的、同类型废气处理设备，其性能虽略逊于进口设备，但完全满足项目环保要求，且采购成本大幅降低，运输安装也更为便捷。选用国产设备后，不仅使设备采购费用节省了约30%，而且也让运输安装时间比原计划缩短了1个月。

(三)共享资源优化

对于多个工作任务共享的资源，如大型机械设备、专业技术人员等，要做好统筹安排。制订合理的资源使用计划，避免资源闲置或冲突。比如通过合理安排设备的使用时间和调配人员的工作任务，提高共享资源的利用率，保障各项工作按进度进行。例如，在项目建设过程中，多个子项目(如原料处理系统和熔炼系统)都需要使用大型起重机等重型设备，在施工高峰期经常出现设备使用冲突的情况，导致部分工作的工期延误。项目管理团队建立了统一的设备调度中心，对所有共享的重型设备进行统筹安排。根据各子项目的施工进度计划，提前制订详细的设备使用时间表，明确每个子项目使用设备的时间段，并实时监控设备的使用状态。

八、总分包之间关系对进度的影响

(一)积极影响

(1)专业分工协作：总包方将不同专业的工作分包给具有相应资质和能力的分包商，各分包商发挥专业优势，能高效完成各自任务，有利于项目进度的推进。例如在建筑工程中，将水电安装分包给专业团队，其专业施工可减少返工，加快进度。

(2)资源互补：总分包之间可共享部分资源，如总包方的大型施工设备可供分包商按需使用，分包商的某些特殊材料或技术人员也可在一定程度上弥补总包方资源的不足。

(二)消极影响

(1)协调沟通不畅：如果总分包之间缺乏有效的沟通机制，信息传递不及时、不准确，可能导致工作衔接出现问题。比如分包商不清楚总包方下一步的工作安排，无法提前做好准备，造成工期延误。

(2)利益冲突：当总分包在利益分配、责任界定等方面存在分歧时，可能会出现分包商消极怠工、拖延进度的情况。例如分包商认为自身承担的风险与收益不成正比，就可能在工作中故意放慢速度。

(3)质量问题影响：若分包商的施工质量不合格，导致返工，不仅会影响自身工作进度，还可能波及总包方后续工作安排，进而影响整个项目的进度。

九、进度控制的建议

(1)计划控制部门应设置调度员，加强对现场施工的调度与计划管理，切实加大总承包的协调管理力度。通过调度员督促、协调各项计划任务的落实落地。

(2)进度计划出现较小偏差时，由项目经理负责落实并进行纠偏。

(3)进度计划出现较大偏差时，由项目部主管单位负责生产的领导入驻现场，并查找偏差原因，指导项目部落实资源的投入和纠偏。

(4)进度计划出现特别大的偏差时，由项目主管单位总经理入驻现场，并查找原因，指导项目部落实资源的投入和纠偏。

第八节　成本、经营和财务管理

在竞争日益激烈的建筑行业中，建设工程项目的成功不仅仅依赖于精湛的施工技术和优质的工程质量，更离不开科学的成本控制、高效的经营管理以及严谨的财务管理。这三者相互依存、相互促进，共同奠定了项目成功与可持续发展的基石。

一、建设工程项目成本管理：科学管理，过程把控

建筑工程项目建设的最终目的就是为了获得更大的经济效益，而成本是工程项目经济效益的直接体现，有效的成本管理是项目盈利的关键。在建设工程领域，由于项目周期长、投资大、涉及环节多，成本管理稍有不慎便可能导致成本超支，进而影响项目整体利润。因此，建立健全的成本管理体系，对于提高项目经济效益、增强企业竞争力具有重要意义。

在项目启动之初，应基于行业、地方及企业自有数据、市场调研及专业分析，对项目总成本进行合理预测，并制订详细的成本计划。这包括项目所在地的材料费、人工费、机械费及自身管理费等，并且确保成本预算的准确性和可操作性，例如项目所在地的各类工种用工、机械设备租赁费用；同时，根据项目体量，合理定员定编，完成项目管理最合理的组织及搭配，例如拟建设项目是合同额大于 8 亿元或年平均产值大于 4 亿元的大型房建项目，可以配置 36~46 人的管理团队。

在项目履约过程中，应实施动态成本监控，及时调整成本计划以应对市场变化、设计变更等不可预见因素。

例如通过分析历年市场走向，合理选用大宗材料；通过定期召开项目经济成本分析，及时发现成本偏差，并采取措施予以纠正。

2022 年，钢筋等建筑原材料价格大涨。我们通过对市场进行调研分析，在钢筋价格达到顶峰前便进行了大批量采购，并做好了相应的储存保管工作，由此节约了大量的材料成本。

在对分包拟招标前的市场调研下，商务人员应充分摸排市场情况，并与承包合同中的条款进行对比，形成拟分包单价对标表，做到心中有数。对于 EPC 项目，在设计上要下狠功夫，确保不因设计原因而出现返工情况，同时要与设计做好相关约定。对于因设计修改导致的返工，应有相关的处罚条款。

建立成本考核制度，将成本责任落实到个人或团队，通过奖惩机制激发全员参与成本管理的积极性。成本管理不仅仅存在于一个项目的经营工作中，它还存在于项目履约的方方面面，从小到办公用品的消耗到大到工程项目的直接节约，都有可以分析形成相应数据的必要。在项目的履约过程中，项目管理团队可以充分拓展思维，结合现场实际提出合理化的建议。同时，对合理且具有可实施性的合理化建议，公司应支持并给予相关激励。

二、建设工程项目经营管理：高效协同，创新驱动

项目的经营管理是项目顺利进行的保障，它涉及项目的组织、计划、协调、控制等多个方面。高效的经营管理能够提升项目执行效率，降低管理成本，确保项目按期、按质、按量完成。

一是从合同管理做起，营造全员重视合同的工作氛围。合同是项目履约的根本保证，全

员应加强项目施工过程内控管理,增强风险防范意识。例如项目结算过程中,审计通常会以现场与图纸不符等方式对结算额进行扣减,这就需要我们仔细研讨合同,例如在有的EPC合同中,仅对使用功能进行了约定,并且计价原则为根据已完工程量建筑面积等的单价进行计算,这时通过合同口径就能直接规避项目结算金额的审减。

二是做好施工图预算及工料分析,以其作为施工过程材料采购和消耗量控制的依据,从而达到控制成本的目的。及时记录现场各类经营事项,建立相应的设计变更、工作联系单、签证、甲方计量、分包计量等台账,做到实时更新、动态管理。例如在项目履约中,在没做完施工图预算前,工程进度的批复总是容易出现受制约的情况,而在施工图预算做完并审核后,方可做到大家心里有数,真正实现双赢。另外,工程部门需要及时将现场的调整反馈至经营部门,以为二、三次经营做好准备。

三是将生产与经营相结合,提高项目工程部对经济效益的重视程度。

四是定期开展成本分析工作。项目过程成本控制是否到位,有哪些风险防控点,只有通过项目过程成本分析来检验并及时调整。项目过程成本分析是一项需要各部门相互配合的系统工作,项目经营部每月牵头组织,对现场已完工程形象、半成品、库存材料进行盘点,对各部门的盘点数据、资料进行归集,形成成本分析报告(需包含项目盈亏情况的说明)。对于成本控制力度不够的,要在报告中提出具有指导性、操作性的纠偏措施。

五是强化对内对外竣工结算能力,对内将分包结算工作落实到人,尽早锁定分包成本;迅速将工作重点转向竣工结算阶段的三次经营,提高项目收益。项目部成立以项目经理为核心的竣工结算策划小组,对竣工结算的总体原则及思路、结算目标、结算存在的问题和不利因素分析以及应对措施进行详细策划,并形成结算策划书对各部门进行交底,并作为竣工结算工作指南。经营部门与工程部加强协作,积极主动与设计院、造价咨询单位、业主、监理单位就结算存在的问题进行充分沟通,以争取效益最大化,根据竣工结算策划书目标完成竣工结算资料收集、竣工结算书编制、报送及核对工作。

三、建设工程项目财务管理:稳健审慎,风险可控

财务管理是项目经济活动的核心,它直接关系到项目的资金筹集、运用、分配和监控等各个环节。稳健的财务管理能够确保项目资金的合理配置和有效使用,降低财务风险,保障项目顺利进行。同时,财务管理也是企业决策的重要依据,通过财务分析可以为企业战略调整和投资决策提供有力支持。

根据项目需求和自身财务状况,制订合理的资金筹集计划。通过银行贷款、债券发行、股权融资等多种方式筹集资金,并确保资金按时到位。同时,加强资金使用监管,确保资金专款专用,避免挪用和浪费。

建立健全的成本核算体系,对项目成本进行准确核算和分摊。通过成本分析找出成本节约的潜力点,并采取措施降低成本。同时,加强成本控制与绩效考核的结合,确保成本控制目标的实现。

识别项目可能面临的市场风险、信用风险、汇率风险等财务风险因素,并制订相应的风险防控措施。通过购买保险、设置风险准备金等方式降低风险损失;通过加强内部控制和审计监督等方式提高风险管理水平。

定期进行财务分析工作,包括财务报表分析、财务指标分析等,为企业管理层和投资者

提供决策支持。通过财务分析发现企业经营中存在的问题和机遇，并制订相应的改进措施和发展战略。

四、管理体系建立

建设工程项目管理体系是确保项目顺利推进，实现高质量、高效率和高效益的重要保障。在现代建筑行业中，项目管理体系的建立及其制度的完善已经成为项目管理的重要一环。

企业的管理体系是全体员工开展项目标准化管理的依据和行为准则，也是面向客户、创造价值、提升效益、提供坚实履约保证能力的重要保障。

在管理体系中，应明确岗位职责和权限、考核机制、执行准则、沟通机制、适应性、灵活性等多方面。

那么，如何更好地建立管理体系呢？笔者认为首先应明确目标，即应对该项目或本企业的最终实现目标有清晰的定位，包括质量目标、进度目标、成本目标以及安全目标等。这些目标应与公司整体战略和项目特点相匹配，确保项目的成功实施和企业的长远发展。

例如在双闪工艺铜冶炼厂施工建筑企业中，我们应形成以设计为关键，采购、施工、质量、安全、经营、财务为重点的EPC项目管理制度。工业建筑项目经常要面临边设计、边采购、边施工的情况。这样可能会造成大量的修改，那么如何去有效地规避这类情况呢？首先，应建立相关的设计数据库，根据项目需求、规模等提前摸底相关的实物量，节约采购时间。二是严格把控设计，严格审核图纸。三是将经济与技术相结合，在符合国家规范及项目标准的前提下选用本企业利润较大的设计内容。

在大型的双闪工艺铜冶炼厂项目中，采购工作往往占据了项目的很大一部分工作量，包括材料、设备、专业分包等。材料的供应时效及质量直接决定了项目施工部分的成败。在整体的材料采购体系中，应形成从计划、供货、验收、废品处理各个过程的执行标准。

工程设备采购往往决定了最终项目运行的成败，需明确项目所需的设备种类、数量、规格、性能等，确保采购实施与实际需求相匹配。为了选用物美价廉的产品，建筑企业应建立供应商数据库，对潜在供应商进行资质审查、信誉评估、历史业绩考察等。同时，要做好标准合同文本的制订，并根据具体设备进行相关的定制，例如质量标准、交货时间、付款方式、违约责任等。另外，建筑企业应培养自己的调试技术人员，以更快地配合甲方完成设备的试运行及联动试车。

经营工作是项目、企业盈利的直接归口系统，而经营工作直接面对的就是收入及成本。在当今建筑行业中，要在有限的收入下，创造更大的利润，只有通过更合理的成本管理措施才能真正实现。而成本的节约体现在方方面面，一是从源头把控，如材料、供应商的寻源。二是在签订合同时，严格把控，例如在签订劳务分包合同时，严格规定模板的使用量及摊销次数，同时规定领用时间，并适当地设置相关工期的奖惩措施，做到通过管理体系推动项目高质量履约，最大限度地节约成本及缩短工期。三是建立健全经营管理制度，制订经营管理手册，使得企业经营人员可以依据手册行事，增加工效。

财务管理体系对于企业的发展及运营起着至关重要的作用，其目的是实现企业利润最大化或社会价值最大化。在组织架构上，应根据需求设置部门及岗位，健全管理制度，如财务系统管理、资金管理、税务管理、项目会计核算、会计信息报送和会计档案管理等。企业应增强财税合规意识，将合规经营纳入企业文化建设；同时，建立完善的财税管理制度和流程，明确各个环节的责任和程序，并加强对员工的财税合规培训，增强员工的财税合规意识和应对能力。

第九节 技术和质量管理

在当今竞争激烈的铜冶炼行业，先进的工艺技术和严格的产品质量管理是企业取得成功的关键。项目的技术和质量管理关乎项目的各项性能指标能否按标准达成。

一、项目技术管理

(一)技术决策体系建立

在公司总工、公司技术工程部的指导下，以项目经理为牵头人、项目总工为具体负责人，对双闪铜冶炼项目建设过程中施工方案以及技术问题等进行分级审批管理。一般，施工方案由技术员编写，项目总工审核，项目经理批准后实施。施工组织总设计、超过一定规模的危大工程、规模较大的分部分项工程等由项目经理牵头编写，并经公司工程部评审，最后由公司总工批准才能实施。对于项目实施过程中发现的其他技术问题，先在专业内、项目部层面讨论解决，如不能解决或未达成一致意见，反馈给公司工程部，再由公司总工组织会议，制订解决方案。

(二)技术方案的制订与优化

1. 前期调研与分析

在项目启动初期，成立专家团队对国内外已建成的双闪工艺工厂进行了广泛的调研。通过实地考察、技术交流和文献研究，深入了解双闪工艺的技术特点、应用情况和发展趋势。

2. 技术方案的制订

在充分调研的基础上，由技术团队制订技术方案。该方案包括工艺流程设计、设备选型、自动化控制系统设计等内容。在工艺流程设计方面，充分考虑原料的特性、产品质量要求和环保要求，力求实现工艺的优化和创新。在设备选型方面，优先选择国内外先进的设备，确保设备的性能和可靠性。在自动化控制系统设计方面，采用了先进的 DCS 系统和智能化控制系统，实现了对生产过程的精确控制和实时监测。

3. 技术方案的优化

在项目实施过程中，技术团队不断对技术方案进行优化和调整。通过对生产过程中的数据进行分析和研究，发现问题并及时解决。同时，积极引进新的技术和设备，不断提高工艺的技术水平和生产效率。

(三)技术创新与应用

1. 新型喷嘴技术的应用

为了提高闪速熔炼的反应效率，采用了国内某公司的新型喷嘴技术。该喷嘴采用了特殊的结构设计和材料，能够实现原料的均匀喷射和高效反应。通过实际应用，该喷嘴技术显著提高了闪速熔炼的生产效率和产品质量，并且价格远低于国外同类喷嘴。

2. 余热回收技术的创新

双闪工艺产生的高温废气含有大量的热能，为了充分回收利用这些热能，全面采用了高温烟气余热回收、转化工段热交换余热回收以及干吸工段低温位余热回收技术。该技术不仅能够降低能源消耗，还能为项目创造可观的经济效益。

3. 自动化控制系统的升级

为了提高生产过程的自动化程度和稳定性，对自动化控制系统进行了升级。采用了先进的人工智能技术和大数据分析技术，实现了对生产过程的智能控制和优化。同时，加强了对设备的远程监控和故障诊断，提高了设备的可靠性和维护效率。

(四)技术培训与交流

1. 内部培训

为了确保项目的顺利实施，邀请专家组织了多次内部技术培训。培训内容包括双闪工艺的原理、技术方案、设备操作和维护等内容。通过培训，提高了员工的技术水平和操作能力，为项目的顺利实施奠定了基础。

2. 外部交流

积极参加国内外的技术交流活动，与同行企业和科研机构进行广泛的交流与合作。通过交流，了解行业技术动态和发展趋势，为公司的技术创新提供了灵感和借鉴。

二、项目质量管理

(一)质量管理体系的建立与完善

1. 建立质量管理组织机构

成立专门的质量管理领导小组，负责项目的质量管理工作。同时，在项目各部门设立质量管理人员，形成了完善的质量管理组织机构。

2. 制订质量管理规章制度

为了规范质量管理工作，项目部制订了一系列质量管理规章制度，主要包括质量目标管理、质量检验制度、质量奖惩制度等内容，如《创优策划制度》《隐蔽工程验收制度》《材料及构配件报验制度》《见证取样送检制度》《成品保护制度》《质量例会制度》《质量奖惩制度》等。

3. 完善质量管理流程

对项目的质量管理流程进行了全面梳理和优化，明确了各环节的质量控制要点和责任人，确保质量管理工作的有序开展。

4. 采用的工具和方法

(1)PDCA 循环

该方法包括计划、执行、检查和行动四个环节。在工程施工中，此方法可以帮助我们更好地规划、执行和改进工程质量。

(2)帕累托分析

该分析可以帮助我们按照重要性排序，更好地确定工程质量问题和改进点。其核查清单主要用于发现质量问题和改进点。

(4)5W1H 分析法

在工程质量管理中，从原因(Why)、对象(What)、地点(Where)、时间(When)、人员(Who)、方法(How)这六个方面提出问题。

(二)质量控制措施

1. 原材料质量控制

严格控制原材料的质量，对铜精矿、燃料、熔剂等原材料进行严格的检验和验收。建立了原材料质量追溯制度，确保原材料的质量稳定可靠。

2.施工过程质量控制

加强对施工过程的质量控制，严格按照施工图纸和技术规范进行施工。建立了施工质量检查制度，对施工过程中的关键环节进行重点检查和验收。定期开展施工人员技术培训，提高施工人员的质量意识和操作水平。

3.设备安装质量控制

严格控制设备的安装质量，对设备的安装过程进行全程监督和检查。建立了设备安装质量验收制度，确保设备的安装符合设计要求和技术规范。加强了对设备的调试和试运行工作，确保设备的性能和可靠性。

（三）质量检验与评定

（1）建立了严格的质量检验制度，对项目的各个环节进行全面的质量检验。质量检验包括原材料检验、施工过程检验、设备安装检验和产品质量检验等内容。通过质量检验，及时发现问题并进行整改，确保项目的质量符合要求。

（2）质量评定标准

制订了科学合理的质量评定标准，对项目的质量进行客观、公正的评定。质量评定标准包括工程质量评定标准、产品质量评定标准等内容。通过质量评定，及时总结经验教训，不断提高项目的质量管理水平。

三、实践与经验反馈

（一）项目实施过程中的问题与解决措施

1.技术难题的攻克

在项目实施过程中，遇到了一些技术难题，如喷嘴堵塞、余热回收效率不高等问题。技术团队通过深入研究和反复试验，成功地攻克了这些技术难题。例如，通过优化喷嘴结构和调整操作参数，有效地解决了喷嘴堵塞问题；通过改进余热回收设备和优化工艺流程，提高了余热回收效率。

2.质量问题的处理

在项目实施过程中，也出现了一些质量问题，如产品质量不稳定、施工质量不达标等问题。质量管理团队通过加强质量控制和检验，及时发现并处理了这些质量问题。例如，通过加强对原材料的质量控制和生产过程的监控，提高了产品质量的稳定性；通过加强对施工过程的管理和监督，确保了施工质量符合要求。

（二）经验教训与启示

1.技术创新是关键

双闪工艺作为一种先进的铜冶炼技术，需要不断进行技术创新和优化。在项目实施过程中，通过技术创新，项目成功地解决了一些技术难题，提高了工艺的技术水平和生产效率。这启示我们，在未来的项目实施中，要高度重视技术创新，加大技术研发投入，不断提高企业的核心竞争力。

2.质量管理是保障

质量是企业的生命线，严格的质量管理是项目成功的保障。在项目实施过程中，通过建立完善的质量管理体系，加强质量控制和检验，确保了项目的质量符合要求。这也启示我们，在未来的项目实施中，要始终把质量管理放在重要位置，建立健全质量管理体系，加强质量控制和检验，确保项目的质量稳定可靠。

3.团队协作是基础

项目的成功实施离不开团队的协作和努力。在项目实施过程中，各部门密切配合，技术团队、质量管理团队、施工团队等共同努力，确保了项目的顺利实施。这更加启示我们，在未来的项目实施中，要加强团队建设，提高团队的协作能力和执行力，为项目的成功实施提供坚实的基础。

第十节　安全、环保和职业健康管理

双闪工艺铜冶炼厂项目建设工程的安全、环保和职业健康管理，以及文明施工管理，是一项系统、科学和整体的工程。

一、安全管理

（一）安全生产组织机构

项目应建立健全安全生产组织机构。该机构包括安全生产委员会（以下简称"安委会"）和与项目生产经营相适应的安全环保部。

（二）安全生产责任制

严格按照公司安全生产责任制执行，项目部针对工程特点再制订责任制具体清单，监督各部门和全员对照清单落实各项具体工作。另外，项目部还应每季度考核和通报各部门、全员安全环保履职情况，促进全员落实安全生产责任制，逐步形成安全齐抓共管、综合治理的良好局面。

（三）安全生产策划

项目开工前，在编制前期策划的同时，编制项目HSE专项方案、安全创优策划书。前期策划的详细要求按照公司项目管理手册执行。结合项目实际，每月予以评估与及时纠偏。项目HSE专项方案编制和严格执行是项目安全环保管理的重要前提。

（四）安全生产费用投入

根据安全生产法律法规规定，项目保证安全生产费用投入到位，为安全生产做好基础的保障工作。安全检查时必须检查安全生产的投入情况，按中国十五冶金建设集团有限公司《安全生产费用提取和使用管理办法》执行，加强项目安全生产费用的提取和使用管理。安全生产费用按照"先提取、后使用、再返还"的原则，实行集中管理，统筹使用。项目部每月要认真审查分包单位（班组）安全生产费用的有效投入，从而进一步加强项目安全建设。

（五）安全教育培训

项目领导、安全管理人员、工长、技术员每周定期参加班组班前会，每月根据施工进度，制订针对性的安全教育培训计划，并严格落实。以入场培训、特殊工种培训、关键性风险培训（高空、动火、起重、临时用电、密闭受限、脚手架等）、安全生产月等安全教育和活动为载体，不断提高员工安全操作技能，加强其安全意识。实现员工入场培训率100%，班前会开展率100%，较大风险作业岗前培训率100%。将安全教育培训工作贯穿于生产经营的全过程，以持续提高员工和相关方的安全意识、安全生产知识和安全生产技能。

（六）安全生产风险管理

项目应建立安全风险分级管控和隐患排查治理双重预防机制。

（1）项目开工前，针对项目生产特点进行了全方位、全过程的安全风险辨识，排查出项目存在的各类风险，制订风险管控措施。

（2）项目开工后，对项目涉及的安全风险进行辨识，监督落实风险管控措施。重点监督检查重大风险管控措施，确保重大安全风险在控、可控、能控。

（3）严格执行日常安全巡检、项目部周检、月检、专项检查、季节性检查、节假日检查等制度，并积极参与业主、监理的各项检查工作，对存在的安全隐患和违规行为，能当场整改的必须当场整改，不能及时整改的，则跟踪到底，督促相关责任人及时处理。

项目施工全过程中，辨别安全风险类别、制订风险管控措施、隐患排查整改一直贯穿始终，是项目管理的重中之重。

（七）安全技术措施

为了不断提高项目部的安全技术管理水平，项目部应从以下五个方面加强安全技术措施管理：

（1）各级领导、技术员、业务人员，必须熟悉、掌握安全生产的有关法律法规、技术标准，且由项目总工对各级施工生产的安全技术负责。

（2）施工组织设计或施工方案中，必须编制安全技术措施。

（3）对于专业性较强的工程项目，如土方工程、基坑支护、模板工程、脚手架工程、施工用电、物料提升机、塔式起重机、起重吊装等，必须单独编制专项施工方案。

（4）施工方案审批后，必须严格按照方案中安全技术措施遵照执行，不得随意变更。如遇特殊情况需要变更时，必须重新审批。

（5）施工现场的技术负责人，在分项工程施工前必须向分项作业负责人做书面安全技术交底，安全员根据安全技术交底内容检查落实情况。安全交底的内容应符合施工、安装和生产的具体情况，且内容要全面、有针对性和可操作性。

（八）危大工程安全管理

危大工程实施前必须由项目部组织编制专项施工方案。方案审核批准通过后、实施前，项目部对从业人员进行全员安全技术交底，严格按方案实施。工程部、安全环保部对危大工程专项施工方案实施情况进行日常监督，认真填写旁站记录，对于安全相关措施与方案不符的，则应及时纠偏，确保危大工程施工全过程安全均受控。

（九）危险（特殊）作业安全管理

动火、受限空间、高处、吊装等危险（特殊）作业实施前，项目部组织对作业过程进行风险辨识和评价，制订相应的安全措施，做好安全措施交底，严格履行危险（特殊）作业审核批准程序，落实必要的监管措施。作业期间，应设监护人对整个作业过程进行监督管理。管理的难点在于项目有没有按照危险作业安全管理规定抓实各项工作，过程旁站监督是否到位。

（十）特种设备管理

加强起重机械、电梯、施工升降机等特种设备安装、验收和使用的过程管理。特种设备操作人员负责每日自查并填写检查记录表，委托检测单位每月进行系统检查，并出具检查报告，安全环保部应每月定期进行抽查，如有问题，应及时通知专业人员进行维修。

(十一)消防安全管理

(1)项目不断完善消防保障管理体系,建立健全各项消防管理制度,适时开展消防隐患排查和整治工作,做到防患于未然。

(2)施工和生产现场、生活区、食堂、办公区、仓库等人员密集场所应按要求配备消防器材、消防设施、消防安全通道,并定期检查,保障消防水源充足、消防设施及消防器材有效,消防安全通道畅通、标志醒目。

(3)结合项目实际,制订消防专项应急预案,加强消防宣传教育培训,组织应急灭火演练、疏散逃生演练,提高员工消防安全意识和自防自救能力,做到会报警、会灭火、会逃生。

(十二)危险化学品安全管理

危险化学品使用和储存必须符合有关规定,并设置明显标志。对有毒有害废弃物,运送至业主指定区域存放处理,委托有相关资质的单位合规进行处置,并做好储存和消纳台账。

(十三)分包管理

(1)在施工准备阶段,严格审查分包单位资质和合同、安全协议的签订,同时在签订分包合同时,对主要岗位人员及资质进行确定,保证合同中主要管理人员在岗履职,并审查人员的管理能力是否满足管理要求。

(2)分包队伍进场前,项目部组织对分包单位负责人及有关人员进行安全管理体系总交底,对项目的安全管理制度、标准、要求及奖惩规定等进行详细的培训与讲解。

(3)严把人员入场关,严禁体检不合格及超龄人员进场作业,严禁未与分包单位签订合同(或协议)的人员进场作业,严禁未购买保险的人员进场作业,避免用工存在的安全风险。

(4)严格机具设备进场验收,检查作业人员是否严格按照机具设备操作规程的要求使用,从源头上控制机具设备带来的安全风险。

(5)加强安全培训教育,提高安全意识。通过三级安全教育、专项安全培训、事故警示教育、班前会、月度全员安全大会等多种方式,使现场作业人员接受并熟练掌握相关安全知识与技能,提升作业人员的安全意识。

(6)统一管理标准,强化过程管控。督促各分包队伍按照公司要求,在项目现场推行标准化建设,做好本质安全管理,改善施工现场的安全条件。

(7)强化危险作业许可管理,确保危险作业风险可控。

(8)监督安全生产费用投入到位,确保安全措施落实到位。

(9)严格落实安全考核奖惩,督促安全责任的落实情况。结合日常现场检查情况,每月对分包单位进行量化考核评价,及时通报考核结果,奖优罚劣。

(十四)应急管理

项目开工前,结合项目实际,编制综合应急预案、专项应急预案和现场处置方案,并上报项目所在地政府主管部门和上级单位备案。每半年至少开展一次应急救援培训和演练,评价和修订应急预案,不断提高应急人员的处置能力,提升预案的针对性、可操作性、可靠性。

(十五)标准化建设

项目部根据中国十五冶金建设集团有限公司《工程项目安全文明施工标准化管理手册》的要求,策划项目安全文明施工标准化工地建设,明确资源配备要求、时间安排、责任人,与工程施工同步积极推进地市级、省部级、国家级安全文明施工标准化工地创建,以持续提高整体安全管理水平、提升项目建设质量,并树立企业形象。

（十六）智慧工地建设

结合项目需求，安装实名制、环境监测、塔吊监测、喷淋、视频监控、安全体验区等系统，进一步加强项目日常安全管控。

总之，抓好项目安全管理工作需要制订完善的安全管理制度，做好安全培训和教育，建立健全的风险评估和管理机制，并加强安全监督和检查，加强与相关部门的沟通和协调，加强应急管理和处理能力，做好安全宣传和教育工作。只有全面做好这些方面的工作，才能够保障项目的安全进行。

二、环境保护管理

项目环保管理的组织机构、责任制度、策划、费用投入、教育培训、风险管理和应急管理与安全管理一样。

（一）节能减排管理

加强环境保护与节能减排策划，优先使用清洁能源，采用资源利用率高、污染物排放量少的设备，淘汰高污染、高耗能的落后装备。每季度由项目部安环部牵头，工程管理、经营管理、物资设备、综合等部门配合填报节能减排报表，分析评价项目节能减排工作。

（二）碳达峰、碳中和管理

坚持节约优先、绿色低碳的理念，倡导绿色低碳生活、办公方式和消费模式。

（三）环境监测管理

积极运用环境监测系统，建立污染源监控监测管理机制，对污染源实施定期自主监测，确保监测设备正常稳定运行，保存原始监测记录，按要求及时上报监测数据。

（四）"四节一环保"管理

1. 节能

（1）结合场地条件，管理人员办公室及宿舍采用租赁现场附近办公楼，工人宿舍采用装配式集装箱进行临时设施的设计，使其获得良好的日照、通风和采光；临时设施墙体、屋面宜采用节能材料，减少空调、取暖设备的使用时间及耗能量。

（2）临时设施合理配置采暖、空调、风扇数量，规定使用时间，实行分段分时使用，节约用电。

（3）在施工进度允许的前提下，尽可能少地进行夜间施工作业。

（4）做好施工、生活用水用电的节约降耗，如地下室照明使用节能灯，生活区每间宿舍安装电表，装设限流限功率装置，限制大功率电器的使用，既节约能耗，又能提高安全系数。空调专用插座，采取限时限周期人工进行开关，确保不盲目使用空调。办公区、生活区及现场，节能灯使用率达到95%。

（5）采用大幅度节能的空气能热水器，使能耗相比传统锅炉节约30%以上，且使用寿命长，能多次循环使用。

2. 节水

建立循环用水系统，对基坑降水、雨水进行储存使用，用于工程养护、消防用水、砂浆搅拌、机具设备清理、水房洗漱、水房洗澡、厕所冲洗、路面清洗、车辆清洗、绿化浇水等。

3. 节材

（1）使用周转预制道路替代传统现浇混凝土施工道路。传统道路一次投入大，并且需要破除、垃圾清运，施工周期长。周转预制道路投入少，可多次利用，施工速度快，铺装完成即可使用。

（2）使用钢方木代替原始木方，钢方木龙骨连接方式严密灵活、操作简单易行，而且结构稳固。立柱与龙骨的巧妙自锁连接不仅简单而且更结实，省工、省料、省时，更有安全保障。

（3）传统混凝土柱、梁施工周期长，而采用预制柱、梁可以不受现浇混凝土的限制且混凝土外观质量优良；相对于采用现浇工地需使用大量工人而言，预制建筑现场用工较少。

4. 节地

（1）建造二层板房，架空搭设，减少占地面积。

（2）利用 BIM 技术科学布置作业区，在基坑边搭设卸料平台，作为临时堆场，充分利用空余场地。

（3）采用工具式围栏将生活区和工作区分割开来。

（4）利用原市政管道、电缆，保留原场地构筑物。

（5）合理设置场内道路，在满足需求的条件下充分利用场地永久性道路。

5. 环境保护

（1）扬尘污染控制：扬尘污染主要由土石方爆破、粉状材料储运、裸露渣土、垃圾清理等产生。爆破扬尘应采取松动、控制爆破等技术措施控制。土石方储运可采取洒水、遮盖、车辆冲洗等措施降尘。粉状材料（如水泥、石灰等）应罐装或袋装，禁止散装运输，袋装材料应用篷布遮盖，减少堆放时间。高层建筑垃圾应采用串桶下放搬运，严禁高处抛洒下弃。在人口集中地存放煤炭、煤灰、砂石、灰土等物料，必须采取防燃、防尘措施，防止污染大气。

（2）有害气体排放管理：施工现场严禁焚烧各类废弃物。施工车辆、机械设备的尾气排放应符合国家排放标准。固定生产场所产生有害气体的集中作业（如电焊、喷漆作业）应采取烟气净化措施，有害气体排放应符合《大气污染物综合排放标准》（GB16297—1996）的规定。

（3）水污染管理：大力宣传节约用水，减少生活污水的排放。食堂、餐厅严禁将剩菜、剩饭倒入下水道。食堂、餐厅、澡堂洗涤时，尽量使用无磷洗涤剂。生活区、办公区的生活污水应处理达标后，再排入市政污水管道；混凝土拌合及混凝土养护现场、车辆冲洗场及混凝土搅拌站冲洗、设备维修等产生的废水、泥浆应设置分级沉淀池，达到排放指标要求后方可排放。

（4）振动和噪声污染管理：对于施工中所使用的机械设备可能产生环境噪声污染的，项目在开工十五日以前向项目所在地县级以上人民政府环境保护行政主管部门申报该工程的项目名称、施工场所和期限、可能产生的环境噪声值以及所采取的环境噪声污染防治措施的情况。编制作业指导书按地方和业主要求进行监测，形成监测报告。如发现不符合，应采取纠正措施，限期整改，并跟踪验证。

（5）植物、植被保护管理：一是施工区域植物、植被应尽量保护，避免过多破坏。禁止超范围破坏植物、植被。二是施工现场临时设施的设置应尽量选择植被较少的非耕地，减少对环境的破坏和影响，并办理相应临时用地手续。临时驻地生活区应适当绿化和美化。施工结束时要及时退耕还田、还草和植树植草。尽量减少在自然保护区内临时设施占地数量。

（6）野生动物的保护管理：一是施工期间，不得伤害和损害野生动物，不得围捕野生动物，禁止捕食野生动物，不购买、食用野生动物及其制品。二是加强保护野生动物的宣传教育，施工营地应远离野生动物生活区域。

综上所述，要抓好项目环保工作，需要建立健全的环保管理体系，制订环保计划和环境影响评价制度，严格执行法规和标准等。通过这些措施的实施，可以有效保护环境，确保项目的可持续发展。

三、职业健康管理

（1）按职业健康标准对作业现场采取措施，以防范防止或减少粉尘、废气、噪声、辐射等有害因素对人体造成的危害，依据规定对作业人员实施健康体检。

（2）做好女职工职业健康保护，严禁安排未成年工、女职工从事井下、有毒、有害、国家规定的第四级体力劳动强度的劳动和其他女职工禁忌从事的体力劳动或危险作业。

（3）根据季节特点采取相应的防暑降温、防寒防冻措施。按公司规定按时发放防暑药品或物品、高温津贴。

（4）从业人员进入施工现场前，必须提供职业健康体检记录和购买保险记录。

做好职业健康管理工作还需要从多个方面入手，包括建立完善的组织机构和制度；加强职业卫生宣传和培训；提供符合要求的职业病防护用品；按规定组织好上岗前、在岗期间和离岗时的职业健康检查；建立完善的健康监护档案；加强作业场所管理和监督，以及落实责任追究和奖励机制等。同时，对于长期从事职业危害的作业人员，要通过改善作业环境、配备针对性的防护用品、工作岗位轮换等多种途径来给予关怀，通过这些措施的落实，可以有效预防和控制职业危害的发生，保障员工的身心健康。

第十一节　党建管理

根据双闪工艺铜冶炼项目党建工作实践，项目党组织应充分发挥战斗堡垒作用，以服务生产任务为中心，增强党员干部凝聚力，确保项目进度、质量、安全、环保等目标实现。

项目党建工作应紧紧围绕服务生产经营展开，通过加强党的建设、增强组织保障、强化服务质量，进一步提升党建工作水平，提高项目履约能力，确保党组织能够充分发挥引领保障作用。

一、加强党建建设

（一）坚持政治引领

项目党组织坚持发挥好政治引领作用。一是引导党员干部自觉树牢"四个意识"，坚定"四个自信"，坚决做到"两个维护"，确保在思想上和行动上同党中央保持高度一致。二是学习贯彻习近平总书记对国有企业党的建设工作的要求，结合项目实际，保安全、促进度、抓质量，确保项目顺利履约，助力地方经济发展。三是发挥好项目基层党组织"把方向、管大局、保落实"作用。围绕项目党建服务生产经营方向不偏离，确保各项工作开展有"三果"（有结果、有效果、有成果）。四是开展"大学习、大融合、大提升"活动，有计划有组织地开展学习教育，促进产学融合。

（二）加强组织建设

一是抓好"三会一课"。每月结合项目生产实际开展主题党日活动、支部委员会、党小组会议，支部书记每季度组织召开一次党员大会和上一次党课。二是抓好支部建设。成立项目支部委员会，做好支部委员任务分工、改选换届和党员发展等工作。三是明确党内活动。项目党组织把开展创先争优、支部行动法、"一队两岗"、谈心谈话、党员监督岗、学习培训等列为党内重点活动，常态化开展，做好党建赋能。

（三）抓好廉政建设

将项目打造为廉洁工程。一是加强廉政宣传教育。项目领导班子带头学习，设置廉洁文化墙，实施公示公开制度，营造阳光环境。二是常态化开展警示教育。组织员工观看干部违纪违法案件警示录，提升警示效果。三是开展"四盯"活动，"盯责任、保落实，盯问题、纠偏差，盯隐患、防风险，盯短板、促整改"，提高监督效能。四是开展廉洁从业承诺，全体参建人员签订廉洁承诺，与分包商、供应商签订合同时一并签订廉洁协议，定期与分包负责人开展廉洁谈话提醒，丰富监督载体。

二、增强组织保障

（一）增强凝聚力

面对项目工期紧、任务重的现状，为团结带领党员干部攻坚克难，进一步提升项目员工凝聚力，应从以下几个方面做起：一是签订责任状。组织各单位签订责任状，明确目标责任，全体参建人员咬定目标、攻坚克难、分秒必争、真抓实干，通过保安全、保质量、保工期，确保项目建设后墙不倒。二是开展大干百天动员会。集中一切力量，排除一切干扰，咬定目标不放松，为项目建设加油鼓劲，确保项目建设跑出"快节奏"，赛出"加速度"。三是开展定期交流。项目部通过每天早会、碰头会、每周例会、每月例会、每季度经济运行分析会，分析存在的问题，采取纠偏措施，部署下阶段的重点任务，确保目标顺利实现。

（二）提升执行力

提升执行力是项目履约的关键，项目党组织通过开展系列活动促进项目目标的实现。一是开展"行动支部工作法"。明确每名党员目标任务和工作职责，对阶段性完成目标进行点评和总结，提升党员干部执行力。二是开展创先争优活动。实行目标责任制，将任务分解到个人，明确完成时限和质量要求，定期评优、定期通报。三是制订督办考核办法。根据日碰头会、周例会、监理例会、业主指挥部例会及项目各专题会和领导安排的工作清单，定期督办定期考核，提升工作开展执行力和完成效率。四是开展党员责任区。项目党员下沉现场实行分区管理及责任分工，协调和推进现场存在的各类突出问题，确保所有区域问题"事事有人管、件件有落实"，重要事项有专人督办并限期完成，提升工作质效。

（三）强化领悟力

一是创新工作方式方法。鼓励员工创新工作，采用有效的技术管理方法，提高工作效率和执行力。二是开展劳动竞赛。组织开展重点工作劳动竞赛，根据工作完成情况进行奖惩，为项目结项打好基础。三是开展项目管理总结。在项目收尾阶段，组织全体管理人员开展项目管理总结，各专业系统对EPC铜冶炼工艺施工组织要点进行提炼和总结。

三、强化服务质量

（一）解决职工需求

开展"我为群众办实事"活动，项目部设置"洗衣间""饮水区""吸烟区""休息区"等设施来满足员工生活需求。设置篮球、羽毛球、乒乓球等活动设施，进一步丰富员工业余生活。

项目党支部书记定期与员工交流谈心，开展"三必访、五必谈""四小工作法"等活动，了解员工思想动态，关心青年成长，为员工排忧解难。通过对项目食堂餐饮升级管理，提高伙食质量和饭菜口味，强化后勤保障服务，提升员工满意指数。

（二）丰富群团活动

一是及时成立项目团支部、分工会，充分发挥党建带群团功效，增强职工的归属感和自豪感。二是成立"一队两岗"及举行授旗仪式。青年突击队围绕"急难险重"开展突击任务，青年安全监督岗围绕治理项目和安全隐患开展监督检查，青年质量监督岗围绕质量体系要求开展质量检查和 QC 小组活动。三是开展合作交流。组织内部单位之间开展合作联谊、劳动竞赛、技能比武等活动，与当地群团部门开展社会帮扶、友谊联赛等活动，丰富活动载体。

（三）强化项目宣传

定期开展"员工之星""党员之星"评比，并制作展板进行宣传和奖励，发挥榜样的力量，营造"比学赶超"氛围。加强项目稿件宣传，渲染大干快上氛围，挖掘小人物、宣传小典型，通过外媒渠道等多种方式进行宣传，增强项目影响力和感染力。根据宣传管理办法，及时对员工写稿进行奖励，提高青年积极性。加强青年通讯员培训，提升其写作水平，促进其写稿和拍照技能的提升。

党的基层组织和党员队伍建设是一项系统工程，找准深化改革党建工作的发力点，需要各级党组织的高度重视和全体党员的积极参与。将系统党建和基层工作有效融合，重点在"健全组织、丰富载体、主动融入、严字当头"上下功夫，让基层党组织更好地为深化改革、项目履约提供政治保障、组织保障和智力支持。

第三章　原料区和火冶区

第一节　原料区和火冶区简介

一、原料区简介

原料区主要是存储冶炼所需的铜精矿、石英砂、吹炼渣、渣精矿等原料，并根据冶炼工艺配比要求，对原材料进行自动配比，通过振动筛除去杂物，经输送皮带送至蒸汽干燥系统。原料区一般包括精矿厂房和配料厂房。

（一）精矿厂房

精矿厂房用于堆放原料，主要配置料仓、抓斗吊、给料仓、给料胶带机、收尘等设施。入库铜精矿采用汽车运输或根据需要采用皮带运输，按产地、成分或其他类别分仓贮存。抓斗吊可根据情况选用无人操作智能形式，以减少人员配置，同时提高作业效率。如采用汽车运输，需在出库的通道上设置一套汽车自动清洗设施。此外，为满足环保要求，原料区域需规划建设初期雨水收集池。

（二）配料厂房

配料厂房对原料进行称重配比，主要配置给料仓、定量给料机、收尘、检查单轨吊等设施。通过自动称重配料系统来保证配料精度，铜精矿、石英砂、渣精矿、吹炼渣按闪速熔炼炉混合物料成分的要求自动配比后，通过振动筛除去杂物，送至蒸汽干燥系统。配料工序与上料系统合并设置收尘设施，经布袋除尘器除尘达标后就近排放。

二、火冶区简介

火冶区是将铜精矿经过熔炼、吹炼、精炼转化为阳极板的过程，是铜冶炼工程的关键和核心区域，主要由蒸汽干燥系统、闪速熔炼系统、闪速吹炼系统、阳极精炼及浇铸系统、循环冷却水系统、环保排烟系统、气力输送系统以及渣缓冷系统等组成。

（一）蒸汽干燥系统

蒸汽干燥系统主要采用中低压蒸汽对精矿进行干燥。干燥冷凝水采用冷凝水阀组排出后回用，干燥后的混合精矿自流至中间干矿仓，将干矿输送到位于闪速熔炼炉炉顶的干矿仓内。由蒸汽干燥机排出的烟气经布袋收尘后达标排放，收集的精矿粉尘返回到蒸汽干燥机的出料仓中，与干燥后的精矿混合进入中间干矿仓。

（二）闪速熔炼系统

闪速熔炼炉主要是将铜精矿转变成冰铜，主要由炉体框架、反应塔、沉淀池、上升烟道这四大部分以及铜水冷元件及排放口、喷嘴及烧嘴等部分组成，附属系统包括冷却系统、富氧系统、热风系统、天然气燃烧系统及 DCS 集散监控检测系统等。配好的炉料在喷嘴内与工艺风、氧混合，在反应塔的高温空间内迅速完成理化反应，生成的冰铜品位达 70%左右，冰铜定期通过溜槽流入冰铜粒化系统；闪速熔炼炉炉渣通过渣溜槽流入渣包，将热渣包运至缓冷场缓冷。渣选矿选出的渣精矿返回精矿库，闪速熔炼炉产出的烟气经余热锅炉回收余热后，经电收尘器进一步捕集烟尘，烟气由高温风机送至制酸系统。

(三)闪速吹炼系统

闪速吹炼炉能将冰铜冶炼成品位为 98%左右的粗铜。冰铜经过冰铜磨系统碾磨，与其他配好的炉料在喷嘴内与工艺风、氧混合，在反应塔的高温空间内迅速完成吹炼反应。粗铜定期通过溜槽流入阳极炉内精炼，吹炼炉渣定期通过溜槽流入吹炼渣粒化系统。闪速吹炼炉产出的烟气经余热锅炉回收余热后，经电收尘器进一步捕集烟尘，烟气由高温风机送至制酸系统，电收尘器捕集的烟尘则经烟尘输送系统返回闪速吹炼炉或闪速熔炼炉。反应塔砌筑见图 3.1-1。

图 3.1-1

(四)阳极精炼及浇铸系统

阳极精炼是将粗铜进一步提炼成阳极铜，阳极炉浇铸采用铜模浇铸。产出阳极板用叉车或阳极板智能转运系统送至电解系统。电解系统残极处理可采用竖炉熔化后经双圆盘浇铸机浇铸，也可采用 NGL 炉处理，还可以将残极粉碎后通过皮带输送至阳极炉和闪速吹炼炉加以处理。圆盘浇铸机作业见图 3.1-2。

图 3.1-2

(五)循环冷却水系统

熔炼区的冷却系统中主要包含闪速熔炼炉、闪速吹炼炉、阳极炉、冰铜磨、余热锅炉循环水泵冷却水、其他风机等。为确保停电时依然可以供水，一般与高位水塔配套使用，用来保持和调节给水管网中的水量和水压。需注意闪速熔炼炉、闪速吹炼炉周边冷却水管数量繁多，还需避开其他工艺管道，同时方便检修，因此安装时需结合现场回水槽的具体位置进行预先排布，以优化管路。

(六)环保排烟系统

环保排烟系统主要处理停电或烘炉时的烟气。正常时，烟气由布袋除尘器处理后，含尘浓度不超过 10 mg/Nm³，经环集风机送至脱硫装置处理后达标排放。全厂停电事故排烟时，关闭布袋除尘器出口阀，根据风机入口烟气温度，调节兑冷风阀，兑冷风开启脱硝用事故风机，将烘炉或事故烟气送至脱硝系统。为确保排烟系统任何时候均可以正常投入使用，环集风机至少一用一备。

(七)气力输送系统

气力输送装置将铜精矿从中间干矿仓送到炉顶干矿仓。输送过程中，铜精矿通过精矿目标仓和布袋收尘器的收集，再自流至炉顶干矿仓，输送用的含尘空气经布袋收尘器除尘后送至排气筒。

(八)渣缓冷系统

渣缓冷是将闪速炉炉渣冷却后用于选矿。闪速熔炼炉炉渣通过渣溜槽流入渣包，采用渣包车或轨道小车将渣包运至渣缓场进行冷却，需配套渣缓冷循环水，采用自动喷淋控制系统对渣包进行喷水加速降温，同时需考虑设计渣包、渣包车的检修车间。对自动化要求较高的企业，渣包车可采用无人驾驶技术。

第二节　原料区和火冶区设计与优化

双闪工艺为目前世界上最先进、成熟和环保的炼铜工艺之一。铜冶炼原料区和火冶区是双闪炼铜的核心区域，涉及精矿仓、配料上料皮带廊、配料厂房、干燥上料皮带廊、蒸汽干燥、闪速熔炼、冰铜粒化、铜锍仓、铜锍上料皮带廊、冰铜磨、闪速吹炼、吹炼渣粒化、阳极精炼及浇铸、竖炉及保温炉、渣缓冷场、中间物料处理等。结合双闪 40 万 t/a 铜冶炼厂设计实际情况，下面将对精矿库无人行车及智能精矿存储系统、蒸汽干燥机、残极处理工艺等方面的设计与优化情况进行论述。

一、精矿库无人行车及智能精矿存储系统

(一)初步设计情况

双闪工艺铜冶炼的原料涉及铜精矿、石英砂、吹炼渣、精炼渣、黑铜粉等。在项目初步设计阶段，进口铜精矿等各原料通过胶带机运输通廊或自卸汽车运至厂区内，再经精矿仓各矿格预留口卸料入库。原料按品种、产地、品级或类别分格贮存。精矿仓共 18 个矿格，总库容约为 1.52 万 t。铜精矿及石英砂均可满足 18 天的存储量。精矿库厂房采用双跨设计，南北两跨分别设 3 台 20 t 抓斗起重机，进行库内卸车倒运和堆料取料，汇总取出的物料再通过胶带机送至配料厂房。精矿库行车按照常规配置，需要行车操作工操作。此设计在一定程度上满足了倒运和取料的基本需求，但从长远的生产效率提升、智能化管理及员工劳动强度及卫生健康角度等来看，仍存在较大的优化空间。

(二)优化配置

将普通行车改为智能无人行车(带盘库等功能)，并采用智能抓斗起重输送控制系统，具备多车多跨多库的智能集群控制功能，可用于多品种物料的出库、入库(辅助卸料，如平仓倒料)等无人化作业和精矿库库区的智能化管理，以及检修、库存管理等其他辅助作业。

多品种物料出、入库等无人化作业管理。根据智能识别系统中的库存情况合理分配物料(如同一种物料在不同矿仓的存储情况，合理分配相应矿仓进料量)，智能管控系统(简称 ICS)向 DCS 提交卸料点坐标信息，DCS 控制入库皮带机和卸料小车将物料卸入相应料格；精矿库皮带机系统受控于皮带机 DCS 系统，用于接收来料，并通过卸料小车将物料卸入精矿库内；对接下游配料皮带系统，将所需物料输送到配料楼区域。皮带机 DCS 系统与精矿库智能管控系统通信，交互皮带起停、卸料小车位置等信息，通过智能抓斗桥式起重机和皮带机系统配合完成入库、出库作业。设置有车辆门禁系统和人员门禁系统，包括车辆识别装置、电子围栏、安全门等，用于检测和控制车辆和人员出入精矿库区。

精矿库库区的智能化管理。配置 3D 激光扫描系统对库内所有料格的物料进行扫描，提取物料堆形轮廓物理信息，并进行堆形数学三维建模。设置车载、地面视频监控系统，对全库区进行全覆盖成像、视界入侵检测、堵料溢料检测及起重机运行状态检测，并辅助操作人员完成远程操作控制。根据库区视频和 3D 扫描情况，结合工业互联网平台的信息和 DCS 系统相关信息，对整个库区的物理布局及库存情况进行统一管理，中控室能显示整个料场及各矿仓的实时三维模型图像，并显示库存信息，实现数字化、可视化。在管理权限范围内，可对起重机基本作业参数、起重机作业数量、下料点数量及位置、汽车卸料点数量及位置、配

料仓数量及容量、存储的物料种类、实际作业流程进行修改和控制。

具备检修、库存管理等辅助作业。智能抓斗桥式起重机正常作业时，无须进入该区域，仅在检修时进入。在每个检修通道的入口设置由警戒摄像头、检测开关及引导系统组成的电子围栏系统，通过该系统检测是否有人或异物进入该区域，并将信号发送到智能管控系统。检修通道上方同时用作智能抓斗桥式起重机检修区域。通过设置门禁系统实现人机隔离，当某检修通道内有人或车辆时，智能抓斗桥式起重机禁止跨越此通道，有且只有中控操作人员在客户端解除锁定后，起重机才可跨越此区域。检修通道上方可同时用作智能抓斗桥式起重机检修区域。在设备空闲时或者卸料点物料堆高越过 5 m（系统正式投产后客户可通过软件界面设定或修改）时，再进行平仓等作业。

精准定位及吊具防摆。每台起重机配置三轴联动电子防摇系统，实现起重机运动过程中的防摇控制，确保起重机快速对位、快速停止。对大车、小车以及起升高度进行定位检测，实现大、小车的精确定位，满足自动控制需求。对抓料量精准控制、四绳平衡控制、探料控制、深挖控制等。

与地面安全管理系统和皮带机 DCS 系统等建立联锁保护。与地面安全系统联锁，检测起重机自动运行模式下是否有人员或车辆进入无人区域。若有人员或车辆进入无人区域，系统标定该区域为禁入区域，设备进行路径规划并进行避让。若有人或车辆突然闯入，系统发送安全报警信号，设备急停。与皮带机 DCS 系统联锁，接收进料皮带运行信号、卸料点皮带运行信号、上料皮带运行信号、配料仓料位信号、配料皮带运行信号进行联锁控制。当皮带机故障、未完全启动或卸料小车未到位时，系统发送安全报警信号，设备急停。

与厂区互联网平台、厂区 DCS 系统及与其他统计管理系统的通信功能。智能抓斗桥式起重机设备与中控室上位机之间的控制、状态信号和车载视频信号的实时通信，实现智能化工厂所需数据自动传输。ICS 是在标准的生产流程、规范的操作过程的基础上，根据厂区工业互联网平台的信息（如生产管理系统、营销管理系统、质计管理系统等信息）、DCS 相关信息及库存情况等，基于生产管理思想，自主决策仓储管理方案及起重机调度方案，完成起重机设备任务流程管控、上下游作业协同等，实现精矿库物料转运过程自动化、无人化。智能管控系统通过机器感知技术掌控设备状态、库存状态等，根据近远期的采购计划和作业计划，通过智能调度、智能路径规划等自主分解计划、自主决策形成运行指令，下发给智能设备，并由智能设备自主执行完成任务指令并反馈执行结果，更新仓储信息。

（三）特点、经济效益与投入比对

6 台常规行车设备投资合计约 1500 万元，6 台智能行车及系统智能无人行车（带盘库等功能）及控制系统设备投资约 1815 万元，较常规行车多投资 300 万元。采用常规行车需要配置行车操作工每班 5~6 人、采用智能行车系统仅需控制室作业每班 1~2 人，较常规行车岗位人员配置少 16~20 人，极大地节约了人工成本。行车工直接上车操作时库区粉尘大、工作环境差、劳动强度较大，而无人行车的配置到位，不仅提高了劳动效率，还确保了员工的劳动健康，符合打造智能化、绿色工厂的设计理念。

二、蒸汽干燥机

（一）初步设计情况

蒸汽干燥系统选用两台能力为 180 t/h（湿基）的蒸汽干燥机，热源为压力 1.3~1.6 MPa

的饱和蒸汽,可将含水约8.5%的混合精矿干燥到水分低于0.3%。蒸汽在盘管中与湿精矿进行热交换后,转化为冷凝水,经冷凝水阀组排出。蒸汽干燥机主要设计参数见表3.2-1。

表 3.2-1 蒸汽干燥机主要设计参数

项目	单位	参数
物料处理量(湿基)	t/(h·台)	180
物料干燥前含水	%	<8.5
物料干燥后含水	%	<0.3
蒸汽消耗(两台合计,含料仓伴热)总量	t/a	281398
蒸汽消耗平均值	t/h	36
蒸汽消耗设计最大值	t/h	64
蒸汽消耗正常值	Nm^3/(h·台)	52320
蒸汽消耗最大值	Nm^3/(h·台)	55000
蒸汽入口压力	MPa	1.3~1.6
混合精矿出口温度	℃	110~130

(二)设计优化

同设备性能指标下,将盘式蒸汽干燥机和直管式蒸汽干燥机的主要设计性能指标进行对比,见表3.2-2。

表 3.2-2 蒸汽干燥机的主要设计性能指标

序号	项目	单位	蒸汽干燥机指标		备注
			直管式	盘式	
1	物料正常处理量(湿基)	t/(h·台)	180	180	
2	物料最大处理量	t/(h·台)	207	200	
3	物料干燥后含水	%	<0.3	<0.3	
4	蒸汽消耗(两台合计,含料仓伴热)	t/h	24.1	32	蒸汽指标 1.3~1.6 MPa
5	换热管材质		2205 或 2507 不锈钢	316L/2205 不锈钢	
6	换热管规格	ϕ	$\phi141-\phi76$	$\phi89/\phi60$	
7	换热管数量	根	429	90	
8	换热管质量	t	52		
9	换热管总换热面积	m^2	1713	1550	
10	换热管使用寿命	a	3	3	
11	传动电机功率	kW	132	160	
12	电耗	kW	113	≤0.76 kW·h/t	
13	筒体规格	m×m	4.5×12.98	4.44×11.04	
14	单体总重量	t		230	

序号	项目	单位	蒸汽干燥机指标		备注
			直管式	盘式	
15	干燥机总重	t	355	295	
16	整机寿命	a	20	20	
17	单台造价	万元	1550	1450	

（三）经济效益与投入对比

先进性方面。盘管式蒸汽干燥机单位容积下换热面积大，热效率高达 80%～90%。干燥机检修便捷，换热管可单组更换，仅需 2～4 h。直管式蒸汽干燥机每根相互独立，全部更换共需 72 h。

投资方面。盘管式蒸汽干燥机山东天力能源股份有限公司报价 1450 万元/台，筒体长度约 11 m，对设备基础和厂房投资相对较低。对于直管式蒸汽干燥机，天华化工机械及自动化研究设计院有限公司报价 1550 万元/台，筒体长度约 13 m，对设备基础和厂房投资相对较高。

运行维护成本。盘管式蒸汽干燥机能耗高于直管式蒸汽干燥机。在铜陵有色金冠铜业运行维护一台每年约需 300 万元。直管式蒸汽干燥机在广西金川有色金属有限公司 6 年无大的检修，年维修费用不超过 20 万元，维修成本极低。

（四）结论

从先进性、投资和运行维护成本等方面进行长期比较，选择直管式蒸汽干燥机较为经济。

三、残极处理工艺

电解铜生成过程中会产生大量的电解残极，残极率一般为 13%～16%。这些残极需要重新回炉，再浇铸为阳极板。目前，国内铜冶炼厂残极处理工艺主要为竖炉+保温炉工艺或 NGL 炉工艺，NGL 炉为中国瑞林工程技术有限公司的专利。将残极撕碎后直接加料至吹炼炉或精炼炉已成为当下双闪铜冶炼工厂的首选工艺。

（一）工艺原理分析

竖炉+保温炉系统工艺原理。竖炉的炉型为立式圆筒形，主要由竖炉加料系统、竖炉本体、竖炉加料门、竖炉水冷烟道、烟囱组成。物料经打包之后通过提升系统至竖炉上部加料口加入竖炉，由竖炉底部的天然气烧嘴提供热量熔化物料，并利用烟气对上部物料进行预热。工作时，炉内的物料向下移动，形成连续的熔融态金属流。竖炉内部没有熔池，融化后的铜液自流进入保温炉中。保温炉的炉体设有天然气稀氧燃烧烧嘴加热保温，必要时可以通过还原口鼓入的天然气来进行还原操作。

NGL 炉系统的工艺原理。打包好的物料放置在料箱中运至炉前加料平台，再通过轨道式移动加料机加入 NGL 炉内。通过电机驱动圆筒状炉体实现倾转冶炼。通过炉头和炉尾设置的稀氧燃烧烧嘴进行加热，通过炉底的透气砖鼓入氮气进行搅拌，通过侧边的氧化还原阀组进行氧化还原操作。NGL 炉配置有二次燃烧室，以继续燃烧掉烟气中的剩余可燃物。可处理残极、不合格阴极、不良阳极及废杂铜。

残极撕碎直接加料工艺原理。物料撕碎为 50 mm 以下，通过皮带及提升设备分别加入吹炼炉沉淀池及阳极炉中，利用熔体的热量熔化残极，必要时补充燃料熔化。

（二）原料适应性

竖炉+保温炉可处理残极、不合格阴极、阳极及废杂铜；NGL 炉可处理残极、不合格阴极、阳极及废杂铜；残极撕碎直接加料适应物料受制于撕碎机，只适合处理残极。

（三）系统构成

竖炉+保温炉处理残极系统由竖炉+保温炉两套系统及对应的烟气处理系统组成。竖炉系统主要由竖炉本体、自动提升上料装置、水冷烟道、三排烧嘴及对应燃烧风机等组成；保温炉系统由保温炉本体、稀氧燃烧系统（1 套）、还原系统、氮气搅拌系统组成。烟气处理系统由布袋收尘器、排烟机及脱硝系统组成。

NGL 炉处理残极系统由 NGL 炉及对应烟气处理系统组成。NGL 炉系统主要由 NGL 炉本体、自动加料机、二次燃烧室及稀释风机、水冷烟罩、稀氧燃烧系统（2 套）、氮气搅拌系统、还原系统组成（只处理残极时也可不设二次燃烧室）。烟气处理系统由布袋收尘器、排烟机及脱硝系统组成。

残极撕碎系统由残极撕碎及胶带运输及提升系统构成，不新增环保设施。

（四）烟气量及烟气处理

竖炉炉口封闭系统受漏风影响，其系统烟气量相对较大，对应的布袋收尘和尾气处理系统庞大，其竖炉系统烟气量为 63250 Nm³/h，保温炉系统烟气量为 14000 Nm³/h。竖炉出口烟气和保温炉烟罩出口烟气汇合后，进入布袋收尘器进行净化，使烟气含尘浓度降至 10 mg/Nm³ 以下，净化后的烟气由排风机送到脱硝系统。控制 NO_x 浓度小于 50 mg/Nm³ 后送环集脱硫系统后排放。

NGL 炉烟气量 20000 Nm³/h（工艺烟气最大 15000 Nm³/h，600~800 ℃，炉口集烟罩烟气 5000 Nm³/h），NGL 炉还原过程中的残留 C 和 CO 在二次燃烧室或水冷烟罩中燃烧，出口烟气温度约 800 ℃，烟气先经水冷换热器冷却，温度降至 200 ℃ 左右，同时烟气中夹带的烟尘也部分沉降下来，随后烟气再进入到布袋收尘器进行净化，净化后的烟气降温后由排风机送到脱硝系统，控制 NO_x 浓度小于 50 mg/Nm³ 后直接送烟囱排放。

（五）作业模式及处理能力

竖炉+保温炉年残极处理量约 76943 t/a，竖炉设计处理能力为 40 t/h，保温炉蓄料能力 180 t/炉次，可实现一天两炉，满足生产要求。预计每组织一炉次保温炉浇铸作业，竖炉开炉化料时间约 5 h，保温炉浇铸一炉次时间约 2 h，系统单周期作业时间约 7 h。其生产可以间断操作，也可连续生产。间断操作时，天然气单耗为 60.7 Nm³/t 铜，连续作业时，天然气单耗为 69 Nm³/t 铜。

NGL 炉系统年残极处理量约 76943 t/a，设计 250 t NGL 炉，一天一炉，满足生产要求。其生产组织可以间断操作，也可连续生产。间断操作时，天然气单耗为 51.7 Nm³/t 铜，连续作业时，天然气单耗为 54.7 Nm³/t 铜。

残极撕碎系统生产灵活性大，吹炼炉可连续、可间断加料。阳极炉在加料期和氧化期均可加入；残极、废板及溜槽铜等基本实现日产日销；最大产能主要受阳极炉容量和作业周期影响。

(六)设备投资成本

竖炉+保温炉系统(含火法系统及残极输送、收尘系统、脱硝系统)约7800万元;NGL炉系统(含火法系统及残极输送、收尘系统、脱硝系统)约6500万元;残极撕碎系统约2500万元。

由此可见,从灵活性、投资成本、处理能力、环保、运行成本等方面进行比较,残极撕碎系统都优于竖炉+保温炉系统和NGL炉系统,但撕碎机工作时噪声较大,需单独建立厂房或做好隔音措施。将残极撕碎后直接加料至吹炼炉或精炼炉已成为当下双闪铜冶炼工厂的首选工艺。

第三节 耐热混凝土施工技术及要点

一、耐热混凝土的简介

耐热混凝土是指暴露于恒定或循环变化的高温中,因形成陶瓷类黏结产物而不会碎裂的混凝土。它能长时间承受高温作用,并在高温作用下保持需要的物理力学性能,在工业厂房建筑中运用较为广泛。为确保施工质量,需在选材、配合比设计、施工质量方面严格控制。

熔吹炼炉楼板耐热混凝土性能,耐热温度不低于400 ℃,混凝土强度不低于C25。阳极炉大型设备基础耐热混凝土耐热温度不低于400 ℃,混凝土强度不低于C35。

二、施工流程

施工前的准备→耐热混凝土配合比设计与选材→耐热混凝土的搅拌→耐热混凝土的施工→耐热混凝土的养护。

三、施工前的准备

(一)技术准备

认真熟悉图纸,对施工人员进行安全技术交底,必要时可做模拟试验,待施工人员对材料的施工性能熟悉后方可进行施工。

(二)施工材料的准备

根据图纸要求,配备相应强度的耐热混凝土,施工用水必须采用生活洁净用水,水温不低于5 ℃,并要求pH为6.5~7.0,氧化物含量在50 μg/g以下。

(三)劳动人员配备

表3.3-1 劳动人员配备表

序号	工种名称	人员数量	备注
1	技术人员	1	无
2	电工	1	
3	混凝土搅拌工	3	
4	振捣工	2	
5	小工	2	

（四）施工机具准备

表 3.3-2 施工机具准备表

序号	机具设备	数量	备注
1	JW1000 强制式搅拌机	1	无
2	插入式振动棒	2	
3	手推车	2	

（五）上道工序质检

施工前应组织有关人员对上道工序的钢筋隐蔽工程、楼板耐热抓钉系统进行全面质量检查验收，待确认合格后方可施工。相关规定要求：环境温度低于 4 ℃时必须采取相应的防护措施，施工环境温度低于 0 ℃则停止混凝土的施工，混凝土出现冻结时，作报废处理。

四、配合比设计与选材

（一）配合比设计

根据设计图纸耐热混凝土强度要求，参考《钢筋混凝土施工及验收规范》中的经验配合比进行试配、调整，确定基准配合比。

（二）材料的选择

耐热混凝土的主要原材料包括硅酸盐水泥、耐热骨料、掺合料以及外加剂等。硅酸盐水泥可以使用矿渣硅酸盐水泥和普通硅酸盐水泥作为胶结材料，优先选用矿渣硅酸盐水泥，并且矿渣掺量不得大于 20%。水泥的强度等级不得低于 42.5 MPa，以保证耐热混凝土的设计强度。

五、耐热混凝土的搅拌

先运行搅拌机，将混凝土料倒入搅拌机，搅拌机选用 JW1000 强制式平口搅拌机，然后将单独包装的散状料外加剂按比例要求倒入搅拌机，搅拌至颜色一致，干混应不低于 3 min。

干混均匀后的混合料即可加水搅拌，按配合比缓慢加入，再视具体施工要求加入剩余水（水的加入量应根据不同的天气温度来决定，冬季一般应控制为 5%~7%，夏季一般控制为 6%~8%。对于不同的材料，其加水比例不同，密度越大的材料，其加水量越小，反之越大）。

加水后的材料应在规定的时间内用完，一般不超过 45 min，初凝后的材料应弃之不用。混凝土料的加水量应根据浇筑料的不同品种而定，在搅拌加水时，严禁超过供应商提供的加水量的 1%~1.5%。每次施工结束后，应将搅拌机清洗干净，以备下次使用。

六、耐热混凝土的施工

浇筑混凝土时，一定要采用插入式振动棒进行振动浇筑，每个点的振动时间不宜过长，以防离析偏析，振动过程中不能过多碰撞模板、抓钉和挡板，混凝土料振动至表面泛浆即可，然后慢慢抽出振动器。每一部位应一次性浇筑完成，假如情况特殊需两次施工，两次施工的接触面应做成阶梯形，并拉毛处理。振动浇筑料时，浇筑高度不应超过振动棒作用部分的 1.25 倍，连续时前后两次浇筑时间不允许超过前次浇筑料的初凝时间，在立面振捣时，振动棒插入间隔为 500 mm，不允许振动棒放在一处不停振动，如果这样作业，将会造成材料离析偏析。

混凝土料施工时，其底部、侧墙和顶部是分别施工，顶部采用吊模施工，浇筑料施工厚度应保持均匀一致。混凝土料施工完成后，必须做好养护。

七、耐热混凝土的养护

施工完毕后，当表面有一定强度时，便可进行养护，用保温棉覆盖即可，养护 5~7 d 即可烘炉。烘炉时，要根据材料厂家提供的烘炉曲线进行。

材料施工完成后的养护与烘烤。无论任何不定形耐热混凝土材料，只要是用水结合形成的，要保证它的使用寿命，施工完成后必须进行烘干。因为 1 L 水在 110 ℃汽化后，体积会膨胀 1244 倍，因耐热混凝土施工完成后一直处在高温环境，只要施工过的作业面没有烘干，有水分存在，就可能导致后期发生爆裂，造成材料脱落。很多案例已经证明，有些材料没有发生爆裂，但内部结构已经发生变化，气孔率变大，材料疏松，强度变低，使用寿命降低。

八、质量控制与易出现的问题及解决方法

（一）质量控制

1. 耐热混凝土料的质量检查

混凝土烘干后，用半磅锤轻轻敲击衬里，衬里应发出清脆回声，衬里无疏松及无凹凸现象。衬里烘干后，表面应平整、无麻面、无明显大的裂纹。

2. 耐热混凝土的检验项目和技术要求

具体参考《混凝土结构工程施工质量验收规范》（GB 50204—2015）。另外，还需检查烧后混凝土强度、残余抗压强度以及烧后线变化，参考表 3.3-3 耐热混凝土检验项目的技术要求。

表 3.3-3　耐热混凝土检验项目的技术要求

检验项目	极限使用温度/℃	技术要求	每检验批取样组数
1. 耐热混凝土等级 2. 烧后强度	≤700	1. ≥混凝土设计强度等级 2. ≥45%烘干抗压强度	3
1. 耐热混凝土等级 2. 残余抗压强度	900	1. ≥混凝土设计强度等级 2. ≥30%混凝土烘干抗压强度，不可出现裂纹	3
1. 耐热混凝土等级 2. 残余抗压强度 3. 烧后线变化 4. 荷载软化温度（变形4%）	1200~1300	1. ≥混凝土设计强度等级 2. ≥30%混凝土烘干抗压强度，不可出现裂纹 3. 烧后线变化：1200 ℃时，≤0.7%；1300 ℃时，≤0.9% 4. 大于极限使用温度	4

3. 耐热混凝土料的修衬方法

衬里任一缺陷部位进行修补时，应将衬里出成外小内大状，修补的最小范围应包括 5 个

抓钉的范围(至少为 300 mm×300 mm),并且在四周用水彻底湿润。所有修补工作应采用和原来相同的施工方法。

(二)易出现的问题及解决方法

(1)耐热混凝土混合料在购买时,应向供应商说明施工厚度、耐热等级、强度等级,以及对材料的具体要求。

(2)施工厚度变化直接导致工艺发生变化。

(3)每批次耐热混凝土混合料在入厂后都需进行复检,特别是对加水比例进行测试。大量实验证明,浇筑料每多加 1%的水,强度下降 5~15 MPa,如果加水量大于要求加水比例的 3%时,强度下降 50%以上。

(4)耐热混凝土混合料必须采用强制式搅拌机进行搅拌,倒至楼板后,应采用振动棒振捣成形。

(5)耐热混凝土混合料易出现的问题及自检方法:

①混合料凝结速度缓慢与加水比例过大有关系;

②与天气温度太低有关系;

③与水质偏酸性有关系;

④与水泥加入量有关系;

⑤如果水质、水泥都没有问题,可适当加大促凝剂(水泥)进行促凝。

耐热混凝土混合料是利用搅拌的一种材料,流动性很好,只能用于支模浇筑,不可以涂抹。

第四节　主厂房钢结构吊装方法及要点

双闪工艺铜冶炼工厂主厂房分为熔炼区域、吹炼区域、阳极精炼区域,厂房高跨部分高约 60 m,低跨部分高约 34 m,全长约 180 m,全宽约 98 m。主要结构形式为多层钢框架结构,其中阳极精炼区域为门式钢架、钢平台结构。楼面采用花纹钢板,外墙采用防腐节能板,屋面为压型钢板和现浇混凝土,厂房柱、梁通常采用箱形和 H 形两种截面形式。

一、钢结构吊装前准备

(一)构件的存放及倒运

主厂房钢结构总量大,构件种类繁多,钢构件发货到场顺序应根据现场吊装顺序要求,并整齐堆放在指定的构件堆场。确保钢构件的存放场地平整、坚实、无积水,钢构件应按种类、型号、安装顺序分区存放,相同型号的钢构件叠放时,各层钢构件的支点应在同一垂直线上,并防止钢构件被压坏和变形。钢构件堆放要垫平、放稳,必要时用铁丝或钢绳绑扎牢固,以防倒下损坏构件及伤人。

构件装车、运输及卸车堆放的成品保护:构件装车使用吊夹和吊带进行,较小构件先进行捆装后装车。装车码放过程中,每层构件间垫枕木或胶皮、槽钢,装车完毕后用钢丝绳捆车固定构件,钢丝绳与构件间垫硬质包角,避免钢丝绳与构件摩擦损伤构件。构件卸车后放置在垫木上,禁止构件直接与地面接触,并采取防滑动、滚动措施。构件堆放时较重构件放置下方,且构件堆放高度不宜过高。

构件吊装前，应在构件适当位置做好测量控制标记、安装方位标记等。钢柱测控标记应标识在每节柱底和柱顶的两个方向上，钢柱离柱底 1 m 位置标识标高控制点。

（二）构件分段

由于双闪工艺铜冶炼工厂主厂房高度较高，高跨区域高度一般达到 60 m 左右，钢柱重量超重，长度超长。在制作前，通过钢结构详图转换工作将合理结合设计要求对超长超重的构件予以分段，以满足运输及吊装等需要。

钢柱分段根据运输条件及吊装机械设备工况确定，分段高度一般为 3 个楼层高度，即 15~20 m，第一节钢柱相较上部钢柱施工更便捷，可适当更长一些。钢柱对接点设置高于平台 1.0~1.5 m 位置，以方便上下柱安装及焊接工作。

（三）基础交接

在基础交接时，应对建筑物的定位轴线、基础轴线标高等进行复测检查，检查基础的轴线标志和标高基准点是否准确齐全。基础交接应符合下列规定：

（1）基础的轴线标点和基准点齐全。

（2）支撑面、地脚螺栓（锚栓）的允许偏差应符合表 3.4-1 的要求。

表 3.4-1 支撑面、地脚螺栓（锚栓）允许偏差

项目		允许偏差/mm
支撑面	标高	±3.0
	水平度	$L/1000$
地脚螺栓（锚栓）	螺栓中心偏移	5
	螺栓露出长度	+20~0
	螺纹长度	+20~0
预留孔	中心偏移	10
	孔深	+20~0

二、钢构件吊装

（一）起重设备选型及布置

1. 双塔吊吊装

以 60 m 高度主厂房为例，厂房高跨部位钢柱截面较大，钢柱多为箱形截面。根据钢柱分段情况，部分钢柱质量超过 20 t，综合吊装工况在熔炼及吹炼工段各设置 1 台塔吊，且塔吊作为主要吊装机械。塔吊选用 400 t·m 型号，30 m 最大起重量为 14 t，可满足主厂房大部分钢柱、钢梁、次梁及支撑结构、平台板等构件吊装需求。同时，可覆盖构件堆场，便于构件转运及安装。

对于超过塔吊起重量构件和不在塔吊吊装范围内的构件，可在熔炼及吹炼余热锅炉侧布置履带吊或汽车吊配合吊装，对履带吊行走路面地基处理坚实平整，并铺设路基板，确保履带吊可在熔炼余热锅炉及吹炼余热锅炉之间自由行走，履带吊及两台塔吊距离合理设置以确保有效覆盖主厂房及构件堆场吊装范围。由于主厂房区域内 2 台塔吊及履带吊同时作业时存

在大臂交叉的情况,在规划布置之前需查询当地相关规定要求,若群塔作业属于超过一定规模的危险性较大的分部分项工程,需编制专项施工方案,并组织专家论证。

对回旋半径存在交叉的塔吊采取高低差错开,对每台塔吊的初始安装高度进行统一规定,避免互相干扰,处于高位的塔吊吊钩(吊钩升至最高点)与低位塔吊的垂直距离在任何情况下不少于 2 m。且移动塔吊时任意部位(包括吊物)之间距离不小于 5 m。塔吊安装、拆卸均按特种设备告知、报检相关要求进行。

2.双履带吊吊装

除上述双塔吊安装方式,还可以根据现场情况选用两台履带吊作为主要吊装机械。相较于塔吊,履带吊吊装灵活性更高,但对吊装场地要求较高,应根据现场施工情况合理选择。

在主厂房两侧各设置一台 180 t 及 320 t 履带吊,320 t 履带吊的吊臂长为 98 m(62 m 主臂+36 m 副臂),在吊物起重高度为 66 m、作业半径为 30 m 工况下,吊车额定起重量为 45.5 t;180 t 履带吊的吊臂长选定为 73.2 m,在吊物起重高度为 66 m、作业半径为 26 m 工况下,吊车额定起重量为 19 t。履带吊吊装由于其灵活性,可覆盖主厂房大部分施工区域。对于不在履带吊吊装范围内的构件,使用汽车吊配合吊装。

塔吊的优点在于其机动性好、转移迅速,适合在需要快速转移或机动性要求高的环境中使用。但其起重性能有限,不能负荷行驶。履带吊稳定性好、载重能力强。它适用于需要大载重能力、在复杂地形上作业的场景。履带吊可以在地面对结构分单元进行组合体拼装,通过履带吊整体吊装,减少高空作业工作量;而如果需要快速转移且在较为平坦的场地上作业,塔吊可能更为合适。选择时应根据具体的使用场景和需求来决定。

(二)钢柱安装

(1)按厂房跨距、柱距在基础上划出纵横中心线,并标注标高标记。

(2)在钢柱底部和顶部的纵横两个方向画好中心线,并在柱身的适当位置标注标高标记,以便进行柱身矫正、标高调整及沉降观测。

(3)钢柱吊装前,须在柱牛腿下搭设简易平台和主柱一同吊装。挑架主要由槽钢及 M20 双头螺栓制作,平台上搭设跳板用铁丝与平台绑扎牢固,另用 ϕ20 mm 圆钢或角钢制成直爬梯钩于槽钢中部,用于施工人员上下。施工场地较为平整时,也可使用高空作业车配合施工。

(4)在吊装较长钢柱时,采用双机抬吊钢柱,以塔吊或汽车吊为主吊钢柱顶部,另用一台吊车吊起钢柱底部,配合塔吊起吊,随着塔吊起钩回转,将钢柱立直,然后卸去吊车,利用塔吊单独进行吊装且按方位就位,使柱子纵横中心线对准预埋短柱中心线。首根钢柱起吊后,应设置 4 个方向的缆风绳以确保单根构件的垂直稳定,然后起吊第二根钢柱,起立后及时连接 2 根钢柱之间的框架梁,待形成稳定体系后,可逐轴安装其他钢柱。每起吊一根钢柱,需及时与前一根钢柱连接框架梁,形成稳定框架。双机抬吊时,要根据起重机的起重性能进行合理的负荷分配(每台起重机的负荷不得超过其安全负荷的 80%)。在操作时,要统一指挥。在整个抬吊过程中,两台起重机的吊钩滑车组均应保持铅垂状态。

(5)钢柱就位质量控制

钢柱就位后,先进行钢柱纵横轴线位移调整,再调整垂直度。在纵横方向各架设一台经纬仪,进行柱子垂直度的调整,调整方法为钢柱轴线位移与垂直度同时调整,通过纵横方向经纬仪观测定位,以基准控制中心线、柱底及柱顶中心线进行调整,允许偏差应符合《钢结构工程施工质量验收标准》(GB 50205—2020)的规定。

钢柱安装后,在柱底板设置垫铁,在钢柱安装和调整完毕后,进行二次灌浆前,要点焊固定各组的垫铁,在自检合格后,向监理进行报验。监理验收后,组织对钢柱基础的灌浆,根据设计要求对灌浆的材料和灌浆质量进行控制。多节钢柱现场对接示意图见图 3.4-1。

扫一扫,看图

图 3.4-1

(三)框架梁、平台梁及柱间支撑安装

(1)先安装主梁,再安装次梁,用塔吊或汽车吊、履带吊吊装就位。

(2)主梁安装后,次梁不能就位的,主梁暂不固定,待次梁就位后,固定主梁,然后连接次梁。

(3)框架梁、平台梁以高强螺栓连接的,应先用临时螺栓固定,待调整合格后,再换上高强螺栓;若是焊接连接的,则先用安装螺栓固定,调整合格后,再进行焊接。

(4)螺栓孔不得用气割修孔、扩孔,装螺栓时,可用冲钉冲孔,使螺栓顺利穿入。高强螺栓的初拧和终拧应在同一天完成,通过及时的紧固操作达到所需的预紧力,避免因时间间隔过长而导致的连接松动或性能下降。

(5)焊接和高强螺栓连接并用的连接,应按先拴后焊的顺序施工。

(6)柱间支撑安装就位后的连接,与平台梁的方法相同。

(7)柱子、框架梁、平台安装完毕后,经检查合格,可进行柱脚二次灌浆。

(四)上层各段钢柱安装

(1)待第一段钢柱及平台安装完毕且调整合格后,才可进行第二段钢柱安装。第二段钢柱采用塔吊安装,对于超出塔吊起重量的钢柱使用履带吊安装,同样采用双机抬吊,以塔吊或履带吊为主,吊钢柱顶部,另用一台吊车吊起钢柱底部,配合塔吊起吊。

(2)采用与底层柱相同的方法将钢柱吊装就位,按厂内预装后所标出的标记,用定位器进行调整。

(3)与下层柱调整一样,在钢柱的纵横方向各架一台经纬仪,观察第一段钢柱底控制中心轴线、接头处中心轴线及顶部中心轴线,进行上层钢柱的垂直度调整,其基准中心轴线从地面控制轴线直接引,不得从下层钢柱的轴线上引,以免造成累积误差。校正位移时,应注意钢柱扭转。同时,架设水准仪进行标高控制,接头处可用临时调整器进行调整。

(4)钢柱调整好水平、垂直度后,与下段钢柱连接固定,吊车方可松钩,再将平台梁安装就位,其安装方法同下层平台安装。用高强螺栓连接的,先穿入临时螺栓固定,经再次检查符合要求后,换上高强螺栓进行永久固定;用焊接连接的,先将连接板用螺栓临时固定,检查合格后进行点焊及永久焊接;焊接与高强螺栓并用的连接,先将高强螺栓施工完后,再进行焊接,连接好后,拆除调整器或定位器。

(5)上层钢柱组对焊接时为保证焊接质量,需在焊接施工区域设置防风措施。对称部位焊缝同时焊接,避免焊接时局部的不均匀加热和冷却导致钢柱变形,具体焊接流程见图 3.4-2。

上层各段框架梁、平台梁用塔吊或履带吊吊装,其安装方法与第一段钢柱及平台相同,由下至上安装,直到安装完成。

扫一扫,看图

图 3.4-2

（五）吊车梁安装

（1）钢吊车梁采用工具式吊耳或捆绑法进行吊装。在进行安装前，应将吊车梁的分中标记引至吊车梁的端头，以利于吊装时按柱牛腿的定位轴线临时定位。

（2）钢吊车梁的矫正包括标高调整、纵横轴线矫正（包括直线度和轨道轨距）和垂直度矫正。

标高调整：在一跨内两排吊车梁吊装完毕后，用一台水准仪（精度为±3 mm/km）在梁上或专门搭设的平台上，测量每根梁两端的标高，计算标准值。通过增加垫板的措施进行调整，同列相邻吊车梁顶面高差为 $L/1500$ 且不大于 10 mm，同跨间同一截面吊车梁顶面高差不大于 10 mm。

纵横轴线矫正：钢柱和柱间支撑安装好，首先要用经纬仪，将每轴列中端部柱基的正确轴线，引到牛腿顶部的水平位置，定出正确轴线距吊车梁中心线的距离；在吊车梁顶面中心线拉一通长钢丝（或经纬仪），进行逐根调整。当两排纵横轴线达到要求时，复查吊车梁跨距。

吊车梁垂直矫正：从吊车梁的上翼缘挂锤球下去，测量线绳到梁腹板上、下两处的距离。根据梁的倾斜程度，用楔铁块调整，使线锤与腹板上下相等。纵横轴线和垂直度可同时进行。对重型吊车梁的校正宜在屋盖吊装后进行。

（六）屋盖系统安装

（1）用塔吊将屋面梁吊装就位，找正中心及垂直度和跨度后，用缆风绳将其进行稳定，并将屋面梁与柱子连接螺栓拧紧固定后，吊车才可松钩，紧接着吊装另一榀屋面梁。

（2）在吊车将第二榀屋架就位后，要检查跨距尺寸和垂直度、中间侧向弯曲，确定无误后，同样用缆风绳稳定，并将与托架连接的螺栓拧紧固定，吊车松钩后，紧接着安装屋面梁之间的支撑，使之稳定。

（3）屋架之间支撑安装后，进行屋面檩条安装。

（4）天窗架安装

天窗架均是小型构件，比较零星。这些构件又多位于屋架上面，安装就位和调整固定操作均不方便，高空作业多。为了加快工程进度，天窗采取先在地面拼装再组合吊装方式。

（七）墙架及其他构件安装

墙皮柱、柱间支撑、水平支撑等，在主框架安装的同时进行安装。

钢梯、栏杆在每层平台安装后，同步施工，便于施工人员上下。

（八）墙面、屋面防腐节能板安装

工程施工遵循先下后上的原则进行（可根据现场实际情况调整施工顺序）。

墙面防腐节能板安装。以要安装的墙面边缘阳角线为基准线进行安装，采用经纬仪或吊线锤的方法定出第一块板起始边的基准线及板下端的控制准线，并每隔 6 m 间距放一条网线。采用从下往上，从墙面一边往另一边的方向安装。墙面安装施工采用刚性爬梯悬挂于檩条上，以便提供操作面。施工人员使用双钩安全带、安全绳。

屋面防腐节能板安装。以山墙侧檩条端部为基线进行安装。从屋面一侧往另一侧，从屋檐往屋脊方向安装。要确保上部板错边压住下部板，接缝处打胶处理。在屋面设置安全绳，施工人员使用双钩安全带、防坠器与安全绳相连。

所有安装根据图纸设计及相关工艺进行，所有固定螺丝带橡胶垫，带线安装，确保板面平直，接缝密封可靠。

（九）钢结构主体检测、验收

根据相关法规及要求，除钢结构制造、安装过程中的各类检测及验收外，建筑物钢结构框架主体施工完毕后要进行主体验收。根据《钢结构工程施工质量验收标准》（GB 50205—2020），主体钢结构检测、验收分为主控项目和一般项目。

主控项目为：整体立面偏移和整体平面弯曲检测。要对主要立面全部检查。对每个所检查的立面，除两列角柱外，还应至少选取一列中间柱。使用经纬仪、全站仪、GPS 等仪器测量。

根据设计要求对焊缝等级进行超声波检测，安装焊缝焊接完 24 h 后，自检探伤。

三、安装施工组织

根据项目施工节点合理编排施工计划，在主厂房塔吊吊装覆盖范围内设置两个构件堆场，采用预制混凝土路面板与混凝土硬化地面相结合的配置。根据施工计划在吊装前三天左右，将吊装所需构件先后依次倒运至吊装较方便的位置摆放。钢构件发货到场顺序应根据现场吊装顺序要求，在现场尽量不要形成太多的积压，以免给吊装带来不便。

钢构件吊装前，应对起重设备作业区域进行勘察，若地基承载力较差，可用毛石换填夯实或采用预制混凝土路基板铺垫。履带吊作业区域地基承载力及平整度要求较高，需用毛石换填夯实后铺设专用路基板。履带式起重机吊物时，一般不能行走，如吊物时需要行走，只能短距离行走，构件离地面 30 mm 左右，且要慢行，将构件转至起重机的前方，拉好溜绳，控制构件摆动。

由下至上每层平台钢梁安装焊接完成后，同步安装平台板和楼梯、栏杆。待平台板及钢梯、栏杆安装稳固后，可交付其他专业进场施工。

厂房钢结构安装需要与各专业的安装之间相互协调配合。主厂房内有熔炼炉及吹炼炉，以上各层平台布置的加料系统、收尘等大型设备、非标及管道等，尽可能与厂房钢结构同步吊装，如设备到货不及时，结构吊装时需根据实际情况，由钢结构、设备安装各专业一同制订专项的措施，对局部位置进行预留，以满足后续设备安装要求。

例如闪速熔炼炉反应塔和上升烟道，由于单件尺寸较大，安装施工周期长，无法与主厂房钢结构同步施工，因此厂房屋面需预留位置，且待反应塔就位后再组装。反应塔就位后上升烟道即可从此预留屋面处吊装就位。其他设备在厂房屋面封闭后要吊装就位的，可将相邻设备位置的墙面檩条预留后装。

厂房内部立体交叉作业较多，钢结构、设备、管道、土建等专业交叉施工，塔吊使用需求量极大。需提前编制当日施工计划，合理分配塔吊使用时间，将大型构件吊装分配至白天，晚上在照明条件充足的情况下进行土建、管道等较小重量吊装作业，提高塔吊使用效率。

双塔吊及履带吊作业时，可能在回转半径局部交叉出现吊钩相互缠绕或吊物相撞情况，在群塔集中作业时，应对塔吊作业及行走路线进行规定，由专设的监护人员进行监督执行。对需要在回转半径交叉范围内作业的塔吊，则必须事先与交叉的塔吊组取得联系，必须错开交叉区域。在吊物通过施工道路和临时设施上空时，调节小车水平位置以相互避开；大臂回转通过交叉区域时，由塔吊信号指挥人员提前给出命令。对起重机械操作人员、指挥、司索人员针对防碰撞措施进行月重复交底。双塔起重设备进入交叉作业区域应遵守以下规则：

1)塔吊及履带吊司机、信息指挥、司索人员必须持证上岗，且保持人员固定，由专人负责。

2）履带吊、汽车吊及其他移动式汽车吊在塔吊作业半径内施工的，应明确具体作业地点和内容，提前办理起重作业申请，并告知塔吊司机及信息指挥。

3）低塔让高塔：安装高度相对较低的塔机在回转前，应先观察塔机运行情况再进行作业。

4）后塔让先塔：两塔同时在起重臂交叉作业区域内作业时，后进入该区域的塔机应避让先进入该区域的塔机。

5）动塔让静塔：在进入两塔起重臂交叉作业区域内作业时，正在运行的塔机应避让处于静止状态的塔机。

6）轻车让重车：两塔同时运行时，起吊重物较少（相对于塔机本身起重特性）的塔机，应主动避让起吊物较重的塔机。

7）客塔让主塔：当塔机进入另一台正在作业的塔机施工区域时，应主动避让该塔。

8）平臂吊每日工作后必须将吊钩上的卡索具全部卸下，应将吊钩升到最高位置，小车收回至根部位置，并将臂杆转至顺风方向，确认回转范围内无影响回转的障碍，然后松开抱闸，把各控制器拉到零位，切断总切源，使起重臂应能随风转动。

第五节　钢结构防火涂料施工方法及要点

双闪工艺铜冶炼工厂配套厂房，诸如熔炼主厂房、蒸汽干燥厂房、冰铜磨厂房、渣选车间等均为钢结构厂房。

根据《建筑钢结构防火技术规范》（GB 51249—2017）及国家消防防火有关规定的要求，为减少火灾危害，保护人身和财产安全，钢结构厂房所涉及的钢柱、钢梁、支撑系统等主要受力钢结构件均需要进行防火施工。钢结构防火施工通常有喷涂（抹涂）防火涂料、包覆防护板、包覆柔性毡状隔热材料和外包混凝土或砌筑砌体这四种方式。铜冶炼钢结构厂房通常采用喷涂（抹涂）防火涂料的方式。

因防火涂料种类较多，且设计文件中一般不会直接明确防火涂料型号，所以需要根据设计要求和相关规定对防火涂料型号进行选择。针对选定的防火涂料型号再进行对应的防火涂料施工。下面以双闪工艺铜冶炼工厂熔炼主厂房为例，介绍钢结构防火涂料的选用及施工方法和要点。

一、钢结构防火要求

（1）钢结构构件的设计耐火极限应根据建筑的耐火等级，按现行国家标准《建筑设计防火规范》（GB 50016）的规定来确定。所承接项目单位工程的防火要求，如建（构）筑物火灾危险类别、耐火等级、各部位的耐火极限一般会在建筑图中明确。其中，柱间支撑的设计耐火极限应与柱相同，楼盖支撑的设计耐火极限应与梁相同，屋盖支撑和系杆的设计耐火极限应与屋顶承重构件相同。

（2）钢结构构件的耐火极限经验算低于设计耐火极限时，应采取防火保护措施。

（3）钢结构节点的防火保护应与被连接构件中防火保护要求最高者相同。

（4）施工应根据钢结构的防火设计文件要求进行。钢结构防火设计文件应注明建筑的耐火等级、构件的设计耐火极限、构件的防火保护措施、防火材料的性能要求及设计指标。

（5）根据《建筑防火通用规范》（GB 55037—2022）的划分，厂房和仓库按火灾危险性由高到低划分为甲、乙、丙、丁、戊五个类别；按耐火等级划分为一、二、三、四级，并对应相应的燃烧性能和耐火极限（注：耐火极限是指建筑构件按时间、温度标准曲线进行耐火试验，从受到火的作用时起，到失去支持能力或完整性被破坏或失去隔火作用时为止的这段时间，用小时表示），且对应参数不应低于表 3.5-1 的规定。

表 3.5-1　不同耐火等级建筑构件燃烧性能和耐火极限　　　　　　单位：h

构件名称		耐火等级			
		一级	二级	三级	四级
墙	防火墙	不燃性 3.00	不燃性 3.00	不燃性 3.00	不燃性 3.00
	承重墙	不燃性 3.00	不燃性 2.50	不燃性 2.00	难燃性 0.50
	楼梯间和前室的墙 电梯井的墙	不燃性 2.00	不燃性 2.00	不燃性 1.50	难燃性 0.50
	疏散走道 两侧的隔墙	不燃性 1.00	不燃性 1.00	不燃性 0.50	难燃性 0.25
	非承重外墙 房间隔墙	不燃性 0.75	不燃性 0.50	难燃性 0.50	难燃性 0.25
柱		不燃性 3.00	不燃性 2.50	不燃性 2.00	难燃性 0.50
梁		不燃性 2.00	不燃性 1.50	不燃性 1.00	难燃性 0.50
楼板		不燃性 1.50	不燃性 1.00	不燃性 0.75	难燃性 0.50
屋顶承重构件		不燃性 1.50	不燃性 1.00	难燃性 0.50	可燃性
疏散楼梯		不燃性 1.50	不燃性 1.00	不燃性 0.75	可燃性
吊顶（包括吊顶格栅）		不燃性 0.25	难燃性 0.25	难燃性 0.15	可燃性

注：二级耐火等级建筑内采用不燃材料的吊顶，其耐火极限不限。

（六）双闪工艺钢结构厂房防火要求

以双闪工艺熔炼主厂房为例。熔炼主厂房含熔炼、吹炼、精炼三个工段厂房，熔炼、吹炼厂房为多层钢结构框架结构，吹炼厂房为门式钢架结构，钢柱为箱形柱、H 形柱；平台梁、屋面梁为 H 形，平台为钢制花纹钢板；柱间支撑为 H 形钢支撑，屋面水平支撑及系杆为角钢和钢管；墙面及屋面檩条为镀锌 C 型钢；墙面及屋面围护为覆膜金属压形板。

生产火灾危险性：丁类厂房

建筑耐火等级：二级

构件耐火极限：见表 3.5-2。

表 3.5-2 熔炼主厂房构件设计耐火极限 单位：h

构件类型	钢柱、柱间支撑	楼面梁、楼面支撑、吊车梁	屋顶承重构件、屋盖支撑及系杆、屋面檩条	疏散楼梯
构件的设计耐火极限	2.5	1.5	1.0	1.0

二、防火涂料的选用

防火涂料的选择主要根据设计图纸对不同部位的耐火极限要求和建筑物特征来确定。不同的耐火极限对应不同的防火涂料型号和厚度，建筑物特征及其用途对应涂料选择普通或特殊、水基性或溶剂性、室内型或室外型。

（一）防火涂料的分类

现行钢结构防火涂料所采用的标准为《钢结构防火涂料》（GB 14907—2018），其对防火涂料的分类有 4 种方式，见表 3.5-3。

表 3.5-3 钢结构防火涂料的分类

序号	分类方式	内容
1	按火灾防火对象	a.普通钢结构防火涂料：用于普通工业与民用构（建）筑物钢结构表面
		b.特殊钢结构防火涂料：用于特殊构（建）筑物（如石油化工、变配电站等）钢结构表面
2	按使用场所	a.室内钢结构防火涂料：用于建筑物室内或隐蔽工程的钢结构表面
		b.室外钢结构防火涂料：用于建筑物室外或露天工程的钢结构表面
3	按分散介质	a.水基性钢结构防火涂料：以水作为分散介质的钢结构防火涂料
		b.溶剂性钢结构防火涂料：以有机溶剂作为分散介质的钢结构防火涂料
4	按防火机理	a.膨胀型钢结构防火涂料：涂层在高温时膨胀发泡，形成耐火隔热保护层的钢结构防火涂料
		b.非膨胀型钢结构防火涂料：涂层在高温时不膨胀发泡，其自身成为耐火隔热保护层的钢结构防火涂料

这里要注意的是，我们一直习惯说的"超薄型、薄型、厚型防火涂料"，是《钢结构防火涂料》（GB 14907—2002）标准中的说法。该标准对防火涂料的分类仅从防火涂料的使用场所和使用厚度两方面进行分类，已不能适应建筑业的发展需求，目前已经废止。

（二）耐火性能分级

（1）钢结构防火涂料的耐火极限分为 0.50 h、1.00 h、1.50 h、2.00 h、2.50 h、3.00 h。

（2）钢结构防火涂料耐火性能分级代号，见表 3.5-4。

（3）因为膨胀型涂料的施工便利性要高于非膨胀型，所以一般情况下优先选择膨胀型涂料。但需要注意的是，膨胀型和非膨胀型防火涂料对应的耐火性能范围是不同的，耐火极限大于 2.00 h 的，只能选择非膨胀型涂料。膨胀型和非膨胀型防火涂料对应耐火性能见表 3.5-5。

表 3.5-4 钢结构防水涂料耐火性能分级代号

耐火极限(F_r)/h	耐火性能分级代号	
	普通钢结构防火涂料(F_p)	特种钢结构防火涂料(F_t)
$0.50 \leqslant F_r < 1.00$	0.50	0.50
$1.00 \leqslant F_r < 1.50$	1.00	1.00
$1.50 \leqslant F_r < 2.00$	1.50	1.50
$2.00 \leqslant F_r < 2.50$	2.00	2.00
$2.50 \leqslant F_r < 3.00$	2.50	2.50
$F_r \geqslant 3.00$	3.00	3.00

注：F_p 采用建筑纤维类火灾升温试验条件；F_t 采用烃类(HC)火灾升温试验条件。

表 3.5-5 膨胀型和非膨胀型防火涂料对应耐火性能

产品分类	膨胀型				非膨胀型					
普通钢结构防火涂料(F_p)/h	0.50	1.00	1.50	2.00	0.50	1.00	1.50	2.00	2.50	3.00
特种钢结构防火涂料(F_t)/h	0.50	1.00	1.50	2.00	0.50	1.00	1.50	2.00	2.50	3.00

（三）防火涂料的型号

根据《钢结构防火涂料》(GB 14907—2018)的规定，钢结构防火涂料的产品代号以字母 GT 表示；钢结构防火涂料的相关特征代号为：使用场所特征代号 N 和 W 分别代表室内和室外，分散介质特征代号 S 和 R 分别代表水基性和溶剂性，防火机理特征代号 P 和 F 分别代表膨胀型和非膨胀型；主参数代号以表 3.5-4 中的耐火性能分级代号表示。

钢结构防火涂料的型号编制规则如下：

示例 1：

GT-NRP-F_p1.50-A，表示室内用溶剂性膨胀型普通钢结构防火涂料，耐火性能为 F_p 1.50，厂家自定义代号为 A。

示例2：

GT-WSF-F_t2.00-B，表示室外用水基性非膨胀型特种钢结构防火涂料，耐火性能为F_t2.00，厂家自定义代号为B。

（四）防火涂料的选型

1. 防火涂料选型方法

（1）根据建（构）筑用途和特征，确认防火涂料是选用普通型还是特殊型，是选择室内型还是室外型，是选择水基型还是溶剂型。

（2）根据设计文件明确建（构）筑物的耐火等级和耐火极限。

2. 防火涂料选型示例

以某双闪工艺熔炼主厂房为例。其生产火灾危险性为丁类厂房，建筑耐火等级为二级，结合熔炼主厂房的用途及建筑特征：其并非石油化工、变配电站，因此可选用普通型；外部有彩板围护不易受风雨侵蚀，因此可选用室内型；由于厂房结构复杂、内部设备众多，存在大量交叉施工，有更高的环保要求，因此选用水基型。

参照表3.5-1"不同耐火等级建筑构件燃烧性能和耐火极限"和设计文件给出的耐火等级，可得出对应部位构件的耐火极限。一般设计文件中也会明确构件的耐火极限，可与自查结果进行核对。

因钢柱和柱间支撑耐火极限为2.5 h，参照表3.5-5"膨胀型和非膨胀型防火涂料对应耐火性能"可知，钢柱和柱间支撑只能选用非膨胀型防火涂料，其他构件的防火施工可选用膨胀型防火涂料。

综上，该熔炼主厂房需要进行防火的构件所选防火涂料型号如下：

钢柱和柱间支撑可选用的防火涂料型号为GT-NSF-F_p2.5-××，表示室内水基性非膨胀型普通钢结构防火涂料，耐火极限2.5 h，厂家自定义代号为××。

楼面梁、楼面支撑、吊车梁可选用的防火涂料型号为GT-NSP-F_p1.5-××，表示室内水基性膨胀型普通钢结构防火涂料，耐火极限1.5 h，厂家自定义代号为××。

屋顶承重构件、屋盖支撑及系杆、屋面檩条、钢制疏散楼梯可选用的防火涂料型号为GT-NSP-F_p1.0-××，表示室内水基性膨胀型普通钢结构防火涂料，耐火极限1.0 h，厂家自定义代号为××。

3. 防火涂料的颜色

非膨胀型防火涂料成品颜色为灰色或灰白色，无法进行调色。

膨胀型防火涂料可选择相应颜色。

三、防火涂料施工方法及要点

（一）防火涂料施工的环境要求

防火涂料涂装施工时的环境温度和相对湿度应符合涂料产品说明书的要求。当产品说明书无明确要求时，环境温度宜为5～38 ℃，相对湿度不应大于85%。涂装时，构件表面不应有结露，涂装后4 h内应保护免受雨淋、水冲等，并防止刮蹭和撞击。

（二）防火涂料施工前应具备的条件

（1）相应的工程设计图纸应齐全，并经过图审确认。

（2）防火涂料专项施工方案编制完成，并经过监理、建设单位审核批准。

（3）施工现场及施工中使用的水、电满足施工条件，并能满足连续施工要求。

（4）需施工防火涂料的钢结构安装工程包含钢结构表面除锈、防腐涂装检验批质量验收合格，并可向防火涂料施工进行工作面移交。

（5）施工现场安全措施落实到位，并验收合格。

（三）防火涂料施工工艺流程及方法

施工准备→涂料进场及检验→涂料配料、搅拌→基底施工→涂料施工→自检、修补→报验。

1. 施工准备

施工准备除须满足防火涂料施工前应具备的条件外，要根据防火涂料的选型和用量提报材料计划，完成对施工及相关人员的安全技术交底。

2. 涂料进场及检验

对于体量较大或周期长的项目，防火涂料进场宜按所报材料需用计划分批次进场，不得露天存放，避免暴晒和雨水浸淋。

涂料进场后，应检查到货数量、包装完整性、产品合格证以及对应型号防火涂料的型式试验报告。须按《钢结构工程施工质量验收标准》（GB 50205—2020）的要求进行抽样送检：每100 t 或不足100 t 膨胀型防火涂料应抽检一次黏结强度；每500 t 或不足500 t 非膨胀型防火涂料应抽检一次黏结强度和抗压强度。抽检均应由监理人员进行见证取样，并送具备资质的第三方检测机构检测。

3. 涂料配料、搅拌

非膨胀型防火涂料产品为粉末状，膨胀型防火涂料产品为流体状，使用前应按照产品使用说明书将其与溶剂按比例进行搅拌。

一般来说，水基型防火涂料的溶剂可采用清水，溶剂型防火涂料采用产品配套溶剂。

（1）非膨胀型防火涂料

非膨胀型防火涂料的产品为粉末状，多为袋装，应采用搅拌机进行搅拌。产品与溶剂混合比、搅拌时间和速度应参照厂家说明书进行。

（2）膨胀型防火涂料

膨胀型防火涂料产品为流体状，和油漆类似，多为桶装。使用前，应根据涂刷方式，开盖观察涂料干稠程度，并适当添加溶剂，使用手动搅拌器搅拌，保证其稠度适宜，以涂刷时不发生流坠为宜。

4. 基底施工

因防火涂料施工于钢结构除锈、油漆后（通常留一道面漆）的面层上，故在钢结构防火涂料施工前，应对钢结构表面进行验收，合格后交接进行防火涂料施工。

要进行防火涂料施工的钢结构表面应无铁锈、油脂、灰尘和泥沙等污垢。

对于耐火极限2.0 h 以上的非膨胀型防火涂料，由于完工后涂层较厚，一般可达25 mm 以上，为保证涂料与钢结构黏结牢固，通常在防火涂料施工前，在钢结构表面涂刷一层界面剂，以增大钢结构表面的粗糙度。

界面剂为一种黏结剂，掺入适当比例细径砂石颗粒，采用辊涂或喷涂等方式涂刷于钢结构表面。

5. 涂料施工

（1）非膨胀型防火涂料。

非膨胀型防火涂料的涂刷方式有喷涂、抹涂或喷抹结合等。喷涂速度快，但施工后的防火涂料表面凹凸不平，不太美观，而且易对施工区域其他构件造成污染；抹涂与水泥砂浆抹灰类似，施工后的防火涂料表面比较平整，较美观，但耗费时间和人工较多；喷抹结合是防火涂料底层几道采用喷涂，面层 1~2 道采用抹涂，优点是耗时相对抹涂较少，施工完的防火涂料表面也相对平整，但也存在对施工区域其他构件造成污染的情况。因此，对防火涂料施工后外观没有具体要求的项目，可采用喷涂的方式；对外观要求较高的项目，可采用抹涂或喷抹结合的方式。

非膨胀型防火涂料施工因喷涂与油漆施工类似，这里主要介绍抹涂施工。在界面剂施工完毕后，进行底层第一道抹涂（厚度为 10~12 mm），如果构件截面尺寸超过 500 mm，为保证涂料干燥后的黏结性和强度，还需增加一层玻璃纤维网格布，随后再进行后续多道的抹涂施工（喷涂也可采用挂网方法）。

每层涂料施工完毕，须保证其干燥，才能进行下一道涂料的施工。每道抹涂使用刮板抹匀，施加适当的力度，确保涂料每道贴实。最后一道涂料搅拌时要适当增加溶剂量，以方便抹涂，使涂料面层更加光滑美观。

（2）膨胀型防火涂料

膨胀型防火涂料性状近似油漆，其施工方式主要有喷涂和辊涂。因膨胀型涂料较非膨胀型涂料成型薄，表干较快，故不需要施工界面剂，但也应分多道施工。施工第一道可适当减薄，以 0.3~0.5 mm 为宜，表干后进行第二道施工，此时涂层厚度适当加厚，以 0.5~0.8 mm 为宜，后续涂层厚度应控制在 0.8 mm 左右，不宜太厚，直至达到规定厚度。

（3）注意事项

a. 涂装间隔时间。环境温度在 25 ℃以下、湿度不超过 85%，每道间的时间间隔应为 12~24 h 或以上；环境温度在 25~38 ℃、湿度小于 75%，每道间的时间间隔应为 6~8 h。每道涂料须确认干燥后才能进行下一道施工。

b. 环境温度低于 0 ℃或高于 38 ℃、湿度大于 85% 时不宜施工。

c. 每道涂层间涂装间隔要注意控制，必须确认涂层干燥后，方可进行下一道施工。

d. 涂料调配搅拌应控制好稠度，根据情况适当加减溶剂。

e. 施工前应注意天气情况，如遇天气变化，应对未干燥的涂层进行遮蔽保护，以防风雨冲刷。

f. 施工前，应对防火涂料施工构件的下部及周边可能会存在被污染的构件和设备进行保护，可采用塑料薄膜覆盖、硬质薄板遮挡等方法，以减少飞散、滴落涂料的沾染。

g. 防火涂料施工多数情况为高空、临边作业，施工人员应按要求进行审核和培训，须按照所在项目制订的安全操作规程进行施工。

h. 通常情况下，在设计图中会明确要求防火涂料施工完毕后还需涂刷一道防护油漆，这就需要提前做好组织协调，最后一道防护面漆采用防火涂料的施工措施，避免施工措施重复搭设。

6. 自检、修补

每批次的防火涂料施工完毕后，实行"三检制"。对未达到规定厚度、表面有破损、外观不美观的部位进行修补。经三检合格后，报请监理验收。

注意事项：因防火涂料对应的耐火等级没有固定的厚度值，防火涂料施工应达到的规定厚度，为所选防火涂料生产厂家所提供的该防火涂料的型式试验检验报告上的厚度数值。

防火涂料的型式试验检验报告，是防火涂料厂家所生产的各类产品能否上市销售使用必需的证明文件。

目前，我国有四家检测机构可进行防火涂料型式试验并出具检验报告，具有效力和权威性，见表3.5-6。

表3.5-6　具备出具型式试验检验报告资格的四个机构

序号	检测机构名称
1	国家防火建筑材料质量监督检验中心(四川)
2	国家固定灭火系统和耐火构件质量监督检验中心(天津)
3	国家消防产品质量监督检验中心(广东)
4	国家消防及阻燃产品质量监督检验中心(山东)

7. 报验

报验包含施工验收和消防验收两方面内容。

（1）施工验收

每批次钢结构防火涂料自检合格后，报监理工程师进行验收，对外观、厚度进行验收。厚度检测使用涂层测厚仪或测厚探针进行。

根据《钢结构工程施工质量验收标准》（GB 50205—2020）的要求，非膨胀型防火涂料，80%及以上涂层面积应满足国家现行标准有关耐火极限的要求，且最薄处厚度不应低于规定要求的85%；膨胀型防火涂料，涂层厚度允许偏差为−5%。

非膨胀型防火涂料涂层表面的裂纹宽度不应大于1 mm；膨胀型防火涂料涂层表面裂纹宽度不应大于0.5 mm。

防火涂料涂层不应有误涂、漏涂，涂层应闭合无脱层、空鼓、明显凹陷、粉化松散和浮浆等外观缺陷，乳突应剔除。

批次验收完毕后，按单位工程请第三方检测机构进场进行专项涂层厚度及质量检测，监理旁站。检查无误后，出具第三方检测报告，报监理单位，会同其他资料作为工程资料。

（2）消防验收

消防验收指消防专业工程完工后报政府相关部门进行的专项验收。一般情况下，消防工程均以专业分包形式进行组织，消防工程的施工及报验均由中标的消防专业分包单位负责，承包单位在这一过程中应积极进行管理和协调。

防火涂料施工验收是消防验收的一部分，要提供图纸审查文件、防火涂料送检报告、型式试验报告、第三方检测报告、工程资料等，向当地相关机构报请验收，由住建、消防等部门联合验收。具体流程和需提供资料应视当地住建和消防部门要求确定。

第六节　高位水塔施工工艺及关键点

一、工程简介

本节以某双闪工艺铜冶炼厂高位水塔工程为案例进行论述。此水塔为钢筋混凝土倒锥壳水塔，塔身结构形式为钢筋混凝土筒体结构，采用全现浇施工工艺，水塔总高度为 56.04 m，容量为 1200 m³。水塔筒身外直径为 5.70 m，水柜最大直径为 20.10 m。其主要由钢筋混凝土基础、筒身和水柜三大部分组成，沿筒身高度纵横交错设有采光圆窗，内设钢筋混凝土平台。水柜作为贮水构件，主要由气窗、上环梁、正锥壳、倒锥壳、下环梁等组成。水塔见图 3.6-1。

扫一扫，看图

图 3.6-1

二、施工工艺流程

（一）筒身施工工艺

高位水塔筒身采用翻模施工，具体施工流程如下：筒身内置井架组装→平台及提升系统组装→钢筋混凝土筒壁施工→筒身顶部环梁施工→下层施工平台拆除。

（二）倒锥水柜施工工艺

倒锥水柜施工工艺流程如下：挂架安装→水箱下环模板安装→模板操作平台安装→水柜底模安装→钢筋绑扎→混凝土浇筑→上锥壳模板安装→钢筋绑扎→混凝土浇筑→水柜内部防水施工。

三、施工操作要点

（一）筒身施工操作要点

1. 支筒内模板施工方法

（1）内模采用交替移置式定型模板，内模准备两套，与提升式外模配合施工。

（2）第一节内模安装可与钢筋绑扎交叉进行，一般在筒壁钢筋绑完 1/2 时，便可以在绑扎完钢筋区段内安装内模板。

（3）第一节内模安装在基础表面上，为了保证模板上口水平，并便于拆模及防止浇筑混凝土时混凝土砂浆从模板底部流出，在安装内模前，可沿基础圆周混凝土面上设置一圈垫板，垫板用 50 mm 厚木板按设计半径分段做成弧形。拆除时先将模板拆除，则内模便可拆掉。

（4）内模板安装在已固定好的木垫板上，第一块内模板安装好后，即可分别向左、右两侧依次安装。

（5）安装时，模板的连接部分应相互重叠，其上端的连接板也要互相连接。在组装模板时，上端每块模板配置一根木方支撑，模板下端每隔一块模板配置一根木方支撑。支撑一端将模板顶紧，并以螺丝与模板固定；另一端与竖井架固定。待全部安装好后，用 $\phi 16$ mm 圆钢嵌置于内模板外侧的四列扁钢凹槽内予以紧固。

（6）在每列凹槽内配置两根钢筋，长度一般为 5 m，其接头部位应接触严密，且每个凹槽内的上、下两根钢筋接头应错开。

（7）水塔筒身底部壁厚，半径大模板所承受混凝土侧压力亦较大。为防止胀模，保持筒壁外形,在每层内模板里侧应增加两道横向木方与支撑木方形成交叉连接,加强对支撑木方的加固。

(8)为使内外模板之间距离符合设计要求,可用小截面短方木或用 $\phi 25$ 钢筋支设于内模板的上口,每块模板支设一根,其长度等于该部位水塔筒壁壁厚。当混凝土浇至内模上缘时取出。

(9)第二节内模安装可与第二节钢筋绑扎交叉进行。

(10)内模组合安装第二节内模板安装图后,用圆钢紧固。安装内模时的木方支撑和保持筒壁设计厚度的支设同第一节模板安装。

2. 支筒外模板施工方法

模板安装前,先将外模板分型编号,然后按安装系统图要求进行安装,以保证筒壁设计符合要求。

(1)外模板安装时,首先安设外模板的吊钩。开始阶段,因外模距操作平台外钢圈非常近,可将吊钩安在外模板的内侧。待施工几节后,即可将吊钩安在外模板的外侧,以便操作。

(2)吊钩安装在连接支撑上,每根连接支撑安装一套。每套吊钩有三个部分,水平调径丝杆两端分别穿设于两个吊杆上,吊杆挂设于连接支撑上。

(3)两吊杆的上端各装有一个滑轮,可在连接支撑上前后滚动。其中一个吊杆装有制动螺丝,可与连接支撑固定;另一个吊杆下部设有挂钩,用来悬挂外模板。当转动调径丝杆时,即可使外模板沿水塔直径方向作径向移动。为使调径丝杆灵活,应涂上润滑油。

(4)按要求将外模板全部挂于挂钩之上后,除末端模板外,其他相邻模板均用螺丝连接。

(5)外模板二次组装时应将竖向缝隙与下接错开1/2,以让其更美观。

(6)本方案采用铅锤测中法。操作时,在井架中心测定模板半径的标高位置上安装一个吊中心线的专用工具——中线架。吊线下挂 25 kg 铅锤,用以校核中心点位置。

(7)在水塔中心测定后,便进行外模半径测定和紧固工作。半径测定需每提升一次外模,便进行一次测定。测定前,需先准备一根优质松木制作的标尺,其断面面积为 40 mm× 40 mm,长度为水塔筒壁的最大半径,将相应各标高的水塔半径数据精确地刻画在标尺上,每测定一次外模半径,即对标尺相应数据进行一次校核。操作时,标尺内端应对准中心,再调节外模的调径丝杆,使之径向移动。当其内表面与标尺外端接触时,即为设计半径,如此逐块测定,直至完毕。

(8)在外模半径测定的同时,应将相邻模板之间的连接螺丝逐个拧紧。在半径测定完毕后,即将末端模板处的螺杆均匀地予以紧固,使全圆周上的外模板紧固成为一个整体,再将末端模板处左右相邻模板上的螺杆紧固。

(9)为使新浇混凝土筒壁具有设计要求的外形,并避免浇筑混凝土时模板底部产生漏浆现象,在外模板的外侧还需箍以四道钢丝绳。用链式起重机予以紧固,最下一道钢丝绳应位于模板与筒壁混凝土搭接处根部,且钢丝绳与每块模板之间加入木楔。木楔的楔紧固程度应掌握适当,注意不要施力过大,以免压坏混凝土或使模板变形。若加入木楔后模板下部边缘与混凝土之间仍有缝隙,则予以堵严。同时,可将末端模板与左右相邻模板上的螺杆再作一次紧固。

(10)外模紧固完毕后,再复查一次外模半径。

(11)模板组装完后,将外模板收分缝隙处用胶带粘贴,防止漏浆。

3. 支筒施工技术要求及措施

(1)筒体采用提升式翻模施工。在水塔筒内设置一座型钢井架，内井架是作为提升模板时提升的支撑结构，故内井架中心应严格和水塔支筒中心对齐。内井架每节长 2.5 m，内井架使用时设吊重 5 t 的卷扬机 1 台。内井架安装在基础杯口内，其中心与基础中心相垂直。内井架安装时每 12 m 高设水平拉结以确保井架稳定。

(2)操作平台采用 10 榀槽钢及 10 根 $\phi48×3.5$ mm 脚手架管辐射梁钢桁架支撑，操作平台和模板等设备质量为 3.15 t，9 个施工人员重约 0.7 t，作业时材料等重约 0.5 t，模板与混凝土的摩擦力重约 0.85 t(取钢模与最大值摩擦值 3 kN/m² 为 0.85 t)，合计总重约为 5.1 t。提升外侧模板时采用 4 个 5 t 的手拉葫芦，四个人将模板慢慢上拉。在提升过程中，每人看好自己面前的水平尺，使模板均匀上升，以防扭曲。每提升一次都由专人查看一下中心线是否对正中心，发现问题应及时解决。每次提升的高度为 125 cm 左右。混凝土出模强度确保达到 1.2 MPa。

(3)钢筋焊接以后，必须经工长检查无误后，才能浇筑混凝土。混凝土在浇筑时应按施工规范留有试块并送检，以备检查其强度。钢筋每次变换，必须通知甲方、监理和施工人员检查，并做好施工隐蔽记录。

4. 支筒施工井架

(1)井架安装

井架底部与混凝土基础的连接用 M16 的预埋螺杆 16 根，内外各 8 个焊牢并连在井架主骨架上，同时用 $\phi25$ mm 螺纹钢角钢将第 1 节井架与水塔筒身连接固定。

井架立杆采用 2.5 m 长 $\angle75×5$ 角钢，两节井架连接采用 $\angle90×8$ 连接板，水平横杆支撑采用 $\angle50×4$ 角钢，斜面支撑采用 $\angle63×4$ 角钢，杆件连接采用高强螺栓连接。

(2)操作平台安装

操作平台由内外钢圈梁、辐射梁和铺板组成。主要材料用 $\phi48×3.5$ mm 钢管、$\phi25$ 螺纹钢组成，共分上、下两层平台。第一层为操作提升平台，提升为 4 个 5 t 手扳葫芦(每个葫芦处设置 $\phi12$ mm 钢丝绳作为保险绳)。第二层为筒壁混凝土灌注及钢筋焊接绑扎用，平台上满铺松木模板，操作平台及模板等设备质量为 3.15 t，施工人员及材料重约 1.1 t，井架及操作平台总质量约为 4.25 t。第一层平台通过 14 根 $\phi12$ mm 钢丝绳与井架天梁连接，外侧 10 根、内侧 4 根。第二层平台通过 $\phi18$ mm 圆钢制作成的吊架与第一层平台连接，筒壁外侧设 10 根 U 形吊架，分两层。每层铺设木跳板，外侧采用安全密目网及防坠网保护。筒内靠筒壁侧设 10 根吊架，筒内靠井架侧设 4 根吊架。吊架间通过木跳板连接，最终满步跳板，跳板下设防坠网。

内模板支撑平台采用 40 mm×60 mm 矩形方钢及 30 mm×50 mm 矩形方钢制作成可伸缩撑杆。每套内模板设两层支撑平台，一层为 34 根撑杆，一层为 17 根撑杆。内模板支撑平台与井架通过设置在井架上的竖向螺杆相连。

井架内设吊笼用于混凝土等材料的上下，施工平台井架上设两道限位器，以防吊笼冲顶。另设一道分离脱扣器，当两道限位器失灵时分离脱扣器使总电源跳闸。

将吊笼就位，安装两侧导索滑动轮，将导索固定在滑动轮之间，吊笼的提升是由 3 t 双筒卷扬机完成的，两根 $\phi12$ mm 钢丝绳；导索为 $\phi12$ mm 钢丝绳，端部与配重连接由 3 t 葫芦张紧。吊笼两根钢丝绳必须相互交错，再用绳卡卡四道并要求卡牢，并设置防坠器，经验收合格并试压后方可使用。

施工材料通过井架内吊笼上下，人员通过安装在井架外的带护栏的方形直爬梯上下。直爬梯采用圆钢焊机制作成型。为避免直爬梯过长，人员上下困难，计划每 10 m 设置小型休息平台。材料及人员禁止同时上下，且人员上下必须悬挂安全带。

（3）模板工程

模板为自制钢模，长 1250 mm、宽 200 mm，每 6 件一组。分为外模板和内模板。支设时内模设 4 道 @ 20 钢筋支撑在井架上固定找正，由内模板固定找正外模，每节外模用 3 道钢丝绳箍紧，同时测定中心线和半径，用顶丝借用操作平台辐射梁顶固。模板缝隙用腻子堵严，以防漏浆。

模板的校正和水塔中心利用井架中心吊铅垂进行控制。

模板拆除时，其顺序为先内后外。拆除时应注意，在拆除螺栓时，在连接处两端 1 m 处需要有人握牢，防止割断时因弹力伤人。所有拆除物要分类归堆，清理干净。

（4）井架及平台提升

需要提升井架及操作平台时，先安排专业工人安装上部井架单节主肢及缀条，安装完成后将天梁固定好，即可开始进行平台的提升。

操作平台通过 14 根钢丝绳与天梁连接，浇筑时主要靠钢丝绳受力，当需要提升操作平台时，需将平台下放至刚好接触已浇筑混凝土面（且混凝土需达到一定的强度），然后逐步将钢丝绳从下部天梁拆除到上部天梁上。每根钢丝绳悬挂到上部天梁后应调整到受力状态，支撑平台，直至所有的钢丝绳全部悬挂至上部天梁上。

更换时设置 4 个 5 t 手拉葫芦，每个葫芦处设置 ϕ12 mm 钢丝绳作为保险绳。

钢丝绳全部更换至上部天梁后，拆除下部天梁。

提升平台时，安排 14 个人同时提升手板葫芦。在提升过程中，每人看好自己面前的水平尺，使平台均匀上升，以防扭曲，直至达到下一模高度。

（二）倒锥水柜施工操作要点

1. 悬架和操作平台组装

（1）抱箍施工

在水塔支筒施工完后，浇筑水箱环板前，将 24 块 600 mm×600 mm×10 mm 钢板均匀分布预埋在环板外侧，距环板底部 30 cm，环板上部均布预埋 24 根 ϕ10 mm 钢筋。在环板混凝土浇筑完后，拆除环板外模，用预埋的 24 根 ϕ10 mm 钢筋将钢圈（∠80×8 做成）吊起并安装在环板上，并焊接牢固。环板下部用一根 ϕ25 mm 的钢筋与预埋钢板焊接形成一个圆环，然后将钢圈与圆环用 24 根∠45×5 角钢进行支撑并焊接牢靠（因环板是斜面）。

（2）挂架安装

把 24 榀挂架（∠45×5）挂在钢圈上（钢圈均匀预留有 24 个圆孔），并焊接固定，然后将 24 榀悬架（∠45×5）和挂架连接。悬架与悬架之间用 ϕ18 mm 的钢筋作支撑杆相连，悬架外悬端用拉索与井架相连，利用悬架作径向龙骨，加上 8 道 ϕ18 mm 环向拉杆和支撑，构成一个锥形的施工操作平台，利用这个操作平台来组装水箱底模。悬架安装见图 3.6-2，网架施工操作平台见图 3.6-3。

图 3.6-2　　　　图 3.6-3

2. 水箱下锥壳和上锥壳模板安装

（1）下锥壳模板安装

水箱模板为定型的梯形钢模板。根据下锥壳内外尺寸和弧度，相互拼接组成一个倒锥形的整体模板。水箱底模由 240 块梯形钢模组成。

扫一扫，看图

图 3.6-4

每块模板由 2 根 $L30×4$ 角钢组成径向龙骨，龙骨间横向为 4 根 $L30×4$ 加劲角钢。在龙骨上满铺 2 mm 钢板。定型模板形状见图 3.6-4。

支设模板前，先将模板清理干净，并刷一道脱模剂，找准水箱的中心位置，然后按模板的序号依次拼装。相邻两块模板间用连接螺栓连接固定。模板下端支撑在环板顶面，与事先预埋在环板顶面的钢筋焊接牢固。

模板外侧由 12 道 $\phi28$ mm 钢筋组成环向构件，并用 2 圈（每圈 $6\phi12$ mm）钢丝绳拉索与井架径向连接。

水箱底模的垂直荷载（构件自重）通过底模的径向龙骨传给支筒。水平张力（施工荷载）则通过一系列的环向构件自相平衡。在各种作用力的条件下，底模仍具有保持整体稳定的能力。

为保证模板的稳定性，模板底部用 $\phi25$ mm 钢筋焊接形成环向箍筋固定。

模板及其支架应具有足够的承载能力、刚度和稳定性，要求几何尺寸、轴线、标高、预埋件及预留孔位置准确，节点做法应符合操作规程要求。

水箱人井设计直径为 900 mm，施工及垂直运输井架为 1200 mm×1200 mm，故钢井架不能直接穿过人井。在施工水箱环板时，先将钢筋按图尺寸绑好，浇筑环板混凝土时，在中间留一道施工缝。待水箱下锥壳、上锥壳全部施工完成后，再浇筑环板和人井孔混凝土。

（2）上锥壳模板安装

在水塔中心气窗范围用钢管搭设三排满樘脚手架，作为顶盖模板桁架的中心支撑，另一端用预埋在中环梁中的 $\phi16$ mm 钢筋弯成的 U 形埋件固定。U 形钢筋在浇筑中环梁混凝土前预埋好，且与环梁主筋焊牢。

定型盖模支架（钢管桁架）一长一短，相间布置，呈放射线状，形成一个正锥壳网架支撑系统。桁架与桁架间用 $\phi25$ mm 钢筋做成环状连接，钢筋间距 1.2 m。盖模架中间用 $\phi48$ mm×3.5 mm 钢管支撑在水箱底板上。

3. 钢筋及混凝土

（1）钢筋安装

在底模组装完成后进行钢筋连接，钢筋采用搭接焊接的方式进行连接，焊接长度必须符合规范要求。

（2）混凝土浇筑

水箱下壳使用 C35 商品普通防水混凝土，抗渗等级为 P8，其最大水灰比不宜超过 0.6，一般小于 0.52，坍落度为 9~12 cm 为宜。水泥最低用量不得低于 400 kg/m³，水泥标号不低于 P.O 42.5，含砂率不少于 60%，粗骨料最大粒径不得大于 3 cm，骨料中杂质含量应限制在规范规定范围内，即砂中含泥量不大于 3%，石中含泥量不大于 1%，为保证水箱的防水性，混凝土应连续对称浇筑，不留施工缝。每层浇筑高度为 30~50 cm。

用井架内的提升系统垂直运输混凝土，将混凝土临时堆放在挂篮平台上，然后用溜槽将混凝土送到各浇筑点。混凝土坍落度控制在 90~120 mm。混凝土不能采用人工振捣，必须采用插入式振捣器与平板振捣器配合使用的方法振捣。振捣应密实，不得漏振、欠振。严格控制施工质量。

4.模板拆除

水箱上、下锥壳混凝土达到设计强度后，方可进行模板及悬架的拆除工作。

（1）模板拆除顺序

拆除上锥壳顶盖模板→拆除下锥壳底模→拆除悬架操作平台。

（2）上锥壳顶盖模板拆除

拆除水箱上锥壳顶盖模板时，先切断中环梁处的U形钢筋，使盖模板一端落在水箱下壳上，再拆除盖模板另一端的平台。盖模架与上壳钢模板整体掉落水箱内，拆除相邻模板间的连接螺栓与箍筋。将拆下的模板从水箱入井处搬出，分块运送至吊篮处，由井架运输至地面，经清理混凝土残渣后搬运至设备堆放点保管。

（3）下锥壳底模板拆除

水箱下壳模板拆除时，先将钢模板按分块分别绑扎固定在中环梁栏杆上，然后拆除 ϕ25 钢筋焊接而成的环向箍筋，再拆除固定相邻钢模板间的连接螺栓，将钢模板分块运送至吊篮处，由井架运输至地面，经清理混凝土残渣后搬运至设备堆放点保管。模板拆除时，严禁使用大锤，操作平台上模板要及时运至地面堆放，平台上模板堆放不得超过三层。拆模如遇中途停歇，应将已松动、悬空、浮吊的模板或支架进行临时支撑牢固。对活动部件需一次拆除。

（4）网架式操作平台拆除

①第一步：拆除悬架下部的安全网；

②第二步：拆除脚手架板；

③第三步：拆除上半部分悬架的水平支撑及上半部分悬架；

④第四步：拆除下半部分悬架的水平支撑及下半部分悬架，最后拆除挂架。拆除下半部分悬架前，应先将挂架上的荷载卸掉，再拆除悬架。这部分悬架的拆除顺序是由支筒上的窗口处，向远离方向循环进行，最后拆窗口处的悬架，工人从窗口处退入支筒内的平台上，完成全部操作平台的拆除工作。

（5）水箱防水

根据设计要求，刷5层防水砂浆，等凝固后防腐层采用树脂玻璃钢二布三胶。每层抹砂浆应均匀、饱满、密实，各层砂浆应紧密结合，无空鼓现象，砂浆完成并达到强度后及时洒水，如有渗漏及时处理。

四、质量及安全保证

（一）质量保证措施

（1）建立一套严谨、完整的质量体系，在本工程中将确保质量体系有效运行，以优异的工作质量确保工程质量。

（2）建立项目部质量保证体系组织机构，并对项目部领导及职能部门按质量体系要素进行分工，建立各岗位责任制，健全各项规章制度，实行质量终身负责制。

（3）成立以项目主任工程师为组长的全面质量领导小组，形成行政上支持、技术上把关的良性循环，并负责工程总体质量控制。

（4）选择专业水平高、技术好、管理能力强的工程技术人员和管理人员负责本工程的施工管理和质量安全管理的工作。

（5）项目经理部设专人负责情报信息、档案管理工作，及时搜集、传递、整理、分类与归档，保证施工规范、标准的有效性，确保工程质量。

（6）重要岗位安排专人持证上岗，并保证人员相对稳定。

（7）在施工现场配备高精度的测量仪器，混凝土用量粒实行计量，所有计量测试仪器定期检查、校正，避免由于仪器的误差影响工程质量。

（8）项目部进行物资采购时，其供货方必须是经评审合格的物资分供方，提供的产品必须有出厂合格证和原材料检验报告。

（9）对钢筋、水泥、砂、石等原材料、半成品，项目部试验按规定取样送检合格后方可使用，未经检验及检验不合格的不得使用。

（10）定位测量：建立本工程轴线、标高控制点，标高和坐标控制点用混凝土保护好，并做好测量成果标识和记录。

（11）定点放线工作要认真复核、检查，严格防止轴线偏移，尺寸错误。

（12）以300 mm为单位设立水平标志，作为平台提升控制标高的依据，每隔5 m拉总尺一次，以消除累计误差。

（13）每隔10 m及每施工完一道工序进行沉降观察一次。沉降观测点设置在基础杯口上面。

（二）安全保证措施

（1）建立一套严谨、完整的安全体系，在本工程中将确保安全体系有效运行，以优异的工作确保工程安全。

（2）建立项目部安全保证体系组织机构，并对项目部领导及职能部门按质量体系要素进行分工，建立各岗位责任制，健全各项规章制度。

（3）成立以项目经理为组长的全面安全领导小组，形成行政上支持、技术上把关的良性循环，并负责工程总体质量控制。

（4）水塔施工是多工种组合的立体交叉作业，劳动组合十分严密，分工必须十分明确，在做好安全教育、技术交底的前提下，现场必须做到四挂牌：混凝土配合比挂牌、岗位责任制挂牌、预埋件数量位置挂牌、安全制度挂牌。

（5）操作平台上的备用材料及设备，必须严格按照设计规定的位置和数量进行布置，不得随意变动，以防超载。

（6）操作平台应经常保持整洁，对于平台及模板上口残留的混凝土等脏物，应经常进行清理，拆下的模板及废钢筋头等必须及时运到地面，以减轻平台负荷，并防止物体坠落伤人。

（7）操作平台（包括吊脚手架）的四周，均应设置围护栏杆或安全围网，操作平台的铺板接缝必须紧密，以防落物伤人。

（8）操作平台上应备好消防设施，以防高空着火。雨季施工时，应有防雨措施，一般配备3个消防灭火器。

（9）以塔身为中心，半径15~20 m区域内为施工安全区，采用1.8 m钢管和密目安全网做成围栏，非操作人员不得入内，为此，还要设置必要的安全标志及防护设施；筒底四周及运输通道上，必要时应搭设防护棚，以防高空落物伤人。筒的周围应划分安全禁区，在禁区边缘设置安全标志(或护栏)。

(10)内外操作平台吊盘均用安全网兜实,搅拌机及混凝土运输道上设置安全防护棚及栏杆。水箱模板下面满铺防护网,设置防护栏杆。

(11)对所有的施工人员均定期进行安全教育。

(12)所有进入现场的工作人员必须戴好安全帽,衣口裤脚要扎紧,不准穿拖鞋上班。

(13)模架及吊笼制作后,在使用前要进行安全试压试验,随时对物件实际工作性能进行观测。如有损坏,应立即予以更换。

(14)使用吊笼的原则是人货不能混载,随时检查安全闸门的可靠性能和工作时滑动性能。

(15)注意气象预报,随时掌握气象情况,当遇大风大雨(大风五级以上)时停止工作,做好安全预防措施,搞好加固保护器具设备工作。除必须停止操作和采取停止措施外,还应保护好平台上下的所有设备,以防损坏。

(16)筒身中心垂直度不得超过规范要求。在模板组装前和施工中,应认真做好垂直度检测工作(即重垂法)。

(17)水箱及加固平台的支撑必须牢固可靠,并随时检查防止出现松动或受力不好的现象。

(18)卷扬机的地锚及地轮架基础是保证施工安全的重要环节,也是翻模施工不可缺少的机械,地锚、地轮架及缆风绳等应具有防备措施。

(19)整个筒壁混凝土施工完毕后,在模板拆除之前,应制订有效的安全措施。首先,在水塔顶部上面铺满跳板并固定在气窗盖顶上,然后拆除外吊架上面的全部材料,再拆除操作平台上的材料,所有材料应绑紧垂直运输下来,严禁任意下抛。拆模时,下面安排1个专职人员进行安全检查,防止过路行人通行,模板、平台拆除后,再进行内井架拆除工作,井架拆除按2.5 m一节进行拆除。拆除下来的设备材料应按指定位置堆放,清扫所有施工现场,做到文明施工。

实践证明,水塔施工是一项综合性的工程任务,需要在施工技术、质量控制、施工管理和安全保障等方面不断创新。只有这样,才能确保水塔施工的质量和安全。本项目高位水塔施工采用高空挂架现浇施工工艺,具有降低钢材用量、施工速度快、安全可靠、降低工程成本等特点。该施工技术可以在筒仓仓顶施工中推广应用。

第七节　精矿库智能抓斗起重机安装方法及要点

一、智能抓斗起重机介绍

在双闪工艺铜冶炼生产中,阴极铜年产量一般都在20万t以上,其生产需要的原材料(铜精矿、石英砂等)也是非常多的,故双闪工艺铜冶炼厂都会设计一个大型的储料厂房,同时配套设置多台抓斗起重机,用于抓取、转运上述原材料。由于需要抓取转运的原材料数量特别大,通常是多台智能抓斗起重机在同一跨厂房内同时协同作业,分工明确,互不影响。

二、安装工艺流程

轨道检查验收→设备进场验收→桥架安装→小车安装→吊具安装→电气设备安装→调试

及试运行。

三、主要施工技术

(一)轨道检查验收

起重机安装之前,对轨道安装进行检查验收,合格后才能开始设备安装。轨道的安装标准符合《起重设备安装工程施工及验收规范》(GB 50278—2010)以及《起重机 车轮及大车和小车轨道公差》(GB/T 10183.1—2018)的规定,全行程轨道顶面标高与其设计标高的偏差应在±5 mm内,接头处高低差及侧向错位不大于1 mm,鱼尾板连接形式的轨道接头间隙不大于2 mm。使用经纬仪、弹簧秤、钢丝等机具对两条平行轨道进行检查复测。根据设计图纸、《吊车轨道联结及车挡》图集及相关国家标准的要求,对轨道位置、标高、水平度等项目逐一进行复测,做好检测记录。对于超过规范要求的项目,应当及时进行调整并再次检测,直至各项误差测量值在允许偏差内为止。

(二)设备进场验收

设备进场后,应召集各相关方对设备进行开箱验收,坚持项目设备开箱检查制度,严禁私自开箱。

检查内容:依据订货合同,核对货运单、设备名称、规格型号、数量,对设备技术状况进行检验,对随机附件、易损备品备件、专用工具及有关技术资料进行清点。

设备外部检验:主要检查设备外部各部件、仪表及整个外观有无损坏或缺陷。若发现问题,应及时做好详细记录,后续进行复查和交涉,确保被检查设备的完整性和可使用性。形成设备开箱验收记录,并由参与验收各方签字确认。

(三)桥架安装

桥架是起重机的主要受力部件,智能抓斗起重机采用的是双轨双梁的结构形式,以主梁、端梁为主要受力部件,辅以小车轨道、走台、栏杆、滑线架、梯子、驾驶室等。主梁为箱形结构,上方有小车运行的轨道,两根主梁外侧有检修走台,一侧有电气柜等设备,另一侧铺设小车电缆。

吊装时,由于起重机长度超过厂房净宽度,故在轨道标高以下时,必须用麻绳牵引,在将主梁保持水平的同时,两端倾斜,才能开始起吊,超过轨道标高后再摆正,将主梁行驶轮平稳落到轨道上,调整两端车轮与轨道的间隙,保证一致。采用同样的方法吊装第二根主梁,就位后对主梁两端的端面用连接板进行连接,由于起重机出厂前已进行预拼装和检查,为确保安装精度,连接时严禁使用手拉葫芦进行强行对接、禁止动火切割螺栓孔。

连接螺栓采用扭矩扳手进行紧固,达到规定力矩值,复测桥架系统的水平度以及对角线偏差,检测偏差值。抓斗起重机同一端有2个车轮,车轮的同位差不应超过2 mm,否则应调整。起重机部件组装见图3.7-1。

扫一扫,看图

图3.7-1

(四)小车安装

抓斗起重机的小车已在厂内组装并调试完成,现场只需要将小车吊装至桥架轨道上。小车吊装前,首先复测小车轨道是否与图纸/实物相符,再利用吊装设备将小车平稳落在小车轨道中间部位,检查两侧车轮与轨道间隙是否一致。就位后,将小车轨道两侧塞木方、斜铁等将小车临时固定,防止小车移动。

（五）吊具安装

抓斗起重机的吊具主要有抓斗和钢丝绳，将抓斗运输至起重机提升滚筒的正下方按照设备厂家要求安装钢丝绳，保证各组件之间的连接紧固程度达到设备厂家产品总装要求。

（六）电气设备安装

电气设备安装前应检查其完整性，核对各电气设备、材料的规格型号及其数量是否符合配套设备的安装要求。首先就位起重机盘柜框架，预留线管进出空间后安装盘柜；电缆桥架的安装应横平竖直，端头应加装护边，桥架支架应提前设计安装完成。

电气设备的安装和电线的敷设按照厂家的电气原理图、配线图、电气设备总图进行安装。安装前检查电动机、电阻器等电气元件的绝缘性能，用兆欧表测量其绝缘电阻，应大于 0.5 MΩ，否则需进行干燥处理。

（七）调试及试运行

1. 试运行前的准备和检查

（1）关闭起重机电源，检查所有连接部分的紧固情况。

（2）检查各传动机构装置是否精确灵活，金属结构是否变形，钢丝绳在滑轮和卷筒上的缠绕及固定情况。

（3）保证电气设备工作正常可靠，其中必须特别注意电磁铁、限位开关、安全开关和紧急开关的工作可靠性，注意分别驱动运行机构电动机的接线相序检查，使两台电动机同向运转。

（4）清除大车运行轨道上、起重机上以及区域内影响运转试验的一切物品。

（5）准备好负荷试验所需的砝码，堆放整齐。

（6）与运转试验无关的人员，必须离开起重机及其试验场地。

2. 空载试运转

（1）分别开动各运转机构，机构操作方向应与机构运动方向一致，先慢速试运转，再以额定速度运行，观察各机构运转情况，记录是否有冲击、振动和不正常响声等现象。

（2）沿行程全长往返运行 3 次，检查大车、小车机构情况，双梁起重机主动小车轮应在轨道全长上接触。

（3）进行各种开关的试验，包括吊具上升（下降）极限位置限制器，大、小车运行极限位置限制器，各联锁保护装置，以及司机室的紧急开关等。

（4）试验抓斗开口（闭合）效果，当抓斗下降到最低位置时，卷筒上钢丝绳安全圈数不应少于 3 圈。

3. 静载试运转

静载试验的目的是检验起重机及其各结构部件的承载能力，先起升较小的负荷（0.5 倍额定起重量左右）运行几次，在大车桥架全长范围内往返数次，再将小车停在大车桥架中间，确定测量基准点。然后更换为 1.25 倍额定载荷，起升离开地面 100～200 mm 处，悬停 10 min，应无失稳现象。卸去负荷，分别检查起升负荷前后刻度尺上的刻度（在桥架中部悬挂测量下扰度用的线锤，相应地，在地面上安设一根刻度尺），再将小车开至桥架端部，检查主梁实际上拱度值应不小于 0.7 s/1000 mm。将小车开到跨端，在主梁跨中间位置测出基准点，再将小车开至主梁中间位置，起升额定起重量至 200 mm 高度，平稳后再检测，两次测量数值差应符合规范要求。若试验过程中起重机各连接处没有出现松动或损坏现象，则该静负荷试验合格。

4.动载试运转

动负荷试验的目的主要是验证起重机各机构和制动器的性能情况,起升 1.1 倍额定载荷,分别开动各运行机构,试验中,对每种动作应在其整个运动范围内反复启动和制动,各机构动作灵敏,运行平稳可靠,各限位开关和联锁保护开关工作可靠。累计起动及运行时间,电动起重机不应少于 1 h,未发现机构或结构损坏,连接处无松动或损坏现象,则该动负荷试验合格。

四、重点注意事项

首先,精矿库智能抓斗起重机属于作业起重机,负荷载重大、使用频率高,多台抓斗起重机在同一跨轨道上运行,所以对轨道的安装质量、精度要求特别高,应严格按照《起重机车轮及大车和小车轨道公差》(GB/T 10183.1—2018)规范中 1 级公差要求进行验收。

其次,在进行静负荷试验的时候,负荷为 1.25 倍的额定起重量,试验前应当进行充足的准备,每一次的超负荷试验都会对设备本体造成一定损伤,最好 1 次试验成功,最多不能超过 3 次。

最后是抓斗起重机的交付使用,因为该类型设备为特种作业设备,安装前应向市特种设备管理机构进行告知,告知受理通过后才能开始安装,进行空负荷试运转、静载试运转、动载试运转过程中必须邀请特检所派人现场见证,安装完成后及时完成相关资料移交至特检所,办理特种设备安装监检证书。

第八节　蒸汽干燥机安装方法及要点

一、蒸汽干燥机介绍

在双闪工艺铜冶炼生产流程中,蒸汽干燥机的作用:在矿粉进入炉顶矿仓之前,利用 1.3~1.6 MPa 的饱和蒸汽,在干燥机内部,通过蒸汽管道与湿精矿进行热交换,蒸汽转化为冷凝水经阀组排出,从而将含水率约 8.5% 的混合精矿干燥到含水率 0.3% 以下。该设备具有处理量大、干燥速度快、能耗低等优点,是一种能适应矿粉大流量干燥、降低能耗并且环保的干燥设备。蒸汽干燥机主要由干燥机筒体(含滚圈、齿圈)、支撑系统、传动系统、进料系统、出料系统、阀组等部分构成。蒸汽干燥机全貌见图 3.8-1。

扫一扫,看图

图 3.8-1

二、安装工艺流程

基础验收、处理→托轮装置安装→筒体吊装、就位→大齿圈安装→传动装置安装、调整→二次灌浆→其他附属部件安装。

三、主要施工技术

(一)基础验收、处理

设备安装前设备基础必须经过正式的中间交接验收,并符合相关设计规范要求,设备基础允许偏差参照表 3.8-1。根据土建施工的测量记录及相关资料,在基础或临近基础的建筑物立柱上标出标高、中心线基准,并在设备基础表面预埋的中心标板上标出纵、横向定位基准线。

表 3.8-1　设备基础验收允许偏差表

序号	项目		允许偏差/mm
1	基础坐标位置(纵横轴线)		20
2	基础各不同平面标高		0, -20
3	基础上平面外形尺寸	凸台上平面外形尺寸	0, -20
		凹穴尺寸	+20, 0
4	基础上平面的水平度	每米	5
		全长	10
5	预埋地脚螺栓	顶端标高	+20, 0

在干燥机基础的适当位置埋设两种类型的测量基准点：第一类是纵横轴线基准点，作为设备安装轴线检查基准用，每个托轮底座基础纵横向各两个，分别埋设在托轮底座基础纵轴线和横轴线的两端适当位置；第二类是沉降观测点，作为设备安装及生产后检查基础沉降用，四个方向共 4 个，分别埋设在剪力墙基础柱的四个方向适当位置。基准点埋设具体位置以不影响设备安装，且方便测量放线为准。需要灌浆的基础表面应铲除浮浆层，并铲出麻面，麻点密度为 3~5 个/dm²，麻点深度不小于 10 mm，表面不允许有油污或疏松层，设置垫铁至周边 50 mm 处的表面要铲平，其不平度允许偏差为 2 mm/m。

(二)托轮装置安装

1.托轮装置底座就位、粗调，地脚螺栓灌浆

首先使用吊车把托轮装置底座吊装就位，根据纵横中心线和设计标高进行调整，并采用临时垫铁支撑，临时垫铁应避开正式垫铁安装位置。调整过程中，使用经纬仪进行轴线控制，使用直径为 0.3 mm 的钢丝进行纵横中心线调整，使用精密水准仪进行标高调整，使用斜度规配合框式水平仪进行整体斜度控制。在托轮装置底座的纵横中心线和标高初步找正之后，将地脚螺栓根据规范要求安装到位，并按照 2% 的斜度将地脚螺栓固定在相应位置。托轮装置粗调完毕后，即可进行地脚螺栓的灌浆工作，灌浆后按规定进行养护，养护期不低于 7 d。

2.托轮装置垫铁设置、坐浆

在地脚螺栓灌浆完成、强度达到 70% 以上时，开始进行正式垫铁组的设置和坐浆工作。正式垫铁应该布置在每根地脚螺栓的两侧，并在间距较大位置加设垫铁组。正式垫铁采用坐浆法进行设置，坐浆前要求将每块正式垫铁位置的基础面凿毛，并用水冲洗干净。坐浆时，将高强灌浆料按照要求搅拌均匀，倒入提前制作好的坐浆模具中。坐浆墩面积要求大于平垫铁面积。在坐浆墩初凝之前，将平垫铁埋入坐浆墩内，并使用斜度规配合框式水平仪进行 2% 的斜度调整。平垫铁上表面应高于坐浆墩上表面，以 5 mm 为宜。坐浆完成后，要求在环境温度 20 ℃ 以上的条件下加水养护 48 h。

3.托轮装置精调

在坐浆墩的强度达到 70% 以上时，在坐浆墩上设置正式垫铁，并拆除托轮装置底座下的临时垫铁。在使用正式垫铁进行精调之前，必须再次对托轮装置底座的纵横中心线和对角线进行复核，确认符合设计及规范要求之后，方可进行标高和斜度精调，精调项目及允许偏差参照表 3.8-2。精调过程中，在每个托轮装置的底座上选取 6 个点，使用斜度规配合精密水准仪和框式水平仪对每一个点进行测量，达到设计及规范要求后，方可进行地脚螺栓的紧固工作。在地脚螺栓均匀紧固完成后，逐一轻敲垫铁，并使用 0.05 mm 塞尺检查垫铁之间、垫铁与设备底座底面之间的间隙，复核确认无误后，对每组垫铁进行点焊固定。

表 3.8-2　托轮底座安装的允许偏差及检验方法

序号	项目	允许偏差/mm	检验方法
1	各组托轮底座标高	±0.5	精密水准仪
2	各组托轮底座纵横中心线	0.5	经纬仪
3	托轮底座横向水平度	0.1/1000	水平仪
4	托轮底座纵向中心线斜度	0.1/1000	水平仪、斜度规
5	各组底座跨距	±0.5	拉线、尺量
6	各底座跨距对角线相对差	±1.0	尺量
7	托轮轴中心线与筒体轴线水平距离	±0.5	拉线、尺量
8	托轮装置顶标高	±0.5	精密水准仪、尺量
9	托轮间距	±0.5	尺量
10	托轮顶面斜度	0.1/1000	水平仪、斜度规

（三）筒体吊装、就位

筒体吊装为整个蒸汽干燥机安装的重点，筒体重量一般均在 200 t 左右，属于大型设备吊装作业，具有较大的危险系数，必须做好充分的准备工作。

首先，在筒体底部的滚圈位置画出中心线和边线，在托轮装置上同样标识出托轮中心线，再使用选用的钢丝绳对筒体进行兜捆并做好保护措施，在筒体的两端捆绑麻绳。然后缓缓起钩，将筒体吊离临时弧形托座表面 100 mm，检查筒体是否水平，如不水平，则应放下后调整钢丝绳兜捆位置。在离地 100 mm 的位置悬停 10 min 之后，将筒体落下放平，检查各部位是否存在松动现象和其他不安全因素，确认无误之后方可开始正式吊装。吊装过程应缓速均匀，在筒体底面超过设备基础标高之后，开启履带吊回转装置，缓速均匀地将筒体调整至托轮装置的正上方，并利用麻绳调整筒体方向和位置，待滚圈中心线与托轮中心线对齐后缓缓落钩，放置在托轮装置上，待筒体稳定后松钩。就位后开始检测筒体滚圈与托轮之间配合尺寸，在两个滚圈底部架设百分表，利用 10 t 手拉葫芦转动筒体，监测滚圈的径向跳动和端面跳动，并测量滚圈与托轮的接触长度，其值不应小于滚圈宽度的 60%。

（四）大齿圈安装

干燥机筒体上的大齿圈一般是分两瓣到货的，需要进行现场组装。首先，将大齿圈支撑法兰进行定位，并焊接在筒体上。由于大齿圈在出厂前已经进行过预拼装，因此现场只需要根据预拼装数据和设计的绞孔螺栓进行定位，然后分别将大齿圈的两端紧固在支撑法兰上。同时，需要注意在大齿圈铰孔上的数字标记，应按相对应的数字标记与支撑法兰对号装配，不能错位。最后，使用塞尺检查两段齿圈组装处的间隙，符合安装说明的要求后，将大齿圈与支撑法兰的连接螺栓用力矩扳手进行紧固，力矩值严格遵循厂家设计要求。大齿圈安装完成后，在底部架设百分表。利用 10 t 手拉葫芦转动筒体，百分表监测大齿圈的径向跳动和端面跳动，允许偏差应当符合表 3.8-3 的要求。

表 3.8-3　筒体安装允许偏差和检验方法

序号	项目	允许偏差/mm	检验方法
1	齿圈拼合处间隙	0.1	塞尺
2	齿圈与滚圈间距	±1.0	尺量
3	齿圈端面跳动	1.0	百分表
4	齿圈径向跳动	1.0	百分表

（五）传动装置安装、调整

蒸汽干燥机的传动装置包括主电机、减速机、联轴器、小齿轮以及慢驱电机。

首先，根据筒体大齿圈的定位状态，将小齿轮及其底座就位，使用临时垫铁支撑。然后对小齿轮进行粗调，保证齿轮副顶隙为 8~10 mm，齿轮副两侧侧隙一致，小齿轮与大齿轮轴线平行，并根据齿轮的接触点及接触面积调整底座，使其符合设计规范要求。粗调完毕，对地脚螺栓孔进行一次灌浆。待灌浆部位强度达到 70% 以上后，在每根地脚螺栓旁布置正式垫铁，可以采用坐浆法，坐浆养护期为 48 h，使用小锤检查，牢固后撤出临时垫铁。最后进行精调，使齿轮副完全符合设计及规范要求后点焊垫铁。

在小齿轮安装完成之后，开始安装减速机、主电机、联轴器和慢驱电机。由于减速机、主电机和联轴器使用公用底座，并且已经通过出厂装配进行了定位，因此，在使用临时垫铁粗调底座之后，一次灌浆地脚螺栓孔，并对减速机和主电机的轴线和标高进行统一精调，然后更换正式垫铁并点焊。最后，进行联轴器的对中工作，以保证主减速机低速轴与小齿轮轴同轴度偏差<1 mm，角向偏差<1 mm。传动装置安装应当符合表 3.8-4 的要求。

表 3.8-4　传动装置安装允许偏差和检验方法

序号	项目	允许偏差/mm	检验方法
1	传动装置底座纵横中心线	1.0	拉线、尺量
2	传动装置底座斜度与筒体斜度	0.1/1000	水平仪
3	传动装置底座横向水平度	0.1/1000	水平仪
4	大小齿接触面积	≥40%齿高、50%齿宽	尺量
5	齿顶和齿根间隙符合通用标准		压铅
6	联轴器安装符合通用标准		百分表

（六）二次灌浆

前期基础验收、处理时已经将灌浆面层按要求凿毛，此次二次灌浆前需将灌浆面杂物、尘土、油污清理干净，洒水湿润后方可进行灌浆作业。同理，选用设计规定型号或经建设单位认可的灌浆料，对托轮装置底座、传动装置底座的二次灌浆层进行灌浆，并按要求养护合格。

（七）其他附属部件安装

干燥机其他附属部件有进料系统、出料系统、齿轮罩以及托轮罩。附属部件安装依据设备厂家提供的装配图，其安装精度相对略低，其注意事项如下：

（1）进料系统、出料系统与干燥机筒体连接处密封要按要求对称紧固，不然后期漏料处理起来相对困难。

（2）出料系统中有一个石墨旋转接头部件，此部件在后期正常投产运行期间通过蒸汽润滑，但是安装过程中没有蒸汽源，所以筒体转动期间需要加流动水来润滑，防止其干磨过热损坏。

（3）齿轮罩、托轮罩安装的竖直方向要与筒体轴线垂直，而不是水平垂直，因为筒体安装时要求千分之二的斜度，保证齿圈、滚圈在护罩内部均匀居中，避免后期筒体带料运行时上下窜动量过大而刷蹭护罩。

四、重点注意事项

首先，蒸汽干燥机安装斜度应严格遵循设备厂家技术要求，防止后期设备负荷运行时进出料出现异常。其次，齿轮啮合情况应通过侧隙、顶隙双重测量，再配合涂抹红丹观察接触面情况，确保小齿轮与大齿圈完美啮合。最后，驱动端挡轮预留空间应符合设备厂家安装说明书要求，通过试运转情况判断，确保整个筒体的轴向窜动在正常范围内。

第九节　闪速炉本体钢结构制作方法及要点

闪速炉本体钢结构主要由炉体框架、沉淀池、反应塔、上升烟道等组成，其中沉淀池结构包括底梁、底板、侧护板、侧立柱以及顶部吊挂结构。根据其安装顺序，炉体结构一般按照炉体框架柱、框架梁、底梁、底板、侧护板、侧立柱、反应塔、上升烟道的顺序进行制作。反应塔为闪速炉核心部件，制作时要重点控制。

一、炉体框架结构的制作

炉体框架结构主要分为框架柱及框架梁，其中框架柱一般有焊接 H 形钢结构和箱形结构两种形式，框架梁主要为焊接 H 形钢结构。

炉体框架结构为主要的受力件，其构件截面一般较大，构造节点一般为铰接与焊接相结合的形式，确保构件的直线度及各连接节点螺栓孔 100％的穿孔率，对于保证现场的安装精度至关重要。

制作时，一般采用主体结构与零部件先分别制作成型，再整体拼装的方式进行，主体结构制作完成后，经校正验收合格，再进行连接件的组装工作。连接件上的多排连接孔由数控钻床一次性加工成型，以保证其精度。对于与之连接的主体结构两端的连接孔，当因其外形尺寸大而无法使用数控设备加工制孔时，经过测量定位，使用与之连接的已制备完成的连接件进行套钻，以确保其匹配度。

当主体结构为焊接 H 形结构时，由于其腹板与翼缘板之间的焊缝为组合焊缝，熔敷金属填充量多，焊接变形大。为减少焊接变形，在加工坡口时，选择合适的坡口角度及坡口深度，并在装配时采取适当的反变形措施，以减少焊接变形量，保证主体结构尺寸精度。

当主体结构为箱形结构时，为确保其尺寸精度，在下料阶段，要确保壁板的直线度，隔板的对角线偏差控制在 3 mm 以内。装配时，其拼装平台要平整，各接触点要顶紧施焊，尤其是电渣焊夹板与壁板的接触面，这样可以有效减少焊接变形和缺陷，减小焊后发生扭曲的可能性。在进行电渣焊焊接时，焊接热输入大，易造成箱形柱旁弯，焊接完成后，经校直方可进行后续的装配工作。

另外由于土建施工时，连接框架柱底板的地脚锚栓容易产生偏差，导致框架柱安装时，不能准确就位，需要对柱底连接孔进行二次处理，为避免此种情况出现，一方面，在进行柱底板制孔时，可适当放大底板连接孔直径；另一方面，现场在预埋地脚锚栓时，可以采用预制模板，对地脚锚栓进行整体固定，确保锚栓定位精度，最终保证框架柱的安装精度。

二、沉淀池钢结构的制作

沉淀池钢结构主要由底梁、底板、侧护板、侧立柱及顶部吊挂结构组成，其中底梁纵向布置，底板横向布置在底梁上方，之间使用螺栓连接。为保证底梁与底板之间螺栓连接的穿孔率及底板制作的精度，底梁与底板在制作时，均要进行整体预拼装。

（一）底梁的制作

底梁是由焊接 H 形钢或热轧 H 形钢组成的平面框架结构，包括纵向布置的主梁与横向布置的次梁。其结构形式虽然简单，但对于整体拼装成形后的平面度要求较高，一般控制在 5 mm 以内。若底梁平面度偏差过大，会直接影响到上部底板的安装精度。另外，由于底板横向布置在底梁上方，之间通过螺栓连接，对底梁上翼缘板上的螺栓孔定位精度要求高，要保证 100% 的穿孔率。

此外，底梁下部与基础接触的位置，局部也使用螺栓连接固定，对于该部位的螺栓孔，一方面可采用长圆孔，以便于现场的安装；另一方面，现场在埋设预埋螺杆时，也应采取必要的措施（如使用模板对预埋螺杆进行整体固定，避免浇筑混凝土时预埋螺杆偏移），以保证预埋螺杆的定位精度。

为确保螺栓孔的定位精度，可采取整体排孔法。先将底梁整体预拼装成形后，再进行整体定位制孔。特别注意的是，当单根底梁为焊接 H 形钢结构时，由于焊接热输入大，焊接完成后易产生喇叭口变形，甚至由于受热不均匀而产生扭曲变形。因此，在进行焊接 H 形钢制作时，要采取合适的工艺以减少焊接变形，并在焊接完成后对其进行校正，在进行翼缘校直前，要对翼缘校直设备进行检查，保证其左右滚轮输出的力是一样的，避免由于机械的原因，导致 H 形钢受力不均匀而发生扭曲。单根底梁必须经过校正验收合格后再进行整体预拼装，以确保整体拼装完成后的平面度及外形尺寸符合要求。

在进行底梁预拼装之前，根据底梁外形尺寸，搭设合适的预拼装平台，要求平台稳固可靠，其上表面平面度控制在 5 mm 以内，以确保底梁的拼装精度。在底梁整体预拼装完成经验收合格后，还要以预拼装的底梁为平台，进行底板的整体组装。

（二）底板的制作

底板外形似船，由下翼板、月牙形腹板、弧形上翼缘板及筋板组成，横向布置于底梁上方，下翼缘板与底梁螺栓连接。制作底板时，要重点控制以下几点：

（1）保证下翼缘板与底梁的穿孔率为100%，且要求其下翼缘板与底梁紧密贴合。

（2）保证相邻两块弧形板的弧度一致。

（3）保证弧形板两端水平段的平面度控制在5 mm以内，以确保与侧护板连接时，紧密贴合。

（4）保证相邻两块底板之间的间隙均匀并符合图纸要求。

（5）确保外廓尺寸符合图纸要求。

为确保符合上述要求，需从以下几点进行控制：

（1）首先从零部件的制备入手，下料时采取合理的工艺及先进的设备，确保零部件的外形尺寸一致，直线度或弧度符合设计要求。

（2）组装时采用整体装配法，直接在预拼装合格的底梁上进行整体装配，确保在组装时相邻两底板的弧度、间隙、平面度等均符合要求。

（3）焊接时采用合理的焊接工艺，严格按照焊接工艺进行焊接。

（4）由于焊接应力的存在，各底板经过焊接后不可避免地会产生焊接变形，因此在焊接完成后要进行火焰校正。校正完成后，将底板再次与底梁进行整体预拼装，检验校正结果。当不符合要求时，需进一步进行处理，直到满足以上五点要求。

底梁、底板预拼装的验收，要提前通知业主、监理、设计院参与，共同见证。如实填写预拼装验收记录，并将验收记录移交给现场安装队伍，用于指导现场的安装。另外，在进行预拼装时，要对各底梁及底板做唯一性标识，并标记在构件显眼位置。要求现场安装时，严格按照预拼装时，各构件所在位置进行安装，严禁相同构件调换位置。

（三）侧护板的制作

侧护板为片状结构，布置于底板上部，在底板上方四周形成一圈围墙结构，与底板一起构成一个类似于池子的结构。经过砌筑后，侧护板用于盛放冶金反应产生的液态铜。

由于侧护板刚度小，且开有大量的孔洞，铜水套进、出水口管从各洞口伸出与循环水管相连接，控制其焊后平面度为侧护板制作的一大难点。侧护板的制作，需重点控制以下几点：

（1）确保侧护板内表面的平面度在5 mm以内，不得出现明显的波浪变形，以确保水套安装时，与水套紧密贴合。

（2）侧护板上各孔洞的定位尺寸、孔洞大小，符合设计要求，在特殊情况下，可同设计院沟通进行适当的放大，以确保与水套的良好匹配。

（3）部分侧护板内侧加筋板与壁板之间的T形焊缝焊脚高度会影响到水套的安装，当焊脚高度过大时，会导致水套与壁板无法贴合，因此针对这些位置，要求焊缝无焊脚。

（4）保证侧护板的外观尺寸符合图纸要求，这样才能确保安装完成后，相邻两块侧护板之间的间隙均匀。

（5）侧护板底部连接板焊接完成后，不得出现波浪变形，要求平面度控制在3 mm以内，以保证与底板紧密贴合。

为确保满足上述要求，需从以下几点进行控制：

（1）侧护板壁板的下料，尽可能采用切割精度高的数控切割设备，且第一块壁板下料完成后，要对各个尺寸进行复核，检查其切割精度是否满足要求，在核验无误后，再进行批量下料。

（2）在进行装配时，严格按照定位尺寸画线组装，涉及与水套及耐火砖配合的零部件，必须确保其横平竖直，焊接完成后，不得出现波浪变形。

（3）为减少其焊接变形，焊接前要制订合理的焊接工艺，加强过程监控与纠正，确保焊接质量。焊接完成后，对焊接变形区域进行火焰校正，验收合格后才能进入下道工序。

（4）当固定平水套的连接板为双夹板形式时，连接板与水套之间没有装配间隙，为方便现场水套的安装，将水套上方的连接板做散件，在现场同水套一起安装。

（四）侧立柱的制作

侧立柱布置于底梁、底板及侧护板的四周，通过圆钢拉杆与底梁、底板及侧护板连接，主要起到对底梁、底板及侧护板的约束作用，增强整体的稳定性。

侧立柱一般为焊接 H 形钢结构，制作时要保证其翼腹板的垂直度，确保在安装完成后其受力面与侧护板等结构有均匀的接触，保证其受力均匀。

另外，不同设计院设计的侧立柱外形有所不同，主要为以下两种：

（1）侧立柱为简单的 H 形钢结构，上部设有牛腿，安装时辅助以通长放置在牛腿上的纵向梁及横向梁对侧护板进行约束加固，此种形式的侧立柱的制作较为简单，制作时控制好焊接 H 形钢翼腹板的垂直度及牛腿的标高即可。

（2）另一种侧立柱形式，纵向梁及横向梁被分为若干段，横向设置在立柱上方，其上部横梁两端设置连接孔，相邻两侧立柱通过螺栓及连接板将上部横梁连接在一起，形成一个整体。此种形式的侧立柱的制作较为复杂，制作时要控制好上部横梁两端连接孔的定位尺寸及横梁的标高，用于连接螺杆的圆孔要求同心。制作此种形式的侧立柱时，在条件允许的情况下，可进行预拼装，或采用整体装配分段焊接的方法进行制作，以确保安装精度。

三、反应塔钢结构的制作

闪速炉反应塔为圆筒形结构，由多层圆形筒体与铜水套相互交叉叠加组成。圆形筒体截面为"工"字形，由上下圆形法兰板及中间的弧形腹板拼装而成。反应塔顶部一般由螺杆通过吊耳吊挂在炉体框架上，或直接将顶层筒体坐在炉体框架上，相邻两层筒体之间通过螺栓连接，整个反应塔悬置在沉淀池上方。反应塔是闪速炉的核心部件，是发生冶金反应的区域，反应塔的制作质量将会影响冶金反应的好坏。因此，制订合理的工艺方案是保证反应塔制作质量的基础。

反应塔筒体的制作，需重点注意以下几点：

（1）每层反应塔筒体的椭圆度控制在 ±3 mm 以内。

（2）反应塔筒体的直径偏差控制在 5 mm 以内，且不可小于设计尺寸。直径偏差大会影响各层水套的安装以及耐火砖的砌筑，直径偏大会导致各水套之间及耐火砖之间间隙过大，不利于筒体的密封；直径过小会导致定做的水套及耐火砖安装不进去。

（3）每层反应塔筒体的平面度控制在 1 mm 以内，截面高度偏差为 ±1 mm；平面度偏差大，会影响到整体装配完成后反应塔筒体的垂直度以及各层筒体与水套之间的贴合度。

（4）每层反应塔筒体连接孔的定位精度控制在 1 mm 以内，上下两层反应塔筒体的连接孔穿孔率确保 100%。由于反应塔各层筒体、水套以及砌筑完成后的耐火砖的重量，均靠每层的连接螺栓进行传递，只有确保各处受力均匀，才能保证反应塔的使用安全。另外，反应塔筒体上下法兰板的连接孔禁止扩孔，所以必须保证 100% 的穿孔率。

（5）由于每层反应塔筒体的内侧在后期要砌筑耐火砖，故要求其内侧T焊缝开坡口焊平，以免影响耐火砖的砌筑。

为确保满足上述要求，需注意以下几点：

（1）采取合理的焊接顺序，使反应塔筒体沿环向均匀受热、均匀收缩，可减小椭圆度偏差值。如多人按照逆时针或顺时针对称施焊，可有效减小筒体的不均匀变形。

（2）在下料组装时，对反应塔的直径适当放大，以抵消焊接收缩，可有效地将反应塔筒体的直径偏差控制在允许范围内。

（3）为确保其平面度，在反应塔组装前，要搭设平台并调平，将拼装平台平面度控制在2 mm以内。在调平验收合格的平台上进行反应塔筒体的组装，确保拼装的精度。焊接时采取合理的焊接工艺，使其均匀收缩，避免产生波浪变形。另外，上下法兰板的下料，使用大于设计厚度的钢板留出加工余量，整体焊接校正后再进行一次精加工，以确保其平面度及截面高度符合要求。

（4）为确保螺栓穿孔率100%，精加工完成后，在制孔前，首先使用数控机床进行统一划线，确保螺栓孔中心所在圆直径一致。然后按照设定的程序进行制孔。若采用人工排孔，首先要使用圆规在筒体法兰板上画出螺栓孔中所在圆的轮廓线，然后将轮廓线等分成若干段，再从各分段点进行划线定位，避免从一个起点依次排孔，造成累计误差增大。然后以第一层筒体法兰板的螺栓孔为基准，按照其安装顺序依次套钻，以确保安装时螺栓的穿孔率。

（5）反应塔组装时，要标记好0°及90°标识点，后续制孔及预拼装均要求以此标识点为基准点。各筒体加工完成后，进行整体预拼装，并对各层筒体做唯一性标识。现场安装时，严格按照预拼装时各筒体所在位置进行安装，不得调换。

四、上升烟道钢结构的制作

上升烟道为冶金反应产生烟气的排烟口，主要由壁板、拖砖板及外部框架组成。其结构通过外部框架吊挂在炉体框架结构上，悬置于沉淀池上方。

在制作上升烟道钢结构时，需要重点注意以下几点：

（1）拖砖板之间的间距及其与壁板之间的垂直度；上升烟道钢结构内侧要砌筑耐火砖并安装铜水套，若拖砖板之间的间距大小不一，或与壁板不垂直，会导致有些耐火砖放置不进去或间隙过大。

（2）上升烟道壁板上连接水套进、出水口管的孔洞定位尺寸要准确，洞口尺寸可适当放大。

（3）与水套及耐火砖接触的拖砖板与壁板之间的T形焊缝，要求无焊脚高度，即开坡口焊平，以免影响水套及耐火砖的安装。

（4）上升烟道壁板外形尺寸较大，需要分段运输，在安装现场再进行整体的拼装焊接。分段时，需注意将分段点避开外部框架的横梁，避免拼接焊缝被遮挡，无法焊接。另外，分段点的坡口方向，宜朝向烟道内侧，便于施焊。

为确保满足上述要求，需注意以下几点：

（1）严格按照图纸定位尺寸画线定位，装配托砖板时，使用L形钢板尺检查其垂直度，并使用加筋板进行约束固定，减少焊接变形。焊接完成后，再次进行检测，若不符合要求，则进行火焰校正，直至验收合格。

（2）壁板孔洞制备使用电脑排版、数控下料，首件下料完成后，检查各个尺寸，确保符合精度要求后，再进行批量下料，最好是使用激光下料，其切割缝小、切割面光滑且热变形小。

（3）采用合理的焊接工艺，降低焊脚高度；上升烟道壁板左右对称，焊接时，可将对称的两部分背靠背进行焊接，以减小焊接变形量。

第十节　闪速炉安装方法及要点

双闪铜冶炼工艺是闪速熔炼和闪速吹炼，即仓式配料→蒸汽干燥→闪速熔炼→闪速吹炼→回转式阳极炉精炼+电解槽电解的生产工艺。闪速炉本体主要由炉体框架、反应塔、沉淀池、上升烟道这四大部分以及铜水冷元件及排放口、喷嘴及烧嘴等部件组成。附属系统包括冷却系统、富氧系统、热风系统、天然气燃烧系统及 DCS 集散监控检测系统等。吹炼炉结构形式与熔炼炉相同。

下面重点介绍闪速炉施工方法及要点。

一、闪速炉炉体制作及到货状态

闪速炉本体由反应塔、沉淀池和上升烟道组成。反应塔、上升烟道均采用吊挂形式，分别由相应的钢结构框架通过吊耳、板式吊件和钢销承托。沉淀池支撑在炉体基础上，在主柱长度和宽度方向由涡卷弹簧拉紧。设备钢结构总量约 1000 t，材质主要为 Q235-B。

炉体与铜水套的连接面加工是本炉体制作的关键控制点。炉体所需零构件相对较多，而且多为异形构件，有些还需要机加工，需留有加工余量。由于闪速炉部分部件尺寸较大，无法整体运输，因此在制作预拼装后，分片、分段运输至现场。

1. 反应塔本体

反应塔筒体在制作前，首先清理场地，用钢板铺垫制作工作平台。用水准仪将钢板上表面找平，相邻钢板间用点焊形式连接成整体，保证平台的整体性。反应塔筒体每层环形梁可根据运输条件整体或分片出厂。

2. 上升烟道

上升烟道由悬挂梁、壳体、弹簧压紧装置、悬挂梁框架、WHB（余热锅炉）连接口、旁通烟道顶部开孔圈、挡板槽盖等组成。制作时先按以上划分分别制成零部件出厂，再现场拼装。

3. 沉淀池

沉淀池为闪速炉主要部件之一，由钢架、底梁、底板、侧板、顶部钢架组成。钢架主要由 H 形钢组成，采用高强螺栓连接。顶部钢架下吊耐火砖，总质量约 300 t，主体材质为 Q235-B。

沉淀池制作顺序：底梁制作→底梁预拼装→底板托座预拼装—底板上翼板制作、拼装→焊接成型。由于底板部分构件制作完毕后，有些内部零件不易于油漆涂装，因此在组装焊接前，将下好料的零件涂刷油漆。待制作成型后，先进行预拼装，检查无误后再拆散成单件，进行油漆防腐并发运。

二、闪速炉主要部位安装要求

(一)安装前的准备工作

1. 场地准备

对于熔炼炉构件堆放、拼接场地,在主厂房周围根据现场实际情况选取场地,预计为 400 m^2,进行平整、碾压、放坡,场地四周需设置排水沟,及时排出施工积水、雨水。

2. 起重机具准备

两台闪速炉的吊装作业,因大量构件吊装幅度范围为 23～30 m,框架梁柱重量基本为 14～20 t。另外,在闪速炉安装的中后期,主厂房外围钢结构会严重制约闪速炉吊装,故一般可以使用两台 400 t·m 塔吊,或者采用 350 t 履带吊进行吊装作业,再准备一台 100 t 汽车吊机动安排,主要用于闪速炉结构的卸车和倒运。根据所吊构件的最大重量和最大高度及回转半径计算,400 t·m 塔吊或者 350 t 履带吊可以满足吊装需要。

3. 钢丝绳准备

钢丝绳的选用主要根据最大构件来考虑计算,根据《钢丝绳通用技术条件》(GB/T 20118—2017)的相关规定,构件采用双股钢丝绳成 45°角的吊装方式进行吊装作业,选用 6× 37 丝,钢丝绳 ϕ32 mm,公称抗拉强度 1870 N/mm^2,破断拉力总和 725.0 kN,钢丝绳满足要求。

(二)闪速炉安装要点

1. 安装工序

基础复测、交接、调整→沉淀池底梁、底板安装及灌浆→铜水套试压、通球试验→炉体框架安装及灌浆→反应塔安装→上升烟道安装→沉淀池侧立柱、侧板安装→沉淀池顶部框架梁安装→炉体框架预留构件及平台安装→沉淀池顶部吊挂件安装→上升烟道闸板安装→系统试压→炉体砌筑→喷嘴及烧嘴安装。

2. 炉体框架安装

为保证炉体框架结构的稳定性和吊装的安全性,采用先形成小框架再由小框架逐渐形成大框架的指导思想进行安装作业。根据轴线位置,对炉体框架的 8 柱 4 梁进行编号。炉体框架编号见表 3.10-1。

表 3.10-1　炉体框架编号

	FS1	FS2	FS3	FS4
FSA	108 柱	107 柱	106 柱	105 柱
FSB	101 柱	102 柱	103 柱	104 柱
	150A 梁	150B 梁	159 梁	157 梁
	FS1	FS2	FS3	FS4

3. 钢柱安装

炉体框架的钢柱均为焊接 H 形钢柱。钢柱进场后,在钢柱腹板和翼板的顶部及底部分别标好中心线,打好样冲点,同时在距钢柱底板 1 m 处标好标高线,方便吊装时观测钢柱垂直度和测量标高之用。吊装前，用 φ12 钢筋制作 8 部爬梯，爬梯高度根据 8 个钢柱高度进行确定，事前捆扎在钢柱上，以方便吊装时上下钢柱之用。在柱顶设操作平台 8 个，用 2 根槽钢紧贴柱面，使用对拉螺杆紧固后上铺脚手板，并用铁丝绑扎。钢柱起吊就位后，测量工配合吊装人员测量钢柱的垂直度和标高，并进行调整。调整完成后，紧固调整螺栓和固定螺栓，并使用垫铁垫实垫平。待系好缆风绳之后方可松钩，开始下一根钢柱的吊装作业。

根据单根钢柱、钢梁重量以及塔吊、400 t 汽车吊起重性能，塔吊能力不能覆盖的区域使用 400 t 汽车吊进行作业。根据现场主厂房钢结构安装进度，400 t 汽车吊至少需要 3 个站位才能完成剩余主框架的吊装，并且，经过计算，部分吊车站位附近主厂房钢结构需要预留。其中，S 轴二层及以上梁、P 轴三层及以上梁、18 轴二层及以上梁需要预留。

4. 钢梁安装

为保证炉体框架的整体稳定性，在相邻两根钢柱就位之后，要求立即安装一根次梁将两根钢柱连成一个整体。所以钢柱与钢梁的安装需要交错进行。在钢梁吊装之前，将两端各系一根纤绳，防止吊装过程中钢梁在空中旋转，也方便钢梁的就位。待主体框架就位后，可以进行其他次梁和斜撑的安装工作。

5. 沉淀池安装

（1）沉淀池底梁安装

在熔炼炉基础预埋件验收完成、中间交接合格之后，开始进行沉淀池底梁的安装。沉淀池底梁的安装关键是要控制安装精度以及与基础预埋件的接触面积。控制安装精度是因为底梁的安装精度直接影响沉淀池和反应塔的安装精度，从而影响整个闪速熔炼炉的安装质量。控制与基础预埋件的接触面积是因为接触面积的大小直接影响沉淀池的整体受力和膨胀情况。

先将底梁纵向梁起吊到安装位置，对接并用连接螺栓连接好。注意紧固时应按由内向外、由中间向两边的顺序紧固连接副，以保证同一连接副内所有螺栓受力均匀。纵向梁连接好后，摆放在安装位置，安装固定钢板。考虑炉体的纵向热膨胀问题，安装时螺栓孔中的螺栓不应拧得过紧，紧固扭矩不得超过 100 N·m。检查梁的高度水平和位置，适时调节预埋件，以保障梁的水平及标高尺寸。

纵梁安装完成后，将底部横梁吊放到安装位置，用螺栓连接到下部槽梁并固定，两根梁之间的允许最大水平偏差为 ±2 mm，通过调节沉淀池底部预埋件，以保障梁的水平度。同样横梁的安装也要考虑到炉体横向热膨胀，紧固扭矩不超过 100 N·m。

沉淀池底梁安装完成后，对其进行复测、报验，要求符合相关设计规范要求。

（2）沉淀池底板安装

沉淀池底板安装前，先清理杂物，主要是炉体底梁上的临时支撑架。杂物清理后，开始安装底板。沉淀池底板安装依据构件出厂预拼装记录进行施工，并在安装过程中严格控制底板长圆孔在膨胀方向的尺寸余量，底板间缝宽必须符合相关的设计规范要求。沉淀池底板安装完成后，方可进行上升烟道、反应塔的拼装工作。在后续安装时必须注意底板的保护，严禁在底板上补焊、锤击等。

（3）沉淀池框架和侧板安装

反应塔安装完毕后，即进行沉淀池框架拼装和焊接。沉淀池框架由立柱、上下连系梁及水平梁组成。它是支持耐火砖砌体和金属炉体巨大负荷的承重结构，施工时要严格控制几何尺寸精度，按图纸要求进行焊接，认真检查每条焊缝。侧立柱与侧墙板的安装要保证每面墙的墙板整体平整度，并且都在同一个垂直面内。侧墙板与侧立柱要贴合紧密，这样才能保证侧墙水套与侧墙板贴合紧密，并保证水套的平整度。这里既要求侧立柱、侧墙板在制作时要尽量提高制作精度，控制焊接变形，也要求安装时要边安装边用铅垂线检查整体垂直度，还要用靠尺检查整体平整度。总之，侧立柱，侧墙板，侧墙水套三者之间都要贴合紧密，不留空隙，否则炉体升温后耐火砖受热膨胀位移不均匀，容易引发耐火砖坍塌。

（4）沉淀池顶部构件安装

安装沉淀池顶部构件的时候，分别在 FSA、FSB 两侧留有预留口，这样可以方便安装沉淀池内部的冷却铜水套。

6. 反应塔安装

反应塔由 20 道筒体组成。综合考虑安装难度及到货顺序，并且考虑后续的铜水冷部件的安装，采用倒装法进行反应塔的安装，即从塔顶到塔底的顺序，将 20 件筒体依次倒挂就位。反应塔组装见图 3.10-1。

扫一扫，看图

图 3.10-1

（1）反应塔拼装焊接

反应塔筒体的拼装工作，需要搭设一个临时拼装平台，并进行水平度精调工作。精调完毕之后，将 2 片构件在临时拼装平台上摆正，用销轴螺栓将连接板连接好，拧紧所有的安装连接螺栓。用水准仪检测拼装好的筒体法兰面，检查并调整其平面度；使用画规画出相应直径的圆，与筒体进行对比，并拉尺检查不同方位的直径，检查其圆度，检查符合设计偏差要求后，焊接连接板接头焊缝。焊接时 2 个接头同时施焊，以防单边受热变形而影响反应塔的整体组装。焊接完成后，再次用水准仪检查筒体法兰面，如发现有不符合精度要求的情况，则进行变形调整处理，直到合格。

（2）反应塔筒体安装

筒体#20 是反应塔最顶圈，在吊装之前需要安装配套水套，将相应水套摆放在法兰面上形成一圈，利用特制固定件临时固定在筒体上，利用 400 t 汽车吊将其吊装至设计位置，并使用 4 台手拉链条葫芦将筒体#20 就位于 8 件吊挂件下，吊挂在主体框架的主梁上。水套在安装之前必须按照设计规范要求进行试压、通球等相应试验工作，试验合格后方可进行安装。同时，地面开始拼装筒体#19，拼装方法同上。拼装完成后进行吊装工作，通过法兰连接吊挂在顶圈上。接着进行筒体#18 及相应水套的拼装吊装工作，方法同前。依此方法安装，直至全部筒体就位。

7. 上升烟道安装

（1）上升烟道安装。用 400 t·m 塔吊或者 400 t 汽车吊配合，将上升烟道分片放入沉淀池内，用 H 形钢临时轨道平台在上升烟道下形成拼装平台，对上升烟道进行拼装。上升烟道的几何尺寸在拼装过程中需要进行严格控制。

（2）在沉淀池内组装上升烟道中部壳体，然后焊接吊耳，将其整体吊装就位。

（3）上升烟道下部壳体在沉淀池内组装焊接完毕后，装上水平水套，再整体吊装于上部筒体结构。

（4）安装上升烟道顶部框架和余锅炉侧出口。

8. 铜水冷元件安装

闪速炉铜水冷元件都是埋设在耐火砖内或耐火物内的，因此要绝对保证不泄漏，否则将会造成严重后果。为此，首先在安装前对所有铜水套进行编号并进行相应的外观尺寸检查工作。然后按照安装先后顺序逐一进行试压、通球和吹扫工作，同时按编号做好相关记录并妥善保管。由于铜水套试压和通球试验工作量较大，为了方便进行相关准备工作和保管，在水套堆放区域搭设一个临时工作棚，待试压、通球和吹扫合格后，再使用一台 100 t 汽车运到安装现场。

（1）铜水套水压试验

水压试验压力为 1 MPa，稳压时间为 30 min。无渗漏、无降压为合格。铜水套试压完成后，需要使用压缩空气吹扫干净，并旋上管帽。

在铜水套安装之前，需要对所有铜水套进行通球试验。

通球试验的标准：根据铜水套管子外径（D_1）、实测内径（D_0）及管子弯曲半径（R），选择通球试验用钢球直径（D），通球直径偏差不得大于 -0.2 mm。通球试验标准具体见表 3.10-2 所示。

表 3.10-2　通球试验标准表

项目	$D_1 \geqslant 60$	$32 < D_1 < 60$	$D_1 \leqslant 32$
$R \geqslant 3.5D_1$	$0.85D_0$	$0.8D_0$	$0.7D_0$
$2.5DI \leqslant R < 3.5D_1$	$0.85D_0$	$0.8D_0$	$0.7D_0$
$1.8DI \leqslant R < 2.5D_1$	$0.75D_0$	$0.75D_0$	$0.7D_0$
$1.4DI \leqslant R < 1.8D_1$	$0.7D_0$	$0.7D_0$	$0.7D_0$

试验方法：使用 7 kg 压缩空气将钢球吹出，并填好铜冷却水套通球试验记录表。

9.反应塔铜水套安装

反应塔铜水套共计 21 层。由于反应塔是由铜水套部分与反应塔钢结构筒体部分交叉组成的，且反应塔钢结构筒体部分采用倒装方法，因此 2~20 层的每层反应塔垂直铜水套与反应塔钢结构筒体用安装螺栓，提前组装固定好后，再采用倒装法同时安装。第 1 层铜水套为锯齿形连接水套，在筒体 1 就位之后，水套上部使用安装螺栓与反应塔筒体连接，下部使用专用卡件与沉淀池连接。第 21 层铜水套安装在反应塔顶部，并采用吊挂件吊挂固定，因此这部分铜水套安排在反应塔吊挂件安装完成之后配合筑炉再进行安装。

10.上升烟道铜水套安装

因排烟孔水套、冷却铜管、烟道迎风面水套、闸门孔水套、上升烟道顶部水套与砌体交叉组成，所以此部分铜水套需要与砌筑配合安装。

上升烟道铜水套安装顺序为：上升烟道连接部水平水套→上升烟道连接部锯齿形水套→上升烟道顶部水套→排烟孔水套、冷却铜管、烟道迎风面水套、闸门孔水套。

11.沉淀池铜水套安装

因沉淀池侧护板水套分为水平铜水套和垂直铜水套两种，三层水平铜水套与砌体交叉组成，所以这三层水套必须与筑炉配合安装，先装一层水套，在水套上面砌筑一层耐火砖，再装一层水套，再砌砖。水套与外部结构、与耐火砖之间同样要贴合紧密。

沉淀池铜水套安装顺序为：沉淀池反应塔侧垂直水套→沉淀池冰铜口侧垂直水套→沉淀池上升烟道侧垂直水套→沉淀池余热锅炉侧垂直水套→沉淀池冰铜口侧水平水套、冰铜口侧观察孔水套→沉淀池反应塔侧水平水套、反应塔侧锯齿形水套、反应塔侧观察孔水套、反应塔侧出冰铜口水套→沉淀池上升烟道侧水平水套、上升烟道侧出渣口水套、上升烟道侧出冰铜口水套、上升烟道侧观察孔水套→沉淀池余热锅炉侧水平水套、余热锅炉侧观察孔水套、余热锅炉侧沉淀池锯齿型水套→沉淀池底板铜水套。

12. 铜水套系统水压试验

闪速熔炼炉全部铜水冷元件安装之前都要经过水压试验。待外部循环水管道与所有水套进、出水口安装完善后，还要进行一次整体系统试压，并填好铜冷却水套系统水压试验记录表。由于此时耐火材料均已砌筑完毕，所以此次系统试压务必提高警惕。管道专业及设备专业需要共同进行组织，编写相应的专项试压方案，成立试压小组，由专人负责，发现渗漏时应立即停水检查整改。

13. 闪速炉相关构件安装

(1)涡卷弹簧张紧装置安装

涡卷弹簧的安装关键是弹簧的紧固工作，要根据炉体筑炉前和筑炉后、升温前和升温后不同阶段进行紧固工作，保证在筑炉完成之前为刚性连接，筑炉完成之后，涡卷弹簧的压力曲线调整符合设计规范要求。同时，在每个施工阶段，需要控制适当的紧固值并调好闪速炉涡卷弹簧张紧装置安装及填写调试记录表。

(2)喷嘴及烧嘴安装

在闪速熔炼炉非标结构及铜水冷元件安装完成之后，开始安装喷嘴及烧嘴。喷嘴及烧嘴装置主要包括精矿喷嘴、氧气喷嘴、燃气烧嘴、水冷部件等。精矿喷嘴安装要求固定在反应塔吊挂框架的中心，喷嘴伸进反应塔内。闪速炉图见图 3.10-2。

扫一扫，看图

图 3.10-2

三、闪速炉的安装标准

(1)沉淀池安装见《重有色金属冶炼设备安装工程质量验收规范》(GB 50717—2011)第15 页表 4.6.4。

(2)反应塔安装见《重有色金属冶炼设备安装工程质量验收规范》(GB 50717—2011)第15 页表 4.6.3。

(3)上升烟道安装见《重有色金属冶炼设备安装工程质量验收规范》(GB 50717—2011)第16 页表 4.6.6。

(4)铜水冷元件安装见《重有色金属冶炼设备安装工程质量验收规范》(GB 50717—2011)第16 页表 4.6.7。

第十一节　冰铜磨安装方法及要点

一、冰铜磨介绍

通常，双闪工艺铜冶炼工厂会配置一台冰铜磨设备对冰铜进行干燥和研磨，其主要由底座、减速机、磨盘、壳体、磨辊、选粉机、主电机、密封风机、回转喂料器、电气控制系统、液压系统和润滑系统等组成。湿冰铜通过回转喂料器进入旋转磨床的中心，在竖式辊磨机中磨碎、干燥。在磨盘周围的风环区域，向上的热风将物料带入选粉机。粗颗粒落到回料锥斗中，回到磨盘上继续粉磨，合格产品被气流带出磨机，进入布袋，收集后送至吹炼炉炉顶料仓，为闪速吹炼炉提供冶炼原料。

二、安装工艺流程

基础验收、处理→垫铁设置→基础框架安装→磨辊台座、连桥安装→减速机安装→环形管及进气管安装→磨盘及磨体安装→磨辊弹簧、磨辊摇臂、磨辊安装→选粉机安装→磨机电机安装→灌浆→液压、润滑、冷却系统安装。

三、主要施工技术

(一)基础验收、处理

设备安装前，设备基础必须经过正式的中间交接验收，并应符合相关设计及规范要求。根据土建施工的测量记录及相关资料，在基础或临近基础的建筑物立柱上标出标高、中心线基准，在设备基础表面预埋的中心标板上标出纵、横向定位基准线。

需要灌浆的基础表面应铲除浮浆层，并铲出麻面，麻点密度为 $3\sim5$ 个/dm^2，麻点深度不小于 10 mm，表面不允许有油污或疏松层，设置垫铁处(至周边 50 mm)的表面要铲平，其不平度允许偏差为 2 mm/m。

(二)垫铁设置

根据设备底座螺孔布置情况，合理配置垫铁，使用研磨法设置垫铁。具体做法：首先将垫铁放置处的混凝土基础表面浮浆除掉，并用平锤錾平；再用机加工的垫铁与之磨合，使用着色法，反复研磨，直至使接触点分布均匀，且接触面积达 70%以上。垫铁的厚度应根据基础交接情况二次设计，在标高、水

图 3.11-1　　　图 3.11-2

平度符合设定值的情况下，满足单组垫铁不超过 5 块的要求。磨机框架基础垫铁布置见图 3.11-1，垫铁细部见图 3.11-2。

(三)基础框架安装

冰铜磨设备基础框架一般包含 3 个磨体框架和 1 个电机框架，需要现场进行组装，采用汽车吊将上述基础框架吊装就位。利用临时垫铁(临时垫铁要求避开正式垫铁安装位置)，对基础框架进行平面位置、标高的调整。调整过程中，使用经纬仪进行轴线控制，使用 0.3 mm钢丝进行纵横中心线调整，使用精密水准仪进行标高调整。完成各焊接点及螺栓的连接，利用调节螺栓精调基础框架标高，并进行最终找平，要求整体找正位置与三条磨辊中心线及磨盘回转中心重合。然后焊接临时固定角钢将磨机基础框架整体固定牢固，防止基础框架在一次灌浆前，被其他部件的后续安装施工扰动。精调过程中，在每个磨机基础框架的底座上选取 4 个点，使用精密水准仪对每一个点进行测量，达到设计及规范要求后，逐一轻敲击垫铁，并使用塞尺检查垫铁之间和垫铁与设备底座面之间的间隙，复核确认无误后，对每组垫铁进行点焊固定，精调完毕。

(四)磨辊台座、连桥安装

磨辊台座一般分为 3 件，首先按照基础框架上螺栓孔位置固定磨辊台座，然后利用调节螺栓精调找平磨辊台座的标高及水平度。磨辊台座调整完毕之后，使用连接螺栓将其与基础

框架连接牢固，再进行连桥(一般分为3件)安装。

(五)减速机安装

先安装减速机基础底板，需使用吊环进行吊装。清理基础框架表面，保证上表面的清洁，然后将底板吊放在安装位置，通过基础框架上相应的定位螺栓孔，将其固定在基础框架上，利用调节螺栓精调底板的标高及水平度。减速机基础底板水平度允许偏差为0.1 mm/m。底板找平、找正后按设计要求焊接固定挡块，并安装浇筑料模板，待模板支护完毕，再浇筑指定型号的灌浆料，并进行相应的养护工作。

减速机基础底板灌浆达到70%强度之后，将半联轴器安装到减速机驱动输入轴上，然后吊装减速机。减速机通过基础底板的定位孔进行轴销定位，以保证相应轴线位置的精确。根据设备厂家要求，安装、紧固螺栓。

(六)环形管及进气管安装

根据设计图纸安装环形管、进气管。首先，吊装环形管到磨辊台座上，使用定位销进行定位，以磨盘回转中心为基准检查环形管轴向中心线位置的准确性，连接好各螺栓紧固件；然后吊装进气管，将其与环形管焊接牢固。

(七)磨盘及磨体安装

磨盘吊装前先进行组装，在基础附近搭设临时拼装平台，将磨盘吊放在平台上，组装磨盘上的磨板、挡环、刮刀等部件，其他部件暂不组装，待磨体安装完成后再进行组装。以上部件组装好后需整体吊装到减速机上，因减速机与磨盘连接部均为机加工平面，按照接合面上螺栓孔及定位销进行装配定位即可，完成后复核上表面水平度及标高，紧固减速机与磨盘之间的专用连接螺栓。

磨体在磨盘吊装完后整体吊装。首先在磨盘组装平台上进行现场组装，组装过程需控制磨体上下口圆度，然后安装内衬板(视到货情况安排)，确认磨体上观察门的方位后，在吊装磨盘的同样位置，利用汽车吊将磨体吊装到安装位置，以三个磨辊回转中心线为基准将磨体找正，利用调整螺栓找平，再焊接固定块。磨体安装完成后，开始安装磨盘预留零部件及磨盘层平台等。磨体安装见图3.11-3。

扫一扫，看图

图 3.11-3

(八)磨辊弹簧、磨辊摇臂、磨辊安装

首先将3件磨辊弹簧装配到磨辊台座上，然后将3个磨辊摇臂进行装配，并将摇臂置于磨辊检修位置，同时将磨辊弹簧液压缸泄压后与摇臂连接好。在磨辊检修位置装配3个磨辊，由于部件重量较大，应选用大型起重设备吊装托辊及摇臂。以上工作完成后，再装配托辊检测零件、磨辊检修液压装置等。

(九)选粉机安装

选粉机一般为散装到货，主要分为下部壳体、上部壳体、内衬、漏斗、转子、平台、驱动装置等部件。先在临时拼装场地将选粉机下部壳体、上部壳体以及衬板组装好，将平台结构安装到上、下壳体设计位置，组装好选粉机转子部件和导向片组件。确定选粉机壳体在磨机上的安装位置，做好标记。围绕冰铜磨搭设一圈环形双排脚手架，作为选粉机下部壳体安装的操作平台。

吊装下部壳体到磨体上，将下部壳体找平找正，焊接下部壳体与磨体之间的连接块。再将漏斗吊装进下部壳体上，找平找正，安装漏斗与下部壳体之间的支撑管，将漏斗与下部壳体的连接处焊接牢固。

首先，吊装导向片组件到漏斗上，将固定挡块焊接好，吊装上部壳体支座，连接好上部支座与下部支座之间的法兰螺栓。其次，吊装选粉机转子，将转子与上部壳体支座之间连接杆安装好，转子底部使用 10 号槽钢临时支撑好。然后，吊装上部壳体，连接上部壳体与支座之间的法兰螺栓。最后，装配转子轴承固定件以及驱动装置。

（十）磨机电机安装

选粉机安装完成后，拆除脚手架，准备吊装磨机电机。首先将半联轴安装在电机输出端，然后将电机平稳地吊装至电机底座上，最后根据厂家技术文件要求紧固螺栓，调整电机及减速机之间的联轴器。

（十一）灌浆

检查各项安装配合尺寸，确认无误后即可进行基础框架地脚螺栓灌浆工作。选用设计规定型号的灌浆料，对磨机基础框架、电机基础框架的预留螺栓孔进行灌浆，并按要求养护合格。前期基础验收、处理时已经将灌浆面层按要求凿毛，此次二次灌浆前需将灌浆面杂物、尘土、油污清理干净，洒水湿润后方可进行灌浆作业。同理，选用设计规定型号的灌浆料，对磨机基础框架、电机基础框架的二次灌浆层进行灌浆，并按要求养护合格。

（十二）液压、润滑、冷却系统安装

按设计图纸配管，安装前应保证管道及管件内壁清洁，配管过程中各管件采用专用卡扣连接，部分弯曲部位进行现场冷弯。配管完成后，使用规定介质对相应管道进行管道冲洗及油循环工作，油脂颗粒度要求到达厂家技术文件规定的要求。冲洗时，先进行低压循环，并排净系统中的空气，然后压力应逐级升高。每升高一级，宜稳压 2~3 min，在达到规定的压力后，进行全面检查，要求系统所有连接处无漏油、管道无永久变形。

四、重点注意事项

冰铜磨属于双闪工艺铜冶炼流程中的核心设备。该设备的安装质量直接决定着闪速吹炼炉是否能平稳连续运行，所以冰铜磨各重要部件之间的装配精度必须控制在要求范围之内。各部件配合精度要求见表 3.11-1。

表 3.11-1 各部件配合精度要求

序号	项目内容	装配要求
1	磨盘衬板与磨盘座接触面积	≥75%
2	主立轴相对于减速器中心偏差	≤0.1 mm/m
3	磨辊轴中心线对减速器中心线	±5 mm
4	主电机输出轴与减速器输入轴的同轴度偏差	≤0.1 mm
5	主电动机底座水平度偏差	≤0.1 mm/m
6	减速器底座上平面的纵横中心线与基础框架中心线偏差	±5 mm

第十二节　圆盘浇铸机安装方法及要点

铜冶炼工厂阳极精炼系统设有圆盘浇铸机，用来接收处理来自阳极炉的熔融态阳极铜铜水，实现从铜水自动称量、阳极板浇铸、喷淋冷却、铜模检验到阳极板提取、铜模喷涂的一系列机械操作。

现以年产40万t阴极铜规模双闪工艺铜冶炼工厂双18模圆盘浇铸机为例，介绍圆盘浇铸机安装方法及要点。

一、圆盘浇铸机主要部位安装要求

（一）安装前的准备工作

1. 施工技术准备

所有参加施工人员必须熟悉有关施工图、有关施工验收规范及设备随机技术资料，开工前施工技术负责人应向参加施工人员进行全面的安全、技术交底。

2. 施工用设备、机具及材料准备

开工前提供安装及相关区域内的电气、照明设施，厂房内的起重设备要做到经常检查，正常作业。应将施工用设备、机具及材料准备齐全，施工设备和机具清单如表3.12-1所示。

表 3.12-1　施工设备和机具清单

序号	材料名称	型号规格	单位	数量
1	50 t 汽车吊		台	1
2	16 t 行车		台	1
3	全站仪	GTS-711	台	1
4	水准仪	S3，±3 mm/1 km	台	1
5	精密水准仪	Ni005A±0.05 mm/1 km	台	1
6	钢钢尺	3 m	台	1
7	框式水平仪 $L=300$	精度 0.02 mm/m	台	2
8	条式水平仪 $L=200$	精度 0.02 mm/m	台	2
9	平尺	2 m	台	2
10	扭矩扳手	300~2000 NM 螺母：M16~M36	套	2
11	外径千分尺	精度 0.01 mm，$t=100$	台	1
12	游标卡尺	$t=300$，精度 0.05 mm	台	2
13	磁座百分表		台	2
14	交流电焊机	BX3-500	台	3
15	角磨机	$\phi100$ mm	台	2
16	电锤	$\phi24$ mm	台	2

(二)主要施工方法及技术措施

1.设备进场报验

设备进场后，应会同监理单位、建设单位、设备制造单位代表，进行设备开箱清点及报验工作，设备随机资料应具有装箱清单、安装使用说明书、质量检验证明书或出厂合格证。对运转的设备必须提供试运转记录。装箱清单、设备及其零部件的数量、设备本体图、设备的几何尺寸及有无损伤情况、设备组装标记等均应交代清楚。检查随机资料是否齐全的同时，对于提供专用工具的，还要进行特别检查，对不合格件及缺件要做详细记录，会同各方代表会签设备验收记录。

2.设备基础检查验收

土建移交设备基础时，应有工序交接资料(包括测量记录、基础沉降观测记录)，在基础上应明显地标有标高、基准线及基础的纵横向中心线的标记。设备基础不得有裂纹、蜂窝、空洞、露筋等缺陷。基础表面及地脚螺栓孔应清理干净，不得有油污，各预埋件需露出部分必须露出的混凝土。

设备安装施工人员，应对照设备安装基础图及土建图进行复测，并做好复检记录，其各项的允许偏差为：

①基础坐标位置(纵、横向轴线)：±20 mm。

②基础各不同平面的标高：±20 mm。

③基础上平面外形尺寸：±20 mm；

凸台上平面外形尺寸：−20 mm；

凹穴尺寸：+20 mm。

④基础上平面的水平度：5/1000，全长约22.7 mm。

⑤铅垂度：5/1000，全高−5.4 mm。

⑥预埋地脚螺栓：标高(顶端)+20 mm；中心距：±2；铅垂度1/1000。

⑦预留地脚螺栓孔：中心距±10 mm；深度+20 mm；孔壁的铅垂度10。

待以上各项内容检查合格后，方可办理工序交接手续，再进行下一道工序。

3.设置安装基准线、基准点

根据已复查合格后的基准线和基准点，在各设备基础上标出其纵横向中心线及便于测量的标高等标记。

4.双圆盘浇铸机安装

双圆盘浇铸机包括2个18模浇铸圆盘，自动浇铸称重设备；2台废阳极提取装置，三合一的阳极提取运送装置；一套铜模喷涂系统，浇铸圆盘的电动伺服电机和传动系统。两侧对称装置安装时，无先后顺序要求，需经二次转运到安装现场后，采用厂房内的16 t桥式起重机进行安装。

主要施工顺序如下：浇铸圆盘安装→称重、浇铸机械安装→阳极提取运送系统安装→废阳极提取装置安装→铜模喷涂装置安装→蒸汽排风机、排气管安装→液压动力装置和液压阀板安装→控制平台、控制室安装→其他安装工作。

5.浇铸圆盘安装

(1)圆盘中心的安装。圆盘浇铸中心决定了浇铸机的位置，因此其安装时精度要求比较高。先撤掉预埋基础螺栓上的圆环板，安装基础框架，调整后在其上安装圆盘中心，初步调整圆盘位置预紧基础螺栓，采用 C60 高强无收缩灌浆料进行灌浆（注：灌浆前要确保圆盘中心内部电缆管已经安装完毕），达到一定强度后用 720 N·m 的力矩拧紧螺栓。1# 与 2# 圆盘出场前已标识出中心线，安装时两圆盘纵向中心线最大允许偏差为 ±3 mm。圆盘中心调整好后，将调整块及螺栓撤掉。另外，每个圆盘中心包括一套驱动装置，即一台电动伺服电机和一个齿轮传动箱。

（2）圆盘安全防护梁的安装。铜模防护框架梁在浇铸圆盘框架下面，位于铜模喷涂区域后面的铜模更换区，防止铜模更换时发生铜模坠落到圆盘框架，以对中心轴承进行保护，通过螺栓连接并且焊接到基板上。铜模安装后，通过限位开关将安全防护梁顶面和圆盘框架之间的间隙调整到 7~12 mm。

（3）圆盘框架、盖板的安装。每个圆盘浇铸机有 18 个与圆盘半径平行的径向梁，固定在圆盘中心，与 36 根支撑铜模的边梁相连。安装前，标出焊接序号，1#、2# 圆盘框架的焊接序号是对称的。径向梁吊装到圆盘中心的台肩位置，加支撑确保框架水平，下端将锁定螺栓锁紧，检查位置准确无误后，将钩形盖板与框架顶面焊接，盖板另一侧与圆盘中心连接处通过竖直、水平的两个 $\phi25$ mm 圆钢焊接固定，且竖直的圆钢焊接时要保证盖板底部挡块与圆盘中心上表面间隙为 5 mm。圆盘框架安装顺序见图 3.12-1，与径向梁、边梁通过紧固螺栓连接。最后将圆盘中心盖板支架和中央盖板安装上，并检查盖板水平度。

图 3.12-1

（4）蒸汽排气罩和铜模喷淋冷却管的安装。每个圆盘浇铸机冷却系统有 8 个铜模，8 根带喷淋喷嘴的冷却水管安装在底部对铜模进行冷却，5 根带喷淋喷嘴的冷却水管对阳极板进行冷却。排气罩支撑结构安装时，将角钢焊接固定到预埋基础板上，将支撑结构调整到准确位置后，再通过楔块和角钢锁紧，与底板进行焊接以确保垂直度在 1/1000 mm 内。排气罩下部支撑框架安装的中心线与圆盘中心半径线允许偏差为 ±1/500 mm。框架安装好之后，再安装蒸汽排气罩，其安装顺序见图 3.12-2。其中排气罩和上部喷淋冷却通风管通过法兰连接。

图 3.12-2

（5）自动润滑系统的安装。每个浇铸圆盘都有单独的润滑系统，主要是对齿轮和中心轴承进行润滑的，齿轮有两个润滑点，中心轴承有四个润滑点。润滑系统包括控制中心、启动阀门、润滑泵、油箱等，均安装在控制室下方。安装此系统时要确保清洁，管道要清理干净。

（6）铜模提升销的安装。铜模提升销顶起提升装置安装在阳极运送系统和铜模喷涂罩之间，支架结构通过螺栓连接到基板上。安装液压缸、限位器、顶起销到指定位置。

6. 称重、浇铸机械安装

（1）称重、浇铸机械基梁安装。基梁要在现场进行拼装，左右两部分焊接在中部梁上，左右基础框架中线夹角为 120°，延长线与圆盘浇铸横向中心线夹角为 30°。拼装好后，将基础框架通过平、斜垫铁安装到正确位置，平、斜垫铁尽量靠近基础螺栓铺设，基础螺栓初步调整后，用 C60 高强无收缩灌浆材料进行一次灌浆，并进行养护，待混凝土达到一定强度后，用 1/4 的力矩拧紧螺栓。调整使基础框架水平度在 1/1000 mm 以内，精调后用 C60 高强无收缩灌浆材料二次灌浆，待达到允许强度后，再用满力矩拧紧螺栓。

（2）称重、浇铸机械装置安装。基础框架安装调整后，吊装中部浇铸部件的支撑框架，通过螺栓紧固和焊接方法与基础框架连接。首先安装液压倾动装置，此件为柜式的整体结构，可通过焊接方法与底板连接固定。之后再吊装称重装置。称重装置单个重 1160 kg，共两件，通过紧固螺栓与基础框架连接，且保证每个浇铸溜槽吊装到称重部件的支架与底部支块上。中间包和浇铸包总重 3200 kg。吊装到支撑框架上，通过可调支撑结构和钢板调整准确位置并用螺栓紧固。安装调整好后，装配液压元件。称重装置在转运和安装时要锁好，在校准时才可打开。

7. 阳极提取运送系统

铺设基础框架，用平、斜垫铁调整好位置后，用无收缩灌浆材料灌浆，达到一定强度后用 1/4 力矩拧紧螺栓。精确检查基础板位置后，用无收缩灌浆材料进行二次灌浆，达到允许强度后用满力矩拧紧螺栓。基础框架的水平度保证在 1/1000 mm 以内。设备中心线与圆盘中心横向中心线允许偏差为 ±2 mm。

基础调整水平后，阳极提取运送装置总重约 13000 kg，为提高吊装安全性，首先吊装冷却水箱和传送带部分，再将振动筛和锥形漏斗通过螺栓与传送带壳体连接，并将螺帽焊接到壳板上。之后再吊装阳极板顶起装置和提取装置，用螺栓将整个系统连接固定。将液压元件、进出水管、膨胀节等与设备本体连接，安装气动盘、冷却水槽等。

8. 废阳极板提取装置安装

设置提取装置支架基础板，用平、斜垫铁调整，两块基础板位置偏差允许值为 ±2 mm，螺栓中心线允许偏差为 ±2 mm。通过基础螺栓调整位置，精确调整后用无收缩灌浆材料进行灌浆，安装废阳极提取装置，同时要在提取夹的夹架下部加支撑，外侧与预埋框架焊接固定。安装废阳极板存放架，现场进行焊接固定。

9. 铜模喷涂装置安装

铜模喷涂罩支架用平、斜垫铁调整到规定高度，紧死螺栓。将铜模喷涂罩通过紧固螺栓连接到支架上，通过调整板确定缓冲板和限位器安装位置。安装喷淋管、固定喷嘴、气动油缸等。操作盘、水槽通过地脚螺栓固定到基础上。搅拌罐吊装到位，将支架与基础预埋板焊接固定，铜模喷涂储粉器安装时先将支撑台的三个支架焊接到基础预埋板上，然后将上部储粉器吊装到平台上，再将下部的带搅拌器的螺旋传送机通过螺栓与上部分连接。安装时注意与搅拌罐保持正确的位置关系。

10. 蒸汽排气风机、排气管安装

蒸汽排气风机及电机通过基础螺栓安装，精确调整风机垂直度等。安装完毕后，在预留的位置固定风管支架，安装风管。

11. 液压动力装置和液压阀板安装

1#、2#圆盘浇铸机有各自的液压系统，如圆盘中心，称重、浇铸机械，阳极提取运送，废阳极提取装置，铜模喷涂系统等均需要液压装置。液压站安装在液压室内，将支撑板焊接在预埋基础板上，无须灌浆，并对基础板喷漆。称重、浇铸机械的液压阀板安装在控制室前，通过预埋地脚板焊接固定在基架上。阳极提取运送系统液压阀板，通过地脚螺栓固定于混凝土上。液压泵、液压马达、液压缸的进油管路和滤油器，不得吸入空气，并不应有聚集空气的死角，阀件要清洗干净再安装。具体液压管道安装参见 OUTOKUMPU 图纸要求。安装完毕后进行管道吹扫、冲洗工作，以目测滤油器上无肉眼可见的杂物为合格。

12. 控制平台、控制室安装

控制室平台、控制室及房间内空调设施等按图纸要求和设备说明书安装。

13.其他安装工作

整体设备安装完毕后,再安装各个系统的操作平台和栏杆、梯子。铜模喷涂装置,浇铸、称重机械,废阳极提取装置,阳极提取运送等均有操作平台等设施。

二、圆盘浇铸机的安装标准

双18模圆盘浇铸机设备安装时,检查所有灌浆材料浇筑的紧固、密实度;检查设备焊接部位的安全性,检查操作限位开关;检查液压、气动装置(包括管道、阀门、控制器等)的安装位置,液压软管和限位开关是否正确连接,以防止操作时受摩擦因素的影响;检查平台、梯子的焊接安全性。按图纸要求对有刷漆要求的设备进行刷漆。

第十三节　基于 BIM 技术的熔炼炉冷却水系统管道排布设计

本节以闪速熔炼炉冷却循环水系统为例,对 BIM 技术在冷却循环水系统排布上的运用进行描述。

某双闪工艺铜冶炼厂主厂房闪速熔炼子项,由熔炼循环水系统进行供水,循环水规模为5947 m³/h,管道总长约 4 km。系统中最高供水点为闪速吹炼炉上升烟道水套,要求水压正常时为 0.50 MPa。用水条件要求设备隔套冷却,24 h 连续供水。回水为无压回水,拟确定采用机械通风冷却塔冷却、敞开式循环供水方式。该循环水冷却系统由反应塔、沉淀池、上升烟道的铜水套与集水器之间的管道组成。一般熔炼循环水系统图纸只有系统图及配置图,从水套至集水器管道的具体排布均未设计,这都需要现场施工人员根据现场情况排布。

采用 BIM 技术预设循环水系统,对水套至集水器管道进行预排布,提前规划炉体周边空间,优化调整集水器位置,为现场施工提供管道走向及排布方式,节约工期,降本增效。通过 BIM 技术自动生成施工图纸和材料报表,便于管线加工和施工。在有限空间内将复杂管线系统可视化、优化净空的同时,进行碰撞检查,减少在施工阶段可能存在的错误损失和返工的可能性。

一、管道排布设计顺序

管道排布设计顺序为:

(1)依据设计院图纸绘制所有主干管道,完成后根据现场情况与业主、设计院确定集水箱位置,再调整支管排布。

(2)粗略考虑反应塔、沉淀池、上升烟道各个管道系统的分布,经比较发现反应塔的管道较为复杂,沉淀池、上升烟道管道较少,分布相对均匀。综合考虑确定绘图顺序,即先排布反应塔,其次为沉淀池,最后为上升烟道。

二、管道排布设计原则

(1)管道管径均为 DN32,管道路径主要采用双层分布,依据《建筑施工手册》第五版中综合管线间距最小值要求,给排水专业 DN≤50 mm 时,最小值为 50 mm。考虑整体结构空间影响,便于实施,整体管道路径设计为纵向间距 100 mm,横向间距 75 mm。上层为水套给水管,下层为水套出水管。管道排布上下一致、一供一回相对应。

（2）为简化支吊架制作与安装难度，反应塔一到四层主管道标高一致，集水器支管临近反应塔上翻。

（3）管道排布本着横平竖直的第一理念，尽量简化管道，在竖向管道上不宜过多设置弯头，在相邻集水箱管道排布时考虑管道走向合并，降低施工难度。

（4）顶层水套遵循金属软管长度不大于 1500 mm 的原则，实际控制软管最长为 1200 mm，在排布时控制顶部管道，上层为给水，下层为出水，做到了一一对应，且管道布置简洁，方便施工。

（5）本着路线最短的设计理念，做到管道简化，避免交叉相碰、制作安装复杂，达到降低成本的效果。

三、循环冷却水系统与反应塔配套水台连接深化设计说明

反应塔共计 21 层，每层分 8 个区域，每个区域配套 8 块水套，搭配 2~3 个集水箱。集水箱与反应塔之间的循环冷却水系统只有系统图及配置图，需现场施工人员根据现场实际情况进行二次加工排布。优化内容如下：

（1）第 1 至 4 层：集水箱分支回水管与水套连接时须注意连接位置，见图 3.13-1 集水箱 RS4、集水箱 RS5 冷却水管与反应塔水套连接软管按照编号采用交叉排布，其余均未变。

（2）第 5 至 20 层：集水箱 RS10 与集水箱 RS17 位置互换（图 3.13-2）；集水箱 RS15 与集水箱 RS18 位置互换（图 3.13-3）；集水箱 RS14 移动到集水箱 RS13 左边（图 3.13-3）。集水箱主给水管与主出水管均不改变接口，只改变路径。集水箱 RS9 至集水箱 RS16 系统图均未改变。

（3）第 21 层：共有两种方案；一是集水箱 RS17 为局部改变冷却水管连接图编号（16-1，17-32）；二是集水箱 RS18 为系统图全部打乱，按照水套距离依次排布（图 3.13-4）。

（4）本方案除 5 至 20 层局部使用四层管道排布（图 3.13-5），其余均为双层管道排布。

管道排布示例（以集水箱 RS10 编号 SRS504/505/506S 这一排给水管为例）：

从集水箱 RS10 翻出，遵循双层布管原则，沿着主厂房钢结构直接下翻，有效节约了反应塔周围横向空间。考虑大梁立柱的结构，选用上下分层的灵活设计方案，在不改变原系统图的基础上沿着大梁立柱内边布置，充分考虑了施工的可行性，可根据最终支吊架的确定来进行改变，可贴大梁立柱的小梁下面，也可贴平台钢板上面（图 3.13-6）。充分利用大梁立柱的结构特性，做到布管集中，便于施工、检修。

图 3.13-1

图 3.13-2

图 3.13-3

图 3.13-4

图 3.13-5

图 3.13-6

四、反应塔冷却水管实际排布情况

（1）反应塔 1~4 层毛细管（供水）分布主要标高共分为两个绿色管道，自上而下分别为 11420.0 mm、11220.0 mm。

（2）反应塔 1~4 层毛细管（回水）分布主要标高共分为两个红色管道，自上而下分别为 11320.0 mm、11120.0 mm。

（3）反应塔 5~20 层毛细管（供水、回水）分布较多，可沿反应塔框架竖向分双层布置（图 3.13-7），现场根据实际情况来制订排布方案。

本区域提供参考标高如下：

（1）反应塔 5~20 层毛细管（供水）分布主要标高按自上而下的顺序，第一个为 17361.0 mm，之后依次递减 75。

图 3.13-7

（2）反应塔 5~20 层毛细管（回水）分布主要标高按自上而下的顺序，第一个为 17436.0 mm，之后依次递减 75。

（3）反应塔 21 层毛细管（供水）分布主要标高共一个，为 18097.0 mm。

（4）反应塔 21 层毛细管（回水）分布主要标高共一个，为 17997.0 mm。

五、沉淀池冷却水管实际排布情况

（1）沉淀池顶板毛细管排布中心距沉淀池顶板距离为 471 mm（图 3.13-8），可判断金属软管布置，以满足设计要求。

图 3.13-8

（2）沉淀池毛细管（供水）分布主要标高共分为 7 个（图 3.13-9），自上而下分别为 10488.6 mm、10263.4 mm、9850.2 mm、9230.2 mm、8847.7 mm、8452.7 mm、8185.0 mm。

（3）沉淀池毛细管（回水）分布主要标高共分为 10 个（图 3.13-9），自上而下分别为 10388.5 mm、10163.4 mm、9750.2 mm、9130.2 mm、9055.2 mm、8747.7 mm、8672.7 mm、8352.7 mm、8277.7 mm、8085.0 mm。

图 3.13-9

六、上升烟道冷却水管实际排布情况

（1）上升烟道毛细管（供水）分布主要标高共分为 4 个（图 3.13-10），自上而下分别为 19316.3 mm、16420.8 mm、11668.8 mm、11205.6 mm。

图 3.13-10

（2）上升烟道毛细管（回水）分布主要标高共分为 4 个（图 3.13-10），自上而下分别为 19216.3 mm、16320.8 mm、11568.8 mm、11105.6 mm。

双闪工艺熔炼、吹炼系统均涉及循环水系统，利用 BIM 技术实现熔炼炉水系统三维可视化（图 3.13-11），提前进行碰撞检查，优化项目设计，减少在工业厂房建筑施工阶段可能存在的错误损失和返工的可能性，加快施工进度，降低建造成本。

图 3.13-11

第四章　电解区

第一节　电解区简介

电解区的主要功能是将阳极铜转变为阴极铜。电解铜是通过电解方式获得纯铜，具体过程是使用阳极板作为阳极，采用纯铜始极片或不锈钢大板作为阴极，并以硫酸和硫酸铜的混合液作为电解液，电解槽通电后，Cu^{2+}在阴极表面逐渐放电析出。电解区通常包括电解车间、净液车间和电解循环水车间等。

一、电解车间

电解车间是将阳极铜电解为阴极铜，铜电解精炼主要有始极片电解和永久阴极电解（含平行流电解）两种工艺。

始极片电解工艺成熟可靠，可稳定产出合格的阴极铜产品，但缺点是制作始极片的工艺较为复杂，需要独立的始极片生产系统，劳动强度大，所需劳动定员多，且生产过程中易出现短路，影响阴极铜的质量。

永久阴极电解具有电流密度高、阴极周期短、蒸汽耗量低、残极率低、流程简单、自动化程度高等优点，缺点在于一次性投资较高。

平行流装置的喷嘴易堵，需经常清理。

一般推荐采用不锈钢永久阴极电解工艺，主要配置电解槽、阳极整形机组、阴极剥片机组、残极洗涤机组等设备。电解专用行车、阴极剥片机组、阳极整形机组等核心设备须具备高自动化程度和稳定性，以提升电解铜的生产效率。其工艺流程如下：

火法精炼产出的阳极板经转运系统送至电解车间，首先在阳极整形机组上进行矫耳、铣耳、排板，再用电解专用吊车吊入电解槽内，电解作业周期取决于电流密度及阳极库存量。出槽时阴极经专用吊车吊至阴极剥片机组，经洗涤、剥离、堆垛、称量打包后运至成品库。剥片后的不锈钢阴极片经排板后由吊车重新吊回电解槽，残极用吊车运至残极洗涤机组清洗干净，返回火法精炼车间处理。

电解液由循环槽经循环泵送板式换热器，加热至 65 ℃后进入高位槽。

电解液由高位槽经分液包自流至各个电解槽。电解槽供液采用下进上出的给液方式，出液由槽面两端溢流嘴溢出，电解液汇总后返回循环槽。

残极出槽时，上清液流入上清液储槽，全部经净化精密过滤后返回循环系统；排出的阳极泥浆经管道流至阳极泥地槽（带搅拌），泵送至阳极泥浓密机，经底流泵至压滤机压滤，过滤后液溢流至过滤低位槽，再经净化过滤机过滤后返回循环系统，滤渣即为阳极泥。

为保证电解液的洁净度，需根据电解液中铜及杂质的浓度，每天抽取部分电解液送净液车间处理，保证电解系统电解液中铜及杂质浓度不超过极限值。电解车间内景见图4.1-1。

扫一扫，看图
图 4.1-1

二、净液车间

净液车间主要对电解液进行净化。净液车间接收电解送来的废电解液，直接送入真空蒸发系统，待溶液中的水部分蒸发后，冷却结晶制备硫酸铜。也可以送一段传统电积脱铜。传统电积采用铅-锡-钙不溶阳极，采用不锈钢作为阴极。

大部分冷冻结晶生产硫酸镍，由于储槽液体蒸发可能导致酸雾逸散，因此需要采用玻璃钢盖板和酸雾吸收系统，确保排放达标。净液车间见图4.1-2。

扫一扫，看图
图 4.1-2

三、电解循环水车间

电解循环水车间主要包括硫酸铜蒸发循环水系统、硫酸铜结晶及硫酸镍循环水系统、电解液冷却循环水系统等，用于电解液、机组液压站、硅整流、蒸发系统、结晶系统等的冷却。电解循环水车间见图4.1-3。

扫一扫，看图
图 4.1-3

第二节　电解区设计与优化

双闪工艺铜冶炼电解区主要承担着精炼后阳极板的正离子析出任务，通过电流在电解质溶液或熔融态电解质中的传导，在阴极和阳极引发氧化还原反应，进而生成电解铜。该区域涵盖电解车间、净液车间以及电解循环水等部分。以下将结合某双闪工艺铜冶炼厂的实际设计情况，针对阳极板智能仓储及转运系统、阳极板冲洗及转运装置、智能铜库系统、硫酸铜真空蒸发机组等，深入探讨电解系统的设计与优化。

一、阳极板智能仓储及转运系统

1. 初步设计问题

在项目初步设计阶段，圆盘浇铸机产出成型的阳极板由叉车运往电解车间。人工叉车运输时，极易出现偏差。这不仅会使阳极板及相关设备遭受撞击损伤，而且叉车将阳极板运至堆场后，无法按照精确的板距排列，导致运输时间延长，并且在进入整形机组前还需额外花费时间进行调向排距操作。精炼车间与电解车间之间为关键物流通道，在叉车运输过程中，其与往来车辆发生碰撞的风险较高，尤其在夜间作业时，则更为突出。人工叉运方式效率低下、工序繁杂，增加了设备受损风险与安全事故发生概率，对系统长期高效稳定运行带来诸多不利影响。

2. 优化配置

自动输送转运。取板机的机械手启动，将圆盘浇铸机冷却水箱升降机升起的一组阳极板（最多20块）自动抓取并提离水槽，随后沿轨道移动至输出车受板位，把极板放置在输出车上。输出车负责将极板转运至阳极整形机组，在此过程中同步完成极板调向。来自另一圆盘对应的输出车转运的极板，会通过横向转运装置输送至同一台阳极整形机组，由此实现阳极整形机组一用一备功能（也可同时开启两台机组工作）。

自动排板输出。智能行车将经过聚拢成组加工后的合格极板，依照设定区域自动进行仓储操作。当电解车间需要排板装槽时，智能行车自动把选定区域仓储区的极板转运至极板缓存、输出装置工位，接着进板输送车将极板运至电解车间。设置在电解车间的排板机组把成组极板分开并提升至 3 m 电解平台，按照 100 mm 间距排板，再由排板小车输送至吊板工位，等待吊装入槽。

3. 特点与经济效益

此系统借助智能控制实现了阳极板从浇铸产出到电解排板全过程的自动化生产，涵盖转运、整形、废板剔除、极板标识、仓储、排板等环节，无须人工干预。阳极板进入阳极整形机组的速度可达每小时 350 块以上。相较于人工叉板运输，在保证产量的同时显著节省时间，且系统间联锁运行，安全性与可靠性更高，有效提升了整体生产效益与稳定性，降低了人力成本与设备维护成本。

二、阳极板冲洗及转运装置

1. 初步设计问题

项目初步设计未考虑阳极板冲洗环节，而实际生产中，阳极板表面往往残留有硫酸钡、铜粉等杂质。这些残留杂质会对铜电解质量产生不良影响，降低产品纯度与品质，进而可能影响产品市场竞争力与经济效益。

2. 优化配置

采用自动极板冲洗转运装置，在阳极板排板入电解槽前进行冲洗操作。该装置接收斜升链运输的阳极板并扩大间距后，用水冲洗清除表面残存的硫酸钡、铜粉，有效提升铜电解质量。同时，增设两套极板转运装置，将冲洗后的阳极板输送至入槽预吊装区，确保整个工艺流程的连续性与高效性。

3. 特点与经济效益

该优化配置注重细节把控，有效提升了铜电解质量，确保产品品质符合更高标准。冲洗后的废水通过带坡度的接液盘收集，自流至沉淀池，沉淀池清水经循环泵再次用于阳极板冲洗，实现水资源的重复利用，契合节能环保理念。这不仅减少了水资源浪费，降低了生产成本，还满足了日益严格的环保要求。

三、智能铜库系统

1. 初步设计问题

原初步设计方案采用叉车将阴极铜卸载至仓库称重后堆放。这种方式对场地空间需求较大，仓库堆叠高度受限，且进出库流程烦琐，严重影响整体作业效率。在前端工艺高度自动化的背景下，人工称重与出库方式难以满足库存管理需求，甚至会对前端工艺的连续性造成干扰，导致生产节奏紊乱，降低生产效率与产能利用率，增加运营成本与管理难度。

2. 优化配置

多功能集成系统。与 2 台阴极剥片机组出铜口对接，具备阴极铜垛的转运、自动校称、预称重、配重、规整、打包、贸易称重、贴标、扫码、自动入库、自动出库、自动盘点、自动装车等一系列功能。系统转运作业能力为54.5垛/h，配重作业能力为87.8垛/h，打包作业能力为92垛/h，能够充分满足与前段工艺的衔接要求。各系统对铜垛进行逐级检查，有效确保进库产品达到外售标准，提升产品质量管控水平。

检测校对系统。对铜垛外形进行判别，将不合格铜垛通过异常处理口排出；合格铜垛则通过RGV输送小车输送至钢带识别工位。钢带识别系统针对未打包铜垛在预称重工位进行配重作业，已打包铜垛直接输送至贸易称重工位，实现精准分类与处理，提高作业效率与准确性。

配重称重系统。配重完成的铜垛依据重量范围分为两类，在重量范围内的铜垛进行打包、贸易称重、贴标工序；超出重量范围的铜垛从3#异常处理口排出。通过精确配重与分类处理，确保产品重量符合标准要求，提升产品一致性与市场认可度。

贴标识别系统。确定巷道后，合格铜垛通过旋转输送机输送至顶升工位，等待巷道堆垛机叉取入库作业。对于未能识别标签或被判定为标签不合格的铜垛，系统自动报警提示。人工预处理掉不合格标签后，系统再次进行贴标工作，保障产品标识的准确性与完整性，便于库存管理与产品追溯。

仓储管理系统。实现阴极铜垛自动入库、出库智能库存管理，以及阴极铜垛的质量追溯和反馈，并与工厂DCS和智能工厂数据采集系统建立通信，实现信息化管理与智能化决策，提高库存管理效率与精准度，降低库存积压与管理成本，提升企业整体运营管理水平。

3. 特点与经济效益

该智能铜库系统融合智能决策管理系统、智能控制系统与智能运维系统，为设备赋予"智慧大脑"，将原本复杂精细的仓储系统变得简单便捷，极大地减轻劳动强度，提升员工工作幸福感，同时减少人力成本投入。通过高效的自动化作业流程与精准的质量管控，提高产品出入库效率与库存周转率，降低库存成本与产品损耗。系统的信息化管理与智能化决策功能，有助于企业优化生产计划与资源配置，提升企业市场响应速度与竞争力，为企业创造更大的经济效益与社会效益，推动企业向智能化、高效化、可持续化方向发展。

四、硫酸铜真空蒸发机组

1. 初步设计状况与问题

在项目的初步设计阶段，所配置的两套硫酸铜蒸发机组有着特定的技术参数设定。单效蒸发量被限定为不低于9 m^3/h，按照这样的配置，整个系统能够处理的电解液量为500 m^3/d。这种配置在常规的生产运营模式下，能基本满足生产需求，维持系统的运转。然而，当面临一些特殊的生产情境时，其局限性便暴露出来。

铜冶炼生产过程并非一成不变的，会受到多种因素的干扰与影响。例如，在矿石原料品质发生波动时，可能会导致前段工艺产出的电解液成分与数量产生变化；或者当市场对于硫酸铜产品的需求突然增加，需要在短期内扩大产量以获取更大的经济效益时，现有的两套蒸发机组配置就成为生产组织的瓶颈。由于其产能的固定性，只能被动地依据前段工艺所提供的电解液产量来进行生产，缺乏主动调节硫酸铜产能以适应不同生产需求的灵活性。这不仅限制了企业应对特殊情况时的生产策略调整，还可能让企业错失一些市场机遇，无法及时满足市场对于硫酸铜产品量的额外需求。

2. 优化配置

为了克服初步设计中存在的问题，经过深入的研究与探讨，决定在原有两套硫酸铜真空蒸发机组的基础上，增加一套同配置的机组。新增加的机组在技术参数上与原有机组保持一致，即单效蒸发量不低于 9 m³/h。通过这样的优化配置，整个系统的单效蒸发量得到了显著提升，达到了 13.5 m³/h，相应的电解液处理量也从原本的 500 m³/d 增加至 750 m³/d。

在系统集成方面，新增加的这套机组与原有的两套机组采用了相同的元器件。这一设计决策并非偶然，而是基于多方面考虑的。

首先，相同元器件的使用极大地简化了系统的维护与管理工作。在日常的设备维护过程中，维修人员无须针对不同类型的元器件储备多种备件，降低了备件管理的复杂性与成本。当某个元器件出现故障需要更换时，由于备件的通用性，可以迅速从库存中获取合适的备件进行更换，大大缩短了设备的停机维修时间，提高了设备的整体运行效率。

其次，相同元器件的采用有利于保障整个系统运行的稳定性与可靠性。在长期的生产实践中，原有的两套机组所使用的元器件已经经过了实际运行的检验，其性能与质量得到了充分的验证。新增加的机组采用相同的元器件，可以避免因引入新的、未经实践检验的元器件而可能带来的技术风险与运行不稳定因素，确保整个硫酸铜真空蒸发系统在扩能后的稳定运行。

3. 特点与经济效益

生产组织的灵活性显著提升。增加一套硫酸铜真空蒸发机组后，电解系统在生产组织方面获得了前所未有的灵活性。以往受制于前段工艺产量的被动局面得到了根本性的改变。

例如，当硫酸铜市场价格走高，企业希望通过增加产量来获取更多利润时，或者前段工艺因设备检修等原因导致电解液产量波动时，新的配置能够使电解系统自主地调整硫酸铜的产能，这不再是前段工艺的附属，而是成为一个可以根据市场需求与生产实际情况灵活调控的独立生产单元。这种灵活性使得企业在面对复杂多变的市场环境与生产状况时，能够迅速做出反应，制订出更加合理、高效的生产策略，从而提高了企业在市场竞争中的应变能力和生存能力。

直接经济效益。从短期来看，在硫酸铜市场需求旺盛时期，能够及时扩大产能，意味着企业可以增加产品的销售量，从而带来销售收入的增长。假设硫酸铜的市场价格为 P 元/m³，通过增加产能，每天多生产的硫酸铜量为 ΔV m³（以扩能后的处理量 750 m³/d 减去原处理量 500 m³/d 计算得出），那么每天新增的销售收入为 $P \times \Delta V$ 元。

从长期来看，由于生产组织灵活性的提高，企业可以更好地优化生产流程，降低生产成本。例如，通过合理安排生产任务，减少设备的闲置时间与能源浪费，提高了整个生产系统的资源利用率，从而降低了单位产品的生产成本，间接提高了企业的利润空间。

间接经济效益。除了直接的销售收入增加与成本降低外，增加机组还带来了一系列间接的经济效益。首先，由于系统的可靠性与稳定性得到保障，设备的停机维修时间大幅减少，这使得企业能够保证产品的按时交付，提高了客户满意度与企业的市场信誉度。良好的市场信誉有助于企业在市场中树立良好的品牌形象，吸引更多的客户与合作伙伴，为企业的长期发展奠定坚实的基础。其次，在应对一些特殊的生产情况时，如前段工艺的突发故障或市场需求的紧急变化，企业能够灵活调整生产，避免了因生产中断或无法满足订单需求而可能面临的违约风险与经济赔偿，减少了企业的潜在经济损失。

通过对阳极板智能仓储及转运系统、阳极板冲洗及转运装置、智能铜库系统、硫酸铜真空蒸发机组等方面的优化设计，双闪工艺铜冶炼电解区在生产效率、产品质量、节能环保、成本控制以及智能化管理等多个维度均取得显著提升。这些优化措施相互配合、协同作用，为铜冶炼企业在激烈的市场竞争中奠定坚实基础，也为同类型的铜冶炼项目电解系统的设计与优化提供有益参考与借鉴。

第三节　屋面板防腐施工脚手架搭设施工要点

双闪工艺铜冶炼工厂电解车间为腐蚀性生产车间，需要考虑防腐措施。电解车间主要建筑物均采用钢筋混凝土结构，厂房墙体采用 240 mm 厚蒸压灰砂砖，屋面采用现浇钢筋混凝屋面及大型屋面板；腐蚀性地面采用耐酸砖，腐蚀性墙面及屋面板采用氯磺化聚乙烯防腐涂料。电解车间屋面板防腐的传统施工工艺是以落地脚手架为支撑平台，不仅施工工期长、费用高，而且安全风险高。

以某双闪工艺铜冶炼厂电解车间屋面板防腐施工为例，利用行车大车箱型梁作为支撑平台，施工快、费用低、安全性高，为同类型的铜冶炼厂电解车间屋面板防腐施工提供借鉴。

一、工况简介

电解车间主跨 H-G 轴和 F-E 轴，跨距 33.00 m，H 轴、E 轴柱顶标高 15.00 m，G-F 轴柱顶标高 18.30 m，预应力吊车梁高 1.50 m，吊车梁安装牛腿顶标高 8.75 m，主跨管桁架高度为 3.48 m。吊车梁找平层 0.05 m（顶标高 10.30 m），QU100 轨道高 0.15 m。电解专用行车为 32 t/31.5 m-A7 级，主跨 H-G 轴和 F-E 轴各 2 台，大车外边距 7.70 m，大车轨顶高度 0.80 m，大车顶面标高 11.25 m，施工脚手架搭设宽度 6.00 m。小车轨 1.50 m，小车顶面栏杆标高 12.63 m，行车相关参数见厂家图纸。

屋面板防腐措施为先采用氯磺化聚乙烯底涂料（白色）涂刷 3 遍，再采用氯磺化聚乙烯面涂料（米黄色）涂刷 3 遍，厚度 100 μm。

屋面板防腐施工脚手架搭设方案选择：

电解车间主跨屋面板距厂房地面高度为 18.48~21.78 m。屋面板防腐施工脚手架搭设的第一种方案是从主跨地面搭设脚手架，虽然其施工质量好、安全性高，但脚手架搭设和拆除量大、施工慢、费用高。第二种方案为利用行车大车箱形梁作为支撑平台搭设脚手架，虽然其行车保护措施量大，但脚手架搭设及拆除量小、施工快、费用低。考虑电解车间施工工期紧、任务重，经讨论、比选决定选用第二种方案。

图 4.3-1

根据电解车间预制柱高度、管桁架屋架高度和专用行车相关参数，电解车间屋面板防腐施工脚手架搭设采用在行车大车箱梁上搭设满樘脚手架加门式活动架方案。分 4 次搭设：1~24 线/H-G 轴，25~60 线/H-G 轴，1~24 线/F-E 轴及 25~60 线/F-E 轴。具体搭设方法：在行车大车箱梁 11.25 m 搭设满樘脚手架，脚手架搭设高度为 3.00 m（离下弦杆最低高度为 0.75 m），在 14.25 m 满樘脚手架上满铺钢跳板及防污油布。根据相关工况条件得知，

图 4.3-2

14.25 m 操作平台离 H 轴 E 轴屋架顶的最低高度为 4.23 m，离 F-G 轴屋架顶的最大高度为 7.53 m，假设建筑工人身高 1.70 m，则 14.25 m 操作平台上门式活动脚手架搭设高度为 2.53~5.83 m。行车 14.25 m 满樘脚手架平面图见图 4.3-1，行车 11.25 m 满樘脚手架剖面图见图 4.3-2。

二、脚手架搭设施工要点

(一)搭设顺序

铺设跳板—搭设满樘脚手架—满樘脚手架操作平台铺设—门式活动脚手架搭设—脚手架搭设挂牌验收。

(二)搭设方法

(1)根据11.25 m满樘脚手架分析,在满樘脚手架立柱下铺设0.03 m×0.25 m×2.00 m木跳板,以防止行车大车箱梁由局部受压不均而变形。

(2)满樘脚手架采用ϕ48 mm×3500 mm钢管搭设,纵向大横杆立柱间距根据大车及小车相关参数设计为1.80 m、1.60 m和1.20 m,横向小横杆立柱间距0.90 m,步距为1.45 m,在满樘脚手架四周设置一道0.90 m高的拦腰杆,下设0.10 m高踢脚板,离H轴、E轴边缘4.00 m长范围内的拦腰杆高度不足0.90 m。

高的地方增设活动栏杆。纵向大横杆离大车边缘不小于0.10 m,横向小横杆离小车边缘不小于0.30 m。大横杆之间优先采用对接扣件连接,其次再选用搭接连接,如采用搭接连接,则搭接长度不小于1.00 m,并用3个回转扣件扣牢,扣件接头应交错布置,两根相邻杆件接头不应设在同步或同跨内,接头位置错开距离不小于0.50 m,各接头中心至主节点的距离不宜大于纵距的1/3。纵向扫地杆必须整根设置,在纵向扫地杆的下方设置横向扫地杆。

(3)满樘脚手架操作平台操作层的镀锌板应铺满铺稳,镀锌跳板长3.00 m、宽0.25 m、高0.05 m,铺板小横杆设置间距不得大于立杆纵向间距的1/2,操作层端部的镀锌板外伸长度为0.10~0.15 m,其板长两端均应与支撑杆可靠连接。操作平台铺设完毕后,在其表面满铺一层厚防污油布,并用细铁丝按照纵向间距不大于1.50 m来绑扎牢固,以防止喷涂防腐漆污染行车。

(4)根据工况需要灵活组装门式活动脚手架,门式活动脚手架的立柱必须与四周拦腰杆有可靠的连接,以防止门架滑动,活动架的顶部必须满铺钢跳板,且加设防护栏杆。

(5)防腐脚手架搭设完成后,要组织安全员、工程技术人员、施工班组长、监理等有关人员进行验收,重点检查脚手架搭设是否按照审批方案执行,拦腰杆、安全带、操作平台防护等措施是否落实到位。经验收合格后,方可挂牌使用。

三、脚手架搭设安全保证措施

(1)脚手架的搭设人员必须戴安全帽、系安全带、穿防滑鞋。

(2)脚手架搭设时,地面应设置围栏和警示标志,派专人看守,严禁非工作人员进入现场。

(3)不得在脚手架下方进行其他作业。

(4)在使用过程中,严禁在脚手架架子上推车、拉接、吊装缆绳,且不得任意拆除架体结构件或连接件。

(5)搭设过程中,如需移动行车,脚手架作业人员应停止作业,下降至行车作业平台,并确认门式脚手架与管桁架下弦杆的安全高度。

(6)为保证安装时行车及其上的脚手架不再移动,行车制动后,另行采用斜垫铁安置在轨道和轨道车轮间。

（7）拆架程序应遵守由上而下、先搭后拆的原则，即先拆拦腰杆、脚手板，而后拆小横杆、大横杆、立杆等。严禁上下同时进行拆架作业。拆立杆时，要先抱住立杆再拆开最后两个扣，拆除大横杆、斜撑时，应先拆中间扣件，然后托住中间，再解端头扣。拆除时要统一指挥，上下呼应，动作协调，当解开与另一人有关的结扣时，应先通知对方，以防坠落事故。

（8）拆下的材料要徐徐下运，严禁抛掷。运至地面的材料应按指定地点随拆随运，分类堆放，当天拆当天清，拆下的扣件和铁丝要集中回收处理。

四、屋面板防腐施工脚手架经验反馈

（1）脚手架搭设之前，一定要复测行车梁找平层、屋架下弦杆等相关构件标高，复核行车大车、小车标高及器件位置，架管相碰处可适当进行调整。

（2）屋面板防腐采用氯磺化聚乙烯喷涂施工，必须对行车及下面的电解槽进行全面覆盖；严禁上下交叉作业，宜晚上流水施工作业。

（3）施工作业人员在操作平台上施工时必须系挂安全带，上下操作平台、行车钢梯宜慢宜稳，切不可粗心大意。

（4）脚手架架管等施工材料宜在电解槽两端 4.00 m 平台上空利用缆绳人工上下传递。

（5）防腐施工完转换作业面时，作业人员严禁站在门式活动脚手架及操作平台上，行车移动宜平稳慢移。

（6）电解车间两端屋面板由于检修行车位置影响，不宜利用行车搭设脚手架防腐施工，宜利用升降车在 4.00 m 平台上进行屋面板喷涂防腐施工。

电解车间屋面板防腐施工主要是利用电解专用行车作为支撑平台，在专用行车箱梁间搭设脚手架操作平台，根据作业人员身高和屋架下弦杆的相对高度，合理利用门式活动脚手架作为屋面板防腐施工操作层，这样既能够使作业人员在不同高度施工，又能保证作业人员的安全，极大地提高了屋面板防腐施工的效率，同时减少了大量脚手架管租赁及安装、拆卸费用，取得了较好的经济效益。

第四节　大型预制柱吊装方法及要点

本节以某年生产能力 40 万 t 阴极铜双闪工艺铜冶炼工厂电解车间为案例，进行相关论述。

一、工程概况

本厂房位于电解区，建筑结构安全等级二级，设计使用年限为 50 年，建筑抗震设防类别丙类，地基基础设计等级丙类，工程所在地区抗震设防烈度 6 度，设计基本地震加速度为0.05 g，场地类别为Ⅱ类，抗震等级四级。厂房采用独立杯口基础形式。

本厂房主跨为 2 跨 33 m，柱距 6 m，长度 300 m，共一层，建筑高度为 23 m。每个 33 m跨内各设有起重量 20 t 的起重机 3 台，主体采用钢筋混凝土排架结构，建筑面积 17523 m²。工程边柱为钢筋混凝土牛腿柱，柱子长度总长 21.20 m，最大断面尺寸 1400 mm×600 mm，长16.64 m，最小断面尺寸 600 mm×600 mm，长 4.56 m，单根理论自重约 41.3 t。抗风柱为钢筋

混凝土矩形柱，抗风中柱总长 24.975 m，最大断面尺寸 1400 mm×600 mm，长 21.10 m，最小断面尺寸 400 mm×600 mm，长 3.875 m，单根理论自重约 47.2 t。

二、吊装平面布置

吊装平面区域布置图、吊装剖面效果图和预制构件平面布置及吊装设备行走路线图见图 4.4-1、图 4.4-2、图 4.4-3。

图 4.4-1

图 4.4-2

图 4.4-3

三、吊装验算

(一)起重机起重量计算

单机吊装起重量计算：

$$Q \geqslant Q_1 + Q_2$$

式中：Q 为起重机起重量，t；Q_1 为构件质量，t，计算为 47.2 t；Q_2 为绑扎索重、构件加固及临时脚手架等质量，t，主要为钢丝绳重量级卡具重量，考虑 2 t；

$$Q \geqslant Q_1 + Q_2 = 47.2 + 2 = 49.2 \text{ t}$$

(二)起重机起重高度计算

$$H \geqslant h_1 + h_2 + h_3 + h_4$$

式中：H 为起重机的起重高度，m；h_1 为安装支座表面高度，m，柱吊装取值 0 m；h_2 为安装间隙，m，考虑取 0.5 m；h_3 为绑扎点至构件吊起后底面的距离，m，取值 20.15 m；h_4 为吊索高度，m，取值 6.825 m；

$$H \geqslant h_1 + h_2 + h_3 + h_4 = 0 + 0.5 + 20.15 + 6.825 = 27.475 \text{ m}$$

(三)柱吊装起重机臂杆长度计算

(1)柱吊装采用斜吊法，起重机臂杆长度计算参考图 4.4-4。

(2)项目采用柱垂直吊法吊装，起重机起重臂长计算：

图 4.4-4

$$L = (H + ha - hb)/\sin \alpha$$

式中：L 为起重机臂杆长度，m；e 为柱基杯口顶面至停机面的距离，m，取值为 0 m；a 为柱杯口至柱底距离，m，一般取值 0.2 m 左右；l_1 为柱底至绑扎点长度 m，取值 24.975 m；c 为柱绑扎点至吊钩底面的距离，不小于 1 m；ha 为起重臂头至升起高度的距离，m；hb 为起重臂底绞至停机面距离(高度)，m；α 为起重臂仰角，一般取值 70°~77°。

$$L = (H + ha - hb)/\sin \alpha = (0 + 0.2 + 24.975 + 2 + 0.5 + 3 - 1.5)/\sin 70° = 31.04 \text{ m}$$

(四)起重机起重半径计算

起重机起重半径根据现场情况按照 8~12 m 考虑。

（五）吊车选型

表 4.4-1 150 t 履带式起重机性能参数表

回转半径/m	臂长/m										
	18	21	24	27	30	33	36	39	42	45	48
5	150.0										
6	145.6	142.0	138.0								
7	132.5	132.5	129.0	115.0							
8	112.1	112.0	111.9	108.3	98.0	95.0					
9	93.2	93.1	93.0	92.9	92.8	90.1	85.0	78.0			
10	79.7	79.5	79.5	79.3	79.2	79.1	79.0	74.4	68.5	63.0	
12	61.5	61.4	61.3	61.1	61.1	60.9	60.8	60.6	60.5	57.9	55.7
14	49.9	49.8	49.7	49.5	49.4	49.2	49.1	48.9	48.9	48.6	48.5
16	41.9	41.7	41.6	41.4	41.4	41.2	41.1	40.8	40.8	40.5	40.4
18		35.8	35.7	35.5	35.5	35.2	35.1	34.9	34.8	34.6	34.5
20			31.2	31.0	30.9	30.7	30.6	30.4	30.5	30.0	29.9
22			27.6	27.4	27.3	27.1	27.0	26.8	26.7	26.4	26.3
24			24.5	24.4	24.2	24.1	23.8	23.8	23.5	23.4	
26				22.0	21.8	21.7	21.4	21.4	21.1	21.0	
28					19.8	19.6	19.4	19.3	19.1	19.0	
30					18.0	17.6	17.7	17.6	17.4	17.2	
32						16.4	16.2	16.1	15.9	15.7	
34							14.9	14.8	14.6	14.4	
36								13.7	13.4	13.3	
38								12.7	12.4	12.3	
40									11.5	11.4	
42										10.6	
配重/t	58~12										

由表 4.4-1 可知，当回转半径为 8 m、臂长为 33.0 m 时，吊车起重量为 95 t；当回转半径为 14 m、臂长为 33.0 m 时，吊车起重量为 49.2 t；配备 150 t 履带吊进行吊装作业。

（六）钢丝绳计算

（1）预制柱自重最重为 47.2 t，假定两根钢丝绳受力均匀，单根钢丝绳受力 23.6 t，安全系数取 6，钢丝绳破断拉力需要 141.6 t 以上。

（2）查询《重要用途钢丝绳》，6×37+1 结构，钢芯钢丝绳，钢丝绳公称抗拉强度选用 1770 MPa，直径 50 mm，钢丝绳最小破断力 1580 kN。

（3）钢丝绳容许拉力可按下式计算：

$$[F_g] = \frac{\alpha F_g}{K}$$

式中：$[F_g]$ 为钢丝绳的容许拉力，kN；F_g 为钢丝绳的钢丝破断拉力总和，kN，取 $F_g=1580$ kN；α 为考虑钢丝绳之间荷载不均匀系数，$\alpha=0.82$；K 为钢丝绳使用安全系数，取 $K=6$；经计算得 $[F_g]=0.82\times1580/6=215.93(kN)$。

四、施工人员及资源配置情况

1. 劳务人员配备计划

拟投入劳动力计划见表 4.4-2。

表 4.4-2 拟投入劳动力计划表

序号	工种	单位	数量
1	杂工	人	12
2	测量工	人	2
3	电焊工	人	10
4	油漆工	人	2
5	钳工	人	1
6	铆工	人	12
7	电工	人	2
8	汽车司机	人	1
9	吊车司机	人	4
10	起重工	人	6
合计			52

2. 主要施工机械设备配备

项目经理负责总体安排，按照制订的计划安排主要施工机械进场工作，确保开工前 5 天完成施工机械的进场工作，具体机械设备见表 4.4-3。

表 4.4-3 主要施工机械设备表

序号	机械设备名称	型号规格	数量	额定功率/kW	备注
1	履带吊	150 t	1		
2	汽车吊	100 t	1		
3	平板车	10 t	2		小型构件转运
4	电焊机	BX3-500	6	15	
5	焊条烘烤箱	ZYH-100	1	6	
6	焊条保温桶	202-4	6		
7	角向磨光机	$\phi150$	2	1.5	
8	手动除锈机		5	1	

续表4.4-3

序号	机械设备名称	型号规格	数量	额定功率/kW	备注
9	手拉葫芦	10T	2		
10	手拉葫芦	5T、2 t	4		
11	风镐	G10	1		
12	半自动切割机		1		
13	全站仪		1		
14	经纬仪		2		
15	水准仪		1		
16	电动扳手		2	2.6	
17	对讲机		8		
18	水平尺	IS 系列	2		
19	防坠器		10		
20	安全带		50		
21	手动割枪		5		
22	千斤顶	20T	4		

3. 主要材料需求配置

根据施工图纸提前做好主要材料需用计划，根据施工进度来分批进场，确保施工的连续性，主要材料计划见表4.4-4。

表 4.4-4 主要材料计划表

序号	材料名称	型号规格	数量	备注
1	油浸枕木	300 mm×2500 mm	40 根	
2	钢管	ϕ48 mm×3 m	8 t	配扣件若干
3	白棕绳	ϕ20 mm×50 m	8 根	
4	镀锌铁丝	8#	50 kg	
5	6×37+1 钢丝绳	ϕ50 mm	50 m	
6	6×26+1 钢丝绳	ϕ12 mm	100 m	
7	钢丝绳	12 mm	500 m	缆风绳
8	6.8T 卸扣	D 型 ϕ36 mm	6 个	
9	平垫铁	Δ=3、5、6、10、20	10 m²	
10	钢丝绳包角	ϕ89 mm	32 个	
11	钢丝绳	ϕ9.2 mm	800 m	安全绳

五、施工工艺流程及操作要点

(一)测量施工要点

(1)定位测量：在杯口基础上表面施放预制柱中线定位轴线，并进行弹线；在预制柱下部及顶部上施放中心线定位轴线；预制柱安装就位时，将预制柱上中心线与杯口中心线对齐重合。

(2)标高控制：①预制柱吊装前测量杯口基础底标高，根据制作的预制柱牛腿标高反算实际柱底标高，根据实际制作柱底标高对每个杯口基础底部采用 M10 水泥砂浆进行找平，通过找平后杯口基础底部标高控制柱安装标高。

②在预制柱及杯口基础上施放 -1.6 m 高程线，在预制柱就位过程中，要复核杯口基础与预制柱标记相对标高线。

(3)垂直度的测控：将两台激光经纬仪置于预制柱相互垂直的两条轴线上，视线投射到预先固定在柱的靶标上，光束中心同靶标中心垂直，且通过旋转最少 3 次经纬仪水平度盘，若投测点都重合，表明预制柱垂直度无偏差。预制柱垂直度测量见图 4.4-5。

(4)沉降观测

观测点应按以下规定设置：

①建筑的四角、大转角处及沿外墙每 10~20 m 处或每隔 2~3 根柱基上；

②高低层建筑、新旧建筑和纵横墙等交接处的两侧；

③建筑裂缝、后浇带两侧、沉降缝两侧、基础埋深相差悬殊处，人工地基与天然地基接壤处，不同结构的分界处及填挖方分界处，以及地质条件变化处两侧。

要求专人定期观测，每施工一层做一次观测，施工完毕后，第一年内每三个月观测一次。以后每隔六个月观测一次，直至沉降稳定为止。观测记录应存档，有异常情况应及时通知设计单位。沉降观测点的实测精度、观测方法和技术要求、沉降观测的周期和观测时间以及水准基点的设置，均应符合《建筑变形测量规范》的相关要求。沉降观测点采用直径 16 mm 的钢筋锚入柱内，露头 200 mm，距室外地面 500 mm。

扫一扫，看图

图 4.4-5

(二)预制柱吊装施工工艺流程

施工准备→预制柱起吊翻身→预制柱起吊就位→预制柱临时固定→预制柱精调校正→首次灌浆固定→两次灌浆固定。

(三)预制柱吊装施工操作要点

1. 施工准备

(1)起重机回转范围内无障碍物，电源已接通。

(2)起重机开行道路已平整坚实，并换填 50 cm 厚强风化岩碾压平整，必要时停车吊装点须垫钢板进行加强。

(3)基础杯口面上纵、横定位线标注、标高标注已标注，预制柱的吊装中心线及标高线已标注，杯口基础内壁及预制柱根部凿毛。

(4)杯口基础及柱子强度已达到 100% 设计强度，符合吊装要求。

(5)吊装设备已到位，具备吊装条件。

(6)吊装人员在吊装作业之前已进行安全技术交底，相应的安全保证措施已到位。

2.预制柱起吊翻身

(1)根据设计结构图纸要求的吊环布置位置,预制柱翻身采用 3 个吊环 3 点吊装翻身方法,翻身时采用 2 根钢丝绳分别拴在上中及中下两个吊环位置,然后将两根钢丝绳挂在吊车挂钩上,翻身示意图见图 4.4-6。

(2)预制柱现场采用 3 层叠放预制,翻身前将钢丝绳穿过 3 个吊环,保证 2 根钢丝绳受力均匀,缓慢提起预制柱,柱提起 100 mm 空隙后,采用 8 根长为 500 mm 的 $\phi40$ 圆钢作为垫木(4 个垫点),塞入柱间隙中,然后将预制柱缓缓落下,保证预制柱脱模完成,此时吊车不脱钩,保证钢丝绳处于受力状态,见图 4.4-7。

(3)在预制柱吊环背面人工用钢撬棍慢慢移动预制柱,将预制柱向吊环方向移动 500 mm宽度,然后在预制柱吊环背面离柱边 100 mm 距离处开始铺设 3 组 500 mm 长的十字木枋以防止预制柱翻身发生侧翻,见图 4.4-8。

图 4.4-6　　　　　　图 4.4-7　　　　　　图 4.4-8

(4)缓慢起重吊车翻身,直至预制柱翻身立起。

(5)将预制柱缓缓提起,悬空约 10 cm 时停机,起重工及信号工观察吊装设备稳定性及预制柱结构情况,确认无误后再进行吊装转移。

(6)将预制柱起吊至距离地面障碍物上表面高度 50 cm 后,再转运至杯口基础旁。

(7)翻身后将预制柱放在吊车侧边,平放时预制柱牛腿下要设置长×宽×高为 1 m×25 mm×25 mm 的枕木,柱下放平稳后要在柱两侧采用钢管架进行临时支撑固定,临时支撑固定完成后方可脱钩并松开翻身钢丝绳。

(8)捆绑用钢丝绳与预制柱接触部位采用橡胶轮胎进行包角,确保棱角不受破坏。

3.预制柱起吊就位

(1)本预制柱吊装采用一点直吊,在变截面位置牛腿底处采用钢丝绳拴紧进行吊装。吊装示意图见图 4.4-9。

图 4.4-9

(2)预制柱采用一点起吊,旋转法吊装(起重机边起钩、边旋转,使柱身绕柱脚旋转而逐渐吊起的方法称为旋转法)。其要点是保持柱脚位置不动,并使柱的吊点、柱脚中心和杯口中心三点共圆,其特点是柱吊升中所受震动较小,但构件布置要求高,占地面积较大,对起重机的机动性要求高(要求能同时进行起升与回转两个动作),一般常采用自行式起重机,本工程采用 150 t 履带吊,见图 4.4-10。

图 4.4-10

(3)预制柱吊装时在柱底部及顶部设置两根钢丝绳,用于控制吊装过程中柱的旋转;下部钢丝绳在预制柱就位后拆除,上部钢丝绳在柱就位后作为缆风绳使用。

（4）预制柱吊装采用两根钢丝绳，在主跨吊车梁牛腿下处拴紧，拴紧装置采用自制锁扣，锁扣能在钢丝绳受力张拉的情况下自动锁死，确保钢丝绳锁紧。为保证预制柱吊装过程中受力均匀，避免应力不均衡而使预制柱发生损坏，吊装时设置扁担进行吊装，减少钢丝绳的水平分力。钢丝绳及扁担吊装示意见图4.4-11。

扫一扫，看图

图4.4-11

（5）柱吊装施工步骤：

a. 钢丝绳绑扎到位后，起重工及信号工检查钢丝绳绑扎情况、安全绳绑扎情况、吊装周边环境情况，确认无误后方可开始起吊。

b. 缓慢启动吊车，将柱子吊起距地面500 mm时稍停，起重工检查设备及吊装构件稳定，确认无误后旋转吊车，将预制柱缓慢降落到杯口基础底的正上方2 cm左右，停住，仔细核对柱子的编号和基础对应情况，确保一一对应。

c. 缓慢下放柱子，安排四个工人从四个方向用撬棍配合吊装，进行轴线对线，使柱子中心线与杯口基础中线对齐，并检查标高控制线对齐情况，若有差异需重新进行调整。

d. 柱轴线就位完成后，安排测量人员初步检查预制柱垂直度，在预制柱基本垂直后，对预制柱进行临时固定(吊车松钩不脱钩)。

①杯口基础上口位置采用钢楔子进行固定，预制柱窄面设不少于2个钢楔子，宽面设置不少于3个钢楔子；

②柱脚每个面(靠近柱棱角位置)设置两块以上粒径5~7 cm坚硬岩石，并用撬棍捣实卡死；

③在预制柱宽度方向设置缆风绳，缆风绳拴在预制柱吊车梁上部，两根缆风绳采用手拉葫芦与地锚连接，临时固定时缆风绳需拉紧。

4. 预制柱精调校正

（1）根据《混凝土结构工程施工质量验收规范》，当柱长大于6 m时，柱安装轴线位置允许偏差为8 mm，标高安装允许偏差为±5 mm，垂直度允许偏差为10 mm。

（2）采用缆风绳精调法：

a. 标高调整。标高调整通过测量每根预制柱制作长度，计算出每个杯口基础标高误差，一一进行找平来进行调整，此项工作在预制柱吊装前已完成，柱就位后标高基本满足要求。

b. 轴线校正。吊车不脱钩且钢丝绳处于受力状态，安排四个工人从四个方向用撬棍配合吊车进行调整，进行轴线对线，使柱子中心线与杯口基础中线对齐。

c. 垂直度调整。吊车松钩不脱钩进行调整，通过调整缆风绳手拉葫芦的长度从而调整缆风绳长度来调整预制柱的垂直度。

d. 预制柱完全精调校正后，检查楔紧所有钢楔子，在柱脚每个面(靠近柱棱角位置)设置两块以上粒径5~7 cm坚硬岩石用撬棍捣实卡死，并拉紧柱宽面缆风绳，确认紧固后才允许脱钩，精调完成后立即组织灌浆固定。

5. 灌浆固定

（1）柱校正完成后，组织进行杯口基础灌浆，灌浆采用C35细石混凝土，混凝土的灌浆分两次进行：

a. 第一次：灌注混凝土至钢楔子下端部(灌浆深度约1 m)。

b. 第二次：当第一次灌注的混凝土达到设计强度等级的30%时，即可拔除钢楔子，进行第二次灌浆(灌浆深度约 20 cm)，将杯口基础灌满混凝土。

（2）柱子吊装后必须当天校正完当天灌浆，严禁灌浆过夜。

（3）灌浆振捣棒尽量靠近杯口基础内壁，严禁振捣棒振动钢楔子。

（4）灌浆混凝土强度应做试块检验。

六、安全文明措施

（1）吊装前工程部制订详细的吊装施工方案，下达技术交底，未经技术交底不得实施吊装，交底执行会签制度。吊装作业前，由设备部、安质环保部、现场负责人对机械设备进行详细检查，发现问题及时处理，确保机械各部件运转正常，机械设备处于良好稳定状态。

（2）吊装作业前，现场指挥、具体操作人员、安全员按操作规程进行试吊，熟悉吊装作业流程、联系信号、指挥系统及相互之间协调配合与沟通情况，发现问题及时改进纠正。吊装作业前对起重机械设备、现场作业环境、行驶道路、架空线路吊装物及其他建筑物进行了解、分析，找出不利吊装的因素，制订措施，完善吊装方案，落实各项保障措施。

（3）整个预制柱的施工过程都要将施工安全放在首位，工程人员需要把控每一个安全施工细节。作业前，应检查起重吊装所使用的起重机滑轮、吊索、卡环和地锚等，应确保其完好，符合安全要求。

（4）吊装作业区四周应设置明显标志，严禁非操作人员入内。夜间施工必须有足够的照明。安装所使用的螺栓、钢楔(或木楔)、钢垫板、垫木和电焊条等的材质应符合设计要求的材质标准及国家现行标准的有关规定。

（5）大雨天、雾天、大雪天及六级以上大风天等恶劣天气，应停止吊装作业。事后应及时清理冰雪，并采取防滑和防漏电措施。雨雪过后作业前，应先试吊，确认制动器灵敏可靠后方可进行作业。

（6）起吊过程中，在起重机行走、回转、俯仰吊臂、起落吊钩等动作前，起重司机应鸣声示意。一次只宜进行一个动作，待前一动作结束后，再进行下一动作。开始起吊时，应先将构件吊离地面 200~300 mm 后停止起吊，并检查起重机的稳定性、制动装置的可靠性、构件的平衡性和绑扎的牢固性等，待确认无误后，方可继续起吊。已吊起的构件不得长久停滞在空中。

起吊时不得忽快忽慢和突然制动。回转时动作应平稳，在回转未停稳前不得做反向动作。

（7）严禁在已吊起的构件下面或起重臂下旋转范围内作业或行走。对起吊物进行移动、吊升、停止、安装时的全过程应通过手势信号等进行指挥，信号不明不得起动，上下相互协调联系应采用对讲机。吊钩悬挂点应与吊物的重心在同一垂直线上，吊钩钢丝绳应保持垂直，严禁偏拉斜吊，落钩时应防止吊物局部着地而引起吊绳偏斜，吊物未固定时严禁松钩。

（8）起重机在工作中如果遇机械故障或有不正常现象时，应放下重物，停止运转后，进行故障排除，严禁在运转中进行调整或检修。起重机不得靠近架空输电线路作业，如限于现场条件，必须在线路旁边作业时，应采取安全保证措施。起重机、场地、环境出现变化时，应立即停止吊装作业；现场负责人、安全员发现安全隐患时，有权立即停止吊装作业。

七、经验总结

在以后类似工程施工时，应重点在以下几个方面加强控制和改进：

①在预制构件脱模方面，脱模材料的选择及使用情况对预制构件脱模效果有直接影响，应严格控制筛选。比如在预制构件上下层接触面采用塑料薄膜分隔。

②由于厂房大跨度结构多为排架结构，预制柱的结构类型和柱上预埋件的数量较多。施工之前，应做一份预埋预留明细表，对不同预制构件分好类，每种型号的预制构件应标记清楚，并有构件预制记录，这样现场对表检查时就能一目了然，防止出现漏埋预埋件的情况。

③对于预制构件摆放方向应标记清楚，埋件预留方向位置应准确，以防埋件预留方位不准，造成漏埋现象。

④预制柱吊装之前，技术人员、测量人员应对弹在杯口上部的轴线及杯底二次找平层标高进行复核，杯底找平应按照实际预制柱的长度尺寸进行，防止轴线及标高出现差错。

⑤预制构件吊装前，技术人员必须掌握图纸设计的安装节点，并对操作班组做好技术交底。

预制柱的吊装是建筑施工过程中的重要环节，需要做好充分的准备，避免在吊装过程中出现不安全和不稳定的现象。通过对吊装工具和吊装现场的合理使用和调整，以及严格遵守吊装要求和安全要求，可以确保施工进程顺利、安全、高效地完成。

第五节　铜电解槽和脱铜电积槽安装方法及要点

本节以某双闪工艺铜冶炼工厂建设中铜电解槽安装为例，阐述了主要施工工艺、施工方法和施工技术要点。

一、工程概况

该工程电解槽共2个系统，分南跨和北跨，共计1280台。电解系统分为8个系列，每系列4组，每组2排，每排20台。单个电解槽长约6 m，重约8 t。

施工难点为电解槽的吊装、精调、定位锥安装。通常现场利用13 m平板车和叉车配合将电解槽运输到电解车间内，再利用电解车间内16 t行车吊至电解槽支架梁上并进行精调。

二、电解槽安装流程

支架梁交接验收合格→摆放耐酸瓷砖以及5 mm PVC软板→测量垫砖顶部标高（根据标高调整垫皮厚度及数量）→测量放线，设置控制线→电解槽就位→电解槽精调（包括电解槽垂直线及标高控制）→定位板安装→安装一组槽定位针和支撑盘→行车试运行→槽口树脂砂浆找平→槽口玻璃钢大盖帽以及缝隙玻璃钢连接→定位针和支撑盘（甲供材料）安装→行车试车、检查、验收合格。

三、电解槽及其附件安装

（一）电解槽安装工序

（1）支架梁上表面垫瓷砖和PVC软板安装：瓷砖垫砖尺寸为230 mm×113 mm×65 mm，

每槽 16 块(根据电解槽的安装图标高需要确定),PVC 软板选用 5 mm 厚的,见图 4.5-1。

图 4.5-1

(2)槽体的就位安装、调整:利用行车将电解槽吊至支架梁上,根据智能行车轨道中心线及厂房轴线放线电解槽定位基准对电解槽进行精度调整。

(3)定位锥底板与定位锥安装:定位锥底板材质为 316 L,$t = 6$ mm,用于固定定位针和支撑盘。

(4)铅塞:铅塞配套橡皮圈,材质为 $PbSb^{4+}$ 氯丁橡胶,配套圆环为钛材。

图 4.5-2

(5)槽口用树脂砂浆找平:电解槽安装就位精调后,以每组槽为一个单元进行整体找平,并用玻璃钢进行整体连接,槽口砂浆找平的厚度不超过 8 mm。

(6)槽面整体玻璃钢盖帽连接:用乙烯基树脂衬贴 2 层 450 g 玻璃纤维短切毡,3 层 04#玻璃纤维布,1 层 50 g 玻璃纤维表面毡。

(7)安装的定位针和支撑盘为超高分子聚乙烯(HDPE),见图 4.5-2。

(二)电解槽安装技术要求

(1)以厂房内主中心标板为基准,将电解槽逐一吊装到电解槽支架梁上,并对电解槽进行精度调整。以每个槽体的中心线为安装基准线,槽体纵向和横向的水平误差不得超过 1/1000,且必须保证槽间中心距为±1.5 mm,相邻电解槽中心距为(1430±2)mm;槽体设计间隙为 30 mm。

(2)同一组的电解槽槽面水平误差不超过 2 mm,不同组的水平误差不超过 10 mm。

(3)支架梁要求:通过水准仪检测支架梁上表面,满足验收规范要求,支架梁顶标高偏差在-5 mm 以内。

(4)定位针尺寸偏差:定位锥和支撑盘达到各尺寸要求,它们的中心必须垂直于行车轨道中心线,每个槽的定位板高度误差不大于 2 mm。同一组电解槽中,相邻电解槽的角中心点的高度差不大于 3 mm(角中心点是电解槽某角上相连两槽壁顶面中心线的交叉点)。

(三)主要安装方法

1. 测量放线

(1)以厂房内已有的主中心标板为基准,基准线及标高点根据设计要求由业主提供。

(2)电解槽布置在 E 轴-F 轴、G 轴-H 轴,南、北 2 个区域,在每个区域上埋设 12 块中心标板(分别布置在每个区域的四周)和 6 个标高基准点,见图 4.5-3。

图 4.5-3

(3)以一个系统第三和第四系列为例,根据 A(第三系列第四组第一个电解槽的中心标板)由仪器测距出 B(第四系列第四组第一个电解槽的中心标板),再由 A 测距出 a(第三系列第四组末电解槽的中心线),最后由 A 测距出 b(第四系列第四组首电解槽的中心线),中间延长通过钢卷尺(取差值后)均匀分布于各电解槽的中心线。第三和第四系列第一、第二和第三组等电解槽测量放线的方法同上。

图 4.5-4

(4)电解槽安装分布见图 4.5-4。

电解系统分为 8 个系列,每系列 4 组,每组 2 排,每排 20 台,包括左、右边槽各一台,中间槽 18 台。电解槽序号从左到右排序为 1#~20#。

2.安装施工方法

(1)吊装前根据图纸对电解槽支架梁的标高和中心线进行交接验收,对其校核后在支撑走道板小梁牛腿上设置标高基准点和中心线基准点,中心线基准点的设置标高按电解槽安装方向的顶标高进行设置,然后进行电解槽运输吊装作业。

(2)吊装前,应对电解槽槽体进行检查,有缺陷的电解槽必须处理后再吊装,A型槽与B型槽按照设计要求分别排布、吊装。进入吊装区域的道路业主方需要夯垫废石、平整,以保证电解槽运输车辆正常进入。

(3)为保证电解槽的正常安装,提前规划电解槽进场线路,电解槽先采用12 t叉车叉运到13 m平板车上,再运至电解车间厂房内,最后利用电解主跨专用起重吊机(≥16 t)进行卸车安装。

(4)吊装时,采用专用起吊架(重约1 t)和2根(12 kN承载力,$L=8$ m)的吊装带固定在电解槽槽体底部,吊装带连接吊架挂在行车主钩上进行吊装。

3.电解槽的就位、调整

(1)电解槽安装应垫平、垫实,就位后进行测量,且必须满足下列要求:

a.安装电解槽前,对电解槽支架梁标高进行复核验收、办理书面交接手续,在电解槽支架梁上瓷砖顶标高需逐一测量,调整误差。找出每个槽体纵、横中心线,以每个槽体的中心线为安装基准线,安装每区的电解槽。槽体分型两种,安装时槽体纵向和横向的水平误差不得超过1/1000,且必须保证槽间中心距为(1392±2)mm,见图4.5-5。

图 4.5-5

b.安装电解槽及定位针和支撑盘时一定要达到图中所示的各尺寸要求,并且它们的中心必须垂直,每个槽的定位板高度误差不得超过±1.5 mm。同一组电解槽中,相邻电解槽的角中心点的高度差不大于3 mm(角中心点即电解槽某角上相连两槽壁顶面中心线的交叉点),见图4.5-6。

c.相邻两电解槽的中心距偏差为±2 mm。

d.同一组电解槽的间距偏差为±1.5 mm,同一排电解槽的直线度为0~3 mm。

图 4.5-6

4.电解槽的精确调整

(1)电解槽吊装完后还需进行精确调整,先放出 x、y 轴的中心线,对准中心标板放出的中心线,再利用行车微微吊起电解槽,并逐个进行精确调整,直到符合图纸规定的要求。

(2)在电解槽槽口下放出100 mm水平线,依据此线对槽上平面切削或堆砌,达到槽口图纸规定要求的标高(±1.5 mm),定位板、定位针基准面找平(±1 mm),x、y 轴向水平及平整度(±1 mm),找平定位、安装定位针。

5.电解槽定位针和支撑盘的安装、调整

电解槽定位针和支撑盘定位要求参照图4.5-7,安装电解槽定位针和支撑盘时一定要达到图中所示的各尺寸要求,并且它们的中心必须垂直,每个槽的定位板高度误差不大于±1.5 mm。同一组电解槽中,相邻电解槽的角中心点的高度差不超过3 mm。

图 4.5-7

四、电解槽的安装误差检查方法

（1）按基准点标高拉钢丝检查垂直度。

（2）用水准仪测量电解槽角中心的标高。

（3）纵向中心线基准点用钢尺检查。

（4）同一列成排电解槽的直线度检查也可用拉钢丝的方法进行检查。

（5）电解槽安装的中心线应和行车轨道中心线保证平行，误差不得超过规范规定。

五、电解槽安装与调试的注意事项

（1）电解槽养护周期满，且达到设计安装强度后方可进行吊装作业，养护期不得低于14 d，并保证混凝土强度达到75%以上。

（2）电解槽采用20 t龙门吊车以及12 t叉车进行配合装车，运输采用13 m平板拖车，拖车上垫放枕木（枕木厚度大于220 mm，超出电解槽小件伸出长度），方便电解槽吊装作业，电解槽装车时注意电解槽的方向，避免出现安装错向。

（3）按照指定路线将电解槽运输至项目现场。

（4）在安装电解槽时，安装用的吊架必须符合电解槽尺寸（6070 mm×1362 mm×1720 mm）、t位荷载（约11.5 t/槽）要求，用吊带将电解槽兜住，挂在吊架上，吊带与电解槽必须是垂直起吊，不得让电解槽扭曲，按图纸要求分别将电解槽预排排列在支架梁上。

（5）电解槽安装前，电解槽支架梁上按图纸要求尺寸，应垫PVC软皮。

（6）电解槽安装就位后，槽间缝隙用20 mm×30 mm方木条将槽缝镶嵌紧密严实，再在电解槽口上用树脂砂浆找平，以达到设计要求尺寸。

（7）将每排电解槽槽口，用玻璃钢大盖帽连接成一体，按设计要求的尺寸组织施工，标高符合设计图纸要求。

（8）采用专用电解槽吊架以及吊装带安装电解槽。

（9）电解槽微调前放线，采用钢管搭设架子进行安装固定，以细钢丝作为微调控制线，通过钢丝绳控制垂直线，水准仪控制电解槽标高，通过撬棍进行电解槽微调。

六、成品保护及安全措施

（1）电解槽运输：运输拖车除垫放枕木外，还必须用尼龙绳捆绑固定在车厢上，防止运输过程中的倾倒掉落事故。

（2）电解槽装卸、运输、吊装、微调等过程需用柔性吊带进行吊装（即采用布吊带），使用叉车装卸时叉车铲必须捆扎软皮保护，以避免对电解槽造成损坏。

（3）电解槽装车过程中，辅助人员将吊带及垫皮安放稳妥后离开电解槽吊装区域10 m以外，以避免发生电解槽掉落伤人事件。

（4）采用叉车进行电解槽装车，在行走过程中（特别注意下坡）叉车壁尽量放置在较低位置，以避免叉车倾翻。

（5）装运及吊装过程中注意电解槽小件的保护。

（6）电解车间主跨行车吊装电解槽行走的路线采用钢管跳板搭好临时操作平台、脚手架，电解槽吊装路线不得出现障碍物，以避免交叉施工带来的不便。

（7）进行吊装前要进行试吊，在无人区域进行起升、下落试验。

（8）电解槽的吊装区域内设置警戒线，与施工无关的人员不得入内，防止多个工种交叉作业时发生安全事故。专职安全人员跟班作业，避免发生不可预见的安全事故。

七、电解槽槽口找平及玻璃钢盖帽

（一）技术要求

（1）电解槽槽口找平：采用乙烯基树脂砂浆进行电解槽槽口找平，厚度不超过 8 mm。

（2）电解槽防腐层外翻及搭接：电解槽的两端沿口至牛腿及每组槽的边槽外壁至保温层上口，乙烯基树脂衬贴玻璃钢 2 层 450 g 玻璃纤维短切毡，3 层 04# 玻璃纤维布，1 层 50 g 玻璃纤维表面毡，玻璃钢总厚度不低于 4 mm。

（二）施工方法

（1）电解槽精调结束后，对每一排电解槽槽口进行测量标高，找到 6 个基准标高点，作为找平基准点，采用铝合金尺条控制好标高后进行树脂砂浆找平，确保槽面标高符合设计要求。

（2）电解槽盖帽施工

①施工流程：电解槽槽体表面整体打磨处理→第一道树脂打底→刮树脂腻子（包括预留孔圆整抹平）→第二道乙烯基树脂打底→[轻度打磨]→[报验]→乙烯基树脂衬贴玻璃钢 450 g 玻璃纤维短切毡，三层 04# 玻璃纤维布，一层 50 g 玻璃纤维表面毡。

②砂浆面打磨：玻璃钢施工前对槽口找平的树脂砂浆进行打磨，清除表面刮痕。

③槽口贴布：依次采用乙烯基树脂衬贴 450 g 玻璃纤维短切毡 2 层，04# 玻璃纤维布 3 层，50 g 玻璃纤维表面毡 1 层。

④施工要点：乙烯基底漆固化干燥后方可进行玻璃钢施工。施工时，毡布衬贴施工采用手糊法连续施工。施工要点如下：用毛刷蘸上按比例配好的树脂胶料，并在表面纵横各刷一遍，随即粘贴第一层 450 g/m² 玻璃纤维短切毡，并用刮板或毛刷将短切毡（玻璃布）贴紧压实，亦可用赶泡辊子反复滚压使短切毡（玻璃布）充分浸透胶料，挤出气泡和多余的胶料。待检查修补合格后，不待胶料固化即按同样方法连续粘贴玻璃布（短切毡），直至达到设计要求的层数或厚度。玻璃布一般采用鱼鳞式搭接法，即铺两层时，上层每幅布应压住下层各幅布的半幅，铺三、四层时，每层应分别压住前一层各幅布的 2/3、3/4 幅，依此类推。若采用直接搭接，搭接宽度一般不小于 50 mm，各层搭接缝应相互错开。

⑤涂刷面层料：面层料要求有良好的耐磨性、耐腐蚀性及密封性，且表面要光洁。一般面料用乙烯基树脂加 5% 的苯乙烯溶液配制而成，应在贴完最后一层玻璃布的第二天涂刷第一层面胶料，干燥后再涂刷第二层面胶料。

（三）质量要求

（1）电解槽外壁防腐为二底（2 毡 3 布 1 表，即 450 g/m² 玻璃纤维短切毡 2 层，04# 玻璃纤维布 3 层，50 g 玻璃纤维表面毡 1 层）二面，总厚度不小于 4 mm。

（2）每道工序完工后，对质量进行自检合格后，通知监理进行隐蔽工程验收，并做好相关质量记录，验收合格后才能进入下道工序。

（3）对施工过程中发现的缺陷应及时修补；各道工序间及成品的养护期间，应防止物体撞击和人为损坏，防止砂尘污染面层，做好养护工作。

（四）成品保护

（1）常温下防腐工程的养护期不低于 10 天。

（2）各类面层，均应平整、色泽均匀，与基层结合牢固、无脱层、起壳和固化不完全等缺陷；其质量检查，应符合下列要求：

①表面固化程度的检查，可采用丙酮擦玻璃钢或玻璃胶泥表面，如无发黏现象，即认为表面树脂已固化。

②外表面光滑，无任何杂质，无龟裂，无明显划痕、气泡及严重的色泽不均等情况。

（3）玻璃钢施工后，在 24 h 内严禁遇水。如遇突发性恶劣天气，玻璃钢要用彩条布满覆盖。

第六节　阴极剥片机组安装方法及要点

阴极剥片机组属于铜电解系统中的核心设备，其主要作用是将阴极铜从阴极板上洗涤、剥离、取样、码垛、称重、打捆，直到形成包装后的电解阴极铜成品。双闪工艺铜冶炼电解车间一般会配置两套阴极剥片机组、一套阳极整形机组、一套残极洗涤机组，其中两台阴极剥片机组以消防通道互为镜像设置，独立完成受板、洗涤、剥离、打包、输出等工作。单套阴极剥片机组主要由受板系统、排板系统、剥离系统、输出系统、洗涤系统、液压及润滑系统组成。阴极剥片机组实物见图 4.6-1。

图 4.6-1

一、安装工艺流程

基础测量放线（建立轴线控制网）→基础验收处理→受板、排板系统安装→电铜链运机安装→剥离系统安装→输出系统安装→运输小车安装→洗涤系统安装→液压系统安装。阴极剥片机组三维模型见图 4.6-2。

图 4.6-2

二、主要施工技术

（一）基础测量放线（建立轴线控制网）

阴极剥片机组属于大型连续性设备，在生产运行时需要与车间内部电解专用行车配合，三座机械手臂也需要与五条链运机精密配合，各系统部件之间的安装位置精度决定着整套设备后续生产运行的可靠性，所以安装前在基础平面上建立准确的轴线控制网非常有必要。安装轴线控制网见图 4.6-3。

图 4.6-3

以车间内部提前选取的纵轴、横轴为基准（电解厂房内部的两条纵横基准轴线），配合上部电解专用行车轨道轴线复核校验，按照设备供货商提供的剥片机组装配图，将受板系统、排板系统、剥离系统（核心是三座机械手臂）、输出系统的纵横轴线标记在基础平面上，标记位置应当合理，确保不会被待安装设备部件覆盖，并且标记应当醒目、长期清晰可见。

（二）基础验收处理

本套设备土建基础上设置了大量的预埋钢板，安装前必须对每块预埋钢板进行清理、测量。根据前期建立的安装轴线控制网，按照表 4.6-1 的允许误差对所有预埋钢板进行测量验收，将预埋钢板理论中心点、实测标高记录在该预埋钢板上，供后续各系统部件的安装定位使用。机组设备基础位置和尺寸的允许偏差见表 4.6-1。

表 4.6-1　机组设备基础位置和尺寸的允许偏差

序号	项目		偏差/mm
1	坐标位置(纵横轴线)		20
2	不同平面的标高		0，-20
3	平面外形尺寸	凸台上平面外形尺寸	0，-20
		凹穴尺寸	+20，0
4	平面的水平度	每米	5
		全长	10

（三）安装过程

各系统部件安装方式均大致相同，重点是依据前期建立的轴线控制网，严格控制其安装尺寸、精度，按照安装工艺流程依次安装。

受板、排板系统主要包含两条长距离链运机，每条链运机由多段机架以及上部轨道构成。首先确保受板链运机轴线与基准纵轴平行，并按照装配要求设置间距，再以受板链运机链轮中心为控制点，按照装配要求，设置其与基准横轴的间距。根据上述定位方法，将机架从进料端到出料端依次吊装至基础平面，严格控制其纵、横轴线位置，偏差不大于 2 mm，再利用加塞薄钢板的方式调节顶面标高，其标高允许偏差为±2 mm。受板系统外形见图 4.6-4。

图 4.6-4

剥离系统主要包含两套剥片装置，先将两套剥片装置吊装至设计平面上，使两套剥片装置的横向中心线与基础平面上的横轴重合，按照装配要求分别设置其与基准纵轴的间距，注意控制剥片装置安装标高，找平找正吊铅垂线，确认无误后即可进行最终定位。

三台机械手臂的安装，应当先在基础平面上标记出定位点，并将横向、纵向十字线引出，其长度应超出机械手臂圆形底座。在机械手臂底座上平面进行横向、纵向标记，并延伸至底座侧壁。确保上述各位置的标记都清晰可见，依次将三台机械手臂吊装至定位点，调整机械手臂底座侧壁标记与基础平面标记重合即可。三台机械手臂最终定位后，通过调整垫铁完成标高控制，垫铁点焊时切记机械手臂应当充分接地，防止电流损坏机械手臂内部电气元件，最后按照设备厂家要求，区分不同类型机械手臂夹具，按要求统一安装。机械手臂外形见图 4.6-5。

图 4.6-5

取样装置的安装，采用上述机械手臂定位的方法，标记完成后，整体吊装至基础平面，注意控制取样装置的顶面标高、水平度。

根据提前划定的三台循环泵中心线，定位循环水箱的位置，水箱的三个出水管口中心线应与三台循环泵中心线重合，通过垫铁组调整循环泵的整体标高，确认循环泵进水管口与水箱出水管口上部齐平。最后根据设备厂家要求，完成循环水箱、洗涤回水、循环水泵的管道配管工作。重点安装部件允许偏差见表 4.6-2。

表 4.6-2 重点安装部件允许偏差表

序号	控制项目	允许偏差
1	机架中心线	2 mm
2	机架标高	±2 mm
3	导轨水平度、平行度	0.5/1000，且不大于 1 mm
4	同截面导轨高差	1 mm
5	机械手臂中心线与剥离架中心线重合度	2 mm

液压系统主要包含一个液压油站、多个小型液压阀站以及液压油管路。根据设备供货商要求对液压油站进行定位，小型液压阀站分布于各系统的链运机上，其安装依靠螺栓卡件固定，安装精度要求相对较低；液压油管路常规采用小口径不锈钢管，焊接配管完成后进行油冲洗，冲洗程度应满足供货厂家要求。阴极剥片机组生产车间见图 4.6-6。

图 4.6-6

三、重点注意事项

机械手臂安装过程中，需要点焊其底座下部的垫铁组，点焊前，机械手臂底座要有良好的接地措施，防止电流损坏上部电气元件；机组水循环系统的洗涤泵、地坑泵，虽然功率小，并且还是整体到货，但是在试运行前仍然需要进行同轴度校验。液压系统管道存在现场焊接，所以安装完成后必须进行油冲洗，采用生产用相同型号的油品。冲洗过程中可以定时使用木棒敲击焊缝处，确保冲洗效果。

第七节 孔网钢带复合管施工方法及要点

孔网钢带复合管，作为一种新型安装材料，其耐腐蚀范围广泛，密封性好，对地下运动和端载荷的有效抵抗能力强，它具有水力特性好、柔韧性好、尺寸稳定性和耐冲击性好、铺设安装方便、使用寿命长等优点，已被广泛应用于原油、燃气输送工程，同时应用于工矿用管、饮水管道、城市排水管道等领域的管道安装。

一、孔网钢带复合管道安装流程

熟悉图纸→材料准备→管材外观检查及试验→管道敷设→连接部位打磨→断管处打槽封口→检查电熔直接与管道装配的松紧度→管道预制组装与校正→管道的焊接→管道系统试验冲洗→交工验收。

二、主要施工技术

(一)熟悉图纸

熟悉施工图纸，对管道的设计参数与其所连接的设备、仪表等进行核对，检查各专业设计之间的设计压力是否统一。在了解管道走向的同时可检查管路中是否有设备、仪表等相关配件安装。

（二）材料准备

孔网钢带复合管主要采用电熔连接，管道长度常见的有 6 m/支和 12 m/支。管道与管道支架连接时，需要使用电熔直接进行连接，见图 4.7-1。因此，在制订材料需求计划时，需要根据钢骨架管道的长度计算电熔直接的使用量。孔网钢带复合管使用的弯头、变径、三通等管配件均为承插式管配件。

孔网钢带复合管与阀门连接时通常采用法兰连接，法兰为松套法兰，见图 4.7-2。在计算法兰的螺栓长度时需要考虑松套法兰的厚度。需要注意的是，电解车间内的钢骨架管多用于电解液输送系统，使用的法兰垫片要具有耐酸性。

图 4.7-1

孔网钢带复合管在运输、装卸过程中要注意成品保护。运输过程中不得与尖锐物体、棱角接触，避免损坏外部 PE 层。管道在放置时应采用木方或枕木垫平，每 3 m 需设置一个受力点，管道端部 500 mm 范围内需设置受力点，防止管道因长时间放置而弯曲变形。管道装卸时要使用吊带进行吊装，不得使用钢丝绳吊装，吊装时要采用双点位吊装。

图 4.7-2

（三）管材外观检查及试验

对于孔网钢带复合管的管道，应重点检查管体表面是否有过深的划伤。孔网钢带复合管的内表面应干净、光滑，无明显划伤或分解变色线，且不能有裸露的钢丝。孔网钢带复合管的外表面不允许有明显划痕、气泡、杂质、颜色不均匀等缺陷。

对于孔网钢带复合管的管件，其安装前应完整、无缺陷、无变形，且加热组件应完好无损，用万用表检测电熔直接的铜线圈是否为通路。其检测方法见图 4.7-3。另外，还应检查管件表面是否有过深的能损伤到热阻丝的划痕，孔网钢带复合管的内表面是否光滑平整，外表面是否呈自然收缩状态，且内外表面不应有气泡、裂口、分解变色线及明显划痕。

图 4.7-3

（四）管道敷设

孔网钢带复合管敷设时严格按照图纸进行。对于电解槽下部的主干管部分，可在地面进行电熔连接完成后再进行吊装。管道支吊架的安装根据现场实际情况进行，材料一般选用不锈钢材质。

钢骨架管道安装前要清理管材内的杂物，以确保管道能正常运行。钢骨架管道热熔后，需按孔网钢带复合管厂家要求，经过 2 h 的冷却后才可以移动，为避免管道热熔后的二次移动等待时间过长，管道的连接宜在地面进行预制，减少空中组对时的固定口，吊装管道时需要采用吊带，防止管材划伤、扭曲或过大的拉伸和弯曲，同时严禁沿地拖拽管道，避免发生剧烈撞击。当采用多根管道进行地面预制时，待多根管道连接完成，并经过充分冷却后，方可进行安装，安装时宜采用多点位同时进行吊装，保证管道吊起后不产生弯曲力，严禁歪拉斜吊，从而破坏电熔焊口。

（五）连接部位打磨

在连接安装前，要对其封口处及电熔直接内表面、管道接头处外表面用角磨机进行打磨，这样做既能清除氧化层，也有利于黏结。打磨要彻底，打磨后对打磨处外观进行全面检查，打磨时要将管道外壁、接头内壁的氧化层全部打磨掉，无氧化层残留。在打磨时需要注意，某一点不要过度打磨，防止出现棱角而影响电熔质量。

（六）断管处打槽封口

当管道安装长度小于单根管道长度时，管道需要断管，现场断管后，要对管端面打磨开槽，开槽深度为 5 mm，见图 4.7-4。然后使用自动微型挤出机，配合 $\phi 4$ mm 的塑料焊条进行封堵。在冷却后再将端口磨平，并用手触摸焊接后的端口以检查焊缝处焊条是否黏结牢靠，不允许有虚焊现象，若焊缝有松动，表示有虚焊现象发生，需将槽内焊条清除干净并重新用焊条封堵端口。

图 4.7-4

（七）检查电熔直接与管道装配的松紧度

将电熔直接与管道进行插接，若电熔直接与管道之间缝隙过大，则表示电熔直接与管道配合过松，若管道无法插入电熔直接内，则表示电熔直接与管道配合过紧。

电熔直接与管道配合过松时焊接处容易出现未融合的地方，电熔直接与管道配合过紧时，管道无法正常插入电熔内。

电熔直接与管材配合过松时，应对两者进行比较，剔除不正常者，过紧时应用手动刮削机具进行刮削。

（八）管道预制组装与校正

在连接管道时，要确保两端面紧密贴合。采用电熔直接连接时，应在管道上标记 1/2 直接长度位置，以保证连接到位。装配好后，要保证接口的受力平衡，防止一侧受力。当电容直接安装就位后，可以用木槌轻敲接口部位，以消除连接时可能存在的径向内应力。

（九）管道的焊接

（1）焊接工艺参数需现场校验。生产厂家提供的焊接工艺参数为适合常温的基本参数，在冬季低温条件下，需要更多的热量才能保证焊接质量。反之，在高温天气下需要较少的热量。为确保满足现场施工环境条件下的焊接质量，现场做 1~2 个电熔直接的焊接试验。根据焊接情况和撕裂情况，调整校验焊接工艺参数，保证焊接面塑性撕裂长度不小于 75%。校验后的焊接工艺参数方可用于现场施工。

（2）焊接时，要注意焊接时间随环境温度变化而不同，温度高于 25 ℃时，需适当减少焊接时间，温度低于 20 ℃时，需适当增加焊接时间。焊接过程中，施工人员需根据现场实际焊接情况调整焊接时间以防止因焊接时间过长而导致冒料。焊接完成后，要有充分的冷却时间，冷却时间为 2 h，并在冷却过程中对焊接现场采用拉警戒线的方式进行围护，以防止碰撞使焊接部位受到外力，应使用软索具及拉紧器将焊接部位两边同时拉近锁紧。焊接前，必须将管道的任意一端进行封堵，并在焊接过程中安排施工人员观察管道内的焊接位置是否存在流料和冒烟现象，以防管道内部着火。

（3）当环境温度低于 -5 ℃时，需要停止管道施工。若因特殊情况必须施工，需根据现场情况和施工进度制作活动暖棚。在暖棚内升温，同时可包裹电热毯辅助升温，以保证电熔直接和焊接部位的温度。所有焊接作业均需要在活动暖棚内完成，以确保工程焊接质量。

（4）接头焊接后需做保温处理。管道焊接后，待接头冷却至暖棚内温度后才可撤离暖棚；或焊接后立即将电熔直接筒趁热包裹上石棉被和毛毡，用橡皮带捆紧，保温 0.5 h 以上。

（5）冷却后，再对每一个焊口进行严格检查，通过焊口的外观检查，检查焊口处是否有喷射状熔融物溢出，并将焊口外观情况记录存档。

（十）夜间施工

夜间施工时需要有充足的照明设施，以确保施工人员的安全和施工质量。照明设施应该布置在施工区域周围，照明光线要均匀、稳定，避免出现盲区和阴影，确保施工人员能够清晰地看到施工区域的情况。

夜间施工时要加强对施工现场的安全防护，设置警示标识、警示灯，确保施工区域的安全通行。施工人员需穿着明亮的工作服，戴好安全帽，提高夜间施工的安全性。

（十一）管道系统试验冲洗

（1）管道压力试验时采用液压进行试验，试验介质温度应不低于 5 ℃，试验介质为洁净水。管道试验压力应为设计压力的 1.5 倍。液压试验应缓慢升压，待达到试验压力后，稳压 10 min，再将试验压力降至设计压力，稳压 30 min，检查压力表无压降、管道所有部位无渗漏则为合格。

（2）管道水冲洗：管道水冲洗时应使用洁净水。管道水冲洗的流速不应低于 1.5 m/s，冲洗压力不得超过管道的设计压力。冲洗排放管的截面积不应小于被冲洗管截面积的 60%，排水时不得形成负压。管道水冲洗应连续进行，当设计无规定时，排出口的水色和透明度与入口处的水色和透明度目测一致时合格，冲洗合格后及时排净管道内积水。

第八节　电解整流变压器电气施工方法及要点

在铜冶炼厂中，电解整流变压器的核心作用是将交流电转换为直流电，以满足电解过程的用电需要，其主要用于电解精炼工艺过程中。这一过程是将粗铜通过电解的方式进一步提纯，得到高纯度的电解铜。电解槽工作中，阳极使用粗铜，阴极则使用不锈钢板或者钛板。在直流电的作用下，阳极的铜溶解进入电解液，并在阴极上沉积，从而得到纯度更高的铜。电解整流变压器的基本原理是通过变压器的升压或降压功能，将电网的交流电转换为适合电解操作的电压等级，再通过整流器将交流电转换为直流电。在铜冶炼过程中，整流变压器通常具备大功率、高稳定性的特性以确保电解槽的电解过程能够持续、稳定地运行。

一、电气施工流程

施工前准备→整流变压器安装→电气连接→整流变注油→铜母线安装→投运前试验、调试。

二、主要施工方法及要点

（一）施工前准备

1. 检查设备和材料

确保电解整流变压器及其附件齐全，无锈蚀或机械损坏，密封良好，无渗油现象。同时，检查所有电气附件、材料是否符合设计要求和质量标准。

2. 技术资料准备

详细阅读变压器和相关电气设备的说明书、技术资料，了解其性能参数和安装要求。

3. 现场清理和安全措施

清理施工现场，确保无杂物和障碍物。进行安全技术交底，确保施工人员了解并遵守安全操作规程。

4. 气象条件

了解当地气象资料，选择晴朗干燥的天气进行施工，避免雨水和湿度过高影响施工质量和安全。

（二）整流变压器安装

1. 基础检查

确保整流变压器基础平整、坚固，符合设计要求。在基础上铺设一层碎石，以增强地基的排水性能。

2. 整流变压器定位及检查

使用起重设备将整流变压器吊装到预定位置，进行精确调整，确保整流变压器水平且位置准确，且沿气体继电器方向变压器大盖坡度，应为 1% ~ 1.5%。

起吊变压器总体时，箱盖式结构的整流变压器应同时使用箱壁上的四个吊拌，钟罩式结构应同时使用下节油箱的四个吊拌，起吊时吊绳与垂线之间夹角应小于 30°。如因吊高限制，不能满足这一要求时，应使用吊梁起吊，在任何情况下整流变压器倾斜角不得超过 15°。

器身和箱盖起吊后，检查下列项目：

（1）检查所有紧固件是否松动。

（2）检查线圈、引线有无松动、移位及损伤。

（3）检查分接开关触头接触是否良好，分接位置是否正确。

（4）检查铁芯、夹件的接地是否良好。

（5）检查油箱中是否有脱落的零件或杂物。

（6）测量各部分绝缘电阻，是否符合有关要求，并与出厂报告相比较。

3. 固定和校正

对整流变压器进行固定，防止其在运行过程中发生位移或倾斜。

（三）电气连接

1. 接线端子检查

检查整流变压器的接线端子是否完好，确保无损伤和氧化现象。

2. 电缆敷设

根据电气设计图纸，敷设电缆至变压器接线端子处。电缆敷设应整齐、美观，避免交叉和缠绕。

3. 电气连接

在双闪工艺铜冶炼工厂中，电解整流变压器通常采用双反星形接线方式，这种接线方式可以实现 12 脉冲整流，从而提供更加稳定的电流输出。具体的电气连接方法如下。

（1）双反星 DY 接线方式

这种接线方式在阀侧分别连接两个双反星结构，形成 12 脉冲的整流变压器。这种接线方式能够有效减少输出电压的谐波成分，提高电能质量。

（2）连接交换电网

整流变压器的一次侧连接到交换电网，以确保稳定的电源输入。通过这种方式，整流变压器可以从电网中获得所需的电能，并将其转换为适合电解工艺的直流电。

（3）连接硅整流器

整流变压器的二次侧，即阀侧，连接到硅整流器。硅整流器将交流电转换为直流电，以满足电解槽的工作需求。根据电解工艺的具体要求，阀侧的接线方式可能会有所不同。

（4）接地系统

安装接地线，确保整流变压器可靠接地。接地线应选用合适的截面积，连接牢固，符合电气安全规范。

（四）整流变注油

注油是整流变压器安装和维护过程中的重要环节，正确的注油步骤不仅能确保变压器的正常运行，还能延长其使用寿命。具体步骤如下：

1. 抽真空

在注油前，需要对整流变压器进行抽真空处理，以排除油箱内的空气。抽真空时应监测油箱的变形情况，确保其不超过箱壁厚度的两倍。抽真空的时间根据整流变压器的电压等级而定，一般 220 kV 整流变压器不少于 3 h，480 kV 及以上整流变压器不少于 5 h。

2. 注油

通过制造厂指定的注油管将油注入整流变压器，注油速度不宜大于 200 L/min。当油位距箱顶约 300 mm 时，停止注油，并继续保持抽真空状态一段时间。

3. 热油循环

注油完成后，如果油样试验结果不满足要求，则需要进行热油循环处理。热油循环过程中，油温应控制在 60~80 ℃，循环时间不少于 40 h。

4. 补充注油

通过储油柜上的专用添油阀进行补充注油，将油位调整至额定油位。注油过程中应注意排放本体及附件内的空气。

5. 注油后的处理

首先注油完毕后，整流变压器需静置一段时间以使油中的气泡逸出。静置时间根据整流变压器的电压等级而定，220 kV 及以下整流变压器不少于 24 h，220 kV 及 480 kV 整流变压器不少于 72 h，700 kV 整流变压器不少于 90 h。其次需要进行密封检查，在储油柜上进行整体密封试验，维持油箱内 30~40 kPa 压力 36 h，检查有无渗漏现象。

（五）铜母线安装

1. 母线安装前的检查注意事项

（1）工程中经常修改设计，母线安装前应确认母线的规格、走向后，方可进行安装。

（2）母线制造厂送到现场的产品必须和现场的实际条件相符，方可进行安装。

（3）不合格的产品不允许安装。

2. 母线的安装

（1）母线表面应光洁平整，不应有裂纹、夹杂物及变形和扭曲现象。

（2）绝缘子的瓷件，应符合国家标准和有关电瓷产品技术条件的规定，并有产品合格证。

（3）放线测量：

a. 进入现场后根据母线及支架敷设的不同情况，核对是否与图纸相符。

b. 配电柜内的母线，测量与设备上其他部件安全距离是否符合要求。

c. 母线的绝缘子夹板、卡板的规格与母线规格相适应且安装牢固。

（4）母线的连接：

a. 母线的连接采用镀锌螺栓连接。

b. 母线与母线、母线与分支线、母线与电器接线端子搭接时，其搭接面必须平整，清洁并涂以电力复合脂。

c. 母线采用螺栓连接时，平垫圈应选用专用厚垫圈，并必须配齐弹簧垫。螺栓、平垫圈及弹簧垫必须用镀锌件。螺栓长度应考虑在螺栓紧固后丝扣能露出螺母外 5~8 mm。

（5）母线的送电：

a.母线安装完毕后，要全面地进行检查，清理工作现场的工具、杂物，并与有关单位人员协商好，请无关人员离开现场。

b.母线送电前应进行耐压试验。

c.送电要有专人负责，送电程序应先高压、后低压，先干线、后支线，先隔离开关、后负荷开关。停电时与上述顺序相反。

（六）投运前试验、调试

在接通整流变与整流柜主回路交流进线之前，先用保险丝（约 20 A）接通整流变压器阀侧与整流柜交流进线，对整流装置作空载电压试验，直流端应接一个临时负载，使整流柜输出 5 A 左右的电流（额定电压时），缓慢将电压调到一定值，并维持 30 min，检查整流柜是否有异常现象。测量变直流侧电压值，两者关系应正确。观察整流波形是否正常。上述步骤完成后，去掉保险丝，用母排将整流变压器与整流柜连接后，在调压条件允许的情况下，再重复一次空载试验。具体步骤如下：

1.初步检查

确认整流变压器内部无异物，各连接部分紧固良好。检查冷却系统、油循环系统是否正常，确保整流变压器在调试过程中能有效地散热。

2.绝缘电阻测试

使用 2500 V 兆欧表测量变压器各部分的绝缘电阻，包括高压套管、绕组等，确保其绝缘性能符合标准。

3.电压变比测量

通过施加低电压，测量变压器各绕组的电压变比，确保其与设计值一致。

4.空载试验

在变压器不带负载的情况下，施加额定电压，测量空载电流和空载损耗。这一步骤能检测变压器铁芯是否存在缺陷。

5.负载试验

逐步增加负载，测量不同负载下的输出电压、电流及损耗。这有助于了解变压器在不同负载条件下的性能。

6.相位控制调压测试

通过调整晶闸管整流元件的触发角，测试整流变压器的调压性能，确保整流变压器能在不同负载条件下稳定输出电压。

7.调磁通调压测试

通过改变整流变压器一次侧抽头位置，测试调压效果。这一测试能确保整流变压器在电解槽启动和运行过程中灵活调整电压。

三、重点注意事项

（1）整流变压器安装时，要确保连接处紧固牢固，整体绝缘性良好。

（2）整流变压器注油时注意温度控制，特别在北方冬季。

①器身检查时应进行加温处理，但注油时应确保油温与环境温度接近，避免因温差过大

导致整流变压器内部应力增加。

②在抽真空过程中,应密切监测真空度,确保达到规范要求。抽真空时应将不能承受机械强度的附件与油箱隔离。

③注油过程中及注油后,应定期对油样进行检验,确保油质满足运行要求。

(3)在开始调试前,需确保整流变压器及其相关设备已正确安装,并完成所有单体试验,包括密封性试验、绝缘套管受潮检验、气体继电器复验等。这些试验能确保整流变压器在调试前处于良好状态,避免因设备问题导致的调试失败或安全事故。在电气调试过程中检查整流柜、PLC 柜绝缘时,严禁用兆欧表,以防损坏电子器件,应用万用表测量绝缘。同时,详细记录每一步调试过程中的数据,包括电压、电流、温度等,为后续分析提供依据。在调试过程中发现任何异常现象,如过热、异响等,应立即停止调试,查明原因并排除故障后再继续。

(4)送电前必须检查进电设备的绝缘电阻,应符合《电气装置安装工程 电气设备交接试验标准》(GB 50150—2016)的规定。施工人员必须具备相应的电气知识和操作技能,经过专业培训并持证上岗。已送电设备必须挂好标识牌,以防他人触电。

第九节　电解车间铜母排安装施工方法及要点

铜冶炼工厂电解车间每一个区域水平铜母排,由整流变压器正极引出至槽面,最后汇总至整流变压器负极。水平铜母排与每组电解槽第一块槽边铜母排连接,每组电解槽之间通过槽间铜母排连接,每组电解槽中最后的电解槽通过槽边铜母排与分段的水平铜母排连接。通过此方法形成闭合直流回路。

下面就电解车间铜母排及附件安装,以及相关铜母排的支架系统的制作、安装的施工方法及要点,重点介绍施工中的关键技术及施工全过程。

一、施工程序

测量放线→水平支撑系统制作、安装→铜母排制作、安装→铜母排通电试运行。

二、施工组织

(一)技术准备

(1)组织编制施工技术交底、安全技术交底。

(2)组织和参与图纸会审,在此基础上深化施工组织设计,编制施工方案。

(3)提供工程设备材料的选型和采购、进场计划。

(4)编制详细进度控制计划,熟悉施工详图。

(二)场地准备

铜母排制作加工场地的选择与布置,按照如下规定进行:

(1)尽量选择封闭、使用面积大小合适的厂房(车间)作为制作场地。

(2)制作场地的布置主要分为铜母排堆放区,剪切、折弯、钻孔区,搪锡区,焊接区,成品堆放区。厂房内设置 2 台三级配电箱为制作设备供电,电缆由室外临时电源接引点引入,再沿厂房内部桥架分至各用电设备。

（3）厂房四周窗户全部用防盗网进行封闭，厂房内设置 3 个摄像头。制作区地面需要开槽向室外进行排水。

（三）人力资源准备

（1）施工人员的选择和组织进场。

（2）对作业班组开展焊接工艺评定和人员资质核查。

（3）施工初期，主要由钳工、电工、焊工及部分辅助工进场进行施工作业，随着施工面的展开，逐步增加辅助用工。

（四）主要施工设备配置

主要施工设备配置见表 4.9-1。

表 4.9-1　主要施工设备配置

序号	设备名称	型号	单位	数量
1	电焊机	熔化极气保焊机（MIG/MAG）600KH2 型	台	2
2	坡口机	TDJ-45 型	台	1
3	铜排剪切折弯机	ZMX100-1B 型	台	1
4	摇臂钻床	Z3050X16 型	台	1
5	摇臂钻床	Z3080X20 型	台	2
6	砂轮机	$\phi250$ mm	台	1
7	三级配电箱		套	2
8	水准仪	DS1	台	2
9	经纬仪	J2	台	2

三、测量放线要点

首先确保所有测量仪器均在检定有效期内。需要采用 DS1 水准仪进行高程测量，J2 经纬仪测量钢立柱的垂直度。测量混凝土构筑物上预埋铁高程前，将预埋铁表面清理干净平整。根据标高基准点开始测预埋铁标高，如有高于标准的预埋铁，必须进行拆除、重新设置。如有低于标准的预埋铁，可采用增加垫铁的方式调整标高。测量钢管立柱基础高程前，对基础的上表面清理干净平整，根据电解厂房标高基准点开始测钢管立柱基础标高，并在基础上标定纵横两条基准线。

四、水平支撑系统制作、安装要点

水平支撑系统包括工字钢组成的水平横梁，以及绝缘瓷瓶组成的支撑座。

（一）水平横梁安装

（1）从材料存放场地把工字钢运至安装现场，所使用的吊具必须使用吊装带，倒运前对工字钢进行编号。

（2）倒运至现场后，电解厂房室外通道处采用汽车式起重机吊装至安装位置，厂房内部采用检修行车吊装至安装位置。

（3）如图 4.9-1 所示，首先在铜母排安装的电解槽间铺设 2 根 6 m 长的木翘板并加以牢固固定，木翘板的固定位置不能影响固定铜母排工字钢的安装。再利用厂房内部检修行车将工字钢吊运至安装位置。

然后人工使用撬棍对工字钢进行微调。再配合水准仪对标高进行测量，控制好工字钢上平面标高，同时用经纬仪对中心线进行复核。标高、中心线确认无误后，将工字钢与垫铁进行焊接固定，焊接完成后，对焊接处进行补漆。

图 4.9-1

（二）绝缘瓷瓶支撑制作安装

（1）绝缘瓷瓶到货验收时必须逐一对瓷瓶的上下螺丝孔孔距进行检查。上端 2 个 M12 螺丝孔中心距为 120 mm，±2 mm 以内均合格。下端 2 个 M14 螺丝孔中心距为 120 mm，±2 mm 以内均合格。

（2）如图 4.9-2 所示，瓷瓶上端支撑部位由底板（1 块 240 mm×410 mm×16 mm 不锈钢板）、支撑板（2 块 240 mm×300 mm×16 mm 不锈钢板）、腰板（2 块 300 mm×50 mm×16 mm 直角三角形不锈钢板）组成。以上板件制作好后进行组焊。瓷瓶下端支撑为 1 块 180 mm×180 mm×16 mm 不锈钢板，不锈钢板上钻 2 个 $\phi 16$ mm 孔，用 M14×65 mm 不锈钢螺栓将瓷瓶与钢板固定在一起。

图 4.9-2

（3）上端支撑、绝缘瓷瓶、下端支撑组装完成后，成套运至安装现场。在工字钢支撑系统上定好位之后（图 4.9-3），在工字钢上端面开 $R = 15$ mm 半圆形孔，最后将支撑座焊接在工字钢上。

图 4.9-3

五、铜母排制作、安装要点

（一）铜母排下料

（1）根据设计要求进行定制，确定好尺寸、数量，进行制作时按需要用量采用铜母排剪切机进行剪切。刀开关、短接开关内铜衬板按照设计要求定制，确定好铜排型号、尺寸、数量。

（2）为节约螺栓孔加工时间以及保证开孔定位准确，根据不锈钢螺栓尺寸来定制 4 种铜母排开孔定位专用模具，每种模板各 10 块。模具采用 Q235b 钢板制作，钢板厚度 $\delta = 20$ mm，所有标注尺寸加工时允许公差 +0.1 mm，详图见图 4.9-4、图 4.9-5、图 4.9-6、图 4.9-7 和图 4.9-8。

图 4.9-4　　　　图 4.9-5　　　　图 4.9-6　　　　图 4.9-7　　　　图 4.9-8

（3）铜母排上采用 $\phi 18$ mm 的螺栓孔配合 M16 不锈钢螺栓，$\phi 16$ mm 的螺栓孔配合 M14 不锈钢螺栓，M12 不锈钢沉头螺丝主要用于绝缘子与支架底板连接。故在底板上用 $\phi 14$ mm 螺丝孔配合 M12 不锈钢沉头螺丝。沉头处采用 $\phi 24$ 锥柄麻花钻铣孔，给进深度 10 mm。

（4）采用 Z3080×25 型、Z3050×16 型摇臂钻床进行铜母排钻孔。钻孔前，制作专用夹具及加工平台，用钢模板及夹具牢固固定 6 片叠加铜母排一起进行套钻。

钻床基础底座采用 Q235b 钢板及槽钢支架固定制作。铜母排钻孔专用夹具采用 Q235b 钢板制。铜母排钻孔加工平台，采用槽钢制作。

（二）铜母排搪锡

（1）铜母排钻孔完成后，采用直磨机对螺丝孔进行打磨去除毛刺，去除毛刺后在铜母排搪锡区地面铺设 10# 槽钢，将待搪锡的铜母排平铺在槽钢上，准备工作就绪后开始搪锡。铜母排搪锡详图见图 4.9-9。

图 4.9-9

（2）部分工程因铜母排工件过大，且加工场地受限，无法采用锡槽电镀方式。故采用手工搪锡工艺。铜母排搪锡部位在搪锡前，采用 98% 氯化锌溶液擦拭去除油污及氧化层，擦拭时间为 5 s。擦拭完后的铜母排要求无杂质、无黑斑且与紫铜板本色相同。

（3）将擦拭完后的铜母排，在端部采用氧气乙炔加热，采用红外测温枪测得铜母排已加热至 600 ℃ 后，将锡条均匀涂抹在需要搪锡的端部。随后用缠绑毛巾的夹子涂匀锡层，同时擦去多余的锡珠。毛巾涂刷锡层的过程不超过 5 s，并随即冷水进行冲洗 1 min 后干燥处理。

（4）搪锡完成后，必须保证锡层不发黄及变色。锡面平整牢固，无脱落现象。

（三）铜母排焊接

（1）如图 4.9-10 所示，需要进行铜母排焊接位置主要位于水平母排与槽边排连接位置。

（2）焊接设备采用熔化极气保焊机（MIG/MAG）600KH2 型。焊接材料选用紫铜焊丝（S201），直径为 1.6 mm。氩气纯度不低于 99.99%（高纯氩）。单边铜母排开 35° 坡口，钝边 2 mm，焊缝 2 mm。组焊前下方放置石墨板，设置专用拼装夹具。石墨板上留 2 mm 弧形熔池。用角磨机打磨焊缝处，清理掉油污、氧化层等，并使铜露出金属光泽。

图 4.9-10

（3）焊接参数：将被焊处垫平（垫板采用石墨板，以防热变形），焊接电流 240~280 A。焊接电压 30~32 V。氩气流量 25 L/min。焊接速度 200~250 mm/min，焊缝 3 层。

（4）预热：由于紫铜的导热系数和热膨胀系数较大，又具有热脆性，所以焊前对紫铜板的坡口及坡口两侧的 60 mm 处进行预热。预热方法采用氧-乙炔火焰加热，预热温度为 500 ℃ 左右，测温方法为点接触测温仪。

（5）打底焊：打底焊采用左向焊法，施焊时要防止产生气孔、夹渣、焊瘤及未焊透等缺陷。焊丝与板平面夹角应尽量小，以加强氩气保护效果。焊枪运动均匀，控制熔池温度要适宜。焊接过程中密切注意熔池铜的液体流动情况，掌握好熔化、焊透的时机。当熔池金属稍有下沉的趋势时，说明已焊透，根部成形基本良好。

（6）层间的焊接：焊枪左右摆动，电弧运动到坡口两侧时要稍做停顿，以填满坡口，焊枪摆动均匀，才能控制熔池形状一致。控制层间温度，发现施焊熔化困难时，应重新预热至 500 ℃ 以上，再焊接，否则易产生未熔合或熔合不良的缺陷。

（7）盖面层的焊接：焊枪左右摆动，电弧运动到坡口两侧时要稍做停顿，以填满坡口，并高出板平面 1.5~2 mm。焊枪摆动均匀，才能控制熔池形状一致，才能焊出内外质量优良的焊缝。在保证熔合良好的情况下，焊接速度应稍快些，保证母材与焊丝同时熔化而融为一体，防止产生未熔合或熔合不良等缺陷。

（8）焊后处理：经检查，确无气孔、裂纹、夹渣等缺陷后，将被焊接头的焊接区域重新加热到 600~700 ℃，用自来水急冷，使焊接区域塑性增加。

（四）铜母排安装的要点

（1）由于铜母排长度过长，重量大，直接吊装极易引起铜母排变形。故在安装前制作一个平衡梁（图 4.9-11），用于铜母排吊装。

图 4.9-11

（2）平衡梁采用 2 根 12 m 长的 22b 工字钢作为龙骨，上方正中间采用 1 台 5T 手拉葫芦进行收紧。下方采用 5 台 1T 手拉葫芦进行调平。铜母排在吊装前先用 φ16 mm 螺丝进行紧固，以便进行整体吊装。

（3）在室外部分采用 8 t 汽车式起重机进行吊装，电解厂房室内采用检修行车进行吊装。吊运至安装位置后，直接将整组铜母排放置在水平支撑座上。

（4）在整组铜母排吊装落位后，将 φ16 mm 紧固螺丝打开，再将铜母排分开缝隙，在支撑座处将铜衬板插进铜母排之间的缝隙。

（5）随后采用大锤对铜母排端部进行调整对齐。调整对齐时铜母排端部垫木方进行保护。

图 4.9-12

（6）整个电解车间，首先进行直段的母排安装。全部直段母排安装完成后，再测量直段母排的螺丝孔径，进行弯头母排制作、安装。所有的偏差全部在弯头处进行补偿消除。铜母排安装成品见图 4.9-12。

（五）铜母排短路通电的试验要点

（1）铜母排安装完成后应自检外观合格，铜母排对地的绝缘检测应合格，电阻值应大于 1 MΩ。分段检测时，不参加检测的铜母排应处于断开状态。妨碍通电检查的施工残留物应清除干净。

（2）在短路通电检查中，对铜母排焊接接头和铜母排软连接等工作情况进行检查，且必须符合下列规定：

①短接开关及刀开关导电连接处的温度不宜超过 70 ℃。

②同一段母线各螺栓连接点的温度应基本一致，且不应高于 70 ℃。

③铜母排软连接应正常工作。

④铜母排各固定支柱及夹板应无明显变形。

⑤短路通电测试时，必须采取警示或隔离措施，必须有专人监护。

（3）铜母排短路通电的试验完成后，进行热负荷后螺栓连接需要二次紧固。

六、重要环节的控制

（一）铜母排、软连接等部位验收

（1）所使用的铜母排、软连接等表面应平整光洁，且不得有裂纹、褶皱、夹杂物及变形和扭曲现象。

（2）铜母排、软连接完全符合以下技术参数及性能。同时，保证材料选择、检验和验收等均符合设计规范及国家标准。相应国家标准为《电工用铜、铝及其合金母线》（GB/T 5585.1—2018）、《加工铜及铜合金牌号和化学成分》（GB/T 5231—2022）。

（3）铜母排生产厂家必须提供有效的第三方的密度、导电率、载流量等质量检测报告。具体参数必须达到如下标准：

①铜母排为无氧铜，铜含量不小于 99.99%，密度不小于 8.93 g/cm^3。

②电流密度不小于：3 A/mm^2。

③最小抗拉强度：255 N/mm^2。

④最小伸长率：6%。

⑤20 ℃时最大电阻率：0.01777 Ω·mm^2/m。

⑥电导率不小于 97%IACS。

⑦最小布氏硬度 HB：65。

⑧其他均按国家标准要求执行。

（二）不锈钢板、不锈钢螺栓、不锈钢螺丝、绝缘瓷瓶验收

（1）工程图纸设计中，所有不锈钢板、不锈钢螺栓、不锈钢螺丝牌号均为 304 型。不锈钢板、不锈钢螺栓、不锈钢螺丝、绝缘瓷瓶应提供出厂质量证明文件。

（2）对不锈钢板进行抽检，抽检数量为 10%。不锈钢板应平整光洁无锈蚀，且不得有裂纹、褶皱、夹杂物、刮痕及变形和扭曲现象。对不锈钢螺栓、不锈钢螺丝进行抽检，抽检数量 10%。不锈钢螺栓、不锈钢螺丝应光亮无毛刺，无锈蚀，头部及槽形正直，无刮痕。试拧螺母，螺母拧紧过程应顺畅。对绝缘瓷瓶进行抽检，抽检数量 10%。绝缘瓷瓶形状无歪斜、无裂纹、无毛刺、无破损、漆面无脱落。上端沉头螺丝孔中心孔距必须为（120±2）mm，2 孔之间连线中点必须重合于上端面圆心且允许偏差±1 mm。下端螺栓孔中心孔（120±2）mm，2 孔之间连线中点必须重合于下端面圆心且允许偏差±1 mm。

（3）绝缘子必须采用 1000 V 兆欧表全数进行绝缘检测，绝缘电阻值应大于 1 MΩ，检测不合格的严禁使用。不锈钢板、不锈钢螺栓、不锈钢螺丝等除应满足设计要求外，在质量上还应符合现行国家标准《结构用不锈钢无缝钢管》GB/T 14975 和《不锈钢冷轧钢板和钢带》GB/T 3280 的有关规定。

（三）铜母排的存放与运输

（1）运输过程中采取防止母排变形和滑移的措施。

（2）运输时母排应妥善包装，同时采取遮盖措施。

（3）相同规格的铜母排按组别用螺栓连接加固后整体装卸。

（4）铜母排装卸与吊装采用尼龙圆吊带，不应采用钢丝绳、链具直接捆扎铜母排。

（5）装卸和吊装使用的吊点应在没有离开地面前通过试吊正确选定。

（6）铜母排在装卸和吊装过程中，应缓提、轻放，避免碰撞和刮伤。

（7）铜母排的存放场地应平整和有足够的地基承载力，且道路通畅。

（8）铜母排应存放在垫木上，垫木的数量及摆放应保证母排不能产生变形和倾覆。

（9）铜母排的存放宜按规格、组号、件号分类，需要多层堆放时，层间要对应放置垫木，多层堆放不宜超过 3 层。

（10）尺寸及形状不规整的铜母排、铜衬板存放在小件材料库房，同时采取适当的保护措施，不宜多层堆放。

七、经验总结

铜母排实际造价高、安装量大、施工技术要求高、工期紧，这些问题都是施工过程中的主要矛盾点。为快速解决问题，需要组建合理机构，精心组织安排，精细任务分工，发挥全员的积极性。考虑施工合理性，减少施工成本，提高施工效率，增加经济效益，最终达到班组施工任务进入一种良性循环。

实践证明，采用本技术方法安装的铜母线，不但能安全、按期地完成安装，各项性能指标达到设计和规范的要求，而且经济效益显著提升。

第十节 机电系统智能管控一体化技术应用要点

世界上原生铜产量中，80%采用火法冶炼生产，20%采用湿法冶炼生产。火法双闪冶炼工艺的铜冶炼厂，通过构建不同智能应用场景实例，对机电系统智能管控一体化技术进行分析，为铜冶炼厂建设和生产提供服务，并且相互可借鉴、可推广、可复制。

下面以生产车间智能排产、铜电解智能行车安装与调试、智能仓库规划和调度、数字化智能检验及质量管控、智能物料转运、取制样分析为例简述相关技术应用要点。

一、生产车间智能排产

(一)具体场景描述

针对车间排产存在多约束和多项动态条件干扰等问题，基于工业互联网平台和私有云服务，将精矿进厂阶段到电解车间阴极铜出厂销售阶段的主要流程和设备数字化，通过获取上述阶段的工艺参数和设备信息，建立生产管理大数据系统。利用机器学习算法、AI 识别技术、冶金理论计算、数学模型推算等方式构建冶化系统运行状态预警机制和智能分析决策系统，为管理人员对柔性生产排产排程、检维修排产排程的调节与控制提供支持和依据。

(二)采用的技术施工方法

(1)利用 3D 激光扫描系统对库内物料进行扫描，智能识别原料基础信息，实时展示库存状态，合理分配物料储存。

(2)依托分析化验 LIMS、物流运输等系统数据，通过多项元素控制策略优化数学模型计算出多种生产模式，由智能管控系统通过机器感知、神经网络、支持向量等技术，基于设备状态、到厂计划、生产作业计划等要求，预测不同需求下的产能及工艺指标控制情况，辅助进行冶化系统排产作业。

(3)通过与控制系统、运维作业模块实时数据交互，实现设备状态和关键参数的劣化曲线检视，找出薄弱环节，自动生成检修计划，并依据备品备件、作业人员等信息，预测检修时长和智能调配相关资源。

具体场景采用的关键装备、软件见表 4.10-1。

表 4.10-1 生产车间采用的关键装备和软件一览表

序号	关键装备 /软件类别	名称
1	行业成套设备	双圆盘浇铸机，回转式阳极炉，智能抓斗桥式起重机，电解车间提升、排板、吊板站设备，闪速吹炼炉，阳极整形机组加工处理设备，阳极智能行车，阳极板输送转运设备

续表4.10-1

序号	关键装备/软件类别	名称
2	行业专用类软件	地面PLC控制系统，渣包优化调度控制系统，智能库管系统，分析化验LIMS系统，铜熔炼优化配料数学模型，闪速熔炼炉控制系统，阳极板智能仓储系统，电解优化控制
3	经营管理类软件	智能调度系统，智能库管系统，设备管理系统，智能决策系统，DCS控制系统，工业互联网平台，视频监控系统，私有云服务器

（三）技术实施要点

（1）建立完整系统集成架构，实现跨业务活动设备、系统间集成。

（2）建立冶化系统生产数据库，开展系统自学习。

（3）建立智能管控系统集成硬件及软件体系和先进生产控制系统。

（4）编制相关数学模型、智能管控系统等使用说明书、运维制度等，并对技术、业务、管理、运维等方面进行培训。

（5）操作人员具备独立熟练操作和处理一般问题的能力。

（6）管理人员具备统筹规划能力，并掌握一定的数据分析能力。

（四）可推广性

该场景实例采用的硬件设备均为火法冶炼通用性设备，软件模块主要通过现有数学模型进行数据采集、记录和计算工作，适合在行业中进行推广应用。

二、铜电解智能行车安装与调试

（一）具体场景描述

铜电解专用行车主要配套专用吊具，用于铜冶炼电解车间阴、阳极板的出装槽吊装作业及检修工作，而电解车间通常有成百上千个电解槽。随着现代工艺科学技术的发展，近年来逐步引入了先进的成套智能化设备，如高精度智能化行车的应用，有效地改变了一些环境恶劣、用工困难的现场情形。传统行车作业生产难以得到长期有效保证，且存在缺乏科学合理的调度规划、指令逻辑混乱、生产效率低、生产安全性差等问题。先进工艺设备的改进，也对设备安装方案提出了更高的要求。现主要就智能行车安装及调试技术进行概括说明。

（二）采用的施工技术方法

（1）行车设备起吊前应先进行试吊，试吊的高度一般为200 mm左右，试吊的时间根据情况一般控制在10 min左右。试吊时，在试吊高度范围内做升、降（起动、制动）动作，并施加一定晃动力，以检验吊装机具等的承载能力。

（2）行车桥式起重机安装应先将主梁运到车间预先设定的停放位置，再选好吊点用已备好的钢丝绳捆绑好，让移动式吊车站到适当位置（此位置应在现场按实际情况，根据主梁回转就位的角度和吊装高度需要而定）。再由吊车起重机在桥式起重机中端起吊，在桥架提升约2 m高时，当一端高度大于轨道高度时，吊车大臂缓慢向此端平移；当另一端与轨道水平距离为 1 m 时，停止平移；最后将吊车大臂同时向桥架两端平移至桥架，位于轨道正上方，缓慢落钩，使驱动轮位于轨道正上方。

（3）行车小车安装应先将吊车站位在两批桥架中间，然后起吊小车，当小车提升高度到主梁路轨上方 200 mm 位置时，盘动两桥架，连接端梁，再将小车放在桥梁轨道上。

（4）为行车设备配备智能防撞系统。传统行车配备的防撞系统为简易机械触发式防撞传感器，此类传感器属于接触式传感器，多适应于检测距离短、行车速度慢等应用场景。智能行车则可配备激光测距型防撞装置，该装置属于非接触式传感器，具有抗干扰性强、测量精度高、抗干扰能力强、数据处理速度快等优点。

（5）行车轨道施工

①轨道采用分段拼接方式。轨道中心距为 21.5 m，极限偏差为 ±5 mm，安装轨道时，轨道梁中心位置对设计定位轴线的偏差不超过 3 mm，如不符合要求，则应调整轨道梁定位后，才能安装轨道。

②轨道对接采用铝热焊接接头，接头处高度差及侧向错位不得大于 0.5 mm，且钢轨面及两侧打磨平滑。轨道顶面相对于理论高度的极限偏差为 ±5 mm，两根轨道的高度偏差应小于 3 mm，沿长度方向在垂直平面内的弯曲，每 2 m 测长内各点偏差不大于 1 mm，轨道全长直线度不超过 5 mm。

③压轨器安装应考虑焊接时对吊车梁扰度的影响。

（6）调试控制施工方法

在行车桥式起重机调试、运转前，必须认真检查机械和电气的各部件安装是否符合要求，各零部件连接是否有松动，各润滑部位是否加油，润滑情况是否良好。必须注意检查电动机正反转向是否符合要求，特别是桥式起重机机构的两台电动机的回转方向必须一致。

当行车桥式起重机处在完全正常的情况下时，就可进行试运转。这时，控制手柄均在零位，然后合上保护盘的刀型开关和紧急开关 SK，再按上启动按钮 QA，把电路接通，桥式起重机即进入运转的预备状态。

空载试车按下列程序和要求进行：用手转动各机构的制动轮，使最后一根轴旋转一周时不能有卡阻现象。

小车行走：空载小车沿轨道来回行走三次，此时车轮不应有明显打滑现象，起动和制动应正常可靠。

空钩升降：开动吊车机构，使空钩上升、下降三次，此时，起升机构限位开关的动作准确可靠。把小车开到跨中，行车的桥式起重机以慢速沿轨道全长行走两次，以验证轨道，然后以额定速度往返行走三次，检验行走机构的工作质量，此时启动或制动时，车轮不应打滑，行走平稳，限位开关的动作准确，缓冲器起作用。

检查终端开关、缓冲器、制动器是否灵敏可靠。各电气控制器、限位开关和联锁装置的工作是否正常。

起重机做动、静载试车时，用砝码作为配重。

静载试车按下列程序和要求进行：将小车开到端部极限位置，待机平稳后，标出主梁中点的零位置。将小车开到主梁中部，以最慢提升速度提升重物，逐步加载至额定起重量，离地 100 mm 时悬吊 10 min，然后测量主梁中部的下挠度，此时，主梁中部的下挠度不得超过跨度长的 1/800。如此试验三次，试验卸载后不得有残余变形，每次试验时间和停歇时间不少于 10 min。在上述试验满足后，可作超额定载荷 25%的试车(即提升 1.25 倍起重量)，方法与要求同上。车轮与轨道顶面必须接触良好，主梁与端梁的连接牢固可靠，钢丝绳在绳槽中的缠绕位置正确不乱，制动器工作正常。

动载试车按下列程序和要求进行：先让小车提升额定起重量作反复起升和下降制动试车，然后开动满载小车沿其轨道向行走 3~5 次，最后把满载小车开到桥架中部，让行车桥式起重机以额定速度在轨道行程来回行走 2~3 次，并作反复起动和制动。此时，各机构的制动器、限位开关及电气控制应可靠、准确和灵活，车轮不打滑，振动正常，机构运转平衡，卸载后桥架无残余变形。上述试车结果良好时，可在超额定荷载 10%的情况下作与上述方法和要求相同的内容的试车。

动负荷试运转：在额定负荷下，检查行车桥式起重机和小车的运行、升降速度是否符合设备技术文件的要求。在超过额定负荷 10%的情况下，升降吊钩三次，并将小车行至起重机的一端，吊钩桥式起重机行至轨道的一端，分别检查终端开关和缓冲器的灵敏可靠性。

三、智能仓库资源规划和调度

(一)具体场景描述

针对精矿库入库作业，使用智能管控系统根据库存信息、营销系统的皮带物流信息、车辆信息，可实现自动分配料格和卸料点，对应控制皮料机卸料或引导车辆停至正确的卸料点，完成入库卸料。针对阳极板的仓储管理，通过 WMS 系统控制智能行车吊运入阳极堆场，自动完成阳极板的分区存储。针对阴极铜入库，智能控制系统控制库前区设备运行，承接剥片机组的阴极铜垛，进行转运、预称重、配重、贸易称重、贴标、扫码等过程，直至铜垛输送至立体库的入口位。针对公司生产计划、调度指令、营销系统信息、质计系统信息及库存情况等，完成精矿库、阳极板库、阴极铜库内设备任务流程管控，实现铜精矿、阳极板、阴极铜等流转过程的全流程跟踪、调度和优化。

图 4.10-1

智能铜库系统见图 4.10-1。

(二)采用的技术施工方法

(1)通过 3D 扫描技术，进行全覆盖三维扫描成像，建立三维模型图像并显示库存信息，实现管理数字化、可视化、自动化。

(2)通过多库多车作业任务自动分配、优先控制，实现作业任务与厂级生产计划、调度指令等匹配，自动完成作业任务管理，取代传统人工操作。

(3)通过电子围栏、视频技术的应用，实现安全区域的自动识别，并建立安全联锁系统，实现库区安全稳定运行。

(4)通过智能中控系统，实现物件出库、入库、盘点等管理，支持均匀存放、先进先出、按批次出入库、设备能力均衡、紧急优先、指定货位出入库等多种存储及出入库策略，同时具备实时库存查询、库存预警、存留超时预警等功能。

具体场景采用的关键装备、软件见表 4.10-2。

表 4.10-2　智能仓库采用的关键装备和软件一览表

序号	关键装备/软件类别	名称
1	智能传感与控制装备	智能行车及吊具，智能抓斗桥式起重机
2	智能物流与仓储装备	堆垛机，阳极整形机组加工处理设备，阳极板阵列储板架
3	高档数控机床与工业机器人	机器人及夹具
4	控制执行类软件	ICS

（三）技术实施要点

（1）建立强大的管理机制，包括库存管理、物流规划、异常处理和性能监控，以确保系统的顺利运行和高效利用。

（2）提供定期的培训和技能培训计划，以确保员工了解系统的操作、故障排除和安全规程。

（四）可推广性

该场景案例可在同行业中进行推广应用，提高铜冶炼厂的自动化、数字化、模型化、集成化、智能化管理水平。

四、数字化智能检验及质量管控

（一）具体场景描述

具体场景：流程型铜冶炼分析检验系统离散化、样品管理碎片化、检化验标准不统一；原辅料端到产品端质量管控难以统筹，工序间产品质量分析滞后，质量稽查数据难以追踪。采用数字线程自动分析检验系统后：实现样品取、制、存、销唯一代码管理，让分析检验自动化、程序化，实现检验数据传递唯一、准确、高效及质量数据异常监控。

（二）采用的技术施工方法

（1）集成风动送样系统，样品封装、干燥及自动水分仪、铣样、研磨压片、破碎机、机器人、AGV 小车、X 荧光仪、直读光谱仪、电位滴定、视觉识别系统等实现样品的取样、制样、检验分析无人化，实现样品数据化、分析检测标准化。

（2）集成阳极板智能仓储、智能行车、槽面监测处理系统、自动智能剥片机组及智能铜库等技术装备，在工业互联网平台实现数据共享、分析，实现阳极板喷码标识至阴极铜产品流转可视化数据化，实现产品质量追溯。

（3）通过质量管理系统自动采集分析检测数据，自动判断分析设备可靠性，实现数据线上流转、质量报表自动生产及产品质量数据生产与检验互反馈。具体场景采用的关键装备、软件见表 4.10-3。

表 4.10-3 数字化智能采用的关键装备和软件一览表

序号	关键装备/软件类别	名称
1	智能传感与控制装备	全自动试样制备加工装置
2	智能检测与装配装备	样品打码封装装置
3	行业成套装备	全自动送样加工装置，全自动破碎机
4	高档数控机床与工业机器人	双主轴单工位自动铣样机，机械臂式 AGV 小车，轨道机器人系统
5	行业专用类软件	WINCC
6	经营管理类软件	生产技术管理系统，质计管理系统

（三）技术实施要点

（1）建立检化验标准管理体系，通过质谱图构建分析检验准确性。

（2）强化检验人员标准化，通过手持终端实现取样、检验任务自动推送及反馈。

（3）组织全员进行产品质量管理，建立生产和产品质量分析检验沟通渠道。

（4）通过产品质量追溯体系分析诊断产品质量问题点，结合工艺控制特点寻找解决办法。

（四）可推广性

该场景实例使用后，企业产品质量稳步提升，实现无纸化质量管控；质量管理线上数据采集、数据分析、数据共享，报表自动化生成，产品质量管理由事后管理过渡到产品质量分析管理；使铜冶炼行业质量管理实现智能预警的管控，持续提升质量控制水平。

五、智能物料转运、取制样分析

（一）具体场景描述

针对铜精矿出入库、平仓的作业，搭建配料系统、3D 扫描系统和皮带系统的卸料车等信息，控制多设备多库区完成自动出库作业。针对阴极铜中间变量的送样、制样及分析过程，搭载风动送样系统、多台轨道机器人及机械臂式 AGV 小车自动输送单元。针对阳极板的运送和存储工作，搭建多台自动整形机组、在线检测装置及仓储管理系统，并采用 RGV 小车、无人行车吊具实现自动转运。针对阴极板进行的转运、洗涤、剥片及自动打包等处理，搭建极板接收系统、洗涤单元、打包系统等与多台机器人协同作业单元。针对阴极铜垛出库发货，通过智能控制系统控制智能行车进行铜垛装车作业，实现精准的三维定位，修正停车位置及姿态偏差，多型号车板自适应堆码。

（二）采用的技术施工方法

（1）3D 扫描系统对接智能管控系统，根据生产任务执行情况（入库、平仓、出库）针对性扫描物料变更区域，完成数字孪生模型更新，根据最新的堆形三维数据决策起重机任务的抓放位置，以及平仓策略。

（2）自动传送装置采用工业机械手及机械臂式 AGV 小车，搭载激光雷达、视觉摄像机等传感器，智能检测识别障碍物，主动停驶或绕障。

（3）仓储管控系统，由 RGV 小车、无人专用行车实现阳极板垛的自动输送、自动入堆场、自动出堆场等功能。

（4）实现自动库存管理、自动规划设备工作节拍、质量追溯和反馈等功能。

(5)合格阴极板由1号机器人把阴极板抓取到剥片装置进行剥离,2号机器人抓取到剔除,3号堆机器人将铜板进行堆垛。

阴极剥片系统智能机器人见图4.10-2,智能取样加工装置见图4.10-3,具体场景采用的关键装备、软件见表4.10-4。

图4.10-2　　　　图4.10-3

表4.10-4　智能物料采用的关键装备和软件一览表

序号	关键装备/软件类别	名称
1	智能检测与装配装备	全自动送样加工装置,全自动破碎机,全自动试样制备加工装置,机械臂式AGV小车,样品打码封装装置
2	高档数控机床与工业机器人	双主轴单工位自动铣样机,轨道机器人
3	经营管理类软件	WCS,WMS

(三)技术实施要点

(1)对相关岗位操作人员进行培训,建立操作手册、维护手册,规范操作人员行为并进行宣传。

(2)制订设备点检和数据校验标准,定期进行点检和数据校验。

(四)可推广性

该场景案例可在同行业中进行推广应用,从而提高生产效率、数据质量和资源利用率,同时降低风险和成本。

第五章 制酸区

第一节 制酸区简介

制酸区主要是利用闪速熔炼烟气、闪速吹炼烟气和阳极炉氧化期烟气生产硫酸。一般包括净化工段、干吸工段、转化工段、余热回收、硫酸尾气脱硫脱硝工段、酸库等。

一、净化工段

双闪工艺铜冶炼系统具有烟气气量较小、SO_2 浓度较高、气体稳定等特点，烟气净化通常采用一级动力波（设一段喷头）、气体冷却塔、二级动力波（设一段喷头）、两级电除雾器的工艺流程，该流程对于烟气的降温、除尘、除杂质能起到良好的作用。

目前，采用动力波洗涤技术处理冶炼烟气的净化技术，已经很成熟，且转动设备和易堵塞设备均可设置备用，因此净化工段因发生故障而影响冶炼系统正常生产的概率很小。动力波洗涤器可适应 30%～100% 的气量波动幅度，其中在 50% 和 100% 之间变化时，对总的除尘效率不产生影响。因此一般可采用单系列净化系统。

二、干吸工段

干吸工艺一般采用一级干燥、二级吸收，泵后冷却串酸流程，主要设备为三塔四槽。

干燥塔、最终吸收塔的循环酸，按照塔—循环槽—循环泵—管壳式酸冷却器—塔进行循环。低温热回收塔的循环酸，按照塔—循环槽—循环泵—锅炉—稀释器—塔进行循环。干吸塔循环槽之间通过液位、酸浓等参数实现自动串酸。产品 98% 酸由最终吸收酸冷却器冷却后引出，再经成品酸冷却器冷却后，送至地下槽。最后由地下槽泵送至成品酸库。

三、转化工段

转化工艺一般采用预转化、五段 3+2 两次转化。Ⅲ、Ⅳ、Ⅰ—Ⅴ、Ⅱ换热流程，建议采用"非衡态"高浓度转化技术，该技术通过抑制 SO_2 在第一段催化剂层反应的转化率，使烟气在达到 SO_2 平衡转化率前的某预设转化率时离开催化剂层，既控制了一层烟气出口温度低于 630 ℃，又使出口烟气中 SO_2 浓度降低到常规转化的一层入口浓度。后续流程相当于常规的"二转二吸"流程。净化、干吸及转化工段见图 5.1－1。

扫一扫，看图

图 5.1－1

四、余热回收

烟气制酸过程中会产生大量的热。为回收热量、节约能源，硫酸转化吸收系统中，在预转化器出口及转化器1层出口设置余热锅炉，在干吸工段设置低温位热能回收系统，用以回收硫酸生产过程中的低温余热。余热回收系统产生的低压蒸汽通过厂区管网送往低压蒸汽使用点，满足工艺生产需要。

五、硫酸尾气脱硫脱硝工段

烟气脱硫是对冰铜风淬烟气、吹炼渣风淬烟气、阳极炉烟气及环集烟气进行吸收处理。冰铜风淬烟气及吹炼渣风淬烟气混合后，经动力波洗涤、阳极炉烟气和环集烟气混合后降尘，再一并进入烟气脱硫系统。烟气脱硫时，采用离子液法脱硫工艺效果较好。脱硝是去除闪速熔炼炉和闪速吹炼炉事故保温烟气(硫酸尾气)，或闪速熔炼炉和闪速吹炼炉烘炉烟气的氮合物。烟气脱硝一般采用臭氧脱硝工艺。硫酸尾气脱硫脱硝系统见图5.1-2。

扫一扫，看图

图 5.1-2

六、酸库

酸库用来存储来自干吸工段的浓硫酸，一般为钢板制作的圆形罐体，同时配套装酸地下槽、浓酸泵以及成品酸计量槽，酸罐周边应设围堰。酸库见图5.1-3。

扫一扫，看图

图 5.1-3

第二节　制酸区化工系统设计与优化

双闪工艺铜冶炼制酸区，是生产硫酸副产品的重要区域，涉及净化工段、干吸工段、转化工段、余热回收、硫酸尾气脱硫脱硝工段、酸库等。结合双闪40万t/a铜冶炼厂设计实际情况，针对智能发烟酸系统、污酸硫化系统、硫酸系统净化电除雾设备、转化系统、转化系统之非衡态优化等方面的设计与优化情况进行论述。

一、智能发烟酸系统

1.初步设计情况

在项目初步设计阶段，装酸平台规划了10个装酸点，具备同时停放10辆60t槽车的能力，且每日装运次数设定为3~4次。此设计在一定程度上满足了当时对于烟酸装运的基本需求，但从长远的生产效率提升和智能化管理角度来看，仍存在较大的优化空间。

2.优化配置

装酸点扩充。通过对生产流程和场地空间的进一步分析，决定增设5个装酸点。这一举措直接增加了装酸的并行作业能力，有效减少了车辆排队等待时间，提高了整体的装运效率。

自动化信息管理。引入先进的自动化信息读取系统，能够精准地获取包括品名、装酸量、车牌、司机信息等关键数据。这些数据不仅为生产管理提供了翔实的记录，更为后续的物流追溯和质量管控奠定了坚实基础。

智能排队叫号与引导。采用智能排队叫号系统，结合声光报警提醒功能，使整个装酸过程更加有序。同时，利用探针引导技术，确保槽车能够准确无误地到位，随后自动启动装酸程序，极大地降低了人为操作失误的风险，提高了装酸的准确性和安全性。

工业互联网监测。借助工业互联网技术，实现了对现场下位机发货工作情况的实时监测。通过动态显示系统，管理人员可以在中控室直观地了解到每个装酸点的工作状态、装酸进度以及设备运行参数等信息，便于及时做出调度和决策，进一步提升了生产管理的智能化水平。

3. 特点与经济效益

日发烟酸量提升显著。新增装酸点和自动化流程优化后，装酸作业的连贯性和并行性得到极大改善，使得日发烟酸量相比初步设计阶段有了显著提高，有效满足了市场需求增长的要求，增强了企业在烟酸销售市场的竞争力。

安全性能飞跃提高。自动化引导和装酸过程减少了人员与危险化学品的直接接触机会，降低了因人为操作不当引发安全事故的概率。同时，实时监测系统能够及时发现设备异常和潜在的安全隐患，并及时预警，为安全生产提供了全方位的保障。

劳动强度大幅降低。传统的装酸作业需要大量人力参与车辆引导、信息记录、装酸操作控制等环节，劳动强度较大且工作效率易受人为因素影响。优化后的智能系统实现了装酸过程的自动化和信息化，操作人员只需在中控室进行监控和必要的远程操作，大大减轻了劳动负担，使人力资源能够更加合理地配置到其他关键生产环节。

二、污酸硫化系统

1. 初步设计缺失与问题

在项目最初污酸硫化系统的设计方案中，并未规划硫化渣压滤、硫酸钠蒸发和尾气吸收相关工艺配置。这导致污酸原液中的硫化渣无法有效分离利用，制气系统产生的硫酸钠溶液无法妥善处理。同时硫化氢制备釜和硫化反应釜的尾气直接排放，不仅造成了资源的浪费，还对环境产生了较大压力，不符合现代绿色环保、资源高效利用的冶炼生产理念。

2. 优化配置

硫化渣压滤系统构建。专门设计硫化渣压滤系统，其核心功能是对污酸原液中的硫化渣进行高效的固液分离。通过合理选择压滤设备、优化压滤工艺参数，能够将硫化渣从污酸中分离出来，得到较为纯净的固体硫化渣，为后续的综合利用创造了条件。

硫酸钠蒸发系统创新。针对制气系统产生的硫酸钠溶液，采用"双效蒸发+流化床干燥蒸发工艺"构建硫酸钠蒸发系统。该工艺在保证硫酸钠高效蒸发结晶的同时，能够有效降低能源消耗。另外，副产的硫酸钠产品通过自动打包、码垛输送和机器人码垛系统，实现了从生产到包装、存储的全自动化流程，提高了生产效率和产品质量稳定性。

尾气吸收系统完善。为解决硫化氢尾气污染问题，建立了尾气吸收系统。该系统首先对硫化氢制备釜和硫化反应釜的尾气进行吸收处理，使其中的硫化氢得到有效回收利用。具体而言，制气和反应系统的硫化氢尾气先经过尾气吸收釜进行初次吸收再利用，提高了硫化氢的一次有效利用率，使其大于98%。而吸收釜的硫化氢尾气和浓密机尾气再经除害塔碱液吸收，进一步净化尾气，同时尾吸塔中的硫化钠溶液定期返回硫化氢制备系统，实现了资源的二次循环利用，最大限度地减少了尾气排放对环境的影响，同时降低了原材料的消耗。

3. 特点与经济效益

硫化渣综合利用价值凸显。硫化渣压滤系统实现了硫化渣的固液分离。分离后的硫化渣可根据其成分特性进行综合利用，如作为其他工业生产过程中的原材料或进行进一步的深加工，变废为宝，增加了企业的副产品收益。

硫酸钠蒸发系统优势显著。硫酸钠蒸发系统的馏出液水质良好，可直接返回硫化氢制备系统用于配置稀硫酸，实现了水资源和硫酸钠资源的循环利用，减少了新鲜水的取用和硫酸钠的外购量，降低了生产成本。同时，自动化的包装和码垛系统提高了生产效率，减少了人工成本和产品损耗。

尾气吸收与资源循环效益可观。尾气吸收系统通过多层次的吸收处理，不仅有效控制了硫化氢尾气的排放，满足了环保要求，避免了因尾气超标排放而可能面临的环保处罚。通过硫化氢的回收再利用和硫化钠溶液的循环利用，提高了资源的整体利用率，降低了硫化氢制备过程中的原材料消耗，从环保和经济两个层面为企业带来了显著效益。

三、硫酸系统净化电除雾设备

1. 优化配置

结构创新解决腐蚀问题。采用重锤特殊结构设计，针对电除雾设备在运行过程中易遭受的电化学腐蚀问题进行了根本性的攻克。通过这种创新结构，有效避免了传统结构中因腐蚀导致的断极线现象，大大提高了设备的稳定性和可靠性，减少了因设备故障而导致的停机维修时间，保障了生产的连续性。

气流优化提升分布均匀性。在烟道入口管和设备进口处精心设置气体导流板，并运用Fluent流体仿真软件对导流板角度进行精确调整，使其达到最佳角度。在此基础上，进一步在导流板下部增设一层气体整流板（采用多孔板形式）。这一系列的气流优化措施确保了进入电除雾设备的气流分布均匀性，避免了因气流不均而导致的局部处理效果不佳的问题，提高了整体的净化效率。

材质升级增强阴极性能。配套的阴极线选用新型铅锑合金材质的极线。这种材质具有更好的导电性、耐腐蚀性和机械强度，相较于传统阴极线材料，能够在保证电除雾效果的前提下，延长阴极线的使用寿命，减少了阴极线的更换频率，降低了设备维护成本和材料消耗。

绝缘子室优化保障密封与耐压。绝缘子室采用大开口的石英管（壁厚大于45 mm，下口直径为500 mm，耐压300 kV）设计。这种特殊规格的石英管能够更好地适应设备内部的高压环境，提高了绝缘子室的绝缘性能和耐压能力。同时，为确保绝缘子室在长期高温且含酸（20% H_2SO_4）的恶劣条件下各部密封无裂纹和漏气，专门研发并采用了特制的密封材料。该密封材料具有卓越的耐高温、耐酸性能，能够在温度约200 ℃、含酸环境下实现完全密封（漏气＝0%），并且在工作状态下长期保持弹性，有效防止了因密封问题导致的设备故障和安全隐患，保障了设备的稳定运行。

2. 特点与经济效益

性能提升显著。通过对设备易腐蚀磨损部位、气体流通性、阴极线材质、石英管以及密封性等的优化配置，全面提升了硫酸系统净化电除雾设备的整体使用性能，在保证高效净化硫酸雾的同时，能够适应更为复杂和恶劣的工况条件，提高了设备的运行稳定性和可靠性，为硫酸生产过程中的质量控制提供了有力保障。

维护成本降低可观。新型结构设计、优质材料的选用以及良好的密封性能，有效减少了设备的故障发生率和维修频率。例如，重锤结构避免断极线、新型阴极线延长使用寿命、特制密封材料保障绝缘子室长期稳定运行等。这些都直接降低了设备的零部件更换成本、维修人工成本以及因停机维修造成的生产损失，从长期运营角度来看为企业节省了大量资金，提高了企业的经济效益。

四、转化系统

1. 优化措施

换热面积增加。在一、二系列 1#锅炉分别增加蒸发模块 3 块，使得单系列的换热面积增加了 2070 m^2。这一改进措施有效降低了 1#锅炉出口烟温，为后续转化反应创造了更有利的温度条件，有利于提高转化反应的效率和稳定性。

触媒装填与转化率调整。适当减少触媒装填量，并合理降低一段转化率，同时严格控制一段温升。通过这种精细化的调整，能够更好地平衡转化反应过程中的热量释放和反应进程，避免因反应过激导致的局部超温现象，延长触媒的使用寿命，提高触媒的综合利用效率。

气体分布板与 T 型板增设。在一、二系 1#转化器触媒层上空增加气体分布板，使进入触媒层的气体分布更加均匀，提高了触媒与气体的接触效率，促进转化反应的充分进行。同时，在一、二系列 1#转化器中心筒外圈增加 T 形板，其容积与触媒拔出量同等，这有助于改善转化器内部的气流形态和物料分布，进一步优化转化反应过程。

设备改造与阀门升级。拆除二系 IV 换管程进口原施工管板，考虑 1#锅炉增加蒸发模块后，能够有效降低 IV 换管程出口 SO_2 烟气温度，同时也降低了低温回收塔进气烟温，这一系列的温度调整有利于整个转化系统的热量平衡和设备稳定运行。此外，将一、二系列 IV 换主路壳程进口 SD2 阀开关阀改为调节型阀门，使阀门的控制更加精准灵活，能够根据生产过程中的实际工况需求实时调整流量和压力，提高了系统的自动化控制水平和操作稳定性。

2. 优化效果

反应条件优化。增加换热面积降低烟温、调整触媒装填与转化率以及增设气体分布板和 T 形板等措施，从多个方面优化了转化系统的反应条件，使得转化反应能够在更加适宜的温度、压力和物料分布状态下进行，提高了转化反应的转化率和选择性，减少了副反应的发生，有利于提高硫酸产品的质量和产量。

系统稳定性增强。通过对设备的改造和阀门的升级，增强了转化系统各设备之间的协同工作能力和对工况变化的适应性。例如，精准的阀门控制能够及时应对系统压力、流量和温度的波动，保障了整个转化系统的稳定运行，降低了因系统故障导致的停车风险，提高了生产的连续性和可靠性，为企业的稳定生产和经济效益提供了坚实保障。

五、转化系统之非衡态优化

1. 存在问题与优化配置

一段床层超温问题。当转化气浓处于 13%～15% 时，一段床层下部温度大于 630 ℃，长期处于超温状态，而在处理 15% 以上气浓时，其底部温度更是可达 660 ℃ 以上。这种长期超温情况对触媒造成了不可逆的损害，导致转化系统无法在设计气浓 16.5% 的条件下正常生产。

针对这一问题，采取了增加冷激气量、降低一热交管程进口烟气温度以及减少触媒装填量等优化配置措施。增加冷激气量能够及时带走反应过程中多余的热量，有效降低床层温度；降低一热交管程进口烟气温度从源头减少了热量输入；减少触媒装填量则调整了反应的剧烈程度，通过这三者的协同作用，使一段床层温度得到有效控制，避免了触媒的进一步损坏，为恢复设计气浓生产创造了条件。

风机出口压力过高问题。在转化气浓达 14% 以上时，风机出口压力可达 47~48 kPa，接近高报值（48 kPa）。这不仅对风机的安全运行构成威胁，也影响了整个转化系统的稳定运行。

通过降低 1#锅炉出口烟温，创造条件走主路线开 SD2 阀，以及使一段适应更高的气浓、减少空气阀开度等优化措施，有效降低了系统阻力，缓解了风机出口压力过高的问题。降低 1#锅炉出口烟温减少了烟气流量和压力，走主路线开 SD2 阀优化了气流路径，减少空气阀开度则合理调整了空气供给量，从而使整个转化系统的压力分布更加合理，保障了风机的安全稳定运行和转化系统的正常工作。

低温回收塔入塔温度超标问题。低温回收塔入塔温度达 200~210 ℃，超出设计值 20~30 ℃。这一问题影响了低温回收塔的回收效率和设备寿命。

同样采用降低 1#锅炉出口烟温并创造条件走主路线开 SD2 阀的优化配置。通过降低进入低温回收塔的烟气温度，使其恢复到设计范围内，提高了低温回收塔的工作性能，确保了对低温热量的有效回收利用，同时也延长了低温回收塔的使用寿命，降低了设备维护成本。

2. 非衡态优化整体效益

恢复设计产能与效率提升。通过针对转化系统非衡态运行过程中出现的关键问题进行精准优化，成功解决了一段床层超温、风机出口压力过高以及低温回收塔入塔温度超标等问题，使得转化系统能够在设计气浓条件下稳定运行，恢复了设计产能。同时，优化后的系统运行更加平稳高效，提高了转化反应的整体效率，降低了能源消耗和原材料浪费，为企业带来了显著的经济效益提升。

设备保护与寿命延长。各项优化措施有效减轻了设备在超温、高压等恶劣工况下的运行负担，避免了设备的过度磨损和损坏，延长了关键设备如触媒、风机、低温回收塔等的使用寿命，减少了设备的更新换代频率，降低了设备投资成本，从设备资产保值增值的角度为企业创造了长期效益。

综上所述，双闪工艺铜冶炼项目制酸区化工系统通过一系列的设计优化措施，在提高生产效率、降低劳动强度、保障安全生产、实现资源循环利用、提升设备性能和降低维护成本等多方面取得了显著成效。这些优化不仅使项目本身在技术层面更加先进可靠，在经济层面也更具竞争力和可持续发展能力，也为铜冶炼行业的高质量发展提供了有益的借鉴和示范。

第三节　玻璃钢防腐与呋喃树脂混凝土防腐施工技术及要点

一、玻璃钢防腐施工管理

在厂区生产活动中产生的废水往往要经过排水沟、集液沟等汇聚储存在废水收集池或场面水收集池中，再由废水收集池里的提升泵经过管网运输至相应的废水处理系统。在这一系列的过程中，最有可能对环境造成污染的就是废水收集池的泄漏，废水收集池里长期储存着带腐蚀性的废水，钢筋混凝土结构的废水收集池非常容易被腐蚀而造成渗漏，因此需要对废水收集池或者场面水收集池池底以及侧壁进行防腐处理，而玻璃钢是用乙烯基树脂、固化剂、促进剂和辅料等按照一定的比例配制后结合玻璃丝纤维布集成而成，具有良好的强度和柔韧性，抗腐蚀性能强，制造成本低廉、施工流程简单、后续维护方便等优点，常用于电解片区、化工片区的电解槽、酸性介质管道、酸性介质储槽，腐蚀性较强区域的挡墙、梁、柱防腐包覆，酸性介质的水池等。下面以钢筋混凝土水池池壁防腐为例来阐述施工要点。

（一）基层处理

在对钢筋混凝土结构的池壁进行玻璃钢防腐施工前，需要检查池底或者侧壁是否有因土建施工质量问题而导致的池体出现渗漏现象，渗水将会导致玻璃钢防腐施工无法进行，因此对于池体有漏水或者渗水现象的，需要及时对渗漏点进行堵漏处理，完成堵漏处理后还要继续观察池体是否还有新增漏水点，确定池体无任何渗漏后方可进行后续的玻璃钢防腐施工。

根据玻璃钢防腐施工方案对钢筋混凝土池底以及池壁进行基层检查处理，确保池底和池壁坚固、强度达标，表面无污染，混凝土无空鼓剥落现象。对于池底和池壁出现的坑洼、凸起之处，使用混凝土砂浆将坑洼抹平或者使用电动工具进行打磨平整，同时还需要检查是否因为基层处理而引起新的问题。对于出现的新问题，要及时进行整改。

（二）玻璃钢施工技术要点

1. 玻璃钢胶料的配制

玻璃钢防腐施工在现场实际工作中需要选择合适的树脂、填料和辅料，并综合考虑施工现场的具体条件，严格按照设计的要求和相关规定进行，由专人负责配置施工材料，严格按照相应流程和规定进行，胶料配置时保证胶料搅拌均匀、无气泡，掌握正确的凝胶时间，把握好黏度。严格控制胶液的黏度，不能使胶液出现太稠和太稀的情况，胶料太稠往往容易导致气泡的产生，而胶料太稀容易形成流胶的现象，胶料的黏度控制不好不利于后续施工的顺利进行。

在配制的时候，不仅要严格控制各种原料的比例，按照顺序进行，还应该对料液进行均匀搅拌，尽量减少气泡的形成，同时树脂和固化剂的作用是放热反应，玻璃钢胶料配制量过大不利于胶料的散热，且搅拌不均匀会使局部温度过高，对玻璃钢胶料的质量造成影响，应根据现场施工情况随配随用，避免玻璃钢胶料大量配置而使用时超出初凝时间，从而影响整体的施工质量。

2. 玻璃布衬贴施工

考虑混凝土水池内储存的介质的情况，合理选择施工工艺以及玻璃钢衬布的层数。衬布施工前，先使用稀释的胶料作为底胶并均匀涂刷在已处理好的基层上，等待底胶渗透进基层并干燥后，方可进行后续的玻璃钢衬布的施工。玻璃布应该贴实，避免形成气泡。贴实之后，再在上面涂一层胶料，初步固化之后，重复上述操作，继续铺贴，直到达到设计的层数和厚度为止。为了保证整体质量，每一层玻璃纤维布的铺贴质量都要把好关，都要仔细地进行检查，如果出现毛刺、流胶、气泡等现象，应该及时清理。在树脂尚未硬化的时候，应该加强检查工作，消除气泡和褶皱，避免在硬化之后还有气泡和褶皱的存在，保证衬贴玻璃布的质量。玻璃纤维布的经纬强度不同，需纵横交替铺设。

要保证在适宜的环境中进行施工，一般温度为 $15\sim30$ ℃，相对湿度不宜大于 80%，原材料使用时的温度不应低于允许的施工环境温度。树脂的配比要合适，面层树脂的含量应该大于 80%。在施工的时候，还应该保证适量的苯乙烯，使胶液能够正常地固化，满足施工要求。

3. 面层的施工管理及养护

面层施工是防腐施工的重要内容，只有保证面层质量才能抵挡接触介质的腐蚀，因此，必须按照相应的要求，保证面层施工质量。面漆涂层施工时不得漏涂，涂层表面应光滑平整，颜色一致，无针孔、气泡、流挂、剥落、破损等缺陷。

面层施工完成后进入养护期，在面层施工完成且未凝固前，需要对施工区域进行围挡警戒，防止人为因素对已施工完成的玻璃钢质量造成影响，由于玻璃钢的固化时间受施工现场的环境因素影响，所以玻璃钢面层的养护时间也跟随环境的变化而不固定，待玻璃钢面层完全固化后养护才结束，检查确定面层已固化后才能投入使用。

二、呋喃树脂混凝土的应用

呋喃树脂混凝土是一种聚合物混凝土，它是以加有固化剂的呋喃树脂取代水泥和水作为胶结材料，按适当比例混入耐腐蚀的粉状填料和粗、细骨料，经拌合、浇筑成型、养护、固化而成的树脂混凝土材料。它具有良好的耐腐蚀性，同时配置简单、便于施工，多用于防止地面腐蚀性介质对仪器、设备的腐蚀。主要技术要点如下：

1. 施工前的质量控制与基础检查

（1）原材料质量控制。使用的各种材料必须有产品合格证，原材料的存放应注意防止雨水淋湿，同时也不能放置于烈日下暴晒，并注意使用的有效期。

（2）基础牢固度检查。呋喃树脂施工前需要对基础进行检查，要求基层面牢固，不开裂、不掉粉、不起砂、不空鼓。

（3）基础及施工区域清洁度控制。基层或者其他施工区域应提前进行清理，保证呋喃树脂混凝土施工部位的干净无油污、无脱模剂，表面无浮尘。

2. 施工过程中的质量管理

在仪器、设备基础清理检查合格后可以进行防腐施工，施工时要根据设计图纸上的要求对待施工的部位进行支模，楼地面穿管做法见图 5.3-1，设备基础保护做法见图 5.3-2，仪器、设备基础上按基础面积进行支模，支模高度为 60~100 mm。对于需要防腐保护的线管类支模，其支模高度为高出地面 200 mm，宽度为管线外径两侧各 100 mm，由于穿地线管的尺寸不统一，因此线管类的支模宽度也需要根据线管的尺寸进行更改。

图 5.3-1

在呋喃混凝土施工前还需要对已检查清理的仪器、设备基础或楼地面进行隔离层施工。隔离层涂刷完成后，将配置搅拌好的呋喃树脂混凝土倒置于支好的木模内，施工时需要少量多次进行，在每一次添加呋喃树脂混凝土后需要及时充分地振捣，多次添加振捣严实直至设计高度后，使用抹刀将呋喃树脂混凝土表面压抹光洁，同时将呋喃树脂混凝土表面稍微抹出一定的坡度，由中心向四周找坡。这样可以使成品表面不积聚现场的腐蚀性介质或其他液体以及各种杂物。

图 5.3-2

3. 成品养护

当施工环境温度过高时，呋喃树脂混凝土的硬化时间会有所减少，此时需要注意施工的连续性，否则容易造成成品的质量出现问题，当施工环境温度过低时，呋喃树脂混凝土的硬化时间会有所增加，此时就需要把控拆模时间，过早地将模板拆除容易导致呋喃树脂混凝土在硬化前受到扰动而出现成品起鼓、开裂等质量问题。在进行成品养护时，现场需要保持清洁、干燥、通风良好，同时还要注意防水、防火措施。

4.施工注意事项

在呋喃树脂混凝土防腐施工完成后，由于施工或者养护不当的原因，可能会出现一些质量上的缺陷，例如开裂、表层起鼓等现象，在进行呋喃树脂混凝土防腐施工时需要注意以下几点：

（1）防腐施工前的设备、仪器基础有水等液体未干或基础强度达不到防腐施工要求时，容易造成成品的质量出现问题。

（2）粉料中的骨料使用单一的石英粉、砂时，由于单一的石英粉收缩率较大，做好的面层固化后就会出现起鼓、开裂现象。

（3）在施工时应注意天气的影响，呋喃树脂混凝土固化时由于昼夜温差大，其面层非常容易开裂。

（4）施工时抹压、捣固不实或材料搅拌不均。面层固化后在养护时随着强度的增加，就会起鼓、开裂。

（5）施工时应做好施工防护工作，施工环境里灰尘大及接触雨水都会造成施工后的面层起鼓、开裂。

（6）养护期内尽量避免交叉施工，交叉施工容易使面层不能良好固化或使面层受到振动引起面层起鼓、开裂。

5.现场施工安全防护

防腐施工的作业环境存在很多安全隐患，且多涉及人身和防火消防等方面，因此要督促施工单位认真做好对作业人员的安全交底工作，配备消防器材，落实施工环境的通风、安全防护用具的佩戴与使用等事项。同时，现场管理人员也要做好自身防护措施，并加强巡视旁站检查。

防腐施工在密闭空间或者有害作业环境中施工作业，要督促施工单位落实施工作业空间内人工强制送排风系统的布置，对于有害环境内的防腐施工作业，检查每次作业前的防毒面具、防护服、气体检测仪的佩戴情况，并使安全技术交底工作实现常态化。同时，现场管理人员需要加强对施工现场的监护，及时发现安全隐患，从而有效保证防腐施工作业人员的安全。

呋喃树脂混凝土多为在现场搅拌配置，在配置呋喃树脂混凝土的过程中往往会使用添加剂等材料，这些材料如固化剂等属于易燃品。因此，在现场搅拌配置过程中需要注意周围的动火施工作业，还要严格要求现场搅拌配置的施工人员禁止携带火种以及在配置现场进行抽烟等行为。同时，呋喃树脂使用完后，剩余的空桶属于危废品，需要交予有资质的处置企业进行处置。

第四节 高压水射流技术应用及要点

高压水射流技术是近几十年来兴起的一项新技术，它采用了能量转换的思路，先通过增压器将水的动能转变为压力能，再将高压水射流通过喷嘴喷射出来，从而将其压力能转变为动能。水射流与工件接触后产生的冲击压力如果超过材料的抗拉强度，即可切断材料，降低水射流的冲击动压或增大靶距，则可用于清洗工件、表面强化处理或其他加工工艺。高压水射流技术广泛应用于机械、建筑、轻工、采矿、石油、冶金、化工、核能、航天、航空、汽车、船舶以及市政工程等领域。在某 40 万 t/a 双闪项目中，高压水射流技术在 200 m 混凝土烟囱美化处理、6 台 1 万 t 酸罐内部除锈中均得到了应用。

一、水射流的分类

水射流按连续性可分为连续水射流和脉冲水射流。连续水射流施加给物料一个连续稳定的压力作用，而脉冲水射流是将水射流束以脉冲的形式作用于物料上，每个脉冲产生持续极短的压力峰值，并随时间的推移不断地产生压力作用。脉冲水射流的产生形式主要有阻断式、激励式和挤压冲击式这三种。

水射流按成分可分为纯水射流、磨料水射流和添加剂水射流。纯水射流只用水作为工作介质，切割力较小，只能切割纸张、橡胶、塑料等软材料；磨料水射流是向水中加入固体磨料颗粒，使射流束切割能力极大提高，常用料有石榴石、石英砂和氧化铝等；添加剂水射流主要是向水中加入少量高分子长链聚合物，如聚乙烯酰胺，用以提高射流密集度及射程，可以用于切割软的或稍硬的材料。

水射流按运动特征可分为空化射流和摆振水射流。空化射流利用气蚀时空气泡溃灭产生的极大冲击力来加强射流清洗和破碎的能力。摆振水射流是在喷嘴相对靶体横向摆动的同时增加一个振动运动，提高水射流相对于被切割物的横移速度，当振动方向与摆动方向一致时称为平行摆振射流，垂直时称为垂直摆振射流。

二、高压水射流技术在建筑领域中的应用

(一)高压水射流破拆技术

混凝土作为土木工程、交通运输工程等领域中不可或缺的一种材料，被广泛应用于房屋、桥梁、道路、隧道等基建工程中。近年来，混凝土结构维修与加固的需求不断上升。维修过程中，需要对既有混凝土表面进行凿毛处理，使维修加固后两个混凝土结合面结合得更加牢固。传统的凿毛处理方式是在混凝土构件硬化后，使用风镐、电锤等机械对混凝土界面进行机凿，除去表面的一层混凝土。这种机械破拆的方法会产生剧烈的振动，对混凝土的内部结构造成严重的不良影响。这种振动也会导致混凝土结构中的微小裂纹扩大化，甚至扩展成宏观裂纹，影响混凝土维修和加固后的质量且花费人力，效率低，容易产生粉尘和噪声。

高压水射流技术可以从根本上解决上述问题。由于混凝土抗拉强度较低，当拉应力大于混凝土的抗拉强度时，就会发生破坏，其破碎状态一般呈拉伸和剪切破坏的特点。该技术在破除混凝土过程中不产生剧烈扰动，不造成应力扩散且节能环保。该技术具有较多的优点，现已被应用于土木及交通运输工程的众多领域，如结构的拆除和翻新等。

(二)高压水射流切割加工技术

高压水射流切割加工技术是水射流技术在切割加工领域的具体应用，通过将水的势能转变成集中于很小点的动能后产生强大的切割力，完成对材料的切割，俗称"水刀"。高压水射流切割加工技术的显著特点在于它是一种冷态加工技术，与氧切割、激光切割、等离子切割、线切割及其他传统切割加工方法相比，具有切割加工过程不产生热量和有害物质的特点，不会对金属材料的品间组织结构产生破坏，不影响被切割材料的物理及机械性能。此外，高压水射流切割加工技术的优势还体现在：

(1)切割应用范围广，高压水射流可以完成除钢化玻璃等少数材料外几乎所有金属及非金属材料的切割加工。

(2)切割加工质量高，切口平整且小，加工后一般不需要或易于二次加工。

（3）易于实现自动化、加工效率高、操作简单方便，切割加工平台在数控设备的帮助下可实现任意曲线的切割加工，方便灵活，用途广泛。

（4）具有安全环保的特点，水本身具有清洁环保的特点，而且切割时不会产生粉尘和有毒气体，不会对周围环境造成影响，是一种绿色加工方法。

高压水射流切割系统可以切割加工多种材料，不同的切割材料对系统以及切割参数有着不同的要求，切割的多样性是水射流切割系统设计的重要考虑因素。目前广泛应用的射流切割系统有纯水射流切割和磨料水射流切割两类，前者主要用于切割纸类、泡沫塑料、油布、食品等软材质材料，后者主要用于切割黄铜、铝、钢铁、钛合金等塑性材料和玻璃、石料、陶瓷等脆性材料。

（三）高压水射流清洗技术

在传统的清洗作业中，采用的清洗技术有机械钻孔清洗、蒸汽清洗、化学清洗、超声波清洗以及水射流清洗等形式。日本、欧美等国家及地区在 20 世纪 70 年代以前主要采用化学方法清洗，自 20 世纪 70 年代末开始发展高压水射流清洗技术。到目前为止，高压水射流清洗已经成为西方发达国家的主流清洗技术，占到了清洗业市场份额的 80% 以上，在美国高压水射流清洗已占到了清洗业的 90%。

我国的清洗行业多年来一直处于落后状态，据估计，我国工业清洗目前 80% 是用化学方法。无论是化学清洗还是人工清洗，都存在着清洗成本高、效率低、污染环境等问题，远远不能满足现代社会日益增长的工业及民用清洗要求。

高压水射流清洗技术自 20 世纪 80 年代中期传入我国后，在 20 世纪 90 年代中期得到迅速普及。目前，高压水射流清洗在我国工业清洗中已超过 10%，并且正在迅速增长。随着现代社会对清洗行业提出的效率、洁净率及环保要求的不断提高，高压水射流清洗技术在我国的普及应用是必然趋势。

自进入 21 世纪以来，高压水射流清洗技术在我国的应用发展很快，在石油化工、电力冶金等工业部门中得到了广泛的应用，现在已经普遍应用于清洗容器、混凝土表面，以及混凝土构筑物（如水塔、烟囱、空冷岛等）表面的清洗打磨等。高压水射流清洗具有清洗成本低、速度快、清净率高、不损坏被清洗物、应用范围广、不污染环境等特点。

三、高压水射流技术应用要点

（一）高压水射流破拆、切割技术应用要点

基于高压水射流冲击混凝土参数影响，磨料流量与冲击孔直径、冲击孔扩展速度和混凝土破碎体积呈现非线性关系；泵压与冲击孔的扩展速度呈正相关，而与冲击孔直径和破碎体积无明显关联性；靶距与冲击孔直径呈正相关，与冲击孔扩展速度呈负相关；混凝土强度等级越高，冲击孔直径、冲击孔扩展速度和混凝土破碎体积越小。

不同参数对混凝土破碎效果的影响敏感性大小体现于：对冲击孔直径的影响大小排序为：料流量>靶距>混凝土强度等级>泵压；对冲击孔扩展速度的影响大小排序为：磨料流量>泵压>混凝土强度等级>靶距；对破碎体积的影响大小排序为：磨料流量>靶距>混凝土强度等级>泵压。然而，磨料流量将直接影响喷嘴、喷管等零部件的使用寿命，从而影响设备的使用成本，因此在高压水射流破拆、切割技术应用中需根据物体强度、破拆进度要求、成本及破

拆速度来调整泵压、高压水射流喷嘴大小、喷嘴距离物体距离等参数。

（二）高压水射流清洗技术应用要点

高压水射流用于清洗工作，因所需压力较破拆、切割小，所使用设备相对较小，尤其是道路清洗、混凝土构筑物表面打磨清洗等可使用手持喷枪或半自动清洗设备进行作业。但对于大型容器内部，由于空间受限，作业人员不宜进入容器内部操作，因此大型容器内部清洗往往采用爬壁射流清洗小车进行作业。爬壁射流清洗小车选用要点：

（1）根据需清洗构件表面污垢、锈蚀层附着力情况确定射流速度、流量、喷射角度。

（2）根据射流速度、流量选择射流发生装置。

（3）根据射流速度、流量、喷射角度以及射流发生装置喷头及管件重量确定爬壁小车所需附着力，从而选择爬壁小车。

四、高压水射流技术在双闪项目上的应用效果

（一）高压水射流技术在 1 万 t 酸罐内部除锈上的应用效果

40 万 t/a 双闪项目中 1 万 t 酸罐用于储存浓硫酸，设计材质为 Q355B，每台酸罐直径 20 m，高 25.49 m。酸罐内部不用涂刷防腐层，依靠浓硫酸与罐壁金属钝化反应产生保护层。但由于酸罐内壁不进行防腐，从酸罐安装到酸罐盛水试验再到酸罐装酸过程中，酸罐内壁会有较为严重的锈迹，若不进行处理，会污染浓硫酸，影响浓硫酸质量。但是，酸罐施工并盛水试验完成后，酸罐形成了一个较大的受限空间，且进出口人孔较小，大量工机具、材料进出较为困难。传统的手工、喷砂除锈需搭设大量脚手架，且作业环境恶劣，施工安全风险及作业成本均较高。采用爬壁射流清洗小车对酸罐内壁浮锈进行清洗，清洗过程中作业人员不用进入酸罐内，作业安全系数得到了较大提升，多台爬壁射流清洗小车同时作业，可高效快速完成酸罐内壁的清洗。

（二）高压水射流技术在双闪 200 m 混凝土烟囱美化上的应用效果

40 万 t/a 双闪项目为国内首座智能铜冶炼工厂，其硫酸尾气烟囱高 20 mm，为营造欢快鲜明、简洁大方的建筑风格，烟囱设计有山水画，见图 5.4-1。烟囱山水画施工前需清除烟囱外壁灰尘等杂物，外壁模板错台处打磨平整、表面圆滑过渡，处理面积 8000 m²。该项目采用高压水射流技术对烟囱外壁进行打磨处理。与传统机械打磨相比，高压水射流技术有着明显

图 5.4-1　　图 5.4-2

的优势：①打磨效率明显提高，该烟囱打磨仅花费一周时间，且打磨后烟囱表面平整、圆滑；②对环境友好，高压水射流打磨混凝土会形成水雾，水雾会将打磨过程中产生的粉尘吸附下坠，避免传统打磨过程中产生的粉尘对大气造成污染。打磨过程见图 5.4-2。

第五节　制酸塔槽常压容器耐酸砖内衬施工方法及要点

制酸塔槽常压容器主要包括干燥塔、最终吸收塔、干燥塔循环泵槽、最终吸收塔循环泵槽、地下槽。耐酸砖内衬施工材料主要为钾水玻璃、石棉板、KPI 钾水玻璃胶泥及耐酸砖。

一、施工工序

耐酸砖内衬施工工序见图 5.5-1。

扫一扫，看图

图 5.5-1

（一）设备验收交接

由总包单位组织业主、监理、设备安装单位及砌筑单位办理工序交接手续，主要检查项目如下：

塔槽内表面应光滑、清洁、干燥，不应有 3 mm 以上凸凹处，焊缝表面不得有伤痕、气孔、夹渣，加工表面必须平整，棱角、毛边、焊瘤、焊渣、铸造残留物必须彻底打磨清理。

塔槽、管道的支座、支腿、测试接管等附件均已安装完毕，塔体椭圆度应符合设计图纸规定。

耐酸砖内衬施工期间严禁在塔槽上进行打孔、焊接、任意敲击等会产生剧烈震动和较大的扭弯应力的施工，避免耐酸砖松动或是脱落的情况发生。

待各方验收合格后，方可进行塔槽内衬防腐施工。

（二）塔槽钢壳内表面处理

塔槽钢壳内表面应符合《砖板衬里化工设备》（HG/T 20676—1990）、《化工设备衬里钢壳设计标准》（HG/T 20678—2023）及设计图纸技术要求的有关规定，内表面除锈等级应达到 Sa3 级标准。塔槽内搭设脚手架对内表面进行喷砂除锈，待完全除去钢壳内表面的油脂、疏松氧化皮、浮锈等杂物后立即涂刷钾水玻璃。钾水玻璃需在 4 h 内完成涂刷，避免已除锈完成区域出现返锈现象。待钾水玻璃涂刷完成后，将脚手架拆除，以进行下一步工序。

（三）塔钢壳隔离层施工及耐酸砖砌筑

当钾水玻璃涂刷完成后，塔底部隔离层开始施工，隔离层选用耐酸石棉板。石棉板间采用错缝搭接构成隔离整体，使用稀胶泥将石棉板与钢壳进行黏结，稀胶泥配比（质量比）为胶泥复合料：KPI 钾水玻璃 =1：1。干燥塔及最终吸收塔塔底为双层耐酸砖扇形排列结构，第一层从塔底中心开始砌筑，逐圈递进向外砌筑，待第一层砌筑完成后，按照同样的方法进行第二层砌筑。塔底部砌筑完成后，使用激光水平仪调平侧壁第一圈耐酸砖底部基层，将高处磨平，低处使用胶泥进行填补。侧壁基层调平完成后，以塔底为支撑点搭设脚手架，自下而上分段进行砌筑，以 1.8 m 为一段，逐段搭设脚手架进行隔离层及耐酸砖砌筑施工，每段脚手架上部铺满木板作为施工平台，待下层的石棉板铺设及耐酸砖砌筑施工完成后，进行上一层脚手架搭设及施工，逐层递进直至塔体顶部。

塔体烟气管道砌筑，从管道下部由中心开始砌筑至管道中部，管道上部通过制作与烟管相同弧度的模板及支撑来固定上部砌筑的耐酸砖。

（四）槽钢壳隔离层施工及耐酸砖砌筑

卧式槽体分下部砌筑及上部砌筑，自下而上进行砌筑。槽体下部在砌筑前，首先进行隔离层施工，然后确定槽体中心线，根据水平横向中心线砌筑第一列耐酸砖，然后由中心线向两边砌筑，逐列递进直至槽体中部。槽体上部在砌筑前需先在槽体中部搭设脚手架并铺满木板作为施工平台，然后进行隔离层施工，最后制作与槽体弧度相同的专用弧形模具，以进行耐酸砖砌筑固定。

地下槽为立式槽体，槽体钢壳整体喷砂除锈后粘贴石棉板。槽底为单层耐酸砖平行排列结构。底部耐酸砖砌筑时，首先完成底部横纵中心线的耐酸砖砌筑，然后向周围逐列递进，直至槽底砌筑完成；槽壁自下而上逐圈砌筑耐酸砖，直至槽体完成。

（五）塔槽内衬养护及酸化

塔槽内衬完工后，胶泥需进行常温固化，在养护期间严禁接触水和水蒸气，防止早期脱水过快，造成胶泥脱落。KPI 钾水玻璃胶泥应在 15～20 ℃的环境中养护 14 d 以上，在 21～30 ℃的环境中养护 8 d 以上，在 31～35 ℃的环境中养护 4 d 以上。

待内衬层的养护期结束后，对内衬层酸化处理三遍：第一遍硫酸浓度为 30%，第二遍硫酸浓度为 40%，第三遍硫酸浓度为 50%，每次间隔 8 h，每次酸化前，应清除耐酸砖砌缝表面的白色结晶析出物。

（六）塔槽套管封堵处理

塔槽部分管口非耐酸材料，需安装特制耐酸合金套管，导致套管与塔槽体间存在间隙，采用 ϕ13 mm 石棉绳及胶泥材料进行封堵，使用 1 cm 厚扁铁将石棉绳及胶泥填塞至套管及塔槽体间的间隙中，间隙封堵示意图见图 5.5-2。待间隙封堵完成后，按照酸化要求对间隙进行酸化处理。

制酸塔槽常压容器耐酸砖内衬施工的质量要求非常严格，在施工前及施工过程中需认真对待每一项细节，避免出现由于施工质量问题导致的塔槽常压容器漏酸现象。

扫一扫，看图

图 5.5-2

二、施工要点

（一）防腐材料进场验收及储存管理

1. 耐酸砖、KPI 普通型钾水玻璃、胶泥进场验收

（1）首先检查其检验报告及出厂合格证、材料等级要符合设计施工要求。同时，按规定挑选和检查耐酸砖、KPI 普通型钾水玻璃的外观质量，必要时可在监理、业主共同见证的情况下进行随机抽查试验，抽查试验必须委托第三方检测机构根据施工图纸以及《耐酸砖》（GB/T 8488—2008）、《建筑防腐蚀工程施工规范》（GB 50212—2014）中的相关检验内容和规定对原材料进行复验。

（2）根据施工图纸及相应规范要求，耐酸砖物理化学性能应满足耐酸度不低于 99.8%、弯曲强度不低于 58.8 MPa、吸水率不超过 0.2%，以及耐急冷急热性满足温度 100 ℃情况下不得出现裂纹、剥落等破损现象，浸酸安定性满足无裂纹、掉角、疏松和膨胀现象，表面和酸液无显著变色。KPI 钾水玻璃胶泥应满足抗拉强度不低于 2.5 MPa、与耐酸砖黏结强度不低于 1.2 MPa。

2. 耐酸砖及 KPI 钾水玻璃、胶泥的堆放及存储

由于防腐材料堆放区域为露天环境，考虑环境温度较低以及施工期间可能出现雨天的情况，在现场硬化 200 m^2 场地用来搭设存放材料的遮雨场地。将材料分类存放并标明材料名称，防止暴晒、雨淋及污染。

（二）耐酸砖筛选及 KPI 钾水玻璃胶泥制作

在非施工区域设立耐酸砖筛选及 KPI 钾水玻璃胶泥制作场地。耐酸砖在使用之前要经过筛选，将外观破损严重、外形尺寸偏差大及变形严重不合格的耐酸砖归堆存放，以备他用。将筛选后合格的耐酸砖浸泡于水中至少 2 h 后进行清洗、烘干处理，用于内衬砌筑。KPI 钾水玻璃胶泥配置应按胶泥复合材料与 KPI 钾水玻璃比例 7∶3（质量比）进行制作，现场配备专用量具及电子秤，严格控制质量比，同时可根据实际施工环境温度调整配比。制作完成的 KPI 钾水玻璃胶泥有效使用时间为 30 min，当胶泥有凝固结块等现象时，不得继续使用。

（三）耐酸砖加工

施工中常用耐酸砖尺寸为 230 mm×113 mm×65 mm、230×113×65/55 mm，当遇到阴阳角及预埋管口处的耐酸砖排列尺寸不足时，严禁填塞胶泥和碎瓷片，应将相应的耐酸砖加工成符合排列尺寸要求的异型砖。耐酸砖筛选工序时的不合格品可作为加工异型砖的原材料。当对耐酸砖进行直线加工时，采用切割机进行加工，在切割耐酸砖前，应实测实量所需尺寸，在切割线划线完成后再进行切割。当需进行少量弧形异型砖加工时，采用人工破砖的方法，先使用铁锤敲击耐酸砖，得到弧面雏形，后使用手持式砂轮机打磨弧面直至成型。

（四）耐酸砖内衬施工防雨及内部保温措施

由于塔槽耐酸砖内衬防腐施工周期较长，为避免施工期间雨水通过管口进入塔槽内部，对已施工完成的 KPI 钾水玻璃胶泥造成破坏，施工前使用篷布将塔槽上能进雨、进水的孔洞进行封闭。塔槽各预留一个洞口作为人员、材料进出口，预留洞口需做好防雨、防水措施。

KPI 钾水玻璃胶泥的正常施工温度为 15~30 ℃、相对湿度低于 80%，由于施工时间为冬季，现场施工温度及相对湿度无法满足施工要求，在塔槽内施工前应配备暖风机加热升温和降低湿度，通过现场温度计来监测塔槽内的施工温度及相对湿度，确保施工期间及养护期间的温度及湿度达标。

（五）塔槽耐酸砖内衬施工要点

（1）塔槽内表面耐酸砖连续砌筑 8 h 之内的施工（预排、砌筑、扫缝等）高度不得超过 1 m，两次施工的间隔时间为 12 h，底板、孔洞环砖等多层砌筑时间间隔 12 h。

（2）耐酸砖砌筑顺序为先砌底、后砌壁，自下而上进行。

（3）砖的砌筑排列：立式设备周向缝为连续缝，轴向缝应相互错开；卧式设备应用木板、木方制作相应弧度的模具，它的周向缝应相互错开，轴向缝应为连续缝；双层或双层以上衬砖内衬，内外层之间的砖缝亦应相互错开，且不小于 15 mm；砖缝错开的距离不应小于砖尺寸的 1/3。

（4）耐酸砖砌筑采用揉挤法，确保砌缝平整饱满，砌缝控制在 2~3 mm，结合层控制在 4~6 mm，并及时刮去砌缝中挤出的多余胶泥。次日使用 5~10 倍放大镜对表面砌缝进行检查，砌缝不允许产生裂纹、空洞及空鼓等现象，当胶泥出现裂纹及气泡时，应及时进行修补。

第六节　耐酸砖防腐施工质量控制要点

腐蚀是指物质在周围介质（水、空气、酸、碱、盐、溶剂等）作用下产生损耗与破坏的过程。由于物质与环境相互作用而失去原有性质，轻则影响观感质量，重则影响建筑物结构安全，导致设备停运。

制酸区常用的防腐材料有：耐酸砖、树脂板、环氧自流平、树脂砂浆、呋喃混凝土、乙烯树脂玻璃钢等。

耐酸砖主要适用于结构敞开的建筑楼地面、围堰反沿、地坑、酸性介质储槽内衬、设备基础等位置，下面主要阐述防腐耐酸砖施工的质量控制要点。

一、施工前准备

（一）施工队伍的选定

防腐工程施工需提前对施工队伍的能力进行考察。防腐施工必须选择专业强、素质好的队伍，对队伍的考察侧重在资质审查、管理体系、信誉、人员素质及类似工程的业绩等方面，否则将直接影响防腐工程质量的好坏。

（二）图纸会审

工程开工前，需进行图纸会审，并组织施工人员熟悉工程图纸、与项目有关的规范标准、工艺技术要求，充分领会设计意图，检查施工图纸中的"错、漏、碰、缺"等，减少因图纸问题对施工质量的影响。

（三）材料进场

防腐工程采用原材料的优劣是工程质量好坏的决定因素之一，因此，必须对进场材料质量严格把关。材料进场必须提供如下资料：产品质量合格证及材料检测报告、质量技术指标及检测方法、复验报告或技术鉴定文件。同时，要对乙烯基脂树脂、铸石粉、稀释剂、玻纤布、耐酸砖、固化剂等材料进行检验。按规范要求对乙烯基脂树脂进行见证取样，对耐酸砖随机抽取送样至检验机构进行检测。如有必要，则进行复检，检验合格后方可进行施工。因防腐材料多为易燃有害物质，同时还需与水隔绝，避免潮湿，要求防腐材料进场后需放置在防雨、防潮、防火的专门库房内，避免暴晒和杂物污染。

二、施工过程中质量控制

防腐施工通常的工序：基层处理→玻璃钢隔离层施工→耐酸砖铺贴。

（一）确定施工配合比

为保证质量，防腐施工前先做试样，以确定合适的施工配合比，并在监理及业主见证下切取试样送到检测机构做防腐试验，合格后方可正式施工。正式施工时配料严格按配合比计量准确，并做好记录。乙烯基酯胶泥的拌制要配备专职熟练工，配好的胶泥要随配随用，一次不宜配制太多，必须要在固化前用完。

（二）基层处理

（1）土建工程施工完毕后，需用水平尺测量平整度（2 m 直尺检查，允许空隙不超过5 mm），无特殊说明情况下平面坡度为1%~2%，排水沟内坡度一般不小于0.5%。在无降水期间，认真检查池底、池壁，确保池底、池壁无渗漏水现象，防止施工完成后因漏水原因造成乙烯基酯胶泥失效，导致工程失去防腐效果。

（2）混凝土基层坚固密实，强度等级符合设计要求，基础及墙壁表面应平整、清洁、无起砂、无麻面、油污等，对基层表面进行打磨、清洗、擦拭，确保底油及玻璃钢隔离层更好地结合。

（3）混凝土基层要求在深度为 20 mm 的范围内含水率小于6%，防止含水率过高导致玻璃钢隔离层起鼓。

（4）所有的阴阳角都要处理，阴角用树脂胶泥抹 $R=30~50$ mm 的圆弧，阳角用砂轮机打磨成 $R=30~50$ mm 的圆弧。

（5）基层的处理是关键，直接影响玻璃钢隔离层施工质量的好坏。基层处理后要求经各方验收合格，办理交接手续后方可进行玻璃钢隔离层的施工。在基层的凹陷处，需采用乙烯基酯树脂胶泥进行修补找平，要求固化时间不得少于 24 h。必须保证基层平整，才可进行玻璃钢隔离层的施工，防止出现空鼓现象。

（三）玻璃钢隔离层

（1）当基层处理达到设计图纸及规范要求后，可开始进行乙烯基酯树脂底漆涂刷工作。在施工过程中，要求涂刷均匀，不得出现漏涂、流坠现象。

（2）玻璃钢的铺贴采用间断施工法，玻纤布采用浸布法施工。玻璃钢隔离层施工顺序应满足由低向高、先水平后垂直的原则。水平面上的玻璃钢隔离层至垂直面时，应向上延续10~15 cm，同时转角处玻璃钢应增加一层玻纤布的厚度。玻璃钢施工时，先在基层面上涂刷一层胶料，后衬上一层玻纤布，玻纤布必须粘贴紧实，使胶料浸入到玻纤布的纤维内，并用细毛刷不断扫除气泡，胶料需涂刷饱满匀称。经24 h 固化修整表面后，重复如上步骤直至达到防腐设计要求的层数或者厚度。每间断施工玻纤布一次，需检查衬布层的质量。当有毛刺、脱层和气泡等缺陷时，需进行修补。进行衬布时，同层布的搭接宽度不小于50 mm，上下两层布的接缝错开，错开距离不得小于50 mm。阴阳角处增加两层玻纤布，做完最后一层时均匀涂刷面层胶料，同时均匀稀撒一层粒径为2.5~5 cm 的石英砂粒，并轻轻拍实，石英砂粒可提高后续耐酸砖施工涂抹的胶泥与玻璃钢的黏度。

（3）当玻璃钢隔离层施工完成并固化24 h 后进行验收工作，验收合格后方可进行耐酸砖铺贴工作。此内容为隐蔽工程，应及时进行报验并保存相关影像资料。

（四）耐酸砖铺贴

（1）耐酸砖使用前需进行2 h 的浸泡处理，洗去块材表面的浮尘及杂质，并进行晾干处理。

（2）耐酸砖的铺贴顺序一般为先铺里面后铺外面，先铺低处后铺高处，先铺地面后铺墙裙。在铺贴前，应该事先放线、试排。在铺贴地面时，不宜出现十字通缝。当出现立面与平面有交角时，遵循阴角立面耐酸砖压住平面耐酸砖、阳角平面耐酸砖压住立面耐酸砖的原则。铺耐酸砖过程中，要做好拉线、测标高工作，以便控制耐酸砖的标高、坡度，控制好铺设的平整度。此外，还要注意相邻耐酸砖之间的灰缝大小及表层高度。通常采取揉挤铺砖法，即首先在基层和耐酸砖的接触面上均匀地涂上一层乙烯基酯胶泥，并轻轻揉挤，将相邻耐酸砖缝隙中的胶泥挤出，观察高度相同后将挤出的胶泥刮去，最后用干布擦拭耐酸砖，保持表面干净。在铺贴立面耐酸砖时，为避免上层耐酸砖因自重原因而导致的下层耐酸砖缝隙间胶泥被挤出，应控制立面耐酸砖砌筑的高度，砌筑到200 mm 左右高度时，待耐酸砖缝隙间胶泥固化后再进行施工。

（3）防腐工程通常为最后一道工序。因此，需加强观感质量控制，特别关注耐酸砖表面的清洁度、灰缝的饱满程度、块材的排列组合方式。验收检查时，块材结合层及灰缝内的胶料应饱满密实，黏结牢固，不得有疏松裂纹、起鼓等现象。块材和灰缝表面应平整无损，灰缝尺寸应符合各种胶结材料的有关要求。块材铺贴不宜出现十字通缝，多层块材不得出现重叠缝。块材表面应平整，用2 m 直尺在各方向进行检验，面层凹处和直尺之间的空隙需

扫一扫，看图

图5.6-1

不超过4 mm。块材面层相邻块材之间的高差需不超过1 mm。耐酸砖地面坡度应符合设计要求，施工完成后，需做泼水试验，确保水能顺利排出且不在耐酸砖地面上留下水滩。耐酸砖铺贴施工完成后，应在施工区域拉起警戒带，并在显眼位置放置告示牌，排除无关人员进入施工区域造成耐酸砖移位的可能性。耐酸砖铺贴示意图见图5.6-1。

三、防腐施工过程中施工管理

由于防腐材料具有一定的腐蚀性、毒性，因此在施工时，应保证安全文明施工，并注意如下事项：

(1)防腐施工应采用封闭式施工，施工区域应设围挡，挂明显安全标志，派专人监护，非工作人员不准入内。施工区域15 m范围内禁止动火，并且防腐施工区域应有防雨、防晒、防尘等措施。

(2)进行防腐施工时，操作人员必须穿戴防护用品(塑胶手套、防尘口罩、防毒口罩等)。

(3)施工现场必须设置灭火器。

(4)每日施工完毕时，及时清理现场，未用完的树脂等易燃物质进行封存，预防火灾的发生。

(5)防腐施工产生的危废必须由有资质的专业公司回收处理，并进行备案。

对于采用耐酸砖防腐工程，施工的关键主要是对隔离层的处理及耐酸砖的施工。施工过程中必须严格控制好各个施工要点，以保证工程施工质量。此外，考虑材料具有易燃、有害、易挥发等性能，施工过程中的安全问题必须引起足够重视，要做好安全防护措施，严格安全操作规程，确保每个施工环节顺利、安全开展。

第七节　超高烟囱施工工艺及关键点

尾气烟囱是制酸区废气的排放口，筒身一般采用钢筋混凝土结构。熔炼烟气制酸后的尾气经脱硫工艺、脱硝工艺处理后，从安装在筒身内部的玻璃钢管道内排出，有效地避免了对混凝土结构的腐蚀。烟囱主要包括钢筋混凝土筒壁、FRP内筒、检修平台及爬梯、航标系统、避雷系统、照明系统等，本节主要阐述筒体混凝土液压翻模法施工方法及要点。

一、工艺原理

液压翻模法施工工艺原理：预先在混凝土结构中埋置钢管(称之为支撑杆或爬升杆)，利用千斤顶与提升架将操作平台系统的全部施工荷载转至支撑杆上，待混凝土强度大于1.2 MPa后，通过自身液压提升系统将整个装置沿支撑杆向上滑升一个模板高度，然后进行钢筋安装、下层模板拆除，上移至第三层位置定位，又继续浇筑混凝土并分段循环。

二、系统组成

系统主要由模板系统、操作平台系统、液压提升系统、垂直运输系统、施工精度控制系统及电气系统六大部分组成，烟囱筒体液压翻模工艺示意图见图5.7-1。

(一)模板系统

模板为三套定型钢模板，每榀内外爬架上各悬挂一块模板，两块模板之间设收分模板，模板沿径向用顶紧丝杆将模板固定或脱开。

扫一扫，看图

图5.7-1

(二)操作平台系统

操作平台系统由随升井架、井架支撑、鼓筒、平台辐射梁、环梁、拉杆、吊架、平台板等组成。活荷载自重分平台、门架、垂直运输系统三部分分别计算。平台部分包括辐射梁、鼓筒、平台铺板及井架等。门架部分包括内外吊脚手架模板系统。混凝土及小型工器具从烟囱内部利用卷扬机(吊笼)进行运输，钢筋利用平台扒杆从烟囱外部进行运输。

（三）液压提升系统

液压提升系统包括支撑杆、液压千斤顶、针形阀、油管与油路、分油器、液压控制台、油液与阀门等，是液压翻模施工的重要组成部分。

它由电动机带动高压油泵，将压力油液经过电磁换向阀、分油器、针形阀及管路输送到各台液压千斤顶。千斤顶在油压作用下，带着操作平台系统沿着支撑杆向上爬升。当电磁换向阀换向回油时，油液由千斤顶内回到油泵的储油箱。如此反复给油与回油，液压千斤顶带动操作平台不断上升。

某工程超高尾气烟囱的外筒高度 197.2 m，变坡圆台体结构，外筒截面为圆环形，标高 0 m 处外筒壁外直径为 20.6 m、筒壁厚度 650 mm；标高 196 m 处外筒壁外直径 8.6 m，筒壁厚度 300 mm。筒体液压提升系统由 1 台 YKt-36 型油泵向 4 根主油管供油，再由分油器分配到 24 支千斤顶上，液压系统工作压力 8 MPa。支撑杆为 24 根 ϕ48 mm×3.0 mm 普通脚手架钢管，连接方式为焊接，相邻接头错开不小于 1.5 m。详见图 5.7-2 液压系统平面布置图。

扫一扫，看图

图 5.7-2

（四）施工精度控制系统

为使千斤顶同步提升，在每个千斤顶支撑杆上设置限位器，建筑物轴线和垂直度的控制采用经纬仪和线坠随时观测，及时调整。

（五）电气控制系统

电气控制系统由控制柜、吊笼限位、预警信号、警告电铃信号、通信及监控器材和照明系统组成。

三、施工流程

绑扎第一模钢筋→立第一模模板→浇筑第一模混凝土→绑扎第二模钢筋→立第二模模板→浇筑第二模混凝土→绑扎第三模钢筋→拆除第一模模板→立第三模模板→浇筑第三模混凝土→第三节模板混凝土浇筑完工→施工平台提升一模高度→绑扎第四节模板高度的钢筋→拆第二节模板，翻上去立第四节模板→浇筑第四节混凝土→提升平台→进入下一循环。

四、施工方法

（一）平台安装流程

平台组装应确保筒身的混凝土的强度能满足平台荷载要求，辐射梁应尽量避开烟囱洞口。

主要流程为：鼓筒就位→辐射梁安装→环梁安装→悬索拉杆安装→提升架及千斤顶安装→平台板及吊架板铺设→井架及斜撑安装→天梁、地梁安装→卷扬机就位→钢丝绳及吊笼安装→电气设备安装→安全网挂设。

（二）平台组装方法

1.安装鼓筒

采用 50 t 汽车吊将鼓筒吊置在平台上，鼓筒下垫钢管，用手拉葫芦将鼓筒拉至中心位置安装，鼓筒十字线与筒壁十字线必须重合，方向按井架底盘定位，上口找平。鼓筒四周用钢管搭设支撑，保证中心稳定。

2.安装辐射梁

用汽车吊将辐射梁吊到安装位置，一端放置在鼓筒上，另一端放在筒壁临时支架上，并用螺栓将辐射梁与鼓筒连接好。辐射梁安装顺序对称进行，使鼓筒受力均匀，保持中心稳定，按以上程序直至完成所有辐射梁的安装。

3. 安装平台环梁

每道辐射梁上布置环梁 4 道，使用夹板螺丝将其对称拧紧。

4. 安装悬索拉杆

辐射梁安装后，及时安装下弦悬索拉杆，每道辐射梁下设两道，安装时必须对称收紧，组装好后使平台起拱 100~150 mm。

5. 安装提升架与千斤顶

将提升架从上至下插入、固定在辐射梁内，在辐射梁上，在提升架下横梁上安装千斤顶，将千斤顶用垫片调整至相应的筒壁坡度，沿圆周方向分别依次安装内、外吊架。

6. 铺设平台板

根据辐射梁尺寸，选取 50 mm 厚的松木平台板，逐个铺设，并用铆钉固定。

7. 安装井架、天轮、井架支撑

将井架底盘安装在中心鼓圈上钢梁处，将井架逐层安装完后调整垂直度，然后安装井架压顶槽钢(天梁)。将天轮、导索轮的钢梁安装在压顶槽钢上，然后将天轮布置在天梁上方，导索轮挂在钢梁上，导索轮与天轮必须错开，以免钢丝绳相互摩擦。井架缆风绳布置在平台顶部，下部位于外钢圈处的辐射梁上。井架顶部设 2 根避雷针，用多股软铜线与烟囱避雷钢筋连接。

8. 安装地轮、导索导向轮、吊笼、吊笼缓冲装置

按平面布置将吊笼地轮、导索地轮、导索导向轮安装在地梁上。要求焊接牢固、位置精确。吊笼缓冲装置位于吊笼正下方，使吊笼下降时产生缓冲。施工平台井架上设两道限位器，以防吊笼冲顶。

9. 安装电气控制、照明系统

电气控制采用专业厂家成套控制柜，吊笼的限位、预警信号、警告电铃信号、操作程序安装测试好后才能使用，上、下分别布置两个控制室便于操作。在平台井架上安装 4 盏镝灯、外脚手架上安装 36 V 安全白炽灯以用于施工照明。

10. 挂设安全网

内吊架底部及吊架的外侧用双层安全网与鼓筒下钢梁连成一个整体，防止大的物体下坠，同时确保操作人员的安全。

外吊架底部及吊架外侧与操作平台上方栏杆绕过辐射梁先用安全网使之连成一个整体，然后再用双层安全网封闭整个平台，安全网兜下部用钢丝绳收紧包裹在烟囱筒壁上，确保操作人员在外吊架上的工作安全，同时可预防物料从烟囱外部掉落至地面。

(三)平台装置的使用

1. 平台系统试压

防护措施后，组织监理、业主对该系统进行提升系统试压验收，提升系统试压包括液压系统试压、平台系统试压和垂直运输系统试吊、试压三部分，验收合格后方可开启液压翻模施工工艺。

2. 平台中心偏移、扭转的控制和校正

平台中心偏移的主要原因是模板坡度不对称，混凝土未对称浇筑，平台荷载不均匀，平台未水平提升、提升速度快、中心观测少等。此外风荷载、日照等因素，也会造成平台中心

偏移。因此，需严格按照作业指导书施工，还应每提升 30 cm 观测一次，利用水平管及划线，限制千斤顶升差，从而保持平台水平提升，控制中心偏移。

中心偏移量在 20 mm 内可不用调整；20 mm 至 40 mm 时可用平台倾斜法校正；40 mm 以上用千斤顶支顶法校正。

采用双千斤顶的爬杆，必要时在提升架之间拉钢丝绳；预防平台扭转的措施，扭转大于 20 mm 时应及时纠正。

3. 注意事项

提升前应严格检查是否有障碍物影响，确保整个行程提升在一个工作班内完成。有个别方向提升不均衡时，须立即停止，对单个提升架调整水平后方可继续提升。提升过程中，吊笼及拨杆应停止使用，吊架上不得堆放其他材料。

五、重点关注方面

在以后类似工程施工时，应重点在以下几个方面加强控制和改进。

1. 设备检查验收环节要严格把控

施工前对液压提升平台系统、垂直运输系统和摇头扒杆系统等设备进行全面细致的检查，确保设备性能良好、运行稳定。例如，检查千斤顶的密封性和顶升能力，确保在施工过程中能够稳定提升操作平台；检查吊笼的安全装置，如断电抱闸装置和顶部限位保险，防止吊笼发生意外坠落。

2. 操作平台的提升要平稳有序

液压提升平台系统的千斤顶要同步工作，确保操作平台在提升过程中保持水平。提升过程中要密切关注操作平台与构筑物结构中心的对中情况，及时进行调整和固定。同时，要加强对支撑杆的检查，确保支撑杆的稳定性和承载能力。

3. 液压翻模提升速度控制

需要根据混凝土的初凝时间和施工环境进行合理控制提升速度，特别注意温度低时的混凝土强度控制，必须达到可提升的强度才有安全保证。提升速度过快，可能导致混凝土密实度不足，提升速度过慢，又会影响施工进度。通常，提升速度控制在每小时 100 mm 至 300 mm。超高烟囱液压翻模施工属于超过一定规模的危大工程，施工前必须按规定制定专项危大工程方案，并经外部专家评审通过后严格执行。

4. 施工平台的负荷控制

平台上的材料、设备和人员应合理分布，多余或无用的材料及设备要及时清除，确保平台的稳定性和安全性，严禁超载。

5. 液压系统安装调试

系统的选型、安装及调试直接影响施工的效率和安全性，是实现翻模工艺的关键。必须采取可靠措施来确保液压千斤顶的同步性，避免烟囱因受力不均而出现裂缝。

第八节　转化器现场施工方法及要点

双闪工艺产生的 SO_2 浓度较高，不宜采用常规浓度 SO_2 转化技术，需要采用高浓度转化工艺。目前，常用的高浓度转化工艺有 LURECTM 高浓度转化工艺、预转化工艺和非衡态高浓度转化工艺三种，其中非衡态高浓度转化工艺因其投资省、效率高，成为双闪转化工艺的首选。现以年产 40 万 t 阴极铜规模的双闪工艺铜冶炼厂的转化器为例，对其在现场的施工方法和要点进行介绍。

一、基本情况

工厂采用非衡态高浓度转化工艺，每套转化系统设计有两台转化器，均为中心筒式不锈钢材质转化器。1# 转化器内置了第 Ⅰ 热交换器，2# 转化器内置了第 Ⅱ、Ⅲ 热交换器。转化器以两个同心圆筒为主体，内圆筒为中心筒，可从其中进气，外圆筒为转化器壳体，外圆筒与中心筒形成的环形空间内设置转化触媒层。每个床层从上到下的布置依次为耐火瓷球+筛网+触媒+筛网+耐火瓷球+矩鞍环填料+筛网，2#转化器各层之间用弧形隔板隔开。中心筒式转化器详见图 5.8-1。

扫一扫，看图

图 5.8-1

二、转化器制作方法

（一）制作流程

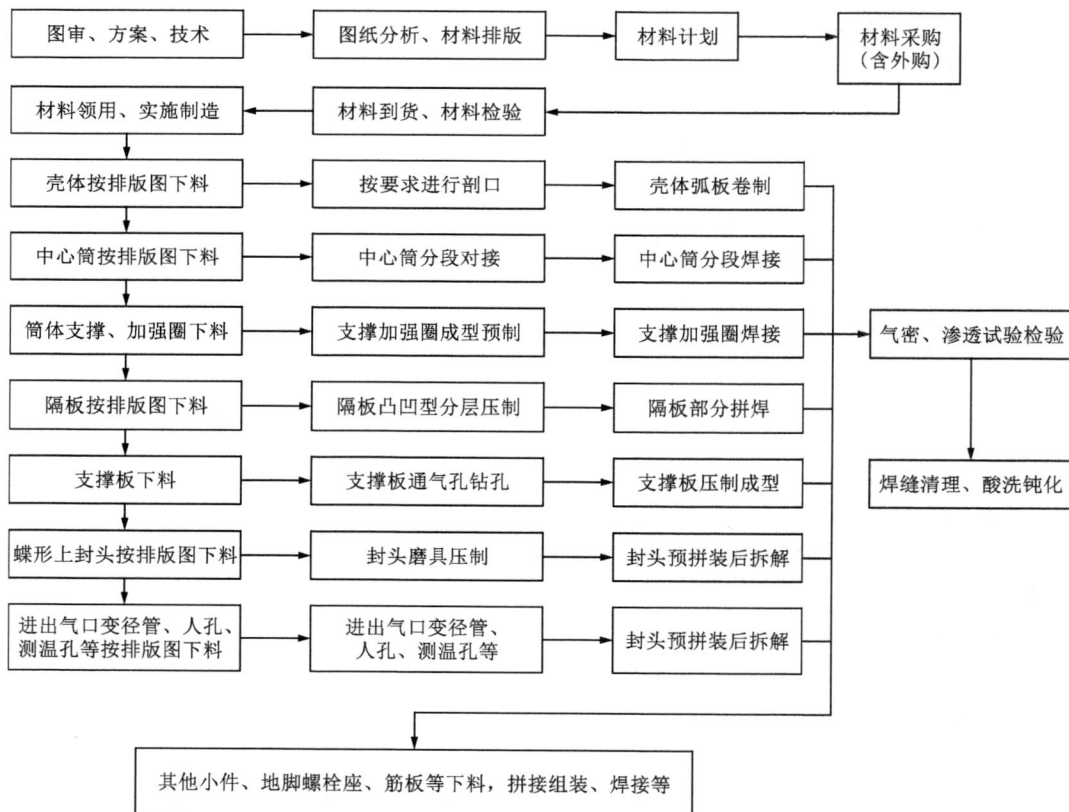

三、转化器主要零部件制作措施及要求

1. 顶部蝶形封头制作

转化器顶部为大直径不锈钢蝶形封头。结合封头厂家制作工艺及专业施工队伍多年经验，由封头厂家分片下料压制并编号，整体预拼后焊接成型，然后根据运输要求拆散后分片运输至现场进行拼装。该封头制作过程中具有焊接接头形式多、不锈钢薄壁、易变形等特点，现场在制作平台上组装焊接。

（1）平台骨架组装。

以水平地面上定位中心点向外铺设至呈方形工字钢骨架，相邻工字钢呈 30° 夹角，上部四周铺满钢板，组合形成平台骨架，平台骨架使用水准仪测量调平后焊接固定。

（2）划线、打样冲点。

在准备好的平台上确定圆心点，并在平台上划封头外圈线、内圈线和 45° 等分半径射线方向距离外圈线 100 mm 处打样冲点。

（3）封头第一层组装。

按照厂家编号预拼装封头第一层，控制封头上下边直径，调整上口高度，完成后将底部固定在底板上，上口高度用临时钢管支撑点焊接固定。

（4）封头第二层组装。

按照厂家标号组装第二层封头，组装前需先将中心出气烟管吊装至正中心，并画出与第二层封头连接部位刻度线，然后调整封头上口高度至与中心出气烟管的刻画高度一致，上下口及中部用临时钢管支撑点焊接固定。

（5）措施固定。

封头所有的焊缝双面用内 16 mm、外 20 mm 钢板做弧形骑马板点焊加固，收缩量按照 3 mm 预留。控制封头拼接的错边量，保证封头的弧度、平整度。外圈焊接支撑固定支架，内圈靠中心烟管固定支撑，标高预留 5~8 mm 反变形余量。

（6）焊接措施。

在正式焊接时，为控制焊接变形，两名焊工对称焊接。焊接参数选用小电流、快速焊。在多层焊时，要等前一层焊缝冷却后再焊接次一层焊缝，层间温度不宜过高，避免焊缝过高。施焊过程中，焊条不宜摆动，焊缝间隙宜窄。第二层采用反面贴陶瓷衬垫，二保焊单面焊双面成型焊接工艺。在焊接过程中密切关注焊接变形量，及时对焊接参数、焊接顺序、操作工艺进行调整，确保封头焊接质量满足规范要求。

（7）焊缝处理。

正面全部焊接完成后，反面对第一层与第二层环焊缝按对称焊缝清根气刨，再焊接。第一层纵向缝每次对称气刨两条焊缝，直到全部完成焊接。

在制作平台上组装焊接完成，焊缝探伤检测合格，制作完成。

顶部蝶形封头样式及拼装焊接详见图 5.8-2 和图 5.8-3。

图 5.8-2

图 5.8-3

2. 转化器壳体制作

转化器壳体主要为外壳体和中心筒，采用钢板卷制成若干短节，然后拼装焊接而成。壳体的制作按《常压容器第 1 部分：钢制焊接常压容器》(NB/T 47003.1—2022)标准的要求，按图样几何尺寸结合实际购买的材料板幅长和宽进行排版。每节壳体的高度视板材的宽度而定，如果偏离了图样的要求，应事先征得设计部门的确认。任何一节筒体的高度(除补强段外)均要求大于 1000 mm。任何一节筒体的任何一块板材的板长均应大于 2000 mm。应避免在壳体的纵焊缝上开孔。按设备的管口方位图进行排版，相邻壳体的纵焊缝错开距离应大于 300 mm。

（1）下料。

划线按排版图的要求，用校核过的卷尺测量其相关几何尺寸，使其满足表 5.8-1 的要求。钢板尺寸示意见图 5.8-4。

用等离子切割机进行切割。首先制作一个专用切割模板，将等离子割枪沿专用模板进行切割。坡口的加工在半自动坡口切割机板上进行，不同板厚的过渡段坡口在铣边机上进行。坡口的角度和宽度详见图 5.8-5。

图 5.8-4　　图 5.8-5

表 5.8-1　钢板尺寸偏差表

单位：mm

测量部位		板长 $AB(CD)\geqslant 10000$	板长 $AB(CD)<10000$
宽度 AC、BD、EF		±1.5	±1
长度 AB、CD		±2	±1.5
对角线之差$\lvert AD-BC\rvert$		≤3	≤2
直线度	AC、BD	≤1	≤1
	AB、CD	≤2	≤2

（2）卷板。

壳体弧板在卷板机上进行。

壳体弧板卷制后，应立置在平台上用样板进行检查：垂直方向上用直线样板检查，其间隙不得大于 1 mm；水平方向上用长度大于等于 2000 mm 的弧形样板进行检查，其间隙不得大于 4 mm。弧板端部采用模板在卷板机内进行滚弧，确保安装后减少桃尖出现。

检验合格后的弧板按排版图的位置进行标识。

（3）弧板临时存放。

图 5.8-6

卷制好的壳体弧板放置在托架上，避免变形，详见图 5.8-6。

（4）筒体组装预制。

整体卷制成型的筒体(如中心筒)，外圆周长的允许上偏差为 10 mm，下偏差为 0 mm。

圆筒同一断面上的最大内径与最小内径之差，不应大于该断面公称直径的 0.5%，且不超过 15 mm。

圆筒直线度允许偏差不应大于圆筒长度 L 的 1‰，且当 $L\leqslant 6$ m 时，允许偏差不大于 4.5 mm；$L>6$ m 时，允许偏差不大于 8 mm。

对接纵焊缝外形成的棱角 $E \leqslant 0.1S + 2$ mm，且不大于 5 mm，用弦长等于 $1/6 D_g$，且不小于 300 mm 的内样板或外样板检查，详见图 5.8-7。

同一断面上最大最小直径之差 e 值，不得大于 $1\% D_g$，且不大于 30 mm。当有内件时，按图样要求，对有开孔补强的断面应距补强圈边缘 100 mm 以外测量，详见图 5.8-8。

图 5.8-7

图 5.8-8

3. 隔板、外环底板、触媒支撑板的制作

（1）钻孔。

触媒支撑板在压制成型前除与内外环板搭接处外，均需钻满孔。钻孔的工作量很大，为节约时间，提高效率，计划多块板叠加同时钻孔。实践证明，钻出来的孔能充分保证质量。

（2）放样、划线、下料。

按图样要求的几何尺寸、市场供货的板幅、隔板凹形圆弧半径，设计排版图；本设备按多等分下料，下料时两块料配对下料，用等离子切割机进行切割，按排版图做好标识。

（3）凹形圆弧压制。

根据图纸尺寸将其分成多个扇片进行压制。将采用专用模具及油压机进行压制，压制时必须注意每块板的方位正确，不能有偏差，否则偏差积累将对后期组对、焊接造成影响。

（4）预拼装。

压制完成，按图纸尺寸在平台上进行预拼装。将全部压制成型的扇片弧板拼成一个凹面圆形，对压制变形部位进行修整，对预放的增加量进行修减，然后组对焊接。每个弧形扇面间采用坡口对焊。

4. 换热管束及管板制造

由转化器设计样式所决定，1# 转化器内筒设置第 Ⅰ 热交换器管束，2# 转化器内筒设置第 Ⅱ、Ⅲ 热交换器管束。1#、2# 转化器内热交换器两端管板与中心筒采用不锈钢膨胀短接封闭。组成热交换器的上下管板、支撑板、环板外购加工，膨胀短接成品采购，换热管等管束定尺采购。

（1）上下管板、支撑板、环板的制作。

管板、环板、支撑板由专业厂家制造成半圆型发货，在现场组装焊接，对接焊缝需经探伤检测合格。组装焊接前，需按照厂家建造组对时的编码以及 0°、90°、180°、270° 四个位置定位样冲眼，现场预组对用定位管定位，并逐个试穿换热管管孔，从上管板至下管板管孔顺利通过后，再次确认四个位置标记与设计管口方位、中心筒各管板、环板、支撑板处点位一致。

（2）热交换器段预制。

热交换器段采用地面组对焊接定位，包括上管板、盲管、孔板、支撑孔板、下管板。各层高度线使用钢划针标记，并焊接临时支撑板件。组装定位时，主要先穿盲管、定距管固定各层间的孔位，因为盲管在上下管板之间焊接，盲管、定距管与每层孔板焊接，所以优先安装定距管、盲管，这样有利于各层管板固定，减小焊接变形。

四、转化器安装方法

(一)安装流程(以2#转化器为例)

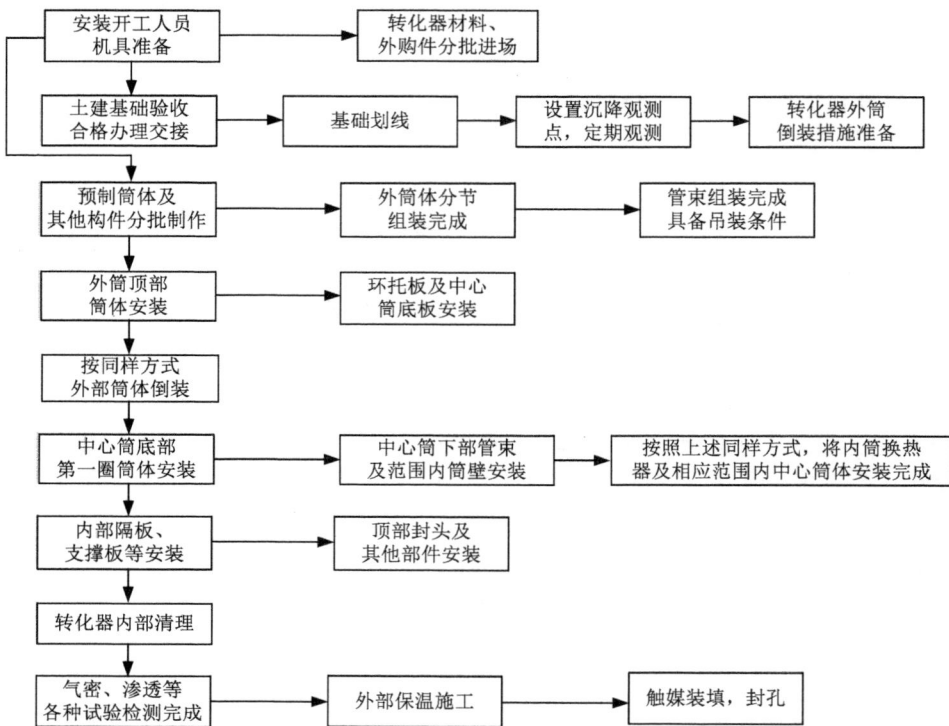

```
安装开工人员 ─────→ 转化器材料、
机具准备             外购件分批进场
    │
    ↓
土建基础验收 ─────→ 基础划线 ─────→ 设置沉降观测 ─────→ 转化器外筒
合格办理交接                         点,定期观测         倒装措施准备
    │
    ↓
预制筒体及 ─────→ 外筒体分节 ─────→ 管束组装完成
其他构件分批制作    组装完成           具备吊装条件
    │
    ↓
外筒顶部 ─────→ 环托板及中心
筒体安装         筒底板安装
    │
    ↓
按同样方式
外部筒体倒装
    │
    ↓
中心筒底部 ─────→ 中心筒下部管束 ─────→ 按照上述同样方式,将内筒换热
第一圈筒体安装    及范围内筒壁安装      器及相应范围内中心筒体安装完成
    │
    ↓
内部隔板、 ─────→ 顶部封头及
支撑板等安装       其他部件安装
    │
    ↓
转化器内部清理
    │
    ↓
气密、渗透等 ─────→ 外部保温施工 ─────→ 触媒装填,封孔
各种试验检测完成
```

(二)转化器安装方法及要求

转化器总体安装:先倒装外筒壳体,后正装中心筒及热交换器,同时从下往上依次安装配套隔板、支撑板等配件,最后安装顶板封头及外部接口。

1.基础验收

安装前,检查基础施工验收资料,并用水准仪测量基础标高、预埋标板标高、预埋标板水平度,使用全站仪测量基础中心线、预埋螺栓位置,并做好标记。验收完成,在周边醒目、便利位置设置沉降观测点,在安装过程中、安装完成、触媒装填完成、开车后等时间节点,进行沉降观测,掌握基础沉降参数,确保设备安全运转。

2.外环底板、中心伞架安装

外环底板焊接安装在立柱基础上,在环形底板上根据壁板内壁直径划出壁板定位线,每隔1m间距对定位线处底板标高进行测量,确保水平度偏差小于2/1000。外环底板与预埋标板垫实,为安装过程中壁板圆度、垂直度跟踪检查,使用全站仪测量出转化器壳体中心坐标点并做好永久标记。根据中心点位设置中心伞架,伞架采用三角支撑架固定牢固,中心位置焊接中心标板,设置中心伞架便于外壳体满足圆度的检查调整。中心伞架详见图5.8-9。

扫一扫,看图

图5.8-9

3. 外部壳体安装

外部壳体采用倒装的方法进行安装。根据壁厚变化、孔洞位置对所需的来料钢板尺寸进行优化，以确定每圈壳体的高度，原则上每圈不超过 3 m。

（1）外壳体提升装置安装。

提升装置水平支撑使用型材制作，抱杆支撑圈上设置手拉葫芦。拉杆使用槽钢，共 12 组。整个提升胀圈上均匀分布有 36 个抱卡和 12 个吊耳。壳体提升胀圈、抱卡、吊耳及各支撑确保焊接质量，整个提升装置需要经过验算满足设备安全需求。提升装置布置详见图 5.8-10。

图 5.8-10

壳体提升胀圈在制作场地卷制成型，胀圈的外径为壳体内壁的内径，预制完后用弧形样板检查。为保证筒体的圆度，样板与胀圈之间的间隙不能超过 3 mm。在提升过程中，壳体壁板容易产生变形，可适当使用斜销将胀圈与壁板严密贴合后点固焊，提升时可有效减少壁板焊接变形。胀圈采用龙门卡具与壁板连接，每隔 1 m 安装一个龙门卡具，并用销子将卡具与壁板打实，使胀圈与壳体壁板紧密贴合，保证胀圈与壳体的贴合度和胀圈强度。

（2）卡板安装。

在转化器壳体安装前，需要根据壁板直径划出壁板尺寸控制圆。先在外环底板上按照壁板内径进行测量划线，每隔 1 m 测量一点，测点完成后用弧形样板进行画圆。画圆完成后，根据标准圆每隔 1.5 m 安装一块 8 mm×180 mm×100 mm 的卡板。壁板吊装就位并初步调整后进行第一圈组焊。因壁板在制作过程中会存在偏差或在运输过程中产生变形，壁板位置通常与尺寸控制圆之间会有偏差，可使用手拉葫芦对壁板进行调整，使壁板内侧紧贴卡板以达到对壁板弧度的控制。卡板安装详见图 5.8-11。

图 5.8-11

（3）外壳体提升。

顶层外壳体提升前，需要对胀圈的安装情况进行逐项检查，确认手拉葫芦是否使用正常、卡板是否存在漏焊、卡板是否楔紧、胀圈是否贴紧壳体等。待顶层第一层壳体提升到位后，使用 25 t 汽车吊将下层第二层壁板吊装就位，纵缝位置应错开 300 mm 以上。然后在第一层壁板底部每隔 1.5 m 安装一块 8 mm×180 mm×100 mm 卡板，使用手拉葫芦调整第二层壁板，使第二层壁板上部与第一层下部卡板以及第二层下部与环板定位板紧密贴合，调整完成后将上下壁板点焊连接。壁板焊接要先焊接纵向焊缝，后焊接环向焊缝，环向焊缝需对称焊接，沿同一方向施焊，以此减少焊接变形量。如此往复，直至外壳体最后一层壁板组焊完成。在顶升过程中需在对应接管处开孔，安装相应接管，同时对焊缝进行着色渗透检测、清理和酸洗钝化等工作。

（4）底板焊接

外部壳体由上至下安装完成最后一层后，可进行壁板与底板焊接工作。壁板与底板焊接采用分段焊接的方式进行，先焊内侧焊缝，再焊外侧焊缝。初层焊道采用分段焊或跳焊法，采用小电流、快速焊的焊接参数，降低焊接应力，减少焊接变形。焊缝试验检测、酸洗钝化同步进行。最后将基础螺母拧紧，回退四分之三圈，再将另一螺母与之并紧。

4. 中心筒及热交换器安装

中心筒和内置热交换器现场安装自下而上正装法施工，按顺序组装中心筒内环底板、中心筒底段(包含中心筒封头底板)、第Ⅲ热交换器段、上部中心筒段、第Ⅱ热交换器段、气体分布引流导向段,且提前吊入进气管,并同步组装内部支撑孔板、隔板,组焊人孔和进出气接管等部件。安装时要保证环、纵焊缝错开300 mm以上,同时应避免筒体焊缝与接管连接焊缝交叉。筒体环向纵向对接接头错边量 b 的允许偏差详见图5.8-12和表5.8-2。

图5.8-12

表5.8-2 筒体环纵缝对接允许偏差

对口处的钢板厚度 δ_n/mm	对口错边量 b/mm	
	纵向焊缝接头	环向焊缝接头
≤12	≤$1/4\delta_n$	≤$1/4\delta_n$
>12~20	≤3	≤$1/4\delta_n$
>20~40	≤3	≤5

(1)中心筒筒体安装。

首先将中心筒筒体下段,安装在已经调整好的底部支座上,然后安装中心筒底板,调整垂直度、标高、椭圆度等达到设计要求。$2^\#$转化器上部中心筒安装前,需将下部中心筒及第Ⅲ热交换器安装完成。

(2)$1^\#$转化器中心筒及内置热交换器安装

对于$1^\#$转化器,先将事先预制好的第Ⅰ热交换器相应范围的中心筒采用正装法安装到位,并在中心筒上做好上下管板、环板、支撑孔板高度线标记。然后将预制好的仅装盲管、配定距管的第Ⅰ热交换器管束,采用汽车吊吊入该壳体内。采用临时措施固定加强,防止位移。由于管束与中心筒外筒间距过小,无操作空间,因此从外周向内逐支装入换热管,并逐支焊接,逐支进行着色试验,合格后进行酸洗钝化。换热管安装前,需提前将中心筒上的接管装好,避免由于空间受限不易清理因后装接管落入内部的杂物,试压前用盲板封闭。在中心筒及热交换器安装完毕后,进行气密性试验。接管相应增加20 mm,以便盲板拆除后不影响接管尺寸。清理中心筒内部杂物后,焊接膨胀短接。

(3)$2^\#$转化器中心筒及内置热交换器安装

$2^\#$转化器内置第Ⅱ热交换器位于上部,内置第Ⅲ热交换器位于下部,因此,$2^\#$转化器内置第Ⅲ热交换器及相应范围内中心筒的安装同$1^\#$转化器。$2^\#$转化器内置第Ⅱ热交换器及相应范围内中心筒在安装前,需在下节筒体顶部设置定位板,以方便上节筒体吊装就位。为便于上下筒体壁板的对齐、控制错边量,中心筒外侧设置对齐夹具。夹具设置详见图5.8-13。

图5.8-13

5.底板、隔板、触媒支撑板安装

在中心筒及热交换器安装完成后,在内筒相应位置做好定位标记,由低向高层依次安装底板、隔板、触媒支撑板。以隔板安装为例,将碟形片状隔板一片一片预排组队,预留约3 mm间隙点焊固定,用弧度板检查弧度没问题后,用骑马板固定,然后进行焊接,焊接时先焊接正面,保证焊缝熔透后,再对反面进行焊接予以加强。按此方法,从底部开始安装直至安装完成,安装完成后须对焊缝进行着色试验和酸洗钝化。

6. 顶部蝶形封头安装

封头安装为转化主体安装的最后一步。封头安装时，为防止吊装过程中变形，将封头和顶部中心烟管组合后吊装。顶部蝶形封头吊装详见图 5.8-14。

图 5.8-14

第九节　低温位热吸收装置施工方法及要点

低温位热吸收装置是硫酸系统余热回收核心工艺设备，通过吸收硫酸生产过程中的多余热量产生蒸汽，用于烟气制酸过程中需要蒸汽的工艺环节，这既提高生产效率，又节约大量的能源成本，同时减少了碳排放。低温位热吸收装置主要包括吸收塔、蒸发器、换热器等设备和相应的工艺管线及电仪设备等。其中吸收塔为装置的主体设备，由于尺寸较大，通常在施工现场进行组装。

一、吸收塔施工顺序

吸收塔主要材料为不锈钢，选用特殊耐酸合金材料 XDS-1 高硅奥氏体不锈钢。材料对焊接质量要求高，需根据母材编制焊接工艺评定及焊接工艺卡。

结合对施工工艺、安全和质量的考量，塔体共有 18 层，分 4 段组焊，采取正装施工。底部封头及 1 层为第一段，2~6 层为第二段，7~11 层为第三段，12~18 层为第四段，每段采用倒装提升法施工。塔体附属平台及楼梯与壁板同步施工。

吸收塔施工顺序：吸收塔支座安装→封头组焊→封头及第一层壁板安装→每段壁板组对焊接及附属平台、楼梯安装→每段壁板及附属平台、楼梯吊装就位→整体吊线检查垂直度→吸收塔内件安装。

二、支座安装

吸收塔底部共有 10 个 S 形滑动支座，通过基础顶部的地脚螺栓固定。安装过程中，通过 10 个支座中心线与基础圆心相交于一点为基准，调整支座安装方位。支座安装在基础上时应加装 F4 板。

三、封头组对及安装

(一)封头组对焊接

为便于运输，封头通常加工成半成品运输到场，并在现场进行组对焊接，封头组对按以下施工顺序进行：

(1)坡口加工：采用等离子修整对接口(根据实际情况，修整宽度不超过 5 mm)，坡口加工采用带钝边双 V 形坡口，用磨光机打出 40°~50°坡口，除去氧化层，清除 100 mm 以内的表面污渍。

(2)椭圆度控制：找平封头端口(可预留加强筋板高出封头位置)，用钢尺在封头端口实测内直径，利用平台上的固定块控制好椭圆度，同时初步对焊口，控制偏差小于 20 mm 后，将固定块及楔块在施工钢平台上焊牢。

(3)复测：复查封头端口椭圆度和对接缝处的棱角度，如不合格，需重新调整。

(4)定位焊接：调整合格后，检查弧板安装是否符合要求，然后进行定位焊接。

(5)定位焊接后，再次增加弧板数量以利于控制焊接变形，在允许的气象条件下正式焊接，焊接过程随时监控变形情况，及时采取措施控制变形偏差。

（6）焊接完成后应进行射线探伤检测，焊缝应符合《承压设备无损检测第2部分：射线检测》（NB/T 47013.2—2015）的射线探伤试验Ⅱ级要求。

（二）封头安装就位

（1）封头对接焊缝经射线探伤合格后，预制组对焊接加强筋板垫板、加强筋板，然后在封头上组对加强筋板（点焊），组对封头加强筋板时应注意与第一层板加强圈筋板焊接的端口标高一致。

（2）安装焊接好封头上的塔体支座垫板。

（3）将封头吊装就位于经找平找正的支座，并根据外沿初找正，划出内圆后通过激光水平仪再次找平，并吊线保证封头中心与基础中心无偏差。

（4）为了弥补现场组对封头的形状偏差，支座筋板需预留较大余量，应在封头第一次找平找正后，计算圈板所在标高，然后依封头实际形状在支座上描出轮廓线，依轮廓线对支座筋板进行修割。

（5）支座进行修割后，再次对封头找平找正。

（6）封头与支座间进行焊接。

（7）定位好第一层壁板，调整椭圆度、中心及垂直度，焊接第一层板与封头之前的焊缝。

（8）组对加强圈板，注意其与第一层壁板的贴合度。

（9）再次检查圈板和第一层壁板垂直度后，焊接圈板上下端的焊缝，上端缝对称各留一段通气孔（缝）。

（10）组对加强环板并焊接，注意控制其水平度。

（11）如封头组对允许偏差造成封头加强筋板与接触表面标高尺寸偏差，允许在圈板安装时对该端面进行切割或堆焊增补，但不得超过40 mm，并不低于封头端口边沿。

四、塔体焊接组对

（一）焊接材料管理

严格按焊接规程选用焊材，按表5.9-1规定选用焊材。焊接材料的储存场所、烘干、去污设施、焊接材料的库存保管和使用过程中的管理，应符合现行行业标准《焊接材料质量管理规程》（JB/T 3223—2017）的规定。

表5.9-1　焊材选用表

母材牌号	电弧焊条	气体保护焊
06Cr19Ni10（304）	A102	H0Cr21Ni10
XDS-8	XDS-8	—
Q235B-06Cr19Ni10（304）	A302	H0Cr21Ni10

（二）坡口加工

坡口形式和尺寸符合设计或标准规定，壁板焊缝为双面对接焊缝，坡口形式见表5.9-2。当不等厚对接焊件组对时，薄件端面应位于厚件端面之内，并进行加工修整。坡口采用机械加工或等离子切割方法,采用等离子弧、氧乙炔焰等热加工方法加工坡口后,应除去坡口表面的氧化皮、熔渣及影响接头质量的表面层,并应将凹凸不平处打磨平整。坡口表面及两侧附近 10 mm 内的水、锈、油污、积渣和其他有害杂质应清理干净,不锈钢坡口两侧应做必要防护,防止焊接飞溅。

表 5.9-2　壁板坡口形式要求

适用范围/mm	示意图	坡口角 a/(°)	间隙 b/mm	钝边 c/mm
>10		40~60	1~3	2~4

(三)焊缝布置

焊缝不得设置在应力集中区,应便于焊接和热处理,并应符合下列规定:

(1)筒节与筒节、筒节与封头组对时,相邻两节纵向焊缝间距应大于壁厚的 3 倍,且不应小于 100 mm。

(2)不宜在焊缝及其边缘上开孔。当必须在焊缝上开孔或开孔补强时,被补强板覆盖的焊缝应磨平,管孔边缘不应存在焊接缺陷。

(四)焊接及焊接变形控制

(1)根据吸收塔焊接工艺评定,塔壁焊接采用小电流、短电弧、快焊速和多层多道焊工艺,并应控制道间温度。

(2)定位焊缝焊完后,应清除药皮进行检查,其质量应符合规范及焊接工艺文件的规定。对发现的缺陷清除后,再进行焊接。

(3)多层焊接每层焊完后,应立即对层间进行清理,并应进行外观检查,清除缺陷后,再进行下一层的焊接。

(4)对中断焊接的焊缝,继续焊接前应进行清理、检查,对发现的缺陷应进行清除,并应符合规定的预热温度后方可施焊。

(5)焊接双面焊件时,应清理并检查焊缝根部的背面,清除缺陷后方可施焊背面焊缝。

(6)规定清根的焊缝,应在清根后进行外观检查,清除缺陷后方可施焊。

(7)纵向对接焊缝两端不宜设置引弧板和引出板,其材质宜与母材相同或为同一类别。

(8)焊件应采用防止变形措施:焊接顺序应对称进行,当从中心向外进行焊接时,具有大收缩量的焊缝宜先施焊,整条焊道应连续焊完。焊件宜进行刚性固定或采取反变形方法,并留有收缩余量。壁板焊接时,先焊纵向焊缝,后焊环向焊缝。当焊完相邻两圈壁板的纵向焊缝后,再焊其间的环向焊缝。采用不对称坡口时,应先焊大坡口侧,后焊小坡口侧。纵焊缝焊接前,应焊好加强弧板,弧板不得少于 3 块。壁板立缝焊接时,除产生角变形外,还会产生旋转变形和纵向的收缩变形。为防止各种变形,在焊接立缝前,可在壁板内侧焊接龙门板。

壁板环缝的焊接变形采用龙门板加背杠的防变形夹具,见图 5.9-1。根据焊接工艺,应采用多层多道焊,同时在施焊过程中注意控制层间温度。不等厚对接焊件焊接时,应采取加强拘束措施,防止对应于焊缝中心线的应力不均匀。

扫一扫,看图

图 5.9-1

立缝的焊接应由几名焊工沿圆周均匀分配对称焊接,使焊缝内的应力均匀,从而提高筒体的稳定性。立缝的两端应各留出 200 mm 不焊,等到环缝组对完成后与丁字焊缝一起焊接,因为在纵焊缝施焊时,极易在焊缝两端出现 150 mm 左右的外翘变形,给环缝组对造成困难,使丁字焊缝的应力增加。

(9)顶板焊接中,波浪变形和角变形是最常见的变形之一。施工时,先将格子加强板组对,组对好后进行双面间断焊接。组对和焊接过程中重点检查板的直线度和水平度,如发现变形,应及时矫正。如果顶板对接焊缝处于离加强板 300 mm 内以上部位,应临时增加龙门板固定,防止正面大坡口焊接时变形。焊接幅板时,先将组对时所焊的定位焊缝全部磨开,让中幅板之间保持自由状态,然后按先短后长、从中心向外分段退焊或跳焊的顺序焊接。为了更好地控制底板的变形,可以采用反变形夹具,即在焊接前,先将钢板与焊接变形相反的方向进行人为的变形,使反变形的量与焊接变形的量相同。这样在焊接后,焊接变形正好吸收了焊前的反变形,使钢板趋于平整。

(10)焊缝返修应按评定合格的焊接工艺进行,焊缝表面缺陷修磨深度不应大于该部位钢材厚度的 5%,且不应大于 2 mm,并应打磨平滑或修磨成具有 1:3 及以下的缓坡。焊接修补时如需预热,预热温度应取上限,返修焊缝质量要求与原焊缝相同。

(五)塔体吊装组对

待每层塔体组对焊接完成,采用吊车将每段筒体进行环缝组对焊接,组对时需设置对口卡,组装时用挂线锤的方法,调整其垂直度,塔体直线度及垂直度要求为塔高的 1/1000。对于高度超过 20 m 的立式设备,找正以阴天及风力不大于四级时为准,以免日照方向与风力对其垂直度的影响。如果其测量垂直度超过标准,则应对塔体组对间隙进行调整。调整方法是用两台 50 t 千斤顶轻轻顶起,调整塞铁高度。设备现场组对焊接完毕后,应对设备总体形状尺寸进行检验,设备筒体椭圆度、直线度、高度偏差、棱角度应符合规定。

五、煤油渗透

根据设计要求,壳体所有焊缝均应经煤油渗漏试验合格。煤油试漏前,应将焊接接头能够检查的一面清理干净,涂以白垩粉浆,晾干后,在焊接接头的另一面涂以煤油,使表面得到足够的浸润。30 min 后以白垩粉上没有油渍为合格。

六、焊缝钝化处理

塔体所有不锈钢焊缝需在焊缝煤油渗透检测合格后进行钝化处理。焊缝钝化工艺流程按照以下步骤进行:

(1)清理焊缝及其两侧的油污及飞溅物。

(2)用洁净水冲洗焊缝。

(3)待焊缝冲洗干净后涂刷钝化膏,钝化时间为 5~20 min,当焊缝表面呈现亚白色即可。

(4)钝化完成后使用洁净水冲洗,呈中性后擦干水迹。

七、内件安装

设备内件安装前应清除表面油污、焊渣、铁锈、泥沙、毛刺等杂物。设备内部应清扫干净。内件安装时，以筒体内壁的基准圆周线作为水平度的测量基准。

填料填充质量应符合规定，填料应干净，排列方式、高度和充装的体积符合设计文件要求，规则排列的填料应按规定排列整齐，乱堆的颗粒填料松紧度适当，表面平整，填料装填过程中需采取缓冲措施，避免填料损坏严重。

八、其他设备安装

（一）泵类设备安装

低温位热吸收装置系统有酸循环泵、低压给水泵、稀释水泵、地下槽酸泵，泵的安装方法基本相同。具体如下。

1. 施工顺序

基础验收→垫铁布置（基础凿麻）→设备就位→一次找正→联轴器初对中→一次灌浆→二次找正→二次灌浆→联轴器精对中。

2. 基础处理

基础复查合格后，根据设备的重量和底座尺寸确定垫铁的规格、数量和位置，原则上每根地脚螺栓近旁放置两组垫铁，每间距 500~1000 mm 增设一组垫铁，垫铁的斜度为 1/10~1/20。垫铁位置确定后，为保证垫铁与基础接触紧密，必须铲出垫铁窝并且在基础上表面及其四周铲出麻面，以增强二次灌浆层与基础的黏结效果。

3. 设备安装

根据施工图确定泵的标高及安装方位，在设备底座上画出泵的十字中心线，吊装就位，使其十字中心线与基础十字中心线重合，一次找正。泵体找水平时，测量点选择在泵体水平加工面上（中分面），或在进出口法兰面上。用条式水平或框式水平测量其水平度，通过调整垫铁，使条式水平或框式水平读数在规范规定的范围内。

（1）一次灌浆。

设备找正初步完成后，用比原混凝土强度等级高一级别的细石混凝土或专用灌浆料对地脚螺栓预留孔一次灌浆，灌浆前应把孔内水、杂物、油渍等清除干净，严禁碰撞设备，以免设备产生移动。

（2）二次找正。

待一次灌浆达到设计强度的 75%后，进行二次找正（精找正），方法与一次找正相同，此时只能作微量调整。找正完毕后，做好记录（包括纵横中心线偏差、水平度偏差）。其中纵横中心线允差为±5 mm，水平度允差为横向<0.20/1000、纵向<0.10/1000。

（3）二次灌浆。

二次灌浆前由建设单位、监理单位和施工单位联合进行隐蔽前的检查，并在《隐蔽工程记录》上签字，点焊垫铁，用比原混凝土强度等级高一级别的细石混凝土或专用灌浆料灌实。

（4）联轴器对中。

泵体找正完毕后，进行联轴器对中，采用双表、两轴同时沿同一方向转动的方法，根据径向和轴向百分表的读数，通过铜皮在电机底座处的增减来达到联轴器对中偏差在规范规定范围内。泵的找正应符合《机械设备安装工程施工及验收通用规范》(GB 50231—2009)的规定。

(5)电机单独试运转。

把联轴器连接螺栓取下,电机单独试运转,检查电机转向是否与泵一致,电流、电压及轴承温升情况,并做好记录。

(6)单体试车。

主要试车过程为:

a.打开泵吸入管路阀门,关闭排出管路阀门。

b.泵吸入管路应充满水,并把空气排尽。

c.泵启动后,应快速通过喘振区。

d.转速正常后,应打开出口管路的阀门,出口管路阀门的开启不宜超过 3 min,并将泵调节到设计工况下,不得在性能曲线驼峰处运转。在设计工况下连续运转 2 h。

e.在试车过程中,应随时检查以下内容,并每隔半个小时做一次记录:各固定连接部位应无松动;转子及各运动部件运转正常、不得有异常声响和摩擦现象;附属系统运转应正常;管道连接应牢固无渗漏;轴承的温度不应大于 80 ℃;用测速仪测量转速;用测振仪测量轴承体处振动值。停泵时应缓慢关闭出口管路阀门,关闭电源,关闭进口管路阀门,排尽泵内积存的水。

(二)静设备安装

低温位热吸收装置系统有蒸发器、除氧器、预热器、冷却器、排污扩容器、地下槽、缓冲罐等,其安装方法基本相同。

1.施工顺序

施工准备→基础验收→到货设备检验→安装垫铁摆放→设备吊装就位→设备找正(检查)→基础二次灌浆→开孔检查→内件安装→检查确认、封孔。

2.基础验收

(1)设备安装施工前,基础须经交接验收。基础施工单位应提交详细的测量记录及相关资料,基础上必须明确标出基础标高线、中心线,基础表面应清理干净。

(2)卧式冷、换设备滑动端支座基础的预埋滑板标高、平整度必须符合设计和图纸规范。

(3)设备就位前,施工人员对设备基础进行复测,基础几何尺寸、标高应符合图纸和设计要求。基础螺栓几何尺寸偏差应在设计允许范围内且螺纹保护完好。

3.设备安装

按照工艺管口方位图找准设备的安装方向,然后利用起重机具等吊装就位,原则上安装时使用设备自带吊耳进行安装。设备的找正与找平应按基础上安装基准线(中心标记、水平标记)对应设备上的基准测点进行调整和测量,调整和测量的基准规定如下:

(1)设备支撑(裙式支座、耳式支座、支架等)的底面应以标高基准线为基准。

(2)设备的中心线位置应以基础上的中心划线为基准。

(3)立式设备的方位应以基础上距离设备最近的中心划线为基准。

(4)立式设备的铅垂度应以设备两端部的测点为基准。

(5)卧式设备的水平度一般应以设备中心划线为基准。

第十节　二氧化硫风机安装施工方法及要点

铜冶炼双闪工艺项目使用的铜精矿含硫量较高,在进行熔炼、吹炼高温反应过程中,产生了大量的二氧化硫等混合烟气。冶炼烟气通过除尘系统、净化系统、干吸系统、转化系统等一套制酸系统后,将有毒有害的二氧化硫气体制成了化工原料——浓硫酸,完成了硫元素的综合回收。从烟气产生位置到转化工段的路径长,管线复杂,风阻又大,需要大排量的大型风机工作(年产 40 万 t 阴极铜规模的双闪工厂烟气量往往要超过 160000 Nm^3/h),且烟气中含有 SO_2、CO_2、水雾、酸雾等腐蚀性介质,其对二氧化硫风机及其安装质量有较高的要求。

二氧化硫风机主要组件有叶轮、蜗壳、可调前导叶、出口锥形管、转子支撑座、齿轮箱、油站、底座、联轴器、主电机、其他配件。二氧化硫风机整体示意图见图 5.10-1。

二氧化硫风机一般安装在厂房内,空间狭小,且厂房内需配备 16 t 的检修行车,才能满足检修要求。风机含齿轮增速箱,转速较高,风机叶轮、变速箱、联轴器、电机的同轴度要求高。叶轮加工精度高,需采用专用吊具,不能有损伤。风机叶轮与蜗壳间隙小,调整困难。

图 5.10-1

一、安装准备

(一)技术准备

主要的技术准备工作:审批完成的技术方案;签字确认的技术安全交底;熟悉图纸和场地的施工班组人员;到场指导的厂家技术人员。

(二)场地准备

风机安装过程中,要求做好防火防盗防污染措施,场地要求主要有以下几点:

(1)地面、道路平整,满足汽车吊、平板车运输至厂房内的要求。

(2)厂房内墙面都施工完,门窗都已安装且能正常使用。

(3)厂房内钢结构平台、楼梯、栏杆施工完。

(4)厂房内 16 t 检修行车安装、检查完,具备使用条件。

(5)厂房内清理干净,照明条件好。

(三)起重机具准备

设备倒运需要根据设备单体最大件重量、场地情况确定。一般有 50 t 汽车吊 1 台、30 t 平板车 1 台、吊索吊具若干。

设备安装用起重机具主要利用厂房内的 16 t 检修行车。

(四)施工人员准备

二氧化硫风机安装前,设备厂家指导人员应提前到场,参与设备的开箱检查验收,验收合格后,开始进行安装指导服务。

二氧化硫风机安装所需的施工班组人员主要有合格的钳工、焊工、起重工、管道工、电工、普工等。

(五)工机具、材料准备

风机安装过程中所需的主要工机具和材料有电焊机、手拉葫芦、千斤顶、力矩扳手、精密水准仪、激光对中仪、框式水平仪、塞尺、切割工具、平/斜垫铁、细钢丝、砂纸等以及常用的小型工机具。

二、设备安装

(一)安装工序

二氧化硫风机设备安装施工工序流程见图 5.10-2。以上工序可以根据设备到场情况进行合理调整。

图 5.10-2

(二)基础验收、复测

设备安装前,设备基础必须经过正式的中间交接验收,并符合相关设计规范要求,主要检查地脚螺栓孔的定位尺寸、空洞深度、空洞倾斜度等偏差关键数据。

根据土建施工的测量记录及相关资料,在基础或临近基础的建筑物立柱上标出标高、中心线基准,在设备基础表面标出纵、横向定位基准线等数据。

(三)基础处理

基础处理的步骤有以下几点:

(1)根据设备底座尺寸、地脚螺栓孔位置及设备厂家要求,确定垫铁位置及垫铁的设置形式。

(2)确定设备垫铁/调节螺栓的位置,将除垫铁位置以外的区域,进行基础凿毛处理,铲出麻面,麻点密度为 $3 \sim 5$ 个/dm^2 为宜,麻点深度不小于 10 mm,表面不允许有油污或疏松层。处理前,先将孔洞临时封堵,防止渣子掉入,处理后将基础表面及时清理干净。

图 5.10-3

(3)基础凿毛处理现场见图 5.10-3。

(4)若使用调节顶丝安装的,将顶丝摆放区域的基础表面用角磨机打磨平整。根据安装高度,确定顶丝是否垫平垫铁。调节顶丝安装现场见图 5.10-4。

图 5.10-4

(四)底座安装

基础处理完之后,开始安装设备底座。其安装步骤如下:

(1)在底座上表面边缘位置打上纵横中心线的永久标记。

(2)在每个地脚螺栓旁边放置一组垫铁或调整顶丝,注意调节高度。

(3)利用厂房内的检修行车将底座吊起来,清理干净后吊装至基础面上,根据基础放线以及底座上的中心线,底座定位之后开始调整标高、水平、中心,反复进行调整,使其达到设计/厂家要求。

(4)通过底座下部的垫铁/顶丝,配合水准仪控制标高,达到与设计值 2 mm 误差范围。

(5)利用框式水平仪,通过调整垫铁/顶丝,保证底座水平度达到 0.02 mm/m 精度。

图 5.10-5

(6)调整合格后,做好记号。

(7)底座安装后见图 5.10-5。

(五)轴承箱安装

底座安装就位、调整好后,安装轴承箱,其安装步骤如下:

（1）用厂房检修行车将轴承箱吊装就位，注意对准纵横向中心线，纵向以轴承两端伸出轴的中心为基准，横向以轴承中心线为基准。纵向水平度在主轴上测量，横向水平度在底座上测量，粗调合格后，再检查增速机与轴承箱联轴器的同轴度。

（2）待机壳、叶轮安装完成后，可进行地脚螺栓灌浆，养护期满后复测。

（3）安装水平度等经监理/业主确认后，等后续机械部件全部安装完成，再统一进行二次灌浆。

（六）蜗壳就位

风机蜗壳由蜗状外壳和管状外壳两部分组成，在蜗状外壳的底部装有用于排流的接口，其安装步骤如下：

（1）先装蜗状外壳，叶轮安装时，拆下管状外壳后，才可进行叶轮安装，叶轮安装完毕后，再装管状外壳。

（2）吊装蜗壳前，先行将蜗壳两个底座和地脚螺栓连接成一个整体，然后将蜗壳底座整体吊装至安装位置。

（3）吊装蜗状外壳，蜗状外壳与其底座之间用螺栓连接，这四个螺栓各带一个衬套、一个活动的垫圈和一个压紧垫圈。安装时用力矩扳手拧紧，拧紧后，应保证活动垫圈不被压死，以满足蜗壳热胀冷缩的要求。

（4）安装时，要注意蜗壳底座和蜗壳连接部位应一一对应，具体方法为核对蜗壳底座与蜗壳上所刻钢印号，切不可搞混。

（5）蜗壳需叶轮安装调整完后再灌浆。

（七）电机安装

电机就位前，联轴器的两轴毂已经分别装在主轴和电机轴上，把电机吊装就位，调整两轴毂法兰端面间隙，同时粗调两轴的同轴度。同样，电机安装就位经监理检查确认后即可完成地脚螺栓灌浆。

电机现场安装见图5.10-6。

扫一扫，看图

图5.10-6

（八）联轴器安装

（1）联轴器组件示意图见图5.10-7。

（2）联轴器安装前，应开启油泵以保证主轴转动，使各轴承得到充分润滑，以减少轴承磨损。

（3）联轴器为弹性联轴器。安装前，检查电机转子是否处于磁力中心位置，注意联轴器轴毂及联轴器上的标记，转动电机轴，让联轴器及其轴毂按原装置方位连接，同轴度的调整通过在电机与基座之间的薄钢板垫片调节。

（4）因电机与风机侧热膨胀系数不同，调整同轴度时，应保证电机侧比风机侧稍高，具体按厂家说明书和厂家服务人员要求。

扫一扫，看图

图5.10-7

（5）联轴器调节轴向偏差不超过0.03 mm，径向偏差不超过0.1 mm，端面偏差不超过0.2 mm。

（6）联轴器现场安装见图5.10-8。

（九）叶轮安装

风机的叶轮安装前，其表面保护涂层必须清理干净，包括轴孔和螺栓孔。安装前，将蜗壳管状部分拆卸下后，方可进行叶轮部分安装。

扫一扫，看图

图5.10-8

叶轮安装专用工具及使用见图5.10-9。

叶轮安装及专用工具使用注意事项:

扫一扫,看图

图5.10-9

(1)横梁是一个由空心型材构成的焊接结构,带有一个调整环、两个吊环和一个法兰。

(2)调整环是一个起重机吊钩的吊挂点。在不同的叶轮类型中,重心位置也不相同。

(3)调整环是可移动的,这样才能使带有叶轮的横梁保持平衡。调整环可用夹紧螺栓固定,由此便不会滑动。

(4)两个吊环是起重机吊钩或钢绳葫芦吊钩的吊挂点,用于提升、倾斜或固定横梁。

(5)提升叶轮时严禁使用这些吊环。

(6)为了调整方便,吊具上端应挂两个手拉葫芦,竖直方向的葫芦用于微调叶轮安装高度,斜拉葫芦用于调整叶轮的水平安装位置。

(7)吊装过程中必须小心谨慎。

叶轮安装步骤:

(1)将叶轮与专用吊具正确地连接,并悬空吊起。

(2)使叶轮旋翼叶毂的齿面上的销孔对准垂直方向的正上方中心位置,盘动主轴,让主轴端面的定位销孔也对准该位置,以便叶轮旋翼叶毂的齿面与主轴端面的齿面能准确啮合。

(3)将O形环推到叶轮旋置叶毂的齿面上,直到它与旋翼叶毂倾斜凹槽的前端接触,检查叶轮是否处于水平位置,以免安装时损坏弹性螺栓。

(4)把轴螺母旋到弹性螺栓上,直到顶紧叶轮。

(5)把安装叶轮用压紧螺母旋到弹性螺栓上,压紧螺栓紧固严格按照厂家说明书要求分多次拧紧,同时用百分表检测伸长量。螺栓扭矩和延展长度按厂家要求进行。

(十)蜗壳调整

叶轮安装完成后,根据叶轮与蜗壳间隙再调整蜗壳位置,确保入口和出口间隙符合厂家要求。

叶轮与蜗壳间隙示意图见图5.10-10。

某二氧化硫风机进出口叶轮与蜗壳间隙范围见表5.10-1。

扫一扫,看图

图5.10-10

表5.10-1 叶轮与蜗壳间隙范围表

间隙位置	允许范围/mm
入口	2.8~4.2
出口	3.5~4.2

间隙调整合格后,固定住蜗壳,拧紧连接螺栓。

(十一)润滑系统安装

二氧化硫的润滑系统现在一般分为两种:传统独立润滑油站系统和整体底座式润滑系统。传统独立润滑油站系统一般包含油站、高位油箱、润滑油管路,其示意图见图5.10-11。

整体底座式润滑系统是将油站与底座整合为一体，利用底座的空腔设置油箱、油泵、过滤器，示意图见图5.10-12。

整体底座式润滑系统具有以下优点：

(1)节约空间，将润滑系统的各部件设置在底座空腔。

(2)安装简便，润滑系统大部分随底座一起安装，不需要再单独去安装油站。

(3)润滑油管路短，且容易工厂预制，没有高位油箱及复杂的油管，省去现场的管道酸洗、钝化环节。

图 5.10-11

图 5.10-12

(十二)冷却系统安装

二氧化硫风机的冷却系统是指给润滑系统进行冷却的循环水冷却系统。将外网的循环冷却水按照进水、回水的管路要求，连接至油站的热交换器上，管道上一般有阀门、活接、压力表、温度计、流量计等配件。其安装要求和工业给水管道要求一致。

(十三)附件安装

风机及底座一次灌浆后可将进口短管、电动风门、出口短管、油气分离器、测温测压元件等部件安装完成。

进出口短管安装时，注意清理法兰接触面，清理干净后，黏上厂家配备的密封胶带，按要求紧固螺栓。

三、设备试运转

(一)送电前试验调整

(1)试验前要进行周密的准备工作，根据设备及试验项目，准备齐全完好的试验设备及仪器、仪表、工器具等，不能漏带仪器、设备及器具。

(2)安全合理布置试验场地，做好安全措施，与带电部分保持足够安全距离。测量、控制及操作装置要在就近处放置，以便于操作及读数。

(3)对二氧化硫风机保护参数、启动参数等进行设定和查看，确认是否与二氧化硫风机现场铭牌参数一致。

(4)试验时，提前挂锁，待现场检查完成后开锁，准备启动。

(5)记录人员详细记录被试设备编号、试验项目、测量数据、使用仪器编号，以及试验时的温度、湿度、日期、试验人员等，最后整理编制好试验报告。

(6)对于测试数据反映出的设备缺陷，要及时向监理和业主反映，并填写有关记录。

(二)调试需要注意的事项：

(1)在整台设备试运转之前，首先应对整台设备进行全面检查，包括现场环境、安装联轴器质量、水平度，所有电气、仪表的调试及连锁、油质、地脚螺栓和所有保护装置的检查。

(2)设备在厂家指导人员、监理、业主的现场检查，确认无误并签署"设备试运转前的检查"记录表后，方可进行调试。

(3)试运转专用现场检测设备齐全且有效，设备上的电子检测元件调试正常。

(4)试运转现场照明足够，且夜间有足够照明。

(5)试运转前，先调试好润滑系统和循环冷却水系统，正常运行一段时间后，才能进行运转,且提前开启。

(6)试运转前,检查进出口的风管是否畅通,防止进口负压过低造成管道损坏、出口压力过高损坏管路阀门、仪表等部件。

(7)试运转前设置好安全警戒,安排专人把守,无关人员不得进入。

(8)试运转前场地清理干净,杂物、备件都清理干净。

(9)试运转应单独编制试运转方案,并通过厂家技术人员、监理、业主的审批。

(10)试运转前,试运转人员应进行交底,确保试运转过程中的责任落实到每一个人。

(11)二氧化硫风机试运转前,先拆开联轴器,单独进行电机试运转,一般正常运行不少于4 h。

(12)电机试运转合格后,再恢复联轴器、安全护罩。

(13)在厂家技术人员的指导下进行二氧化硫风机试运转。一般试运转时间不少于12 h。

(14)试运转期间听从厂家技术人员指导。

(15)试运转合格后,及时做好"设备试运转记录",并请各方现场签字。

第六章　渣选区和动力区

第一节　渣选区和动力区简介

一、渣选区简介

渣选区主要是对闪速熔炼炉渣里残留的铜金属及含铜矿物通过破碎、磨浮、脱水等工序进行回收利用。经过选矿方法处理，铜浮选回收率一般可达 90% 左右，所得铜精矿铜品位大于 20%，尾渣含铜在 0.2% 以下。渣选区一般包括粗碎车间、磨浮车间、浓密车间、精尾矿堆场等。

（一）粗碎车间

粗碎车间是对缓冷后的闪速熔炼渣进行破碎处理，以保证物料粒度为 0~200 mm。粗碎后的物料经皮带运输机送至磨矿车间进行研磨，粗碎车间主要配置颚式破碎机、重型板式给料机、桥式起重机、布袋收尘等设施。破碎系统见图 6.1-1。

图 6.1-1

（二）磨浮车间

磨浮车间是对物料进行多阶段磨矿，多阶段旋流器分级，再将矿浆加药搅拌后全闭路浮选。车间主要配置半自磨机、球磨机、旋流器、渣浆泵、浮选机、桥式起重机等设备。

主要工艺流程为物料经给料机和胶带输送机给至一段半自磨机，半自磨机排矿泵送至一段分级旋流器，一段分级沉砂返回一段球磨机细磨泵送一段分级旋流器，一段分级溢流自流至一段矿浆搅拌槽。一段搅拌槽内的矿浆经加药搅拌后进行一段粗选，一段粗选精矿为最终铜精矿，一段粗选尾矿则泵送至二段分级旋流器。二段分级沉砂给入球磨机，并构成闭路磨矿。二段分级溢流自流至二段矿浆搅拌槽。二段搅拌槽内的矿浆经加药搅拌后自流至二段粗选作业。二段粗选精矿经三次精选得最终铜精矿，并与一段粗选精矿合并后由渣浆泵扬送至精矿浓密机。二段粗选尾矿经三次扫选后得最终尾矿，由渣浆泵扬送至尾矿浓密机。三次扫选精矿和精选一尾矿合并为中矿，泵送至中矿分级旋流器。旋流器沉矿进入塔磨机细磨，然后返回中矿分级旋流器，构成再磨回路，旋流器溢流返回二段扫选。磨机装置见图 6.1-2。

图 6.1-2

图 6.1-3

（三）浓密车间

浓密车间主要是对粗选后得到的精矿及尾矿进行浓密，精矿和尾矿经浓密机底流管分别泵送进入精矿压滤机与尾矿过滤机过滤，过滤后的物料经胶带输送机分别送入精尾矿堆场中暂时堆存。浓密机装置见图 6.1-3。

（四）精尾矿堆场

精尾矿堆场内的铜精矿，可按冶炼要求选择汽车运输或者通过胶带输送机转运至冶炼配料仓。尾矿堆场内的尾矿装车外运销售。

二、动力区简介

动力区是双闪冶炼配套的给水、工艺风及压缩空气、天然气、余热发电、废水及废酸处理等子项的合称，一般包括给水加压泵房、空压机及鼓风机房、天然气调压站、余热发电机组系统、废酸处理站、废水深度处理等。

（一）给水泵房

给水泵房主要为全厂提供生产、生活及消防用水，配套的水池应储存不低于 10 h 的生产用水量。泵房配置生产给水加压泵、消火栓加压泵、喷淋泵、生活给水泵等。

（二）鼓风机房及空压机房

鼓风机房及空压机房主要为冶炼提供工艺用风及热工压缩空气，一般配置 2 台闪速熔炼工艺风机系统、2 台闪速吹炼工艺风机系统和 2 台无油空压机系统。同类型风机均为一用一备，且应配备自洁式空气过滤器。

（三）天然气调压站

天然气调压站是将来自外网的天然气通过撬装式加压设备进行升压，以供闪速炉喷嘴使用。天然气调压站所有管道必须严格按规范要求进行焊接及试验，并做好永久保护措施。

（四）余热发电机组系统

利用饱和蒸汽进行余热发电，在生产过程及机组发电稳定之后，在 10 kV 配电室并入电网。为充分利用余热，应分别设置高压及低压汽轮发电机组。高压汽轮机应具有应对大负荷波动的能力，能实现最大限度地可调抽汽。当低压汽轮机进气量较小时，可由高压汽轮机抽气补充，以满足低压汽轮机的最低进气要求。余热发电机组系统见图 6.1-4。

图 6.1-4

（五）废酸处理站

对来自净化工段的废酸进行无害化处理，一般采用 H_2S 法，使引入气体吸收装置和高效硫化反应器可以实现废酸处理的连续化。重金属砷的脱除率高，硫化后液中的砷离子浓度可以控制在 10 mg/L 以下。采用 H_2S 代替硫化钠，可以有效解决钠离子的二次污染问题。同时，产出副产品硫酸钠。

（六）废水深度处理站

废水深度处理站主要是对酸性废水处理站的达标废水以及初期收集的雨水进行综合治理。针对废水性质的特点，多采用"多介质过滤+超滤+反渗透"工艺。厂区生活污水采用重力流，单独设置生活污水排水管网收集，进入生活污水处理站进行处理。

三、渣选、动力区的工艺流程

渣选和动力区的工艺流程相互关联，共同保证冶炼过程的顺利进行。以下是其简要工艺流程。

（一）原料准备

闪速熔炼炉渣经过冷却后，进入粗碎车间进行破碎处理。

（二）磨矿和浮选

破碎后的物料送入磨浮车间，经过研磨、分级和浮选，最终得到铜精矿和尾矿。

（三）浓密和过滤

铜精矿和尾矿经过浓密车间进行浓密处理，然后送入精矿和尾矿过滤机，进行脱水处理。

（四）动力供应

给水、工艺风、压缩空气和天然气等动力系统全程支持生产流程，确保设备正常运行。

（五）余热利用

冶炼过程中的余热通过余热发电机组系统转化为电能，提高资源利用效率。

（六）废物处理

废酸和废水经过专门处理站进行处理，确保环保合规。

四、设备布局与管理

在渣选、动力区的设备布局中，应考虑以下几个方面。

（一）空间优化

合理布局设备，确保各个工序之间的物流畅通，减少不必要的搬运。

（二）安全防护

加强设备的安全防护措施，设置必要的警示标志和防护设施，确保员工安全。

（三）设备维护

建立设备维护管理制度，定期对设备进行检查和保养，确保设备的正常运转和延长使用寿命。

五、生产效率与环保

渣选和动力区的生产效率与环保密切相关。通过优化工艺流程、提高设备效率和加强废物处理等手段，可以实现生产效益与环境保护的双赢。

（一）生产效率提升

通过技术改造和设备更新，提升生产效率，降低能耗和物耗。

（二）环境保护措施

严格遵循环保法规，落实各项环保措施，减少废物排放，保障周边环境的安全和健康。

第二节　渣选系统设计与优化

双闪工艺铜冶炼渣选区，主要是对闪速熔炼炉渣里残留的铜金属通过破碎、磨浮、脱水等工序进行回收利用，涉及粗碎车间、磨浮车间、浓密车间、精尾矿堆场等。下面将结合某双闪工艺铜冶炼厂设计实际情况，本节针对渣选系统的设计与优化情况进行论述。

一、喷雾抑尘机和雾炮机

1.初步设计问题

项目初步设计方案中，渣选系统未配备任何降尘设备。渣选作业过程中，如炉渣的转运、破碎和筛选等环节，不可避免地会产生大量粉尘。这些粉尘不仅会对作业现场的空气造成严重污染，影响操作人员的身体健康，还会扩散至周边环境，对周边生态环境和居民生活产生不利影响。同时，粉尘弥漫在空气中，降低了作业区域的能见度，增加了设备故障和安全事故的发生概率，严重制约了渣选系统的高效和安全运行。

2.优化配置

喷雾抑尘机工作原理与应用。喷雾抑尘机采用先进的压缩空气与水混合技术，将水雾化成微小的水滴，形成一个封闭的雾池笼罩在产尘区域。其原理为：当粉尘颗粒在空气中扩散时，会与雾池中的微小水滴充分接触。由于水的表面张力和黏性作用，粉尘颗粒会附着在水滴表面，进而形成较大的颗粒团，因重力作用而沉降下来，从而有效地抑制粉尘的扩散。这种喷雾抑尘机可根据渣选作业现场的实际布局和粉尘产生源的分布情况，进行合理布局和参数调整，确保在各个关键产尘点都能形成有效的雾池覆盖，最大限度地减少粉尘逸出。

雾炮机功能特点与作用发挥。雾炮机则是利用远程射雾器将水喷射成远距离的水雾的机器。其产生的水雾在作业区域上部空间形成一层均匀的水雾层。当粉尘上升至该水雾层时，与水雾相互碰撞、凝聚，逐渐变大变重，最终沉降到地面。雾炮机的优势在于其射程远、覆盖范围广，能够对大面积的作业区域进行有效的降尘处理。而且，雾炮机的喷射角度和力度可以根据实际需求灵活调整，适应不同风向、风速和作业场景下的降尘要求。例如，在渣堆搬运和倾倒区域，可通过调整雾炮机的角度，使其水雾能够精准地覆盖粉尘扬起的区域，实现高效降尘。

3.特点与经济效益

运行稳定性与可靠性高。喷雾抑尘机和雾炮机均采用了先进的工业设计和制造工艺，具备在炉渣选矿作业这种恶劣环境下长周期安全、高效和可靠运行的能力。它们能够适应高温、高粉尘浓度、湿度变化以及一定程度的腐蚀性气体等复杂工况条件，减少因设备故障而导致的降尘作业中断，保障渣选系统的持续稳定运行。例如，其关键部件采用了耐腐蚀和耐磨材料，设备的防护等级较高，能够有效抵御粉尘和恶劣环境对设备的侵蚀和损害，降低设备的维修频率和维修成本。

显著的环保效益。这两种降尘设备的有效运行，极大地抑制了扬尘污染。环境监测数据显示，在安装使用喷雾抑尘机和雾炮机后，渣选作业区域周边空气中的粉尘浓度显著降低，达到了国家相关环保标准要求，减少了因粉尘排放而可能面临的环保处罚风险，同时也改善了周边居民的生活环境质量，提升了企业的社会形象和环保声誉，为企业的可持续发展奠定了良好的环境基础。

二、智能巡检机器人测温系统设备

1.初步设计问题

原初步设计采用人工点检方式对渣缓冷场渣包进行温度监测。

人工点检存在诸多弊端。首先，渣缓冷场环境恶劣，存在高温、粉尘、弱酸性腐蚀等危险因素，操作人员在这样的环境中进行点检作业，面临着炉水喷溅、弱酸雾侵害及高温烫伤等安全风险，严重威胁到工作人员的生命健康。其次，人工点检的效率低下，受限于人力和时间，难以实现对渣包温度的实时、连续监测，容易出现漏检或检测不及时的情况，无法准确掌握渣包温度变化的全过程，不利于对渣包冷却过程的精确控制和优化管理，进而影响渣选工艺的整体稳定性和产品质量。

2. 优化配置

智能巡检机器人测温系统专门针对渣缓冷场渣包的智能巡检测温作业而设计。该系统配备高精度的温度传感器，能够准确地测量渣包的表面温度，并通过无线传输技术将测温数据实时传输到中控监测系统。

中控监测系统可以对渣包温度变化情况进行定时跟踪和记录，运用先进的数据分析算法，深入分析渣包的降温过程，绘制温度变化曲线，预测温度变化趋势。一旦检测到渣包温度异常，系统会立即发出报警提示，通知相关工作人员及时采取处理措施。

该机器人的工作环境适应性极强，其机身及内部关键部件均采用特殊材料和防护设计，具有优异的耐热、耐潮、耐腐蚀等性能。例如，其传动装置(如电机、减速器等)以及其他主要受力构件(如悬架、轮胎等)均选用了高强度、耐腐蚀的材料，并经过特殊的工艺处理，具备足够的机械强度、良好的抗疲劳性能，能够在渣缓冷场相对恶劣的工况下长期稳定运行，无须频繁维护和更换部件，有效保障了巡检作业的连续性和可靠性。

3. 特点与经济效益

安全性能大幅提升。采用智能巡检机器人代替人工点检进行渣包温度监测，彻底避免了工作人员暴露在恶劣环境中的风险，消除了炉水喷溅、弱酸雾及高温等安全隐患，保障了员工的生命安全和身体健康。这不仅降低了企业的安全管理成本和事故风险，还提高了员工的工作满意度和忠诚度，为企业营造了良好的安全生产氛围。

点检作业高效精准。机器人能够按照预设的巡检路径和时间间隔，对渣包进行24 h不间断的巡检和温度监测，实现了对渣包温度变化的实时、全面掌控。相比人工点检，其检测频率更高、数据准确性更好，能够及时发现温度异常的渣包，为及时调整渣选工艺参数提供了准确依据，提高了渣选作业的精细化管理水平和产品质量稳定性。例如，通过对渣包温度的精准监测和分析，可以优化渣包的缓冷时间和工艺条件，提高铜精矿的回收率和品位，增加企业的经济效益。同时，机器人的高效运行，降低了人工点检所需的人力和时间成本，提高了企业的生产运营效率。

三、矿浆在线粒度仪

1. 初步设计问题

初步设计仅在一段、二段分级溢流设置了在线粒度仪，虽然能够对这两个阶段的矿浆粒度进行监测，但对于整个渣选工艺流程而言，监测范围存在一定的局限性。

中矿再磨分级旋流器的矿浆粒度情况未能得到实时监测，这使得在整个浮选工艺过程中，工作人员无法全面、准确地掌握各级入选粒度的分布和变化情况，难以实现对浮选工艺的精细化调控。例如，中矿再磨分级旋流器的矿浆粒度如果出现异常波动，可能会影响后续浮选作业的效果，导致精矿品位下降或尾矿中有用矿物含量增加，降低了资源的综合利用率和企业的经济效益。

2. 优化配置

在原有的一段分级旋流器、二段分级旋流器溢流矿浆在线粒度监测的基础上，新增了中矿再磨分级旋流器的在线粒度监测功能。新配置的在线粒度仪采用了先进的激光衍射技术或超声检测技术，能够快速、准确地测量矿浆中颗粒的粒度分布情况，并将数据实时传输至中控系统。

中控系统根据接收到的粒度数据，结合预先设定的工艺参数和模型，对各分级旋流器的运行参数进行动态调整，如调整旋流器的给料压力、流量、浓度等，以确保各级矿浆的粒度始终处于最佳的浮选工艺要求范围内。

3. 特点与经济效益

工艺掌控全面精准。通过增加中矿再磨分级旋流器的在线粒度监测，实现了对渣选阶段浮选工艺产品各级入选粒度情况的全面掌控，能够更加及时、准确地了解整个工艺流程中矿浆粒度的变化趋势，为工艺优化和调整提供更为丰富、准确的数据支持。例如，在浮选过程中，工作人员可以根据不同阶段矿浆粒度的实际情况，精准地调整浮选药剂的添加量、浮选时间和浮选机的运行参数等，提高浮选效率和精矿质量，降低尾矿品位，从而提高资源的回收率和利用率，增加企业的经济效益。

协同作业优化升级。矿浆在线粒度仪与精矿取样机、尾矿取样机相互配合，形成了一个完整的渣选工艺监测与调控体系。精矿取样机和尾矿取样机可以定期对精矿和尾矿进行采样分析，获取其品位、回收率等关键指标数据，而在线粒度仪则提供了矿浆粒度这一重要参数。三者的数据相互关联、相互印证，使得对渣选工艺的评估和调控更加全面、科学。通过对这些数据的综合分析和利用，可以不断优化渣选工艺的各个环节，提高整个渣选系统的协同作业效率和稳定性，降低生产成本，提升企业的市场竞争力。

四、除垢仪设备

1. 初步设计问题

在初步设计阶段，渣选系统要么未配备除垢设备，完全依赖人工除垢，要么采用的除垢方式存在诸多问题。人工除垢效率极低，需要耗费大量的人力和时间成本，而且在除垢过程中，由于无法彻底清除水垢，容易导致设备内部的精密部件长期受到水垢的腐蚀磨损。

例如，在渣选矿磨机循环水冷却系统和渣选尾矿陶瓷过滤机滤液系统中，水垢的积累会降低热交换效率，增加设备能耗，缩短设备使用寿命。而传统的化学除垢方式虽然能够在一定程度上清除水垢，但存在化学污染问题，会对环境造成不良影响，同时化学药剂的使用增加了除垢成本，并且需要定期更换备件，其维护管理较为复杂。

2. 优化配置

为解决上述问题，优化配置采用了先进的除垢仪设备。针对渣选矿磨机循环水冷却给水系统和渣选尾矿陶瓷过滤机滤液系统分别设置一台除垢仪。这些除垢仪采用离子钝化处理技术，通过向水中施加特定的电场或磁场，改变水中钙、镁等离子的结晶形态和沉积特性，使水垢无法在设备表面形成坚硬的附着层，而是以松软的颗粒状悬浮在水中，随水流排出系统。这种离子钝化处理技术无须添加化学药剂，避免了化学污染的产生，符合环保要求。

除垢仪的设备结构简单，运行稳定可靠，使用寿命长，在正常运行过程中几乎无备件消耗，维护成本极低。只需定期对设备进行简单的检查和清洁，即可保证其长期稳定运行，为渣选系统的高效、绿色运行提供了有力保障。

3. 特点与经济效益

设备保护与性能提升。除垢仪的有效运行从根本上解决了水垢对设备精密部件的腐蚀磨损问题，延长了设备的使用寿命。例如，在渣选矿磨机循环水冷却给水系统中，除垢仪保持了冷却水管路的畅通无阻，提高了热交换效率，确保了磨机在正常工作温度下运行，减少了因设备过热而导致的故障停机时间，提高了设备的运行稳定性和可靠性。在渣选尾矿陶瓷过滤机滤液系统中，除垢仪防止了水垢对过滤介质和滤液管道的堵塞，保证了过滤机的过滤效率和滤液质量，降低了设备的维护成本和维修工作量。

环保与经济双赢。采用离子钝化处理技术的除垢仪无化学污染，符合当前环保要求，避免了因化学除垢而可能面临的环保处罚风险，提升了企业的环保形象。同时，由于除垢仪的维护成本低廉，无备件消耗，长期使用下来，相比传统的化学除垢或人工除垢方式，可为企业节省大量的除垢费用和设备维修费用，提高了企业的经济效益和可持续发展能力。

五、无人值守数字式汽车衡自动计量系统

1. 初步设计问题

初步设计采用人工称重计量方式对尾矿出库进行计量。

人工称重计量存在诸多不便之处。首先，人工操作效率低下，每辆车的称重过程需要耗费较长时间，包括车辆的引导、称重数据的记录和整理等环节，容易造成车辆排队等待称重的现象，降低了尾矿出库的运输效率，增加了运输成本。其次，人工记录的数据准确性和可靠性相对较低，容易出现人为错误，如数据记录错误、漏记等情况，给企业的生产运营管理带来不便，影响了库存管理和成本核算的准确性。此外，人工称重计量无法实现远程监控和数据的实时共享，不利于企业对整个生产运营过程的集中管控和决策分析。

2. 优化配置

无人值守数字式汽车衡自动计量系统采用高精度数字式传感器及显示仪表，精度达到C3等级。该系统具备自动识别车辆功能，通过车牌识别技术或车辆电子标签，能够准确识别进出称重区域的车辆信息。当车辆驶上汽车衡时，高精度数字式传感器会迅速感知车辆的重量，并将数据传输至显示仪表进行处理和显示。同时，系统会自动采集车辆的称重数据、时间、车牌号等信息，并通过网络传输技术将这些数据实时传送至中控系统。

中控系统对数据进行存储、分析和处理，实现了对尾矿出库称重数据的远程监控和管理。此外，系统还具备自动打印称重票据、数据统计分析、异常报警等功能，能够满足企业对尾矿出库计量管理的多种需求。

3. 特点与经济效益

计量精准高效。高精度数字式传感器及显示仪表保证了称重数据的准确性和可靠性，精度C3等级能够满足企业对尾矿计量的高精度要求。自动识别车辆和数据自动采集、传输功能大大提高了称重计量的效率，减少了车辆等待时间，提高了尾矿出库的运输效率，降低了运输成本。例如，在大规模尾矿运输作业中，快速准确的称重计量能够使运输车辆快速周转，提高了物流运输的整体效率，为企业节省了大量的时间和成本。

远程监控与管理便捷。数据传送至中控系统实现了远程监控，企业管理人员可以随时随地通过中控系统查看尾矿出库的称重数据和车辆信息，及时掌握库存动态和生产运营情况。这有助于企业进行合理的生产计划安排、库存管理和成本核算，提高了企业的管理水平和决策效率。例如，根据实时的尾矿出库数据，企业可以及时调整选矿工艺参数，优化资源配置，降低生产成本，提高企业的经济效益。同时，自动打印称重票据和数据统计分析功能方便了企业的财务结算和报表生成，减少了人工操作环节，降低了人为错误的发生概率，提高了企业运营管理的规范化和信息化水平。

六、无人驾驶自动调度系统

1. 初步设计问题

项目的初步设计阶段采用人工转运方式,存在诸多弊端。人工转运效率低下,操作人员的体能和工作时长限制了工程车辆的运行频率与作业速度,导致物料转运流程缓慢,难以满足日益增长的生产需求,拖慢整个渣选系统乃至冶炼项目的生产节奏。

同时,人工操作在恶劣的渣缓冷场和渣堆场环境中面临巨大安全风险,高温、粉尘、潮湿有雾及弱酸性腐蚀等条件不仅损害操作人员健康,视线受阻、操作疲劳等因素还易引发车辆碰撞、倾翻等事故,威胁人员生命安全与企业财产安全。

此外,人工转运难以实现精准的资源调配与协同作业,各车辆之间缺乏高效的沟通协作机制,易造成作业冲突、路径规划不合理等问题,降低了场地与设备的利用率,增加了不必要的能源消耗与运营成本。

2. 优化配置

定位与通信基础设施的搭建。为实现无人驾驶自动调度,搭建了 RTK 差分定位基站。其信号具备广泛且精准的覆盖能力,不仅确保渣缓冷场和渣堆场内部现有无人化作业设备能够稳定接收信号以实现精确的位置定位与导航,还为车辆的自动驾驶提供可靠的位置信息基础,而且充分考虑企业未来发展可能增添的无人化设备,预留了充足的信号覆盖范围。同时,基站信号延伸至各场地之间的空旷道路,保障了车辆在不同作业区域间转移时的定位连续性与准确性。与之相配合的是三个 5G 基站的建设,其通信信号全面覆盖整个厂区,构建起高速、稳定的数据传输通道。这使得无人驾驶车辆能够实时与中控系统进行海量数据交互,如车辆自身状态数据、环境感知数据以及中控系统下达的作业指令数据等,确保整个无人驾驶自动调度系统的信息流畅通无阻,实现对作业车辆的精准远程控制与实时监控。

无人驾驶车辆与智能调度系统的集成。无人驾驶车辆配备了一套先进的感知、决策与控制系统。感知系统融合了激光雷达、摄像头、毫米波雷达等多种高精度传感器,能够 360 度全方位、实时地感知周围环境信息,包括车辆前方、后方、侧方的障碍物位置、形状、速度以及道路边界、作业场地布局等。这些感知数据被迅速传输至车载控制系统,控制系统依据预先设定的算法与模型,结合从中控系统获取的作业任务信息,如物料搬运起点与终点坐标、作业顺序等,实时规划出最优的行驶路径,并精确控制车辆的速度、方向、制动及作业动作,如装卸料操作等,实现车辆在复杂作业场景下的自主驾驶。中控系统作为整个无人驾驶自动调度系统的核心大脑,集成了智能调度算法与生产管理软件。它根据渣选系统的整体生产任务需求,综合考虑各作业区域的物料分布情况、设备运行状态以及各无人驾驶车辆的实时位置与作业进度,对所有无人驾驶车辆进行统一的智能自动调度。通过优化分配作业任务、合理规划车辆行驶路径以及精确协调车辆之间的作业时序,中控系统确保各车辆之间能够高效协同作业,避免作业冲突与资源浪费,最大限度地提高整个作业流程的效率与效益。

3. 特点与经济效益

高效生产与稳定运行特性。该系统具备 24 h 连续工作的能力,不受人员工作时长与疲劳因素的限制,能够始终保持稳定的作业节奏,与冶炼主工艺的生产流程紧密配合,实现无缝对接。在实际运行中,无人驾驶车辆的平均作业效率相较于人工驾驶车辆提高了 2% 以上。例如,在渣缓冷场的渣包搬运作业中,无人驾驶车辆能够根据中控系统的精确调度,快速穿梭于冷却区域与后续处理工序之间，平均每车次搬运时间缩短了0.5 min，大大提高了渣包的周转速度，从而提升了整个渣选系统的生产效率。同时，系统的稳定性与可靠性，减少了因设备故障、人为操作失误等原因导致的停机时间，设备利用率显著提高，保障了企业生产的连续性与稳定性，为企业按时完成生产任务、满足市场需求提供了有力支持。

安全与环境适应优势。无人驾驶自动调度系统在恶劣环境下的安全稳定工作能力是其显著特点之一。在高温环境下，车辆的电子设备与动力系统经过特殊设计与散热处理，能够正常运行而不会因过热出现故障；在粉尘环境中，车辆的密封性能与空气过滤系统有效防止粉尘侵入关键部件，保证其正常运转；在潮湿有雾条件下，传感器的防水与除雾功能确保环境感知的准确性；在弱酸性腐蚀环境里，车身及关键部件采用耐腐蚀材料与防护涂层，延长了设备使用寿命。这种强大的环境适应性不仅保障了车辆自身的安全稳定运行，还减少了因环境因素导致的设备维修与更换成本。从安全角度来看，无人驾驶技术消除了人工驾驶带来的安全风险，降低了事故发生率。据统计，采用无人驾驶自动调度系统后，渣选作业区域因车辆事故导致的人员伤亡事故数量降为零，因事故造成的设备损坏与生产中断损失减少了30%以上，为企业营造了安全可靠的生产环境，同时也降低了企业的安全管理成本与潜在的法律风险。

成本降低与效益提升成果。从人工成本方面来看，无人驾驶自动调度系统的应用大量减少了对人工转运操作人员的需求，节省了可观的人力成本支出。原本需要5名操作人员的转运作业，在采用无人驾驶系统后，仅需少量的监控与维护人员，人力成本降低了60%以上。在设备维护成本方面，虽然无人驾驶车辆的初期购置与系统建设成本相对较高，但由于其运行稳定性提高、故障发生率降低以及精准的作业控制减少了设备的非正常磨损，长期来看，设备的维护成本与维修频率显著下降。例如，车辆的轮胎磨损均匀且使用寿命延长了33%，发动机等关键部件的维修次数减少了40%。此外，系统通过优化作业流程与资源调配，提高了场地与设备的利用率，减少了能源消耗。如在渣堆场的堆取料作业中，无人驾驶车辆的精准作业避免了物料的过度堆积与重复搬运，降低了物料处理能耗与设备空转能耗，综合计算，单位物料处理成本降低了38%以上，为企业带来了显著的经济效益提升，增强了企业在市场中的竞争力。

七、精矿压滤机设备

1. 初步设计问题

初步设计未对精矿压滤机设备进行特定配置，这种情况导致在精矿过滤作业过程中可能出现诸多问题。

例如，传统的压滤机可能存在滤饼含水率较高的问题，影响精矿的后续处理与运输；滤板的性能可能不够稳定，容易出现变形、破裂等情况，不仅降低了压滤机的使用寿命，还可能导致过滤过程中的物料泄漏，影响生产环境与产品质量；而且传统压滤机的能耗较高，不符合现代企业节能减排的发展要求，在长期生产过程中增加了企业的运营成本。

2. 优化配置

采用单室进料空气穿流水洗滤饼的优化配置。这种配置在进料方式上采用单室进料，相较于传统的多室进料方式，能够使矿浆更加均匀地分布在滤室内，提高了过滤的效率与均匀性。空气穿流技术的应用是该压滤机的一大特色，在过滤后期，通过向滤室内通入压缩空气，使空气穿过滤饼层，进一步挤压滤饼中的水分，有效降低了滤饼的含水率。水洗滤饼环节则能够清洗掉滤饼表面残留的杂质，提高精矿的纯度与质量。

同时，滤板采用高性能复合材料，一次性注塑成型。这种制造工艺使得滤板具有密度高、精度高、耐冲击韧性高的特点。高密度保证了滤板的结构强度与密封性，防止物料泄漏；高精度确保了滤板之间的配合紧密性，提高了过滤效果；高耐冲击韧性使得滤板能够承受过滤过程中的压力波动与物料冲击，不易损坏，从而大大提高了滤板的使用稳定性与可靠性，减少了滤板的更换频率与维护成本。

此外，该精矿压滤机设备在设计上注重节能环保，通过优化过滤流程与动力系统配置，降低了设备的整体能耗，符合现代绿色冶炼的发展理念。

3. 特点与经济效益

产品质量提升与稳定性保障。单室进料空气穿流水洗滤饼的工艺显著提高了精矿的质量。经检测，滤饼含水率处于 8.5% 以下，这使得精矿在后续的储存、运输与冶炼过程中更加稳定，减少了因水分过高导致的物料结块、氧化等问题，提高了精矿的附加值。例如，在精矿运输过程中，低含水率的滤饼减少了运输过程中的损耗与污染风险，确保了精矿能够以更高的品质到达下游企业。滤板的高性能特点保证了压滤机的稳定运行，过滤过程中的物料泄漏率几乎降为零，有效避免了因泄漏导致的精矿损失与生产环境恶化，为企业生产高品质精矿提供了可靠的设备保障，有助于企业树立良好的产品质量形象，增强市场竞争力。

节能降耗与成本控制成效。从节能角度来看，该精矿压滤机设备通过优化设计与工艺创新，洗涤充分彻底，可节约用水 30%~50%。在长期大规模生产过程中，能源成本的降低为企业节省了大量资金。从设备维护成本方面来看，滤板的长寿命与高稳定性减少了滤板的更换次数与维护工作量。传统压滤机可能需要每年更换一块滤板，而该优化后的压滤机滤板更换周期延长至 1.5 年以上，且滤板过滤面积增大 13%，稳定年处理 300 t 精矿，同时降低了因设备故障导致的停机维修时间与成本，提高了设备的利用率与生产效率，进一步降低了企业的运营成本，为企业的可持续发展提供了有力支持。

综上所述，双闪工艺铜冶炼项目渣选系统的智能巡检机器人测温系统设备、无人值守数字式汽车衡自动计量系统、无人驾驶自动调度系统、精矿压滤机、喷雾抑尘机、雾炮机、除垢仪设备等的优化配置，从提高生产效率、保障安全稳定运行、提升产品质量及降低成本等多方面为项目带来了显著的效益，体现了现代先进技术在铜冶炼行业中的应用价值与发展潜力。

第三节　全厂水系统的设计与优化

铜冶炼工厂水系统涉及供水系统和回用水系统。根据设备对水质、水压、水温及供水安全性等不同要求，给水系统主要包括生产水、生活水、事故水、循环水、回用水及消防水六个系统。根据工艺对水质、水温及用水点的位置不同等要求，回用水系统主要包括酸性生产废水回用系统及一般生产废水回用系统。结合双闪年产 40 万 t 铜冶炼厂设计实际情况，针对除盐软化水系统、废水系统的设计与优化情况进行论述。

一、除盐软化水系统

1. 初步设计情况

铜冶炼循环水系统需要进行软化处理，确保循环水系统钙镁离子含量满足生产要求；除盐软化水初步设计为"阴阳床或混床工艺"传统离子交换除盐水工艺，设计新水利用率75%左右。离子交换需要加入酸碱，即不断向水中加入新的离子，交换出局部区域水中的离子，使局部水质达标。

2. 设计优化

采用先进的"全膜法"水处理技术和水质稳定措施，加强循环水水质处理，使循环水系统以较高的浓缩倍数运行。"全膜法"化学水处理包括预处理系统、超滤系统、反渗透系统、EDI系统、化学洗系统、反洗系统、冲洗系统等。主要设备包括换热器、多介质过滤器、叠片式过滤器、超滤(UF)处理设备、一级/二级反渗透(RO)脱盐设备、EDI系统设备、药品计量、加药系统及其他辅助设备。化学水处理系统依据设备状态和主要工艺参数，送至化学水处理站控制室的控制系统，控制系统将完成设备的联锁保护、报警及设备的远程/就地切换等，实现无人值守。

3. 优化效果

无人值守，运行成本更低。"全膜法"工艺的运行成本低于离子交换运行成本，但投资要高于离子交换；离子交换需要更多的人工进行离子再生，自动化程度低。全膜法工艺自动化程度高，可实现少人甚至无人运行。

水利用率大大提高。离子交换新水利用率只有75%左右；"全膜法"工艺可以将新水的利用率做到90%以上，同时通过余热锅炉定排连排、余热锅炉取样冷却用水，泵送至圆盘浇铸机循环水池直接回用，进一步减少外排水量。但是循环水外排水、涉重废水等水的资源的处理需进一步采取恰当的工艺进行优化，实现废水资源化回收及涉重废水零排放，提高循环水的循环率达90%及以上。

二、全厂废水系统

1. 初步设计情况

铜冶炼厂酸性废水、重金属污染废水、初期雨水、一般生产废水、生活污水从源头分类收集分质处理，最终分别回用和排放，使废水处理减量化排放、资源化回收利用，集中处置后分级回用。对涉重废水、一般生产废水需回用部分，分别采取集中处置后达到使用要求后回用。其中涉重废水不允许外排，采取膜处理技术将涉重废水处置为反渗透淡水和反渗透浓水。一般生产废水集中收集后，经混凝沉淀后部分回用。设计需水量为20018 t/d，其中工艺新水消耗量11218 t/d，循环水消耗新水消耗量8800 t/d。补充工艺水产生的涉重金废水量1158 t/d，全部进入硫酸污酸系统及酸性废水处理站处置，循环水系统产生(循环水排污水)的一般生产废水量2655 t/d，经简单处置后，部分回用，其余外排。总体情况见图6.3-1。

扫一扫，看图

图 6.3-1

2. 设计优化

各类废水的收集系统细化。将厂区废水按酸性废水、重金属污染废水、初期雨水、一般生产废水、生活污水进行分类收集。酸性废水为重金属污染物浓度最高的稀酸，由烟气制酸净化工序产出，产出后用储罐收集，通过泵及架空管道送至酸性废水预处理系统。

重金属污染废水为厂区内重污染区域产出的污染物浓度较低的废水，包括精矿区冲洗水、冰铜粒化循环水、吹炼渣粒化循环水、分析化验中心酸雾净化塔排污水、电解酸雾净化塔排污水、浇铸循环水、制酸尾气脱硫排污水、涉重区域(精矿区、冶炼区、制酸区)初期雨水，就地区域收集后，通过泵及架空管道送至重金属污染废水处理系统。初期雨水为厂区除涉重区域以外的其他区域初期雨水，通过厂区雨水管网沟排集中收集于厂区初期雨水收集池。一般生产废水为厂区其他循环水系统产出的强制排污水，不含重金属污染物，通过就地收集泵及架空管道送至一般生产废水处理系统。生活污水为厂区各公厕、办公楼、食堂、洗浴中心等产出的生活污水，由各产出点化粪池初级处理后，经厂区内独立的生活排水管网集中收集至生活污水处理装置。

酸性废水预处理系统优化。将烟气制酸净化工序产出的酸性废水通过泵送入气液强化硫化反应器，与硫化氢气体充分接触反应，产生硫化物沉淀，脱除废酸中绝大部分砷、铜、铅等有害杂质。硫化沉淀渣进入浓密池，再通过板框压滤机进行压滤分离，硫化处理后液送至石膏工序再处理，硫化后液含砷不超过 5 mg/L、铜不超过 1 mg/L。硫化氢采用液态硫氢化钠与稀硫酸反应制备，制备残留的硫酸钠溶液采用少量的氢氧化钠调节 pH 后，经双效蒸发处理得到硫酸钠产品。气液强化硫化反应器和气体发生器中产生的尾气先经预处理罐吸收残留的硫化氢，最后的尾气送至尾吸塔处理，经在线监测系统（监测硫化氢）检测后由排放烟囱统一排放。除害塔采用碱液吸收硫化氢，一段时间后吸收液转变为硫化钠溶液，每隔一段时间将硫化钠溶液送至气体发生器处理，实现硫化钠溶液的资源化利用。

重金属污染废水处理系统优化。硫化处理后液送至石膏反应槽，在石膏反应槽中加入 20%石灰石乳液，控制石膏工序 pH 为 3~4 和一定的反应时间。废酸中的氟离子及大部分硫酸和碳酸钙反应生成石膏，反应后液通过浓密机沉降，用浓密机底流泵打入高位给液槽并经石膏离心机分离出石膏，石膏外售用于水泥掺和料。滤后液送入地坑并经泵打回浓密机，浓密机上清液溢流至一段中和反应槽。含有少量杂质的石膏反应后液送至一段中和反应槽，在一段中和反应槽中加入硫酸亚铁以强化除砷效果。一段中和反应后液溢流至一组敞开的四联槽，控制 pH 在 8.5，用空气曝气氧化，其中的三价砷氧化为五价砷，二价铁氧化成三价铁，这样更利于砷铁共沉淀。最后，控制 pH 在 10.5。为了加速中和反应沉淀物的沉降速度，在反应后液中加入絮凝剂，再通过浓密机沉降，底流送中和压滤机压滤。压滤机滤液送至一段中和浓密机，一段中和浓密机上清液再经过二段中和，流程按二段中和→二段四联槽氧化→二段絮凝进行，二段中和浓密机上清液溢流至三段反应槽，三段反应槽中投加碳酸钠溶液去除废水硬度，出水硬度小于 200 mg/L（以 CaCO$_3$ 计），底流用泵打回一段中和反应槽。三段反应槽上清液溢流至三段凝聚槽，再溢流至三段沉降槽，沉降槽上清液溢流至中间水池，并用排液泵再送至气液分离器、悬浮过滤器，沉降槽底流打回一号石膏反应槽。悬浮过滤器底流送至过滤器渣浆槽并用排液泵送回石灰石乳槽，悬浮过滤器上清液溢流至 pH 调节池，再溢流至回用水池并经回用水泵送至废水深度处理系统，在 pH 调节池中加稀释后的硫酸来调节 pH，处理后废水含砷、铜、铅及其他污染物指标优于《铜、镍、钴工业污染物排放标准》（GB 25467—2010）中相关标准要求。

达标重金属废水的深度处理及回用系统。处理达标后的中和后液送入原水池，经多介质过滤器过滤后，送入超滤装置，控制清水产水率不低于 90%，产水 SDI 小于 3。浓水返回工艺前端原水池继续循环，清水进反渗透系统，反渗透产水率不低于 75%，脱盐率不低于 95%，总钙镁脱除率不低于 95%。产出脱盐水回用于制酸循环水补水，浓盐水回用于渣缓冷场循环水池补水，实现涉重废水零排放。酸性废水处理站的达标废水送至深度处理的水量为 1115~1633 m^3/d，含砷、铜、锌、铅在 1.5 mg/L 以内、SS 悬浮物在 30 mg/L 以内、TDS 总溶解性固体在 7000 mg/L 左右。设计工艺为"多介质过滤+超滤+反渗透"，反渗透产淡水 725～1061 m³/d，送至硫酸车间循环水系统作为补充水。反渗透高盐分浓水 390～572 m³/d，送至冰铜风淬、吹炼渣风淬，以及渣缓冷场循环水系统作为补充水。

初期雨水收集池废水处理优化。经由初期雨水收集池提升泵送至 PFS 反应池。在 PFS 反应池中投加聚合硫酸铁（PFS），经搅拌充分混合反应后形成矾花，去除废水中少量的砷及铜、铅等重金属。反应后溶液溢流至 pH 调节池，同时在调节池中投加 NaOH 溶液，将废水 pH 调节至 6～9 后溢流至 DCTR 反应池。在 DCTR 反应池中投加重金属捕集剂（DCTR），进一步去除废水中残留的砷及铜、铅等重金属后，混合溶液溢流至絮凝池，在絮凝池中投加 0.1% 浓度的絮凝剂（PAM），使混凝沉淀物（矾花）增大，溢流至沉淀池沉淀。沉淀物经由重力自然沉降后，从沉淀池底部排泥管排入集泥池，上部溢流清液进入中间水池，再通过中间水池提升泵送入悬浮填料过滤器（FBl 过滤器）去除水中残留悬浮物，滤出液送入废水深度处理站初期雨水调节池（初期雨水原水池），过滤器沉淀物从过滤器底部排泥送入集泥池。集泥池内的泥浆通过泵送入污泥浓密机，上清液溢流至初期雨水处理站絮凝池，底部浓浆通过底流泵泵入污泥压滤机，压滤机滤后液返回浓密机。初期雨水原水池的废水经多介质过滤器过滤后，送入超滤装置，控制清水产水率不低于 90%，产水 SDI 小于 3，浓水返回工艺前端原水池继续循环，清水进反渗透系统，反渗透产水率不低于 75%，脱盐率不低于 95%，总钙镁脱除率不低于 95%，产出脱盐水回用于制酸循环水补水，浓盐水送至原水池。处理后初期雨水送至深度处理水量为 2600 m³/d，含砷、铜、锌、铅在 1.5 mg/L 以内，SS 悬浮物在 30 mg/L 以内，TDS 总溶解性固体在 450 mg/L 左右，设计工艺为"多介质过滤+超滤+反渗透"，产出脱盐水量为 2210 m³/d，回用于硫酸车间循环水补充水；产出浓水量为 390 m³/d，回用于渣缓冷场循环水补充水。

一般生产废水处理优化。一般生产废水为清净下水，设计水量为 2655 m³/d，处理工艺采用"混凝沉淀"，处理后，渣缓冷场、浇铸循环水与脱硫工艺补充水每天使用的回用水量为 1112 m³/d，剩余部分 1543 m³/d 外排至市政污水排水管网。一般生产废水集中在废水调节池收集，通过输送泵输送到 pH 调节池，在 pH 调节池中加氢氧化钠溶液调节 pH 为 6～9 后，再到软化池，加碳酸钠溶液除去 Ca^{2+}、Mg^{2+} 等。然后到反应池，在反应池中加 PFS，进行初步絮凝沉降。反应池中的废水流到与之相邻的絮凝池，在絮凝池中加 PAM，进行再次絮凝沉降。每个池子中都有搅拌桨，确保反应充分完全，也能避免沉淀物沉淀到池子底部。然后废水流到沉淀池进行沉淀，沉淀池底部污泥排至集泥池，上层清液溢流到滤前水池。集泥池内污泥由水泵提升至浓密机浓缩，浓密机上清液返回沉淀池澄清，浓密机底流用泵送至压滤进行固液分离。滤前水池废水送至悬浮填料过滤器进行过滤，过滤后送至滤后水池，最终外排，外排水水质满足《铜、镍、钴工业污染物排放标准》（GB 25467—2010）表 2 规定的水污染物间接排放标准及园区污水处理厂接管标准要求。

生活污水处理系统优化。生活污水通过厂区生活污水管网进入污水处理站的格栅井，去除颗粒杂质后，进入调节池，进行均质均量。调节池中设置预曝气系统，再经液位控制仪传递信号，由提升泵送至 A 级生物接触氧化池，进行酸化水解和硝化反硝化，降低有机物浓度，去除部分氨氮。然后流入 O 级生物接触氧化池进行好氧生化反应，在此绝大部分有机污染物通过生物氧化、吸附得以降解。出水自流至二沉池进行固液分离后，沉淀池上清液流入中间水池，然后由过滤提升泵提升中到砂过滤器去除水中胶体、颗粒、悬浮杂质，再进入活性炭过滤器，去除水中胶体、颗粒、色度、异味。经投加消毒液杀灭水中有害菌种后，达到排放标准后进入达标排放水池，达标排放。由格栅截留下的杂物定期装入小车倾倒至垃圾场，二沉池中的污泥部分回流至 A 级生物处理池，另一部分污泥至污泥池进行污泥消化后定期抽吸外运，过滤反冲洗污水和污泥池上清液回流进入调节池再处理。

3. 处理后废水外排

排水执行工业园区规划，实行雨、污分流，雨水就近排入工业园区雨水排水管网，一般生产废水与生活污水就近排入工业园区污水排水管网。进入污水处理厂，污水处理厂接管标准为 pH = 6~9，悬浮物不超过 400 mg/L，化学需氧量不超过 500 mg/L，氨氮不超过 30 mg/L，生化需氧量不超过 350 mg/L，总氮不超过 40 mg/L，总磷不超过 3 mg/L。处理后的尾水全部排向江中，执行《城镇污水处理厂污染物排放标准》(GB 18918—2002) 一级 A 排放标准。

第四节　磨机预埋螺栓孔施工方法及要点

以某年产 40 万 t 双闪工艺铜冶炼工厂建设工程为案例，其具有立磨机 1 台、半自磨机 1 台和球磨机 1 台。其装置情况如下。

(1) 立磨机基础：基础承台尺寸(长×宽×高)为 6.01 m×5.1 m×2 m，设备基础底座尺寸(长×宽×高)为 4.21 m×3.925 m×1.9 m；基础底标高−2.5 m，基础顶标高+1.4 m；主要预埋件为 16 根 M48×1200 mm 地脚螺栓。

(2) ϕ5.8 m×5.8 m 半自磨机基础：基础底标高−2 m，顶标高达到+7.226 m；承台底板厚 3.5 m，磨机部分承台底板尺寸(长×宽×高)为 10.888 m×6.142 m×3.5 m；磨机两端墙宽 4.96 m，墙高 5.726 m，自由端墙厚为 1.85~1.35 m，由下至上逐渐减薄，固定端墙厚为 1.35~0.85 m，由下至上逐渐减薄；主要预埋件为 12 根 M24(长 800 mm)、14 根 M30(长 810 mm)、8 根 M42(长 905 mm)、8 根 M48(长 1290 mm)、8 根 M56(长 1415 mm)地脚螺栓及部分预埋钢板，大直径地脚螺栓为预埋套管。

(3) ϕ5.8 m×10 m 球磨机基础：基础底标−2 m，顶标高达到+7.226 m；承台底板厚 3.5 m，磨机部分承台底板尺寸(长×宽×高)为 15.358 m×6.309 m×3.5 m；磨机两端墙宽 4.76 m，墙高 5.726 m，自由端墙厚为 1.85~1.35 m，由下至上逐渐减薄，固定端墙厚为 1.35~0.85 m，由下至上逐渐减薄；主要预埋件为 18 根 M24(长 800 mm)、24 根 M42(长 1085 mm)、8 根 M48(长 1290 mm)、8 根 M64(长 1605 mm)地脚螺栓及部分预埋钢板，大直径地脚螺栓为预埋套管。

一、施工准备

(1) 施工图纸到位后，立即组织项目相关人员进行图纸审查，将图纸中不清楚的部分和有问题的地方提出，会同监理、业主和设计院进行图纸会审。在开工前将技术交底发到作业班组，要求交底交到个人。

(2) 准备好质量和安全策划，确定质量和安全目标。

(3) 根据图纸和规范要求，制订详细的辅材清单，包括每种材料的名称、规格、数量等信息。

(4) 梳理设置基础施工重难点，设置针对性措施并交底执行。

（5）熟悉图纸后，绘出相应位置预埋螺栓孔措施支撑架。

（6）预留相应测量控制点，保证基础从开始到结束使用相同控制点，同时保证其他关联设备基础轴线高程误差符合设计要求。

（7）提前制作螺栓孔固定支撑架。

二、施工顺序

（1）根据基础形式，半自磨机及球磨机基础计划分两个部分进行施工，先施工筏板基础部分，后施工上部基础底座部分。第一部分完成标高-2 m～+1.5 m，安装好螺栓固定支架及螺栓孔后一次浇筑至设备基础顶+7.226 m（预留灌浆层）。

（2）施工工艺流程

基础验槽→垫层混凝土完成→放轴线及标高→筏板基础钢筋模板完成→预埋槽钢→检查槽钢位置及标高→筏板基础混凝土完成→放轴线及标高→安装螺栓孔固定支架→安装螺栓孔及预留孔洞→复查预留螺栓孔及预埋盒轴线及标高→安装上部钢筋模板支撑架→完成钢筋模板→安装剪力槽预埋盒→复查预留螺栓孔及预埋盒轴线及标高→混凝土浇筑→养护。

三、施工方法及要点

（1）浇筑筏板混凝土时，要提前预埋槽钢，槽钢位置及标高根据螺栓孔固定支架位置预埋，完成后浇筑混凝土。

（2）根据设置在渣选厂房附近的控制网，用全站仪将纵横轴线测设在筏板基础上。以红油漆在基础上沿边口做标记，每条轴线均应双向控制，以便复核。再根据互相垂直的轴线，用钢尺放出螺栓孔固定架控制线，弹上墨斗线。

（3）为减少高程控制的误差，由专业测量人员将控制点的水准点转测筏板基础承台上，并做出符合规范要求的高程控制点。以此点对螺栓孔固定架高程进行控制。

（4）根据筏板基础上的轴线及标高，安装螺栓孔固定支架，螺栓孔固定支架与筏板基础上的预埋槽钢焊接，使其基础更加牢固，保证上部螺栓孔预埋的准确性。

（5）地脚螺栓孔固定架安装架校正固定完毕后，进行地脚螺栓预埋管及预埋盒的安装。地脚螺栓预埋管及预埋盒安装时先于安装架的上口，纵横向挂设1 mm直径的钢丝，纵横向钢丝与纵横向轴线吻合，再用钢尺定位螺栓预埋管及预埋盒中心与轴线尺寸。螺栓预埋管及预埋盒顶标高采用水准仪测量控制。螺栓预埋管及预埋盒垂直度采用线锤配合钢尺控制。每组螺栓预埋套管及预埋盒经检查校正无误后与安装架焊牢，螺栓预埋套管及预埋盒固定架采用角钢∠63×6、槽钢C14#焊接，联结牢固，见图6.4-1、图6.4-2。

图6.4-1

（6）螺栓预埋管及预埋盒安装完成后，施工钢筋模板时，不得与预埋螺栓套管及预埋盒固定架有任何接触，要保证螺栓预埋管及预埋盒是完全独立的架体，防止有外力对架体有影响，从而保证预埋螺栓套管及预埋盒的准确性。

图6.4-2

（7）安装剪力槽预埋盒时，严格按图纸标高大小深度预埋，保证后期设备底板正常安装。

（8）复查预留螺栓孔及预埋盒轴线及标高，纵横向挂设1 mm直径的贯通钢丝，逐一复查每一个预留螺栓孔及预埋盒。

四、施工质量验收标准与控制措施

(一)施工质量要求

(1)施工前进行技术交底,严格按图纸和规范施工。

(2)为了确保结构位置的正确,各轴线、标高必须反复测量,经常校核。

(3)施工支撑系统应严格按设计要求搭设,不得随意更改。

(4)焊工必须持有上岗证,在施工前模拟实际施工条件做试样试验,合格后方可进行施工。

(5)混凝土浇筑用跑道与模板支撑系统分开,浇筑前要校核预埋件、预埋孔、预埋盒、剪力槽,确保数量位置无误后,方可浇筑。

(6)加强后台管理,严格按混凝土配合比上料,不得随意更改,误差应在规范之内。

(7)加强混凝土的养护,及时、按期进行洒水养护。

(8)混凝土应振捣密实,振捣应由下至上按"快插慢拔"的方法振捣,振捣棒应与模板保持一定的距离,并避免碰撞预埋件、预埋孔、预埋盒、固定支架。对柱梁接头处应加强二次振捣,每次振捣应使混凝土完全沉落或表面出现浮浆,且不在有气泡溢出时为止。。

(9)模板拆除应按照"先装后拆,后装先拆"的原则,并按规定要求进行,任何人不得随意拆除。

(二)预埋螺栓孔质量标准

(1)同组螺栓孔中心线与轴线相对位移偏差不超过 2 mm。

(2)各螺栓孔中心之间的相对位移偏差不超过 2 mm。

(3)螺栓孔顶标高偏差+10~0 mm。

(4)螺栓孔垂直偏差不超过 $L/1000$。

(三)质量保证措施

(1)质量检验标准:《建筑工程施工质量验收统一标准》(GB 50300—2013)。

(2)中心线及标高应经常复核,且在测放中心线时,应有两人重复检查。

(3)混凝土浇筑时采用经纬仪跟踪检查螺栓孔中心线位置情况。

(4)施工期间,施工技术人员应加强中间环节验收,并进行现场指导,及时发现问题,解决问题。

(5)施工过程中的技术记录要求及时、准确、反映客观事实,字迹工整、清晰、简洁明了,签字手续齐全,日期明确。

(6)严格按图纸、施工规范和施工措施要求施工。

在磨机预埋螺栓孔施工中,采用"四步控制法"对设备基础预埋螺栓孔进行施工,包括成孔控制、标高控制、平面位置控制和复核控制,也是保证预埋螺栓孔位置准确的有效方法。预埋螺栓孔允许的偏差包括垂直偏差和水平偏差,具体的允许偏差范围需根据设计要求、实际施工条件及相关标准来确定。

第五节　抗浮锚杆施工方法及要点

某双闪工艺铜冶炼工厂建设本单位工程,水池自身结构要求整体具有抗浮能力,在地下水池埋深−5.1 m 的情况下,保持水池整体的稳定性,不能出现整体或局部失稳或破坏。本工程的水池是无盖式水池,在抗浮方面采用了抗拔锚杆的施工措施来增加水池整体抗浮性能,从而来让水池整体自身结构稳定的效果。

在底板范围内,按照间距 2000 mm×2000 mm 均匀在其基坑底板上钻直径为 150 mm 孔洞(图 6.5-1),深度至底板面下 4 m,并清孔后,锚筋沿长度方向,每间隔 1000 mm 设一钢筋隔离架以便固定钢筋,防止钢筋偏移,然后将设计长度为 W(4000 mm+底板厚度−底板保护层厚度)的 25 号螺纹钢锚杆安放于已经打好的孔中,抗浮锚杆采用普通硅酸盐水泥 P.O42.5 水泥浆灌浆固定。抗浮锚杆为水泥浆保护的压力型锚杆,锚杆现场制作简单,施工方便,经济性也更高,可大大缩短施工工期。

图 6.5-1

一、施工准备

(1)现场技术人员认真熟悉施工图纸。

(2)对照施工图明确循环水池锚杆位置及尺寸。

(3)提前测量放线,将锚固点轴线位置进行标记。

(4)编制锚杆施工组织设计,确定施工顺序;保证供水、排水和动力的需要;制订机械进场,正常使用和保养维修制度;安排好劳动组织和施工进度计划;施工前应进行技术交底。

(5)锚杆施工必须清楚施工地区的土层分布和各土层的物理力学特性(天然重度、含水量、孔隙比、渗透系数、压缩模量、凝聚力、内摩擦角等),这对于确定锚杆的布置和选择钻孔方法等都十分重要。

二、工艺流程及方法要点

(一)工艺流程

抗浮锚杆施工流程:施工前的准备→放线定位→钻机成孔→锚杆制作→清孔→终孔验收→下锚→注浆→到龄期后锚杆拉拔检测。

(二)方法要点

1. 放线定位

根据基坑四周控制点进行放线定位并在基坑支护结构上做出轴线标志辅助定位。按照施工平面布置图找出每个锚杆的定位坐标,采用全站仪进行精确定位,做好标记,使每一个桩位误差控制在规范范围内。

2. 钻机成孔

螺旋钻孔干作业法:当锚杆处于地下水位以上,呈非浸水状态时,宜选用不护壁的螺旋钻孔杆作业法来成孔,该法对黏土、粉质黏土、密实性和稳定性较好的砂土等土层都适用。用该法成孔有两种施工方法。一种方法是钻孔与插入钢拉杆合为一道工序,即钻孔时将钢拉杆插入空心的螺旋钻杆内,随着钻孔的深入,钢拉杆与螺旋钻杆一同到达设计规定的深度,然后边灌浆边退出钻杆,而钢拉杆即锚固在钻孔内。另一种方法是钻孔与安放钢拉杆分为两道工序,即:钻孔后在螺旋钻杆退出孔洞后再插入钢拉杆。后一种方法设备简单,简便易行,采用较多。为加快钻孔施工,可采用平行作业法进行钻孔和插入钢拉杆,钻孔的允许偏差要求:锚孔孔径为 150 mm,孔径偏差不大于 20 mm,钻孔深度偏差不应小于设计深度的 1%,也不宜大于设计深度 500 mm,成孔深度达到设计要求深度。钻孔过程中,要经常检查锚孔钻的钻头尺寸，保证钻孔孔径。

3. 锚杆制作

锚杆杆体为1根25号螺纹钢，其设计长度为W(4000 mm+底板厚度−底板保护层厚度)。锚筋沿长度方向，每间隔1000 mm设一钢筋隔离架以便固定钢筋，防止钢筋偏移，锚筋底部设置弯钩，增加锚杆抗浮力。

4. 注浆

根据设计图纸要求，配制P.O42.5水泥浆，搅拌均匀。注浆前先泵送清水至孔口返水以疏通管路，后采用常压泵泵送注浆。注浆前不得拔出注浆管，以保证锚杆底端注浆充实。注浆需要连续作业，注浆管要边注边拔，拔管高度不超出孔内浆液面。待一次注浆浆体达初凝强度后，进行二次注浆，将注浆管插入管底，将水泥浆注入孔底，从钻孔底口向外依次充满。如果钻孔注浆有不饱满情况，待内素浆初凝后补浆至孔内浆体饱满。

5. 锚杆拉拔检测

锚杆施工到达临期后，进行锚杆拉拔试验：

(1) 锚杆锚固段浆体强度达到15 MPa或达到设计强度等级的75%时可进行锚杆试验。

(2) 加载装置(千斤顶、油泵)的额定压力必须大于试验压力，且试验前应进行标定。

(3) 加荷反力装置的承载力和刚度应满足最大试验荷载要求。

(4) 计量仪表(测力计、位移计等)应满足测试要求的精度。

(5) 基本试验和蠕变试验锚杆数量不少于3根，且试验锚杆材料尺寸及施工工艺应与工程锚杆相同。

(6) 验收试验锚杆的数量应取锚杆总数的5%，且不得少于3根。

(7) 每30根锚杆需做不应少于6个浆体试块。

三、质量要求

(1) 根据工程设计要求、现场施工试验等确定注浆压力并多次补浆，保证浆液标高，确保注浆密实。后期保证水泥浆应有足够的养护时间，在养护期内不得移动。

(2) 采用先插筋、再注浆、后拔套管的施工工艺，确保杆体顺利插入和锚固体直径达到设计要求。

(3) 施工过程中，详细做好钻孔、注浆记录。留好浆体试块，妥善养护，及时送检。

(4) 锚杆体应无损伤，并应作除锈处理。

四、施工效益

(1) 水池采用抗浮锚杆，施工强度较低，施工安全性高，施工工序少，有效地减少施工机械设备的投入。在岩体中锚杆的施工中，加快了施工进度，缩短了抗浮构造施工周期，保证锚杆的抗拔设计要求，从而达到建筑物永久抗浮的需要，具有良好的推广意义。

(2) 用抗浮锚杆施工工艺，取代传统的施工工艺，节约了建筑资源，降低了施工建设成本。锚杆作为一种抗浮的措施，充分体现了现代绿色建筑的概念，相比其他方案而言，具有很大的成本优势和环保绿色意义。

结合水池施工可知，抗浮锚杆设计方案达到工程抗浮设计要求，施工质量情况、抗拔承载力均达到了设计要求。抗浮锚杆作为一种抗浮措施，相比设置混凝土抗浮层及其他方案而言，具有施工成本大大降低、施工工期短、施工工序缩短等优势。

第六节 水池防渗防腐施工方法及要点

铜冶炼厂水池在使用过程中，由于水质的酸碱度、微生物作用、温度变化以及外部环境的侵蚀，其内壁和底部容易受到腐蚀和渗透。如果不进行防腐防渗处理，这些侵蚀作用会加速水池材料的损坏，缩短水池的使用寿命。有效的防腐防渗措施可以显著减缓这种侵蚀过程，延长水池的使用寿命。如果水池发生渗漏或腐蚀，外部污染物可能进入水池内部，污染水质，对人类健康或工业生产造成危害。因此，防腐防渗措施是保障水质安全的重要手段。综上所述，水池防腐防渗的重要性在于保障水质安全、延长使用寿命、节约资源、维护结构稳定及降低维护成本。因此，在水池的设计和施工过程中，必须高度重视防腐防渗措施的实施。

一、工程概况

某双闪工艺铜冶炼厂建设项目，须修建防腐及防渗的水池 5 座，分别为原料区初期雨水收集池、硫酸区初期雨水收集池、硫酸区废水收集池、废水深度处理水池、初期雨水及事故水池。水池结构设计使用年限 50 年，结构安全等级二级，地基基础设计等级为丙级，设计地震分组为第一组，场地类别为 Ⅱ 类。设计环境类别为五类弱腐蚀性。建筑场地抗震设防烈度 6 度，抗防类别丙类。地面粗糙程度为 B 类。水池池底板、池侧壁及与室外地下水有接触的池顶板混凝土抗渗等级为 P8。

二、防腐及防渗工艺

项目的防腐及防渗工艺做法主要有 3 种，分别为混凝土结构自防渗、玻璃钢防腐、HDPE 膜防腐防渗。

（一）混凝土结构自防渗

混凝土自防渗是水池防渗施工中很重要的一环，它的好坏对水池的防渗质量好坏起到至关重要的作用，根据设计要求，所有水池均采用 C30 P8 等级混凝土，见表 6.6-1。

表 6.6-1 混凝土强度和抗渗等级

构件部位	池底板	池侧壁	池顶板
混凝土强度等级	C30	C30	C30
混凝土抗渗等级	P8	P8	P8

注：采用抗渗混凝土，抗渗等级为 P8。

（二）玻璃钢防腐

池体内部采用玻璃钢防腐，其防腐的做法及要求见表 6.6-2。

表 6.6-2 防腐做法及要求

面层		隔离层	
池底	池壁	材料	厚度/mm
乙烯基酯砂浆 4-7	乙烯基酯封面料两遍	乙烯基酯玻璃钢	2

215

（三）HDPE 膜防腐防渗

HDPE 膜防渗结构：第一层为 600 g/m² 无纺土工布、第二层为 1.5 mm 厚 HDPE 膜、第三层为 600 g/m² 无纺土工布。池底板留出后期池壁搭接长度，待池壁施工完成后，进行池壁防渗施工。

三、施工工艺流程及操作要点

（一）水池防渗施工工艺流程及操作要点

（1）水池防渗施工工艺流程，HDPE 膜施工：水池基面修整与清理→沿短边方向平铺池底防渗膜并拼缝焊接→铺设四周侧壁防渗膜并拼缝焊接→与周边连接锚固→细部修补处理→洞口处防护处理及封闭→验收。

（2）水池防渗施工操作要点。

①水池基面修整与清理，铺贴防渗膜前，先对基层进行检查验收。混凝土墙面上如果有碎片或任何锐角的东西，都必须磨掉使斜面不尖锐。阴阳角需修圆，以防膜安装后被穿刺或是割伤。

②防渗膜铺设，进行防渗膜铺贴时应适当放松，并避免人为硬折和损伤。应平行对正，搭齐适量，尽量采取双焊缝，对于无法进行双焊缝施工的区域采用单焊缝，单焊缝搭接宽度为 55~95 mm，双焊缝搭接宽度为 80~120 mm。膜块间形成的节点应为 T 字形，不得作成十字形从而形成通缝。铺膜过程中应随时检查膜的外观有无破损、麻点、孔眼等缺陷。发现膜面有孔眼等缺陷或损伤，应及时用新鲜母材修补，补疤每边应超过破损部位 10~20 cm。

③防渗膜接缝焊接，铺设时力求接缝数量最少，且搭接接缝处应平行于拉应力大的方向；水池阴角处不应有搭接接缝，接缝应避开弯角等应力和变形较大处；池壁立面防渗膜不应留有横向接缝，池壁横向接缝应在池底弯角 1.5 m 以外；池底接缝留在应力小且便于操作的地方。

④周边连接锚固，焊接完成后采用铆钉及不锈钢扁铁固定于水池上沿口四周，并裁剪 HDPE 土工膜成条状将扁铁封闭。

⑤水池阴阳角细部处理，焊接时阴阳角的拼接处应将土工膜修圆，并裁剪 HDPE 土工膜进行加强处理。

⑥洞口处防护处理及封闭，在遇到管穿过 HDPE 土工膜或预留洞口节点时，应在孔洞周围浇筑 150 mm 厚的素混凝土与结构连接。洞口处使用 HDPE 土工膜制成喇叭口状膜套，末端与池壁上的竖向土工膜连接。可用 HDPE 管道的预留洞口，套管可以直接与防渗膜焊接连接。

⑦焊缝检测，针对热熔焊接形成的双轨焊缝、焊缝中间预留气腔的特点，主要采用气压检测设备检测焊缝的强度和气密性。一条焊缝施工完毕后，将焊缝气腔两端封堵，用气压检测设备对焊缝气腔加压至 250 kPa，维持 3~5 min，气压不低于 240 kPa 方视为合格。

（二）水池防腐施工工艺流程及操作要点

1. 水池防腐施工工艺流程

池体内部混凝土体表面处理→C30 细石混凝土（用于池底板），聚合物水泥砂浆局部找平（用于池侧壁）→2.0 mm 厚乙烯基酯玻璃钢（隔离层）→乙烯基酯砂浆 4~7 mm 厚（用于池底板），乙烯基酯封面料两遍（用于池侧壁）→完工。

2. 水池防腐施工操作要点

(1)水池面层处理，混凝土面层必须坚固、密实，强度必须符合设计要求，不得有起砂、脱壳、裂缝、蜂窝麻面等现象；混凝土面层必须干燥，一般情况下，在深度为 20 mm 的厚度内含水率不应大于 6%；混凝土表面要干净，施工前，面层用手工或电动工具打磨时应无水泥渣及疏松的附着物；当正式施工时，要用干净的软毛巾刷或压缩空气将面层清理干净。如有不平整及缺陷部位，池底板用 C30 细石混凝土修补，池侧壁用聚合物砂浆修补，养护后按照新面层进行处理。

(2)刷底料(隔离层)，在经过处理的混凝土表面，均匀地涂刷底料，底料采用乙烯基酯玻璃钢，不得有漏涂、流挂等缺陷，自然固化时间不得少于 24 h；刷完底料后，再做检查，如果有凹陷不平，应采用乙烯基酯玻璃钢修补刮平；刷底料工作直接关系到后续施工质量，如果本道工序做不好很容易出现起泡，甚至出现玻璃钢整层剥离现象；修补凹陷不平时，同时要求将转角处做成圆弧状或呈 135°角。

(3)防腐面层施工

a.池底防腐面层：在隔离层上摊铺乙烯基酯砂浆前，应涂刷接浆料(树脂胶料)，它是保证乙烯基酯砂浆与隔离层黏结良好，防止砂浆与隔离层之间脱壳的主要措施之一。涂刷要薄而均匀。随即在接浆料上铺乙烯基酯砂浆(5 mm 厚)，摊铺时可用塑料条和钢条控制摊铺的厚度。铺好的乙烯基酯砂浆，应并随摊随揉压，使表面出浆，然后一次抹平压光。抹压应在砂浆胶凝前完成，已胶凝的砂浆不得使用；施工缝应留成整齐的斜搓。继续施工时，应将斜搓清理干净，涂一层接浆料，然后继续摊铺。

b.池壁防腐面层：在隔离层上先均匀涂刮一层稀胶泥(1 mm 厚)，在其固化后，先涂一层乙烯基酯封面料，固化后再涂刷第二层乙烯基酯封面料。

四、施工中的重点及难点

(一)水池防渗施工的重难点

(1)基层处理与准备：施工前须对基层进行彻底清理，确保表面无尘土、污垢、明水及尖锐物。基层应平整，无凹凸不平的部分，以免影响防渗膜的铺设效果。

(2)防渗膜铺设：防渗膜铺设时需确保无破损、无气泡，且铺设平顺、紧贴基层。在铺设过程中，应及时将多余的空气赶出，并避免出现褶皱和起泡现象；在边坡交会处、渠道的边坡与场底衔接部位等特殊位置，需采取特殊处理措施，如裁剪成上宽下小的"倒梯形"膜片、顺坡铺设并焊接等，以确保防渗膜的紧密贴合和稳定性。

(3)焊接与连接：防渗膜铺设完成后，需进行焊接处理。焊接时应确保接缝严密、无漏焊，且接缝强度不低于母材强度，焊接过程中应避免高温对接缝造成损伤，并随时检查焊接质量，及时修复漏焊和虚焊位置。对于"T"形、双"T"形等特殊焊缝，需采用特殊工艺进行焊接处理，确保焊接质量和防渗效果。

(4)锚固：在锚固时，应注意 HDPE 土工膜在折角处应做成弧形结构，避免刚性结构对膜片造成损伤。同时，应留有一定的余量以备未来填埋过程中的下沉拉伸。

(二)水池防腐施工的重难点

(1)基层表面出现不平整等现象时，需要予以填平，但填料不宜过厚，以免出现龟裂。

(2)底层、衬布、面层胶料等配比需符合要求，以确保施工质量。

（3）施工前需对施工区域进行清理，去除油渍、污垢等杂质，确保表面干净。检查基材是否平整、密实，如有缺陷需及时处理。

（4）底层环氧树脂胶料需充分浸润基层或驱走水泥砂浆内的空气，喷涂时应均匀，避免流挂、漏涂等缺陷。

（5）对于转角、预留孔、门口等容易出现施工薄弱的环节，需特别加强处理，确保涂层厚度均匀，无遗漏。

五、实际施工中需要注意的事项

（一）水池防渗施工需要注意的事项

（1）原材料质量按规定频率和标准抽检，施工中加强防护，防止污染和破坏。

（2）铺设 HDPE 膜前，需检查 HDPE 膜无破损及漏洞。

（3）焊接完成后，需对焊接处进行检查，确保焊接处焊缝饱满符合要求。

（4）需仔细检查土工膜最终成品的完整性与焊缝接头饱满程度，检测部位包括整体外观检测、全部焊缝、焊缝结点、破损修补、漏焊和虚焊等部位。检测实行自检和专检两道检测，不得抽检，两道检测覆盖率为100%，全部检测结果符合规范要求方可进行下道工序。

（5）严禁施工机械行走于防渗层上，严禁穿硬底鞋在防渗层上行走。

（6）土工膜铺设完成后，应尽量减少在膜面上行走、搬动工具等，凡能对土工膜造成危害的物件，均不应放在膜上或携带在膜上行走，以免对土工膜造成意外损伤。较为关键的工序，在铺膜前对土工膜外观质量进行开包检查，记录并修补已发现的机械损伤和生产创伤、孔洞、折损等缺陷。

（7）应随时注意天气变化，恶劣天气（如大风、雨雪）可能对正在铺设或已铺设好的 HDPE 膜造成损坏。此外，温度变化也可能导致 HDPE 膜热胀冷缩，产生应力集中和褶皱。

（二）水池防腐施工需要注意的事项

（1）施工后的正常养护时间为1周，在此期间避免人员进入走动，严禁设备、机械进场。

（2）尽力避免过重的物体从高处落下和对地面敲击。破碎的玻璃和陶瓷应及时清除掉。

（3）树脂砂浆是一种有机高聚物材料，虽然具有良好的耐化学性，但是，某些强有机溶剂和高浓度的氧化性物质仍然会对其产生严重损害，化学品溅落后注意及时清洗，以保证良好使用。

（4）对施工人员进行防火防毒安全教育，提高其对有毒物质的认识和防护意识。培训内容包括有毒物质的性质、危害、防护措施及应急处理方法等。

六、安全文明措施

（1）新进企业工人必须进行安全思想教育、安全知识教育和安全技能教育；工人变换工种，须进行新工种的环境健康安全教育。

（2）特种作业人员必须经有关部门培训，考试合格后持证上岗，操作证必须按期复审，不得超期使用。

（3）水池内防腐防渗施工时，在施工现场设置灭火器等防火设施，并确保其齐全、检查合格。灭火器的种类要与可能发生的火灾种类相符。施工现场严禁随意使用明火，必须动火时，应办理动火证，并采取有效的防范措施。动火作业部位附近如有可燃、易燃、易爆物品，应在清理或采取有效的安全防范措施后方可动火。

（4）施工人员在进行防腐施工时，必须穿戴防护用品，如防毒面具、防尘口罩、专用手套等。在狭小密闭和通风不良的部位施工时，应安装有效的通风排气设备，确保有害气体浓度不超过允许值。在设备内部防腐蚀施工时，应设置必要的进风、排风装置，保持作业环境空气流通。作业时，应派专人负责对防腐施工区域进行强制通风，确保有害气体及时排出。

（5）夜间作业必须采用充足的广式集中照明，施工点内增加的照明灯具必须采用保护罩和防倾覆措施。危险区域应设置红灯警示。

（6）高处作业人员一律携带工具袋存放工具，工具袋应挂在牢固处。高空作业时，严禁抛掷杂物。

七、工程质量检查验收标准及质量保证措施

（一）防渗施工检查验收标准及质量保证措施

1. 防渗施工检查验收标准

（1）防渗结构质量要求见表 6.6-3。

表 6.6-3　600 g/m² 无纺土工布铺设严守标准

序号	检查项目	允许偏差或允许值/mm	检查数量	检查方法
1	铺设范围	不小于设计值	沿线路纵向每 100 m 抽样检查 3 处	尺量，查施工记录
2	搭接宽度	200±25		
3	上下层接缝错开距离	±500		
4	回折长度			

（2）HDPE 膜热熔焊接的气压检测：针对热熔焊接形成双轨焊缝，焊缝中间预留气腔的特点，采用气压检测设备检测焊缝的强度和气密性。一条焊缝施工完毕后，将焊缝气腔两端封堵，用气压检测设备对焊缝气腔加压至 0.25 MPa，维持 3~5 min，气压不低于 0.24 MPa，然后在焊缝的另一端开孔放气，气压表指针能够迅速归零方视为合格。

（3）HDPE 膜焊缝强度的破坏性取样检测：针对每台焊接设备焊接一定长度，取一个破坏性试样进行室内实验分析，定量地检测焊缝强度质量，热熔及挤出焊缝强度合格的判定标准应符合表 6.6-4 和表 6.6-5 的规定。

表 6.6-4　热熔及挤出焊缝强度判定标准值

厚度/mm	剪切		剥离	
	热熔焊/(N·mm⁻¹)	挤出焊/(N·mm⁻¹)	热熔焊/(N·mm⁻¹)	挤出焊/(N·mm⁻¹)
1.5	21.2	21.2	15.7	13.7

表 6.6-5　HDPE 膜铺设允许偏差

序号	检查项目	允许偏差或允许值/mm	检查数量	检查方法
1	铺设范围	不小于设计值	沿线路纵向每 100 m 抽样检查 3 处	尺量，查施工记录
2	搭接宽度	100±20		

2. 防渗施工质量保证措施

(1)优质材料选择：选用高质量的 HDPE 防渗膜材料，确保其具有良好的抗渗性能、耐化学腐蚀性和耐久性。检查 HDPE 防渗膜的质量，确保其符合设计要求，无破损、无褶皱，并具备相应的质量证明文件。

(2)基面处理：清理基础面，确保无油污、无尘土、无尖锐物等，并保持基础表面平整、干燥。对于凹凸不平的表面，需要进行填补或打磨处理，以保证防渗膜的铺设质量。

(3)铺设防渗膜：按照放线位置，将 HDPE 防渗膜铺设在基础面上。铺设过程中要保持材料平整，避免折皱和扭曲。及时将多余的空气赶出，并确保防渗膜与基础层面之间的密合性，防止渗漏。

(4)焊接连接：采用热熔焊接或双缝热合焊接的方式，将防渗膜的各片之间进行连接。焊接过程中要控制温度和时间，确保焊接质量，焊缝应平整、牢固、无气泡和杂质等缺陷。

(5)固定固定件：在防渗膜的周边和关键位置，使用固定件将防渗膜牢固固定在基础面上，防止材料移动和脱落。

(二)防腐施工检查验收标准及质量保证措施

1. 防腐施工检查验收标准

(1)防腐施工质量要求见表 6.6-6。

表 6.6-6　防腐施工质量要求

项目		指标
抗拉强度/MPa	胶泥	≥9.0
	砂浆	≥7.0
	玻璃钢	≥150.0

(2)聚氯乙烯防水卷材的搭接宽度见表 6.6-7。

表 6.6-7　卷材的搭接宽度

序号	检查项目	允许偏差或允许值/mm	检查数量	检查方法
1	铺设范围	不小于设计值	沿线路纵向每 100 m 抽样检查 3 处	尺量，查施工记录
2	搭接宽度	≥60/80(单面焊/双面焊)		
		≥100(胶结剂)		

2.防腐施工质量保证措施

(1)选用优质原材料：选择耐腐蚀性能强的树脂作为基体材料，如乙烯基酯树脂、酚醛树脂等，这些树脂具有优异的耐化学介质侵蚀和防水性能。根据实际需求选择适合的玻璃纤维作为增强材料，增加玻璃钢制品的强度和刚度。确保所选材料符合国家标准和行业标准，具有相应的质量证明文件。

(2)原材料检验：对进厂的原材料进行严格检验，包括外观检查、性能测试等，确保原材料质量合格。

(3)表面处理去除玻璃钢表面的油污、灰尘、氧化物及其他杂质，提高表面的光洁度和附着力。常用的表面处理方法包括喷砂、抛光、打磨等，其中喷砂处理是一种常用的方法，能够有效清除表面污渍和氧化物，增加表面的粗糙度。确保表面处理后的玻璃钢表面干燥，避免水分残留影响防腐效果。

(4)严格施工：涂层施工应严格按照工艺要求进行，确保涂层厚度均匀、无气泡、无漏涂等现象。涂层施工完成后应进行充分的固化处理，以提高涂层的防腐性能。

(5)控制使用环境：在使用过程中注意避免玻璃钢制品接触酸、碱等腐蚀性物质，避免长期处于潮湿、高温、高盐等恶劣环境中。

第七节 球磨机安装方法及要点

一、球磨机介绍

球磨机主要由进料部、筒体部、主轴承部、排矿装置、传动部、同步电机、气动离合器、慢速传动装置及喷射润滑装置、低压电控系统等部分组成。

溢流型球磨机是由高转速同步电动机驱动，通过齿式联轴器与主减速机连接，带动周边大齿轮减速传动，驱动回转部旋转。筒体内部装有适当的磨矿介质——钢球。磨矿介质和矿石在离心力和摩擦力的作用下，随着筒体的回转而被提升到一定高度，然后按一定的线速度而被抛落，欲磨制的物料由进料部连续地进入筒体内部，被运动着的矿石和钢球互相撞击以及球之间和球与筒体衬板之间发生粉碎与粉磨，并通过连续给料的动能将产品经出料螺旋筒排出机外，完成粉磨过程，再进行下一段工序处理。

二、主要安装方法及技术要点

(一)基础

(1)磨机基础不允许与厂房主体结构连在一起，两者之间最少要留出400~500 mm的间隙，以避免磨机在运转时产生的振动影响建筑物的结构强度和稳定性。

(2)设备基础应符合国家标准《混凝土结构工程施工质量验收规范》(GB 50204—2015)的规定，并应有验收资料或记录。设备基础表面和地脚螺栓预留孔中的油污、碎石、泥土、积水等均应清除干净。

(3)基础上平面的标高应当比设备底板的下表面标高低50~100 mm，以便在基础与底板之间能够放置副底板进行调整(此距离也可根据有关规范确定)。

(4)为了保证二次灌浆时和原基础结合紧密，必须将欲进行二次浇灌的基础表面铲成麻面，铲成麻面的方法是由钢扁铲在基础表面上铲出一个一个的凹坑，其直径为 30~50 mm，凹坑的距离按地基的大小而有不同，一般为 150 mm 左右。

（5）基础经过检查并符合要求之后，应按图 6.7-1 所示埋设中心标板，供作安装设备时挂中心线找正设备位置时的依据，同时还需要埋设基准点，供作安装设备时测量标高的标准依据。如图 6.7-1 所示位置，以 1 号和 2 号中心标板控制球磨机筒体纵向中心线，以 3 号和 4 号、5 号和 6 号中心标板控制两个主轴承座中心线，以 7 号和 8 号中心标板控制减速机输出轴和小齿轮轴中心线，以 9 号和 10 号中心标板控制主电机中心线。

（7）根据图纸尺寸，用精密经纬仪在基础上划出磨机的纵横中心线及传动装置的纵横中心线，中心线确定后，应在中心板上冲出直径不大于 1 mm 的中心点。标高点要以精密水准仪精确测量其高度，并做记录。

（二）底板安装

（1）安装主底板前先清洗各加工面防锈油和铁锈，去除毛刺，与付底板接触的地方如有涂漆，必须清理到完全见金属。

（2）以地脚螺栓孔为依据，划出主底板中心线，并用精密水准仪测量每块付底板上表面标高并做记录，同时测量主底板的厚度差，测点在调整斜铁组附近，并记录。

（3）在底板基础面上可放置三组临时调整斜铁组（位置根据情况自定），按主底板上表面要求的设计标高确定每个付底板上垫片厚度，用尽可能少的垫片使底板达到所要求的高度。垫片采用不锈钢钢板，不允许用镀锌钢板和软金属制作。

（4）主底板和调整垫片之间要全面接触，用塞尺在侧面检查，并从侧面轻轻敲击调整垫片，以不松动为合格。

（三）地脚螺栓

（1）地脚螺栓位移误差在 1 mm 至 2 mm 内，螺栓垂直度误差在 1/1000 mm 以内。

（2）地脚螺栓的紧固：地脚螺栓的螺母下面必须加垫圈，地脚螺栓应当用锁紧装置锁紧，可用弹簧垫圈或双螺母，混凝土达到设计强度 75% 以上，才允许拧紧地脚螺栓。

（四）二次灌浆

（1）主底板二次灌浆需要使用无收缩性细石混凝土或水泥砂浆。

（2）去掉待灌浆基础面上部任何不良水泥，使表面保持粗糙，表面应当无稀油、干油、杂质和松动颗粒。

用湿布或麻袋片盖上所有外露灌浆进行养护，一般固化期至少 72 h。砂浆完全达到强度后，在砂浆层及基础表面涂刷两遍水玻璃，以防油质侵蚀基础和灌浆层。

（五）安装主轴承

主轴承的安装必须待基础强度达到 75% 以上，并经检查合格后方可在基础上安装。

1. 清洗

主轴承通常组装运至现场，安装前应拆卸主轴承，清洗所有部件上的用于运输的保护性涂层。仔细检查所有零件，清除所有可能影响操作的划痕或毛刺，清理后组装轴承盖与轴承座，检查调整使轴承盖上压板与瓦体间隙符合图纸要求。

2. 主轴承底板安装

（1）按底板安装方法安装、调整主轴承底板，要求主轴承底板的水平度误差不超过 0.08 mm/m，且中部应高出两边，不允许出现中间凹下情况。

（2）在主轴承底板的上表面上划出纵横中心线作为安装找正的基准线。两轴承底板的中心距离一般应符合设计图纸或设备文件的规定。其极限偏差为±1.5 mm。

（3）磨机两主轴承底板之上加工面应位于同一水平面上，在安装时可用液体连通器或水平仪、水准仪进行测量。两底板的相对高度差不大于 0.08 mm/m，且进料端高于出料端。

（4）找正纵横中心线。以图 6.7-1 中 1 号和 2 号中心标板为依据，可用在线架上挂钢线、钢线上垂线坠的办法找正主底板的纵向中心，使两个主底板上的四个中心点和标板上的两个点在一条直线上，其偏差不超过±1.0 mm。横向中心线以 3 号和 4 号、5 号和 6 号四个中心标板为依据，仍以线架上挂钢线垂线坠的办法找正，其偏差不超过±1.0 mm。两个主底板横向中心线的平行度偏差不应大于 0.08 mm/m。两个主底板之间的横向距离应以弹簧秤施 5 kg 拉力钢盘尺进行测量，为验证两个主底板横向中心线的平行性，可在每个主底板横向中心相同尺寸处量取两点，以冲子打上小而清晰的印坑，然后量取此四点的对角线进行比较。间距及标高数据按图 6.7-2 所示做好记录。

图 6.7-1

图 6.7-2

（5）主轴承底板调整好后，拧上地脚螺栓螺母。

3. 主轴承座安装

（1）彻底清洗主轴承底板顶面和轴承座底面，去除毛刺和油污，其间不要涂抹任何润滑油脂。轴承座与主轴承底板的接触面沿其四周应均匀接触，局部间隙不得大于 0.1 mm，不接触的边缘长不得超过 100 mm，累计总长不超过四周总长的 1/4，否则，应进行研磨。

（2）找正轴承座。

将轴承座放在主轴承底板上。在轴承座的顶部法兰和轴承座的鞍座上确定磨机的纵横中心线标记，用冲子打上小而清晰的印坑（即图 6.7-3 中 P-P 和 L-L）。P-P 上标记的 K1、K2、K3、K4、N1、N2、N3、N4 应该放在两个法兰和鞍座上与中心等距的相同位置上，使 K1-K2 和 K3-K4 达到相同尺寸可使轴承座达到平行，为保证轴承座与磨机中心线垂直，必须让 K1-K4 和 K2-K3 间距相同，最大允许误差±0.4 mm，即 K1-K2 = K3-K4 = F±0.4；K1-K4 =（K2-K3）±0.4。

中心线 L-L 应与磨机中心线相重合（可用一条长钢丝作模拟），并与主轴承底板的中心线重合。先固定出料端底座，再调整进料端底座。调整好后拧紧轴承座的螺栓，以后做任何必要的调整均须重新检查所有以前的记录。

（3）将瓦体装配（包括瓦体和轴瓦）安装到轴承座上，找正瓦体装配对瓦座的中心线。按主轴承装配图要求调整好压板与轴瓦之间的间隙后，拧紧压板。用光学水平仪，利用球磨机的参考水平中心线调整轴承使两轴承达到相同高度。

（4）轴承最终调整：一旦磨机筒体就位，必须进行轴承最终调整。随着磨机中空轴安装到轴承内，测量中空轴和轴瓦之间的间隙，轴瓦和瓦体之间的间隙应该达到以下要求（图 6.7-3）：

A1+C1=B1+D1，E1+G1=F1+H1，A2+C2＝B2+D2，E2+G2＝F2+H2

以上最大允差为轴瓦直径的 0.08 mm/m，但偏差应保持在最小限度。

用直角尺校正瓦体和瓦座中心线，使二者不重合度误差在 0.75 mm 以

图 6.7-3

内。轴承座下面开有人孔，检查轴瓦与中空轴轴肩的平行对齐时还应从底部测量，该值也应

与上面的测量值一致。

在磨机空运转之前,必须在轴承座下部从人孔处检查轴瓦与中空轴肩的间隙是否符合要求,每边检查 2 点。

轴承的校正非常重要,正确的安装可以避免昂贵的维修,以上检测数据均合格后方能进行下一步安装。

4. 安装轴承密封

轴承座与轴颈安装就位后,安装环形密封。首先安装密封环,调整位置及间隙用限位板固定;然后安装刮刀和橡胶条。刮刀具有方向性,安装时需确认好左右;橡胶条比实际需要的长一些,多余的可以剪掉。

5. 安装轴承盖和润滑管路

(1)调整合格以后,用轴承装配图注明的连接件将轴承盖安装到轴承座上,在安装轴承盖之前,确定两端中空轴标高符合要求,轴颈和轴承座已彻底清洁,没有遗留杂物。

(2)安装环形密封润滑油管,加润滑脂用的无缝管接头、接管、接头和油杯,装在橡胶密封环内的无缝管接头不能接触中空轴。按图纸要求在橡胶密封环的槽内加润滑脂(若用油枪加油脂可将油杯去掉),同时试验油嘴是否畅通。磨机在任何条件下转动,主轴承润滑系统必须投入运行,为了维持密封,一个月必须添加一次润滑脂,但不能添加太多。

6. 主轴承底板二次灌浆

当筒体部就位并且各项数据达到要求后可进行主轴承二次灌浆。为保证主轴承底板二次灌浆层的质量,并使二次灌浆层能和主基础结合成整体,在主底板基础上(主底板周围)打 $\phi30$ mm 深 $100\sim125$ mm 的洞,间距 700 mm 左右,其内用环氧树脂锚固弯成直角的 $\phi14$ mm 的钢筋,在二次灌浆时埋入灌浆层内。

(六)筒体部的安装

筒体部由筒体和两端端盖组成。由于运输的限制,磨机筒体被分成 3 段,在制造期间,这些筒体段之间打有装配标记,安装人员必须密切注意这些装配标记,根据装配图纸,确定磨机的正确装配。筒体和筒体之间、筒体和端盖之间由高强度螺栓把合成整体。

筒体提供支撑,防止运输期间变形,筒体装配并放入主轴承调整好之前,不能移去支撑,不能用支撑做起吊。

在筒体装配过程中应采取安全保护措施,部件装配时,不平衡负荷会给磨机托架施加转矩,为保证磨机筒体和托架不产生移动,在顶起期间,应在托架下面垫足够的垫木。在工作期间,应避免在托架下的操作。

1. 准备工作

安装前彻底清洗筒体法兰、端盖的配合表面,去掉油污和毛刺,清除法兰面和连接孔内的防锈油,用钢板尺分段检查法兰和止口配合表面的平度,绝对不允许有局部突出部分存在。如果清理后不能马上进行组装,还应在加工面上涂一层防锈油脂,并将其包装起来。

对同规格的螺栓进行编号并列表以便一一检查时登记记录。

精确测量筒体的长度,以便实测筒体端盖组装后两中空轴中心的间距。测量各止口尺寸,有条件可进行预装和孔位检查及同轴度检查,注意检查对位标记。

制作 4 个装配筒体、端盖用的定位销,两端为锥形,便于导入螺栓孔。

2. 筒体的装配

在筒体装配之前，应先安装适合端盖和筒体组件的垛式支架，找准筒体液压千斤顶的位置，将顶起装置就位，以便筒体在安装时落于顶起装置托架上。

按照装配图，将中间段筒体置于垛式支架或顶起托架上，再将进料段筒体、出料段筒体与中间段筒体对装，对装时先将筒体调平、调正，筒体部整体高度应比设计要求高 100 mm 以上，以免调整时碰伤轴瓦。将 4 个定位销隔 90° 依次装入法兰孔，按圆周 12 等分穿上 12 个螺栓，以深度千分尺或深度游标卡尺测量两筒体法兰对齐情况，并进行调整，然后按圆周等分成 12 个点用塞尺测量两个法兰之间间隙。调整间隙均匀且法兰对齐后，逐渐拧紧 12 个螺栓，实现筒体的对接。然后精调两筒体的同心度，法兰同心度要求为 0.25 mm，可用小平尺垂直贴靠在高出的法兰上，然后以塞尺检查平尺底面与另一法兰之间的间隙。螺栓拧紧方式及扭矩参照螺栓安装方法。

3. 进、出料端盖与筒体部的装配

按端盖的吊耳位置配置吊耳，以端盖上的 2 个吊耳为主，其他吊耳为辅起吊端盖。端盖和筒体螺栓孔用定位销对齐后穿上 1/4 数量螺栓，用手拧紧，其中 1/3 数量螺栓半拧紧，调整同心度在 0.25 mm 以内（方法与筒体对接相同），然后拧紧，检查合格后按要求力矩值拧紧所有螺栓。但要注意安装出料端盖时，连接螺栓应避开大齿轮连接孔。安装完之后所有法兰之间用 0.03 mm 塞尺检查间隙不得插入。

4. 把筒体和端盖组件装入主轴承

把筒体和端盖组件装入主轴承之前，轴承座必须已调整符合要求。将端盖和筒体组装在一起，并经检查无误后，对组装后的筒体必须测量，其总的长度及两轴颈中心的长度，与轴承座中心距比较，如不符需调整轴承座或主底板位置。

在向主轴承上安装筒体之前，应再次将主轴承内部及端盖轴颈彻底清洗干净，在安装筒体时绝对禁止在端盖轴颈上拴钢丝绳，以免划伤轴颈表面。在安装过程中要尽量防止灰尘杂物落到轴瓦面上。

进料端盖轴肩与主轴承轴瓦两侧的间隙见图 6.7-4。

用顶起装置将筒体慢慢地落入轴承，应该采取措施将筒体安装到正确位置，固定端中空轴和轴瓦之间为配合尺寸，在这个过程中应极其小心和耐心，而且在落入轴承前必须向轴瓦上淋润滑油，使轴瓦整个表面上均有油膜，以免下落时损伤轴瓦表面。

筒体安装在主轴承上之后，应进行检查。两端盖轴颈上母线应在同一水平面上，其相对标高偏差不应超过 1 mm，并使进料端高于出料端。

图 6.7-4

将主轴承轴承盖盖上，适当把紧连接螺栓，安装轴承盖前确保中空轴上、轴承座内是清洁无污物的。

5. 筒体内部零部件安装

（1）进料口的安装。

安装进料口前必须将结合面和止口彻底清理干净，不允许有高点、污物。按筒体部装配图将进料口装入进料中空轴，确保进料口配合圆锥面、止口与中空轴同心。调整好后，按规定力矩值分两次对称均匀把紧压圈和进料中空轴法兰之间的连接螺栓，每次按下、上、左、右、45°等穿插均衡把紧，扭矩值每次增加 1/2。安装橡胶密封环及密封压板时，调整使之与进料口同心。

（2）出料口的安装。

所有配合面彻底清理干净，没有高点、碰伤、毛刺。按筒体部装配图将橡胶密封条套在出料口上一起装入出料中空轴，按与进料相同方法拧紧螺栓，确保出料口与出料中空轴法兰之间贴合紧密，没有间隙。出料口、圆筒筛的安装可参照进料口的安装方法进行。

（3）橡胶衬垫的黏结。

黏结衬垫前清理磨机内所有杂物，为了安装方便，在安装前3~4周，将筒体内衬橡胶板卷打开铺平，使其自由伸长，使用时必须使其长边顺着轴向，而其短边沿着圆周方向。橡胶衬应该与衬底完全结合，并且相邻隔层之间空气被完全排除，与此同时也保持橡胶衬表面没有张紧、桥接、气泡或其他缺陷。最终表面应该光滑，以防止流动条件改变，如湍流。

（4）衬板安装。

衬板安装固定时，应注意检查每块衬板的固定情况，对压紧固定面应逐一检查，不得有点状毛刺突起，否则应打磨，并应视情况填加薄钢板垫固定。建议一次装1/4圈磨机衬板，在拧紧所有1/4圈磨机衬板后，旋转磨机1/4圈，安装下一个1/4圈磨机衬板。

安装衬板时应沿磨机轴线对称安装，尽量维持磨机的平衡和静止。

（七）传动部的安装

磨机大齿轮的寿命和性能取决于安装和调整，也取决于运行期间磨机的润滑和日常的维护。对现场安装数据见磨机数据页和大齿轮装配图，包括大齿轮的径节、外径和大小齿轮中心距。

1. 大齿轮的安装

（1）准备。

在安装之前，所有齿面和安装表面必须彻底清洗，尤其是齿轮剖分面、齿轮与筒体结合面，处理所有的毛刺和磕碰伤。

在向筒体上安装大齿轮之前，应先使下面的齿轮下罩就位，并对齿轮罩进行检查，如发现渗漏或变形，应立即整改，将其内部清洗干净。

在大齿轮的螺纹孔内安装调整螺栓和锁紧螺母。在最终调整好后，锁紧螺母必须背死以免螺栓松动。

（2）安装第一个半齿轮。

半齿轮起吊时应以两根等长的吊绳从两边套穿在轮辐的空档内，为防止吊绳损伤齿轮，应在吊绳与大齿轮之间加防护垫。安装期间应在基础上加支撑，支撑在筒体上（可用圆钢插入支撑上端圆孔和筒体螺栓孔内使之成一体），防止筒体旋转，见图6.7-5。

第一个半齿轮起吊后扣在筒体上方，并对正筒体法兰和大齿轮法兰的连接螺栓孔，孔基本对好后将3个定位销装入法兰孔，穿入全部螺栓，每隔三个适力拧紧一个（不可太紧），其余用手拧紧即可，将大齿轮安装到筒体法兰上。用调整螺栓来微调大齿轮的位置。

扫一扫，看图

图6.7-5

用天车吊钢丝绳旋转筒体，使安装好的第一个半齿轮慢慢下转到磨机中心线以下的位置（图6.7-5）。

下放过程应缓慢平稳，避免大齿轮和筒体做大幅度的摆动，对钢丝绳产生大的冲击。

（3）安装第二个半齿轮。

按装配标记安装第二个半齿轮，每隔三个螺栓孔穿入一个螺栓，要求分界面附近各有一个螺栓，与分界面约成90°的位置上有一个螺栓，适力拧紧这些螺栓，使两个法兰金属接触但不能太紧使齿轮无法调整。

靠移动上部的半齿轮，尽可能使两边对接口处的锥销螺栓铰制孔精确对准，按大齿轮图所示位置安装锥销螺栓。必须安装完所有定位锥销螺栓后再安装过孔螺栓。

安装锥销螺栓时，先用二硫化钼或类似的干润滑剂涂抹内外圆柱部分，将有缝涨套插装入铰制孔，使其法兰座在埋头孔上。把锥销螺栓插入有缝涨套，大头对着涨套的法兰端，用铜棒和大锤向下敲紧锥销螺栓，避免损坏螺纹。用同样方法安装其余3个锥销螺栓。安装锥销螺栓小头的平垫圈和单螺母，用大锤敲击扳手拧紧。安装大头垫圈和单螺母，用扳手紧固以防松动。在操作期间该螺母能保护螺纹并有助于以后拆卸锥销螺栓，但该螺母过紧固会打开套筒上的锥销螺栓。检查两半齿轮的对中情况，要求两半齿轮的错位偏差不超过0.1 mm。符合要求后，安装锥销螺栓的锁紧螺母，防止操作期间松动。检查结合缝间隙，应达到用0.05 mm塞尺检查，插入深度不得大于20 mm。如果超差，两半齿轮必须拆开，检查结合面是否有防锈涂层、划伤或毛刺，清理所有障碍物后，重新安装，重新用塞尺检查，直到达到要求为止。

安装过孔双头螺柱。将双头螺柱插入后调节上下螺母，使结合面上下露出的部分相同，固定一端螺母，用扭矩扳手按对称位置均衡地将所有过孔螺柱另一端螺母拧紧。

（4）找正大齿轮。

两半齿轮把合好后，拧上全部大齿轮和筒体、端盖的连接螺栓，利用大齿轮上径向调整螺栓调整齿圈径向位置，使大齿轮径向跳动不超过0.60 mm，轴向摆动不超过0.8 mm，按18个测点检测，两个测点间的允许误差不超过0.18 mm。

将大齿轮的轮齿等分18个点，在大齿轮的轮缘面涂写标记，用千分表在大齿轮外圆两侧30 mm范围的找正带上打表找正径向跳动（图6.7-6）。固定千分表的钢支架要有足够的刚性，钢支架不可固定在轴承箱上，应固定在基础上。慢慢旋转大齿轮，记下每一点的读数，旋转一周后，千分表的指针应回零，误差不超过0.08 mm，否则可能千分表已活动，应重新检查。如果超差，靠松动法兰连接螺栓，利用大齿轮上径向调整螺栓调整。

扫一扫，看图

图6.7-6

总安装径向跳动现在可以计算出来，用最高安装径向跳动值减去最低安装径向跳动值，该数值必须在允许的范围（0.60 mm）内。

测点之间的跳动可以用后一个测点的跳动值减去前一个测点的跳动值，得出17个测点间的跳动值，这些值都应在允许的范围（0.18 mm）之内。

检查总安装跳动值和测点间跳动值，确定都在允许的范围之内。如果总安装跳动值或测点间跳动值有一个超过允许的范围，应通过齿轮找准进行纠正。采用调整顶丝、液压千斤顶或螺旋千斤顶。齿轮调节到最小的安装跳动值并重复径向跳动检查程序。如果还是不能纠正，检查筒体固定螺栓。

因为跳动量能在预紧力矩逐渐增加的过程中发生变化，所以径向跳动的值应尽可能调整在最大允许值的60%，以便最终检查不超过最大值。

大齿轮径向跳动满足要求后，安装所有剩余螺栓，将所有螺栓拧紧到50%的预紧力矩。调整所有跳动符合要求后，将所有螺栓拧紧到100%的预紧力矩，记录最终的径向和轴向跳动，必须符合要求。背紧所有调整螺栓的防松螺母。

2. 小齿轮轴组的安装

在小齿轮轴组安装之前，安装在小齿轮轴组底座上的齿轮罩的下部应该到位，在齿轮罩的下部连接法兰和基础之间的地方要有临时支撑，防止齿轮罩和齿轮轴发生干涉。

（1）清洗。

拆开轴承上盖，检查密封环位置和顶丝是否松动，使之与轴承箱的迷宫密封槽对中，彼此不得干涉，注意油孔对照，检查轴承的锁紧螺母是否紧固，游动端轴承是否在轴承座中间。彻底清理轴承座和轴承盖内润滑脂及污物，以免污染稀油站中的润滑油，扣上轴承盖。轴承座和轴承盖必须按原来的配对组装，不能互换，拧紧把合螺栓，装好后将进油口暂时封住以免落入脏物。

（2）安装小齿轮轴组底座。

清除小齿轮轴承基础上所有松动的水泥和多余水分，用已确定的垂直中心线和水平中心线确定底座位置（参考主轴承底板），不超过 0.08 mm/m，与轴承座接触部分的表面纵横水平度不超过 0.1 mm，整个底座的水平度不超过 0.15 mm。注意，轴承底座的下凹或上凸将造成轴承箱变形，容易引起轴承发热。

（3）安装气动离合器轮毂轴套。

轴齿轮上慢速驱动端的半离合器在厂内已经组装，现场需安装气动离合器轮毂轴套。彻底清洗后，测量配合孔和轴的实际尺寸，计算实际过盈量，根据过盈量和零件尺寸大小确定热装的加热温度、加热时间和保温时间。零件加热后应以内卡钳量取其膨胀量，避免因膨胀量不够造成组装困难。轴套应装至端面与齿轮轴端面平齐的位置。

（4）安装轴齿轮组。

将小齿轮轴承座和底板的相互结合面清洗干净。用行车挂尼龙绳将轴齿轮小心吊落至底板上，对正螺栓孔，对中大小齿轮面。

（5）调整小齿轮。

调整轴齿轮中心线与磨机中心线的平行度误差（沿轴长方向）每米不大于 0.15 mm。在调整过程中如果需要，允许在轴承座下面垫薄垫片，但一定要垫整面垫片，正确紧固轴承座后再重新检测。

图 6.7-7

让小齿轮和大齿圈啮合，并观察啮合痕迹。调整啮合的松紧程度直到达到平衡的啮合效果。然后使用千分表，两小齿轮轴承后退相同的量，获得原始的齿隙设置。大小齿轮的节圆已经在其端面上机械划出，观察节圆线，如图 6.7-7 所示，1 和 2 可以得出正确的齿隙。齿轮侧隙的测点应该在节圆线上，这样测得的侧隙才可靠。

图 6.7-8

按图 6.7-8 进行齿隙的测量，要求齿隙为 3.380 mm 至 3.630 mm。在每一测点的啮合点检查轮齿的接触面和齿隙面。在啮合的小齿轮轮齿的齿向左侧可以测得接触面和齿隙面 2 个侧隙 X_1、X_2，右侧也可以测得接触面和齿隙面 2 个侧隙 X_3、X_4。要求 $3.380 \text{ mm} \leq X_1 + X_2 \leq 3.630 \text{ mm}$，$3.380 \text{ mm} \leq X_3 + X_4 \leq 3.630 \text{ mm}$，室温高时取小值，室温低时取大值，并且满足 $-0.3 \text{ mm} \leq (X_1 + X_2) - (X_3 + X_4) \leq 0.3 \text{ mm}$，齿隙在 3.380 mm 至 3.630 mm 时略微偏向大值会更好些。

调节轴承底座，使左右啮合误差尽量为零，即 $(X_1 + X_2) - (X_3 + X_4)$ 尽量为零。没有超过上述计算的允许误差，这样就在规定的范围内得到左右齿隙基本相同。

给小齿轮涂薄薄的色料，转动小齿轮带动大齿轮，检查齿轮齿面的接触情况。达到大小齿轮齿面接触率，沿齿高方向不少于 45%，沿齿长方向不少于 70%。如果达不到要求，须重新调整小齿轮，直到符合要求。

（6）安装润滑管路和测温元件。

连接进油管和排油管，注意轴承座两侧四个回油口中至少要接两路回油管。安装测温元件双支铂热电阻，铂热电阻应装在磨机外侧便于接线，连接测温导线到控制系统。

（7）小齿轮底座二次灌浆。

小齿轮底座二次灌浆必须在主电机、慢速驱动装置调整完成以后进行灌浆。

3. 齿轮罩的安装

齿轮罩对旋转大齿轮提供 360° 保护，与大齿轮间采用迷宫密封，防止灰尘和其他脏物进入大齿轮。齿轮罩由多段构成，设计有安装喷雾润滑装置喷油嘴的位置。底部留有排油孔，防止润滑剂在齿轮罩中堆积。

4. 喷射润滑装置安装

喷射润滑装置的喷枪组件必须安装在齿轮罩内。喷枪上的喷嘴位置必须使润滑脂喷到大齿轮工作齿面。齿轮喷雾的控制器和润滑脂泵安装在距离齿轮罩一定距离的地方。

（八）安装同步电机及励磁柜、气动离合器

主电机采用哈尔滨电机厂的无刷励磁同步电机，同步电机功率 4800 kW，电压 10000 V，转速 200 r/min。同步电机励磁柜采用北京前锋科技有限公司产品，气动离合器为美国 EATON 公司制造，型号为 D60 VC1600。气动离合器轴向锁紧装置的安装、调整必须找准同步电机的磁力线中心，以免因不同心使电机轴窜造成对小齿轮轴承的损坏。

（九）安装慢速驱动装置

慢速驱动装置减速器在厂内已调试好，现场不允许打开，所有零部件清洗、去毛刺。慢速驱动装置底板的安装方法见本章第 4 节，找正慢驱和小齿轮中心，要求慢驱轴和小齿轮轴上离合器间的径向位移不超过 0.3 mm，两轴线倾斜偏差不超过 0.5 mm/m。两轴头间隙按图纸要求调整。安装后，把手运动应灵活。

在以上所有驱动系统安装检测合格后，给小齿轮底板、主电机底板和慢驱底板二次灌浆。

（十）安装给矿小车、出料圆筒筛

清理所有连接面，不允许有毛刺、污物。按图纸组装给料小车。

将小车放在已铺好的轨道上，用钢球或水泥充填平衡配重箱，以免移动时给矿小车倾斜。将调整螺栓和聚氨酯密封圈套在给料弯管合适位置上，聚氨酯密封圈的开口应朝向磨机内。

出料圆筒筛为整体钢条结构，内衬将物料向外旋出的正螺旋，让合格的磨矿产品从筛缝中通过，而过大颗粒和异物由螺旋导出从磨矿回路中排出。安装时应尽量使圆筒筛与出料口同心。

（十一）安装防护罩

按图纸位置安装慢驱离合器罩和气动离合器罩，注意不要与所防护的旋转体发生干涉。

（十二）安装润滑系统

（1）轴承稀油润滑站在安装之前，应彻底清洗油箱，经检查合格后方可进行安装。

（2）安装润滑站时，要考虑到油箱的放油孔要伸到油箱的基础以外，并且距地不小于 300 mm，否则放油不便。润滑系统应尽可能靠近两主轴承的中心位置，尽可能缩短管道长度。

（3）现场配管

在安装之前，应对所有润滑管路钢管进行酸洗，用20%的硫酸或盐酸溶液浸40~60 min。当铁锈被清除之后，将管浸在3%的石灰水中30分钟使其中和，然后用清洁的水冲洗，并用压缩空气吹干(不能用氧气吹)，然后在管子内注入润滑油，以防再次生锈，同时将管子两端堵严以防脏物进去。上述操作应连续进行。酸洗后不允许再进行焊接操作。并列或交叉的压力管路，两壁之间应有一定的间距，以防振动干扰。回油管路必须向油箱方向倾斜，其坡度为85/1000~100/1000。

（4）润滑系统装配后，都应进行试压，各处冷却水管道试验压力不小于0.45 MPa，要求在30 min内没有渗漏现象；高压管路实验压力不低于高压额定压力，试压10 min。

（5）主轴承高压流量和压力计组件应按高压管路图中所示位置安装在主轴承附近高压进油管上。安装时注意使压力、流量仪表显示盘向外侧便于现场人员观察。小齿轮轴承低压流量计组件现场安装在两个小齿轮轴承附近低压进油管上便于观察处。

（6）清洗润滑系统。

必须使用干净的液压油对整个润滑系统进行清洗。

交替运行高、低压系统的各个油泵，每个泵大约两小时。检查滤油器的指示器，当指示器表明滤油器脏时，变更油流，通过另一个滤油器。拆下脏的滤油器并更换。当滤油器开始一直保持干净状态时，油泵停止，让所有的油回到油箱，清洗或更换所有的脏的东西。重新连接主轴承的油管和小齿轮轴承的油管。拆下轴承座上的排油塞，排出座内剩余的油和残余物。密封清洗的部件，再拧紧所有的排油螺塞。将润滑站油箱的油排回油桶。排尽热交换器内的油，再拧紧螺塞。清理油箱，关闭排油阀，拧紧所有螺塞，更换新滤芯。

（7）加润滑油。

从滤油车将过滤后的润滑油加入油箱至液位上限，并经滤油车反复过滤，过滤精度应不低于系统的过滤精度。连续过滤1 h后，再检查油液的清洁度，滤油器上应无肉眼可见的固体污染物。

（8）系统空循环。

①低压润滑系统。

给润滑系统送电，启动选择的低压泵，让泵打循环，检查是否泄漏。

检查通过滤油器的不同压力。检查小齿轮轴承每端的油量。检查每个轴承的回油情况。检查各检测仪表是否正常。循环进行约2 h。

②高压润滑系统。

低压泵正常工作后，启动选择的高压泵，让泵打循环，检查是否泄漏。检查主轴承每端的油量。检查每个轴承的回油情况。检查各检测仪表是否正常，高压泵压力不能超过12 MPa。循环进行约2 h。在系统运行期间油箱不能加油，以免当系统停止，供油管路的油返回油箱时引起溢出。

（十三）复查

全部安装完后，磨机进行清理、重新涂漆。检查所有连接件的紧固性，保证所有部件的安装是按说明书和装配图纸正确安装的。

（十四）未注螺栓预紧力矩值

螺栓拧紧力矩见表6.7-1。

表 6.7-1 螺栓拧紧力矩

螺栓性能等级	螺栓公称直径							
	M20	M24	M30	M36	M42	M48	M56	M64
	拧紧力矩 T_A/(N·m)							
5.6 级	136.3	235	472	822	1319	1991	3192	4769
8.8 级	290	500	1004	1749	2806	4236	6791	10147

注：①适用于粗牙螺栓、螺钉；②拧紧力矩允许偏差为±5%；③预紧载荷按材料的 $0.7\sigma_s$ 计算；④摩擦系数为 $\mu=0.125$；⑤所给数值为使用润滑剂(推荐使用二硫化钼)的螺栓，对于无润滑剂的螺栓的预紧力矩应为表中值的133%；⑥双螺母内侧螺母扭矩值按表中的数值减少5%。

(十五)螺栓的安装方法

1.扭矩扳手

只能使用经过校准的扭矩扳手。扭矩扳手经过调整力矩后可以使特定的螺栓达到正确的伸长量，可以通过测量螺栓的伸长量现场校准扳手。

2.测量螺栓伸长量

可通过在螺栓拧紧之前和拧紧之后分别用千分尺测量螺栓的长度，得到螺栓的伸长量。如果螺栓的两端无法都触及，可以超声波的方法测得，或者用相同厚度的校准块模拟确定实际扭矩值。

为了用千分尺或超声波测量仪测量螺栓，螺栓的两端必须加工光滑和平行，并且前后测量必须在同一个位置上。安装时，可每5~10个螺栓用千分尺检查1个螺栓的伸长量，即至少抽样检查10%~20%的螺栓。如果工期允许，检查所有的螺栓伸长量效果会更好。所测螺栓及测量位置应编号做标记(可在螺栓头和法兰上打印标记或在法兰上涂漆)，并对每个螺栓所测实际长度和伸长量做记录。把合螺栓预紧力矩及伸长量见表6.7-2。

表 6.7-2 把合螺栓预紧力矩及伸长量

序号	位置		螺栓尺寸/(mm×mm)	有效长度/mm	法兰厚度/mm	预紧力矩/(N·m)	螺栓伸长量/mm	附注
1	端盖与筒体		M48×3	247	200	5430	0.561~0.647	
2	筒体与筒体		M48×3	247	200	5430	0.561~0.647	
3	大齿轮、端盖与筒体		M48×3	347	300	5430	0.788~0.910	
4	两半齿轮把合处	双头螺柱	M48×3	375	315	内侧 6503 外侧 6789	1.065~1.229	⑤
5		锥销螺栓	M48×3	375	315	6305	10.65~1.229	⑤

注：①表中所给扭矩值为使用润滑剂(推荐使用二硫化钼膏)的螺栓；②有效长度=1/3螺栓头高度+把合法兰厚度+垫圈厚度+1/3螺母厚度；③应该按允许的螺栓伸长量校准扭矩扳手，确定实际扭矩值；④如果无法测量伸长量，可以用相同厚度的校准块确定实际扭矩值；⑤伸长量按内侧螺母计算，外侧螺母起防松作用。

3.螺栓拧紧程序

（1）清洗和准备

所有螺栓和螺柱必须清理其上的脏物、锈斑、氧化皮和毛刺并检查螺纹是否损坏。从包装运输箱取出的连接件不能直接使用。螺栓和螺母总是有轻微运输损坏或者在防锈油上粘有脏物。使用前，每个螺栓、螺柱和螺母必须认真检查，为装配做准备。按下列步骤进行：

a.用金属清洗剂清洗

b.检查螺纹是否损伤。

c.清理缺口和毛刺。

d.将螺母旋上旋下，保证容易装配。

（2）安装和拧紧

安装螺栓、螺柱和螺母时，应将螺栓或螺柱与最初检查配对的螺母相配安装。预紧力矩的紧固应该分三个步骤进行：第一步是所有螺栓拧至一半的扭矩值，第二步是所有螺栓拧至全部的扭矩值，第三步是以整个扭矩值来重新检查。若把整个位置比作一个时钟，每个步骤均应按以下次序对称均匀地拧至要求力矩：12：00、6：00、3：00、9：00、1：30、7：30、4：30、10：30、2：00、8：00、5：00、11：00、4：00、7：00、1：00。安装时为防止螺栓转动，在拧紧时必须固定螺栓头转动螺母或者固定螺母转动螺栓头。扭矩值应在扭矩扳手上产生读数，它应该进行校准，以便在安装高强度螺栓时，产生合适的伸长量。即使扭矩扳手是同型号、同厂家制造，读数也可能不同。等间隔抽样检查 10%~20% 的螺栓伸长量，确保伸长量在允许范围内。

（3）复查

在满负荷工作一周后，以全力矩重新检查磨机的所有转动部件连接件，六个月后再次检查，以后每半年随机检查一次（每个法兰上检查几个螺栓）。如果几个螺栓预紧力矩小了，所有螺栓都应该再次拧紧。

（十六）液压部分

（1）液压站置于混凝土平台上，并用 M18 的膨胀地脚螺栓进行固定。加注润滑油：按推荐的油品给油箱加油，高度加到油标所示位置。加注润滑油必须使用滤油车（过滤精度≤20 微米），在加油之前，买回的油应该使用滤油车先打循环、过滤。然后打开油箱顶部的小盖板，通过回油过滤器注入油箱。系统清洁度要求达到 NAS1638-9 级。

（2）液压站的使用环境：室内、气候干燥、不潮湿、洁净、无有害气体、无爆炸性气体、无破坏金属及绝缘的腐蚀性气体，没有导电尘埃，海拔高度不超过 1000 m，周围环境温度在 5~40 ℃。

（3）管路制作、焊接应符合《现场设备、工业管道焊接工程施工质量验收规范》（GB 50683—2011）的规范要求。

（4）根据实际需要截取长度合适的管子，管子与管接头、管件法兰等焊前要开坡口，坡口要求符合《现场设备、工业管道焊接工程施工质量验收规范》（GB 50683—2011）中的规范，所有管道焊接必须全部采用氩弧焊，不得采用气焊、电焊。管件焊接时，焊缝最小高度按两倍焊件最小厚度确定，不锈钢管焊接要单面焊双面成型，焊接标准按照 AWSD1.1 标准执行。管道连接不得出现别劲现象。

（5）二次装配前，应对管路进行清理并对管路内壁用干燥的压缩空气进行吹扫后涂油，安装时应注意密封件的正确选用和安装，不得漏装。配管完成后，高压管路要做耐压试验，试验压力 12 MPa，各连接处不得有漏油、冒汗等现象。

（6）液压系统配管完成后，应进行循环冲洗，化验油品的清洁度不低于 NSA1638 标准 9，或不低于 ISO4406 标准 18/15 级后，结束循环冲洗过滤。当清洁度达标后进行试车。

（7）配接回油管时，应保证轴承座回油口与液压站回油口之间的落差高度不小于 1000 mm，并且它们之间的水平配管必须有一定的斜度，斜度一般为 75/1000，朝油箱方向向下，以利回油。液压站四周预留至少 1 m 的检修空间。

（8）小齿轮轴承座回油口处接口尺寸为 G2，要求现场加工 G2 螺纹的管子 2 件，管子具体长度现场确定。

（9）所有管子需要由管夹固定，管夹的支撑由现场根据实际制作情况和位置制作。

（10）高压分流装置安放在用户现场的主机轴承座附件，用 M16 的膨胀螺栓固定。

（11）小齿轮分流装置安装在靠近小齿轮轴承润滑点的进油管道上，用 M16 的膨胀螺栓固定。

（12）液压系统启动前的准备工作。

①检查管道和仪器仪表是否按图正确连接。

②确保所有现场管道清洗，没有异物。

③清理主轴承箱体和油箱。保证所有排油塞堵均安装好。

④确保所有排油阀关闭。

⑤确保所有泵可运行。油泵转向应正确。

⑥打开热交换器的进、出口阀门。

⑦打开所有泵吸油口和出油口的球阀。

第八节　浓密机安装方法及要点

浓密机是基于重力沉降作用的固液分离设备。它主要是利用矿浆中固体颗粒和液体的密度差异，在重力场的作用下，使固体颗粒逐渐沉降到容器底部，而液体则向上流动，从而实现固液分离。在双闪铜冶炼工艺中，浓密机一般在电解及渣选设计时用于矿浆分离。浓密机主要由桥架和槽体、耙架、传动装置、中心筒（或进料筒）、给料装置和排料装置等组成。桥架为钢结构，支撑其他部件，槽体用于容纳矿浆；耙架位于槽体内，其耙齿由传动装置带动旋转，将沉降于槽底的固体物料推移；传动装置由电机、减速机、联轴器等构成，为耙架提供动力；中心筒是矿浆进入的通道，保证矿浆均匀分布；给料装置负责输送待处理矿浆，排料装置包括底流和溢流排料装置，分别排出浓密后的固体物料和澄清液体。浓密机立面图见图 6.8-1，浓密机三维模型图见图 6.8-2。

图 6.8-1

图 6.8-2

一、安装工艺流程

浓密机一般由厂家散件发送到现场，所以安装浓密机前需要进行组装，组装完毕后再进行安装。安装应注意先后顺序：先内后外，先下后上。此处以桥架承载传动装置的中心传动式浓密机安装为例。

安装流程为：基础验收→基础处理→桥架安装→中心驱动装置安装→中心筒→耙架安装→进料排料装置安装→液压系统安装。

二、主要施工技术

（一）基础检查与验收

浓密机基础应按照设计图纸进行检查验收，安装前需对基础的尺寸、标高、水平度等进行检查。基础的纵横中心线偏差应不大于±20 mm，标高偏差应在±10 mm，基础表面的水平度每米不大于 5 mm。对基础进行外观检查，不应有裂缝、蜂窝、麻面等缺陷。

（二）基础处理

由于土建基础牛腿上设置了桥架固定预埋钢板，安装前必须对每块预埋钢板进行清理、测量。将桥架四个理论固定点的中心点标记在预埋钢板上，供后续安装定位使用。

（三）桥架安装

在地面上选择一块宽敞、平整的区域进行组装。先将桥架的主要大梁结构按照设计要求进行拼接，使用高强度螺栓进行连接，螺栓的拧紧力矩应符合设计规定，一般使用扭力扳手进行操作，确保连接牢固。接下来按照图纸要求进行焊接加固，焊接时要按照焊接工艺要求进行，保证焊接质量，焊缝应平整、无夹渣、气孔等缺陷。在大梁组装过程中，要使用水平仪和经纬仪检查其水平度和直线度。大梁的水平度偏差控制在±0.5 mm/m，直线度偏差控制在±1 mm/m。安装桥架的支撑结构和连接横梁，支撑结构应垂直于大梁安装，垂直度偏差不超过±0.5 mm/m。连接横梁的安装要保证与大梁和支撑结构连接紧密，确保桥架整体结构的稳定性。

组装完成后，首先根据基础上的放线标记确定桥架的中心位置，偏差也不应超过±5 mm。根据桥架的重量、尺寸和安装高度，选择合适的吊装设备，如起重机或吊车。确保吊装设备的起重量大于桥架的总重量，并考虑一定的安全系数（一般为 1.2~1.5 倍）。吊装落位后使用水平仪对桥架的水平度进行调整，桥架的纵向和横向水平度偏差均不应大于 1/1000。可通过在桥架与基础之间加减垫铁来调整水平度，垫铁应垫实、垫平，每组垫铁不应超过 5 块，垫铁之间应点焊牢固。

（四）中心驱动装置安装

首先在桥架上确定传动装置的安装位置，根据设计要求进行标记，确保各部件的安装位置准确无误。在吊装前先安装竖轴，通过联轴器将减速机的输出轴与竖轴连接起来。连接时要确保联轴器对中良好，轴的直线度偏差一般不应超过 0.1~0.2 mm/m。联轴器的键槽与键的配合应紧密，键与键槽两侧面的间隙应均匀，且不大于 0.05 mm。安装完竖轴后将中心驱动装置吊装至预先确定的安装位置，并将设备调至水平，水平度偏差不应大于 0.1/1000，方可焊接固定。

（五）耙架安装

在池底组装耙架，将耙架的各部件按照装配图进行连接。连接部位的螺栓应拧紧，焊接部位应牢固、无缺陷。安装耙齿，耙齿应均匀分布在耙架上，耙齿的角度应符合设计要求。一般耙齿与水平方向的夹角为 10°~30°，可根据浓密物料的性质进行调整。将组装好的耙架利用手拉葫芦或者起重机缓慢吊起装配至中心竖轴上，检查耙架的平衡性能，防止在运行过程中出现偏斜现象。

(六)进料排料装置安装

根据浓密机的类型和设计要求安装给料装置,如管道、溜槽等。给料管道或溜槽应安装牢固,连接处应密封良好,防止物料泄漏。

给料装置的安装位置应保证物料能够均匀地进入浓密机的中心筒内,给料口与中心筒的中心偏差不应大于±50 mm。

安装浓密机的排料装置,如底流泵、管道等。底流泵的安装应符合泵的安装要求,泵体应水平,地脚螺栓应拧紧。

排料管道应具有一定的坡度,便于物料排出,一般坡度不应小于1/100。管道与泵的连接应紧密,密封垫应完好,防止泄漏。

(七)液压、润滑系统安装

中心传动式浓密机配备有专门的液压、润滑系统,安装润滑管道和润滑设备(如油泵、油箱等)。润滑管道的连接要正确无误,避免出现泄漏或堵塞现象。

按照设备的要求,设置好润滑系统的供油路线和供油压力,确保润滑设备能够正常工作,为传动部件提供充足的润滑油。

三、重点注意事项

(1)注意确定设备中心、桥架中心和基础中心三点同心,保证设备安装准确。

(2)注意拼装桥架和耙架过程中的固定须按设计要求进行连接或焊接,保证连接牢固、焊接质量达标,安装后要检查结构完整性以及与其他部件的配合准确性。

(3)注意安装过程中的水平度、竖直度等数据。

第七章　调试

第一节　胶带输送机调试方法及要点

在现代工业生产中，胶带输送机作为一种重要的物料输送设备，广泛应用于矿山、港口、电力、化工等众多领域。其高效、稳定的运行对于提高生产效率、降低成本、保障安全生产具有至关重要的意义。胶带输送机按用途分为散料输送机械，如带式输送机、螺旋输送机、斗式提升机等，主要用于散状物料的输送。物流输送机械，包括流水线、输送线、悬挂输送线等，主要用于物流系统中的物料输送。然而，要确保胶带输送机在实际应用中达到理想的性能，科学合理的调试工作是必不可少的环节。

调试工作不仅涉及对设备机械结构的检查与调整，还包括电气控制系统的优化配置以及运行参数的精准设定。如果调试不当，可能会导致胶带跑偏、打滑、撒料等问题，严重影响输送效率和设备寿命，甚至引发安全事故。因此，深入研究胶带输送机的调试方法及要点，具有重要的理论价值和实际意义。

一、胶带输送机的基本结构与工作原理

（一）主要结构组成

（1）输送带：是承载和输送物料的主要部件，通常由橡胶、塑料或织物等材料制成。

（2）驱动装置：一般由电动机、减速器、联轴器等组成，为输送机提供动力。

（3）滚筒：包括传动滚筒和改向滚筒。传动滚筒通过摩擦力带动输送带运行，改向滚筒用于改变输送带的运动方向。

（4）托辊：支撑输送带及其上的物料，减少输送带的运行阻力，并保证输送带的稳定运行。托辊分为槽型托辊、平行托辊、调心托辊等多种类型。

（5）拉紧装置：用于保持输送带具有适当的张力，防止输送带打滑或松弛。

（6）机架：用于支撑和安装上述部件。

（7）清扫装置：清除输送带上黏附的物料，保持输送带的清洁。

（8）卸料装置：将输送带上的物料卸出到指定位置。

（二）工作原理

胶带输送机的工作原理是通过电动机驱动输送带运动。物料由装载端加入，借助输送带与物料间的摩擦力，物料被连续、稳定地输送到卸载端。整个过程中，托辊和支架为输送带提供必要的支撑。

二、胶带输送机调试前的准备工作

胶带输送机调试前的准备工作主要包括以下几个方面。

(一)设备检查

(1)对胶带输送机的各个部件进行全面检查,确保其无损坏、变形、缺失等情况。

(2)检查输送带的接头是否牢固,带面有无破损、划伤、跑偏等问题。

(3)确认驱动装置(电机、减速机、联轴器等)的连接紧固,润滑良好。

(4)检查滚筒、托辊的转动是否灵活,有无卡阻现象,表面是否清洁。

(二)场地清理

(1)清理输送机周围的杂物、障碍物,确保调试过程中的安全和畅通。

(2)清扫输送带上的灰尘、杂物,避免影响调试效果和设备运行。

(三)电气系统检查

(1)检查电气线路的连接是否正确、牢固,无短路、短路等故障。

(2)测试电机的绝缘电阻,确保电机正常。

(3)检查控制设备(如开关柜、操作台等)的功能是否正常,各种保护装置(如过载保护、短路保护等)是否灵敏可靠。

(四)润滑工作

对需要润滑的部位(如减速机、滚筒轴承等)加注适量的润滑油或润滑脂,保证设备良好的润滑状态。

(五)人员培训

对参与调试的工作人员进行技术培训,使其熟悉设备的结构、性能和调试方法,了解调试过程中的安全注意事项。

(六)工具及仪器准备

(1)准备好调试所需的工具,如扳手、螺丝刀、量具等。

(2)准备好检测仪器,如测速仪、测温仪、噪声仪等,以便在调试过程中对设备的运行参数进行监测和测量。

(七)安全防护措施

(1)在调试现场设置明显的安全警示标志,防止无关人员进入。

(2)为调试人员配备必要的个人防护用品,如安全帽、安全鞋、手套等。

三、胶带输送机调试方法

(一)电气系统调试

1. 调试前检查

(1)检查电气设备的外观,确保无损伤、变形、受潮等情况。

(2)确认电气接线牢固、无松动,接线端子标识清晰准确。

(3)检查电缆的敷设是否符合规范,有无破损、短路的可能。

2. 电源系统调试

(1)测量电源电压,确认其在规定的范围内(通常为额定电压的±10%)。

(2)检查电源的相序是否正确,以保证电机的转向正确。

3. 电机调试

(1)测量电机的绝缘电阻,应符合要求(一般不低于 0.5 MΩ 兆欧)。

(2)单独启动电机,观察电机的转向是否与要求一致,若不一致则调换电机接线。

(3)监听电机运转声音,应平稳无异常杂音;检查电机的振动情况,不应有过大的振动。

(4)测量电机的空载电流,应为额定电流的 30% 至 50%。

4. 控制回路调试

(1)检查控制按钮、开关的操作是否灵活、可靠,指示灯显示是否正常。

(2)测试各种保护装置(如过载保护、短路保护、跑偏保护、紧急开关、漏电保护等)的动作是否准确、灵敏。

(3)模拟各种控制信号(如启动、停止、调速等),检查控制系统的响应是否符合设计要求。

5. 调速系统调试

(1)如果胶带输送机采用调速电机或变频器调速,需要对调速系统进行调试。

(2)设置调速参数,如频率范围、加速时间、减速时间等。

(3)进行调速操作,检查电机转速的变化是否平稳,是否能达到设定的速度范围。

6. 连锁与互锁调试

(1)检查胶带输送机与上下游设备之间的连锁关系是否正确。例如,只有在胶带输送机运行后,给料设备才能启动;当胶带输送机故障停机时,给料设备应能自动停机并报警。

(2)检查电气系统内部的互锁功能,如正反转控制的互锁。

(二)机械部分调试

1. 输送带检查

(1)检查输送带的接头是否牢固,有无开裂或松动的迹象。

(2)观察输送带表面是否平整,有无破损、划伤、磨损等缺陷。

2. 滚筒调试

(1)检查滚筒的安装位置是否正确,轴线是否水平且与输送带运行方向垂直。

(2)手动转动滚筒,确保其转动灵活,无卡涩或异常阻力。

3. 托辊调试

(1)检查托辊的安装间距是否符合设计要求,是否在同一平面内。

(2)逐个转动托辊,确保其灵活无卡阻,能有效支撑输送带。

4. 张紧装置调试

(1)启动张紧装置,检查其动作是否平稳,能否有效地调节输送带的张力。

(2)观察输送带在张紧后的状态,应保持适度的张紧力,既不过松导致输送带打滑,也不过紧增加设备负荷。

5. 跑偏调整

(1)空载启动输送机,观察输送带的跑偏情况。

(2)如果输送带跑偏,通过调整托辊的角度和位置来纠正。一般是将跑偏一侧的托辊向前移动,另一侧的托辊向后移动。

(3)调整张紧装置的左右张力,也可能对跑偏起到一定的纠正作用。

6. 清扫装置调试

(1)检查清扫器与输送带的接触压力是否合适,既能有效清扫又不损伤输送带。

(2)观察清扫器的清扫效果,确保输送带表面的附着物能够被清除干净。

7. 卸料装置调试

(1)检查卸料溜槽的位置和角度是否合适,确保物料能够顺利卸料。

(2)观察卸料过程中有无物料堵塞或撒料现象,如有需要进行调整。

8. 噪声和振动检测

(1)运行输送机,用噪声检测仪和振动测试仪检测设备的噪声和振动水平。

(2)如果噪声或振动过大,检查各部件的连接是否松动、轴承是否磨损等,并进行相应的处理。

9. 润滑检查

检查各润滑部位的润滑情况,确保润滑油或润滑脂的加注量和质量符合要求。

10. 负载试验

(1)在空载调试正常后,逐渐增加物料负载,进行负载试验。

(2)观察在负载情况下,输送机的运行状态、输送带的跑偏情况、各部件的工作状况等。

四、胶带输送机调试要点

(一)输送带跑偏的预防与调整

1. 跑偏原因分析

(1)输送带质量问题:输送带本身制造质量不佳,如带芯在长度方向上受力不均,导致输送带在运行时跑偏。

(2)安装问题:机架安装不正,使整个胶带输送机不在一条直线上。滚筒和托辊安装位置偏差,轴线与输送带中心线不垂直。

(3)输送带接头问题:接头不平直,在运行时会产生冲击力,导致输送带跑偏。

(4)输送带张力问题:输送带两侧张力不均匀,一边紧一边松,输送带会向张力紧的一侧跑偏。

(5)物料落点问题:给料时物料落点不在输送带中心位置,导致输送带受力不均而跑偏。

(6)滚筒和托辊问题:滚筒或托辊表面粘有物料,导致输送带局部受力不均。滚筒或托辊表面磨损不均匀,造成直径大小不一,从而引起跑偏。

(7)清扫装置问题:清扫装置安装不当或清扫效果不佳,输送带表面残留物料,影响输送带运行轨迹。

(8)环境因素:工作环境中的潮气、灰尘等影响输送带和滚筒、托辊之间的摩擦力,导致跑偏。

(9)设备故障:驱动装置故障,如两个驱动滚筒的线速度不一致。

(10)回程输送带问题:回程输送带跑偏,与承载输送带相互影响。

2. 调整方法

调整跑偏时,应注意观察跑偏的方向和程度,逐步进行调整,每次调整量不宜过大,并且在调整后要运行一段时间,观察调整效果。同时,要定期对胶带输送机进行维护和检查,预防跑偏问题的发生。

（1）调整托辊组：输送带在输送机中部跑偏时，可调整托辊组的位置来校正。在跑偏部位对应的托辊组，将其朝输送带运行方向向前移动，或者将另一侧的托辊组向后移动。对于较长的输送机，应每隔一定距离设置一组调心托辊。

（2）调整滚筒：驱动滚筒或改向滚筒的轴线与输送机中心线不垂直时会引起跑偏。如果头部滚筒跑偏，可通过调整滚筒轴承座的前后位置来校正；如果尾部滚筒跑偏，则调整方法相反。

（3）调整输送带张紧度：输送带张紧度不均匀会导致跑偏。通过调整拉紧装置，使输送带两边的张紧度保持一致。

（4）检查物料装载情况：物料在输送带上分布不均匀，偏向一侧，会导致输送带跑偏，应确保物料在输送带上均匀装载。

（5）安装调偏装置：在输送机上安装自动调偏装置，如立辊式自动调偏装置。当输送带跑偏时，立辊会带动调偏机构进行调整。

（6）清理输送带和滚筒上的附着物：输送带或滚筒表面有附着物，如煤泥、杂物等，会改变输送带与滚筒的摩擦系数，从而引起跑偏，应定期清理。

（7）检查输送带接头：如果输送带接头不正，会造成输送带两侧张力不一致，导致跑偏，应重新接正输送带接头。

（二）驱动装置的调试要点

驱动装置主要以联轴器的安装精度控制为主，参照规范《机械设备安装工程施工及验收通用规范》（GB 50231—2009）中联轴器的装配。根据实际到货设备联轴器类型，选定相应的安装标准式样，以弹性柱销联轴器为例，见图7.1-1。

扫一扫，看图

图 7.1-1

1. 对中偏差的允许范围

以弹性柱销联轴器为例，根据联轴器最大直径可以查出两轴心径向位移及端面间隙的允许偏差，见表7.1-1。为了达到上述对中偏差的允许范围，在安装过程中需要使用精确的测量工具，如激光对中仪或百分表等，并按照相应的安装工艺和标准进行操作。

表 7.1-1 弹性柱销联轴器装配的允许偏差

联轴器外形最大直径/mm	两轴心径向位移/mm	两轴线倾斜	端面间隙/mm
90～160	0.05	0.2/1000	2.0～3.0
195～200			2.5～4.0
280～320	0.08		3.0～5.0
360～410			4.0～6.0
480	0.10		5.0～7.0
540			6.0～8.0
630			

2. 安装后的复查

（1）联轴器安装完成后，进行复查是确保安装精度的重要环节。复查工作应在设备初次启动前完成,以避免因安装精度不足而造成设备损坏。

(2)测量工具和方法:使用与安装时相同的精确测量工具,如激光对中仪或百分表,再次测量联轴器的轴向偏差、径向偏差和角度偏差。测量时,应分别在不同的旋转位置进行多次测量,以获取更准确的数据。

(3)数据对比与分析:将复查测量得到的数据与安装时允许的偏差范围进行对比。如果偏差在允许范围内,说明安装精度合格;如果偏差超出允许范围,需要分析原因并采取相应的调整措施。

(4)调整措施:如果复查发现偏差超出允许范围,可能需要重新调整联轴器的位置。对于一些可调节的联轴器,可以通过调整连接螺栓的松紧程度、添加或减少垫片等方式进行微调。调整后,再次进行测量,直至偏差符合要求。

(5)记录与报告:将复查的测量数据、调整过程和结果详细记录,并形成报告。这些记录对于后续的设备维护和故障诊断具有重要的参考价值。

(三)张紧装置的调试要点

1.张紧力的设定

根据胶带输送机的设计要求和输送带的类型、长度、负载等因素,确定合适的张紧力。一般可以参考设备制造商提供的技术参数或相关标准来设定初始张紧力。

2.张紧行程的检查

确保张紧装置的行程能够满足输送带伸长和收缩的需求。在调试时,要使张紧装置运行到最大和最小行程位置,检查是否存在卡阻或行程不足的情况。

(四)安全保护装置的调试要点

1.跑偏保护装置调试

(1)检查跑偏传感器的安装位置是否正确,应安装在输送带容易跑偏的位置。

(2)手动模拟输送带跑偏情况,观察跑偏保护装置是否能及时运作,发出报警信号并停止输送机运行。

(3)调整跑偏传感器的灵敏度,确保在适当的跑偏程度时触发保护。

2.打滑保护装置调试

(1)确认测速传感器与输送带的接触良好,安装牢固。

(2)设定打滑保护的速度阈值,通过逐渐降低输送带运行速度,检验保护装置在达到阈值时能否准确动作。

(3)检查保护装置的动作响应时间,应满足快速停机的要求。

3.撕裂保护装置调试

(1)检查撕裂传感器的安装位置和方式,确保能够有效检测输送带的撕裂情况。

(2)用适当的方法模拟输送带撕裂,观察保护装置的反应是否及时准确。

4.紧急停车按钮调试

(1)测试紧急停车按钮的操作灵活性和可靠性。

(2)按下紧急停车按钮,确认输送机能够立即停止运行。

5.联锁保护调试

(1)检查与其他相关设备(如给料机、破碎机等)的联锁关系是否正确。

(2)模拟相关设备的运行和停止状态,验证联锁保护的有效性。

6. 声光报警系统调试

(1)检查报警声音的音量和音色是否清晰可辨。

(2)确认报警灯光的亮度和闪烁频率符合要求。

7. 保护装置的整体测试

在输机正常运行过程中，综合模拟各种可能的故障情况，全面检验安全保护装置的协同工作能力和可靠性。

五、调试过程中的常见问题及解决方法

(一)电气故障，如短路、短路等

问题分析：

(1)线路连接不良，如接线端子松动、导线破损导致短路。

(2)电气元件老化、损坏，造成短路。

(3)过载或过电流导致电气线路烧毁。

解决方法：

(1)仔细检查所有接线端子，确保连接牢固，对松动的端子进行紧固。

(2)更换老化或损坏的电气元件，如继电器、接触器、短路器等。

(3)检查电机负载，避免过载运行。若发现过载，应调整输送物料的量或检查机械部件是否有卡阻。

(4)使用万用表等工具检测线路，找出短路或断路的具体位置并进行修复。

(二)机械部件的磨损或损坏

问题分析：

(1)安装不当，导致部件之间配合不良，产生过度摩擦。

(2)润滑不足，使运动部件干摩擦，加速磨损。

(3)部件材质质量差，无法承受正常的工作负荷。

解决方法：

(1)重新安装有问题的机械部件，确保安装精度和配合要求。

(2)定期检查并补充润滑剂，确保润滑良好。

(3)更换磨损或损坏的部件，并选用质量可靠的零部件。

(三)输送带的撕裂或划伤

问题分析：

(1)输送物料中有尖锐物体，刮擦输送带。

(2)输送带跑偏严重，与机架或其他部件摩擦。

(3)输送带接头不牢固，在运行中开裂。

解决方法：

(1)在输送机前端设置除杂装置，去除物料中的尖锐物体。

(2)调整输送带的张紧度和对中情况，解决跑偏问题。

(3)重新对接头进行牢固处理，或更换损坏的输送带。

(四)设备运行不稳定，如振动过大、噪声异常等

问题分析：

（1）输送机部件安装不平衡，如滚筒、托辊等。

（2）输送带张力不均匀。

（3）驱动装置故障，如联轴器不对中、减速机齿轮磨损等。

解决方法：

（1）重新调整安装不平衡的部件，使其达到平衡状态。

（2）调整输送带的张紧装置，使张力均匀分布。

（3）对联轴器进行对中调整，检查并修复或更换减速机中的磨损齿轮。

第二节　冰铜磨单体调试方法及要点

在双闪铜冶炼工艺中，冰铜磨主要用于磨碎、干燥冰铜粒化系统所生产的冰铜。研磨后的冰铜颗粒通过布袋收尘器收集，再输送给闪速吹炼炉，以提供冶炼原料。

现以双闪工艺铜冶炼工厂冰铜磨为例，介绍冰铜磨单体调试方法及要点。

一、冰铜磨单体试车内容及步骤

（一）试车具备条件及准备工作

（1）机、电、管、结构、仪表、通风各专业的安装收尾工作全部完成，经检查合格，不影响单机调试工作，具备试运转条件。

（2）冰铜磨系统水、电、气、油形成供给能力，具备试运转条件。

（3）电气调试工作全面完成并合格，能正常投入运行。

（4）冰铜磨设备内外检查、清扫全面完成，确认无异常情况，且清洗、加油全部完成。经确认合格，能正常投入运行。

（5）冰铜磨的输入管路，必须经严格的清理、吹扫、冲洗。确保管内清洁无杂物，方可接入设备，投入运行。

（6）试运转操作者，必须全面熟悉有关技术文件，掌握操作规程和操作要领，能准确无误地操作。

（7）试车场点备有充足的照明，以满足试运转要求。

（8）试车场点必须进行全面卫生打扫、杂物清理、临时件拆除，且保证场地平整，道路畅通，以满足试运转要求。

（二）试车工机具及材料准备

试车工具及材料见表7.2-1。

表7.2-1　试车工机具及材料表

材料名称	型号规格	单位	数量
测振仪	AS63A	台	2
测温枪	DM-5001	把	2
非接触转速仪	UT373	台	1
活动扳手	—	把	6

续表7.2-1

材料名称	型号规格	单位	数量
套筒扳手	—	套	1
内六角扳手	—	套	1
螺丝刀	十字/一字	把	各4
油壶	1000 mL	个	2
加油漏斗	大号/中号/小号	个	各2
电动加油器	—	台	1
手动加油器	—	台	2
百分表	—	套	2
游标卡尺	—	把	2
塞尺	—	把	2
听针	—	根	2
破布	—	kg	若干
安全警示带	—	m	若干

1. 设备单机调试前的检查

(1)检查设备的安装收尾工作是否全部完成,各种技术指标是否满足设计要求。

(2)检查设备的各连接紧固件是否紧固无松动现象。

(3)检查设备的转动部位是否有卡死现象,应转动灵活。

(4)检查设备的内腔是否清洁无异物,外表是否干净无杂物。

(5)检查设备各润滑点是否加注润滑油脂,其型号和数量是否符合设计要求。

(6)检查液压、润滑系统是否清洁,颗粒度是否符合设计规范要求。

(7)检查其进口管路是否经过清理、吹扫或冲洗,确保管道内无杂物。

(8)检查与设备相连的管道阀件或结构,是否合理地配有支架。其荷载不得直接承压在设备上。

(9)以上各种检查必须经确认合格后,方可进行试运转。

2. 电机试运转

(1)电机试转前应检查的关键项目。

电机安装检查:基础螺栓、定位销、垫铁牢固无松动,内部吹扫干净,动、静间隙符合要求,人工盘动无摩擦和异常,窜轴量符合要求,电机联轴器已安装妥当且已固定牢靠,润滑系统及油脂已符合试车要求。

电气接线正确,电机绝缘、耐压合格,电机的过流、差动、接地等保护均已校验、投入,仪表能投入工作,指示正确。

(2)电机单机试转。

脱开电机联轴器。

电机手动盘车无异常后,点动启动,检查转向是否正确,同时观察振动、噪声等。

在点动试转 2~5 min 后再次启动，若启动后出现下列情况，应立即断电：启动 4~5 s 后转子不动；启动 9~10 s 后电流仍未恢复正常；冷却风扇无动作；振动过大；电机出现冒烟、异音或其他危及设备和系统安全的异常情况时，要停机检查。

电机启动后应注意观察和记录振动、电流、电压、轴承温度等。

如无异常，电机应连续运转 2 h 以上。

3. 减速机试运转

（1）减速机试转前应检查的关键项目。

减速机安装检查：基础螺栓、定位销、垫铁牢固无松动，磨盘连接处紧固、无松动，人工盘动无摩擦和异常，窜轴量符合要求，联轴器已安装妥当且已固定牢靠，润滑系统及油脂已符合试车要求。

（2）液压系统调试。

减速机在试转前，需要调试液压油站及液压油缸。液压泵试运转无异常，液压管路阀门动作正常，控制仪表灵敏无异常，管线无泄漏，液压油缸行程、限位正常。

使用液压系统将冰铜磨的三个托辊顶起，使托辊与磨盘无接触，间距在 15 mm 以上。

（3）润滑系统调试。

减速机在试转前，需要调试润滑油站及干油站。油泵试运转无异常，润滑油及干油管路阀门动作正常，控制仪表灵敏无异常，管线无泄漏。各润滑点出油流畅、无阻塞现象。

（4）减速机单机试转。

a. 装配电机和减速机的联轴器。

b. 启动电机，观察减速机的振动、噪声、启动电流等。

c. 在点动试转后 2~5 min 再次启动，若启动后出现下列情况，应立即断电：启动 9~10 s 电流未恢复正常；振动过大；减速机或磨盘出现冒烟、异音或其他危及设备和系统安全的异常情况时，要停机检查。

d. 减速机启动后应注意观察和记录振动、电流、轴承温度。

e. 检查减速机的运转是否均匀、平稳。

f. 检查磨盘及托辊之间的间隙状况。

g. 如无异常，减速机及磨盘应连续运转 2 h 以上，并做好相关记录。

4. 选粉机试运转

（1）选粉机试转前应检查的关键项目。

选粉机安装检查：连接螺栓牢固无松动，选粉机与壳体间隙符合设计要求，冷却水系统已贯通且冲洗完毕，润滑系统及油脂已符合试车要求。

（2）选粉机单机试转。

a. 检查联轴器及电机的连接螺栓。

b. 启动电机，观察转向、振动、噪声、启动电流等。

c. 在点动试转后 2~5 min 再次启动，若启动后出现下列情况，应立即断电：启动 9~10 s 电流未恢复正常；振动过大；电机或轴承出现冒烟、异音或其他危及设备和系统安全的异常情况时，要停机检查。

d. 选粉机启动后应注意观察和记录振动、电流、轴承温度。

e. 检查选粉机的运转是否均匀、平稳。

f. 检查选粉机与壳体之间的间隙状况。

g. 如无异常,选粉机应连续运转 2 h 以上,并做好相关记录。

5. 喷淋系统调试

(1)喷淋系统调试前应检查的关键项目。

喷淋系统安装检查:连接牢固无松动,水箱及管道符合设计要求,润滑系统及油脂已符合试车要求。

(2)喷淋泵单机试转。

a. 检查喷淋泵固定情况及联轴器和电机的连接螺栓。

b. 启动电机,观察转向、振动、噪声、启动电流等。

c. 在点动试转 2~5 min 后再次启动,若启动后出现下列情况,应立即断电:启动 9~10 s 电流未恢复正常;振动过大;电机或轴承出现冒烟、异音或其他危及设备和系统安全的异常情况时,要停机检查。

d. 喷淋泵启动后应注意观察和记录振动、电流、轴承温度。

e. 冲洗喷淋管道。

f. 如无异常,喷淋系统应连续运转 30 min 以上,并做好相关记录。

6. 设备单机调试后的有关工作

(1)检查设备。

(2)对油水泄漏及设备部件松动等事项进行处理。

(3)恢复因试运转而必须拆除的有关部件(如防护罩等)。

(4)清理试运转现场。

(5)填写设备单机调试记录。

二、试车检查及检验标准

(1)检查不正常的噪声或不正常振动。

(2)检查有无液体泄漏或排烟系统泄漏。

(3)检查控制屏有无异常的指示,尤其是高温或低油压。

(4)其他异常情况跟厂家联系、反馈。

第三节　电解智能行车安装、调试方法及要点

一、电解智能行车简介

电解车间内的智能行车是将阳极板、阴极板、残极等材料转运至指定位置的装置,它具有自动化程度高、操作简便、转运量大、运行速度快等特点,大幅度提高了生产效率。

电解智能行车轨距跟电解槽数量的布置有关,一般大型电解车间行车轨距为 31.5 m,额定起重量 32 t,其取物装置为专用吊具。智能行车主要由主体结构、小车、驾驶室、吊具成套设备、检修电动葫芦和电气设备几大部分组成。

电解智能行车整体见图 7.3-1。

扫一扫,看图

图 7.3-1

二、安装准备

（一）技术方面

施工方案审批完成，技术、安全交底完成并签字，施工人员熟悉图纸和现场周边环境，厂家指导人员到场作业。

（二）场地方面

安装地点尽量选择厂房靠一侧端头外进行吊装；吊车道路、站位场地均需要压实、平整；大件设备卸车时，尽量卸到安装场地附近，满足吊车站位要求，避免设备部件的二次倒运。

（三）起重机具准备

根据设备单体最大件重量、场地情况进行确定选用主吊车、钢丝绳、卡环的规格。

（四）施工人员准备

安装班组由合格的钳工、起重工、焊工、电工、普工等工种组成，人员数量不超过 10 人。

（五）工机具准备

安装工机具主要有电焊机、手拉葫芦、千斤顶、力矩扳手、水准仪、切割工具及常用小型工机具。

三、设备安装

（一）安装工序

智能行车的主要安装工序流程见图 7.3-2。以上工序可以根据设备到场情况进行合理调整。

（二）轨道检查验收

智能行车安装前，轨道必须经过正式的中间交接验收，并符合相关设计规范要求。

扫一扫，看图

图 7.3-2

（三）设备进场验收

设备进场后，检查、检验过程应该由五方（业主方、监理、总包方、安装单位、供货厂家）到场共同进行，由总包方主持，遵循项目设备开箱检查制度，形成设备开箱验收记录，并由参与验收各方签字确认。

（四）主体结构安装

起重机主体结构为双梁双轨结构，由 2 根主梁、4 根端梁、2 根端部连接梁组成长方形框架。

主体结构是起重机的主要受力部件，辅以大车运行机构、小车轨道、走台、栏杆、滑线架、梯子等组成。

小车轨道一般在出厂前安装在主梁上方；主梁一侧设置有走台，走台下部安装有葫芦轨道；走台一端安装有滑线及葫芦检修吊笼，主体结构四角均设置有检修平台。

扫一扫，看图

图 7.3-3

主体结构组装示意见图 7.3-3。为减少空中作业，主梁吊装前，在满足起重吊装要求的前提下，先在地面将主梁和两侧端梁拼装好，有走台侧的主梁，还要将走台格栅、检修电动葫芦、栏杆在地面拼装完善，再整体吊装至轨道上。

根据前面计算选择合适的汽车吊和钢丝绳进行吊装。为确保吊装安全，减少吊装工作半径，吊车车尾尽量靠近安装位置，根据现场测量，控制在计算的回转半径以内进行吊装。吊装在轨道标高以下时，起重机长度超过建筑净宽度，将主梁保持水平的同时，用麻绳牵引两端，同一水平面上旋转约20°后才能吊装，超过轨道标高后再摆正，将主梁行驶轮平稳落到轨道上，调整两端车轮与轨道的间隙，保证一致。

同样吊装第二根主梁，依次吊装就位，并保持两根主梁的间距为端部连接梁的尺寸，再吊装端部连接梁，将主体结构系统组装成型。端部连接梁安装前，必须调整主梁断面水平以及车轮同位差小于3 mm。主体结构拼装后，检查车轮的同位偏差，检查方法见图7.3-4。

图 7.3-4

端梁、端部连接梁安装见图7.3-5。吊装注意要点有：

（1）吊装前做好智能行车的成品保护。

（2）电机及配电柜等电气设备用防雨布遮盖。

（3）钢丝绳与主梁捆绑位置用半边钢管包角。

图 7.3-5

（4）两端设置好牵引绳，吊装时牵引住拉绳以便调整主梁方向，防止主梁随意摆动或碰撞到钢结构和吊车。

（5）吊装作业时，划分并拉设好安全警戒区域，吊装区域内无关人员严禁进入，安排专人看守。

（6）吊车液压支腿处的地面必须夯实、铺钢板。

（7）根据现场实际情况，可单独制订吊装安全方案。

起重机主体结构各连接部位用高强螺栓连接时，高强度螺栓拧紧力矩值见表7.3-1。

表 7.3-1　高强螺栓扭矩表

规格等级	螺栓型号				
	M12	M16	M20	M24	M30
	拧紧力矩值/（N·m）				
8.8 级	80	180	360	610	1240
10.9 级	110	265	510	900	1700

高强螺栓施工要点有：

（1）先检查连接面露出金属本色。

（2）拧紧的过程中分初拧、复拧、终拧步骤逐步拧紧。

（3）每次拧螺栓时按照同一顺序，从连接板中心往两侧逐个拧紧，如此反复。

（五）小车机构吊装

小车机构主要由小车架、端梁、起升机构、小车运行机构等组成。司机室通过吊架悬挂于小车上。小车运行机构通过端梁与小车架之间的绝缘件与起升机构绝缘。

图 7.3-6

小车机构吊装前，先在地面将小车两侧端梁、小车架、起升机构、运行机构、栏杆等拼装成整体再吊装，端梁的拼装根据厂家图纸中的螺栓孔进行定位拼装。

小车拼装示意见图7.3-6。小车拼装注意要点有：

（1）拼装后小车整体重量要满足吊车起重性能要求。

（2）复测小车轨道是否与图纸/实物相符，再用现场吊车将小车从上方平稳落在小车轨道中间部位，检查两侧车轮与轨道间隙是否一致。

（3）就位后，在小车轨道两侧塞木方、斜铁等将小车固定，防止小车移动，并确保木方紧固牢靠，防止脱落。

（4）小车就位后检查小车轨距和两侧高差，是否满足厂家的要求，不符合时应与厂家沟通，按厂家方案调整、再检查，直至合格为止。

（5）就位合格后，用葫芦、拉绳将小车固定在主梁中间部位，防止恶劣天气下主梁移动时，小车发生滑动造成严重事故。

（六）吊具成套设备安装

吊具成套设备由外框架、内框架、吊架装配、左/右阳极吊钩装配、左/右阴极吊钩装配加液压系统和电气系统组成。

专用吊具配合行车可以分别起吊整槽阴极板、阳极板、载铜阴极、残极，吊具两端吊钩具有独立执行机构以便更换槽端的阳极板。

吊具装配示意见图 7.3-7。成套吊具安装要点有：

（1）外框架主体为一焊接结构件，安装时上部通过四个角接吊挂装置与吊车的小车连接在一起，四个角接吊挂装置可以保证外框架与地面保持垂直，并且在外框架两侧设有两个限位缓冲吊挂装置，使外框架随小车一起运动。

（2）内框架主体为一焊接结构件，安装在外框架内侧。内框架下部配有防摆装置，两侧均设置防摆装置，各由两个液压缸控制，防止极板摇摆。

扫一扫，看图

图 7.3-7

（3）吊架为一箱体结构，是本专用吊具的关键部件，由左、右两个端部连接架和一个中间连接架通过销轴定位、螺栓连接构成吊架主体结构。吊架四角配有四个滚轮装置，有两个滚轮装置为单滚轮，另两个滚轮装置为双滚轮，在两个方向都配有滚轮，以保证吊架在内框架内上、下运行时准确定位，平稳运行。

（4）左、右阳极吊钩装配结构完全一样，仅仅左、右阳极固定座上中心位置的油缸支座对称制作即可。阳极吊钩装配主体为矩形框架结构，用螺栓固定在吊架下方的活动架上。阳极固定座为一根矩形长梁，阳极挂钩滑座有两根，背靠背装于阳极固定座里，吊钩用螺钉固定在阳极挂钩滑座下方，形成相对的双排吊钩，吊钩材质为耐腐不锈钢。

（5）左、右阴极吊钩装配结构完全一样，仅仅左、右阴极吊钩座上与阴极连接板相连接的钢板及钢板下面的筋板对称制作即可。阴极吊钩装配主体为矩形框架结构，用螺栓与吊架上的阴极连接架固定在一起。

（6）专用吊具部件安装前应对小车机构各连接处进行检查，确认符合设计规范、厂家的要求。吊具部件包含固定框架、吊具本体、活动框架、接液盘等，应当依次依据厂家装配图进行组装，保证各组件之间的连接紧固程度达到厂家产品总装要求。

（7）吊具安装时，水平检测面水平度误差不超过 2 mm；小车水平轮间距中心线与吊具中心线平行度误差不超过 2 mm；各立柱水平和垂直方向误差要根据吊具水平方向和垂直方向进行调整，最终保证吊具安装不偏斜。

（七）附属部件安装

电解智能行车的其他附件还有驾驶室、检修吊笼、检修葫芦、安全尺架、牵引臂、编码

尺、平台、栏杆、车挡等。

附属部件安装要点有：

（1）车挡为一般钢结构制作产品，安装前应检查其焊接位置是否有裂纹、严重错边等缺陷，严禁使用不合格车挡。车挡的高度应与起重机大车缓冲器的高度相适应，两根轨道同方向的车挡接触距离偏差不得超过 4 mm。

（2）司机室装置主要由司机室吊架、司机室、伸缩梯、直梯等组成。司机室通过四套缓冲连接件与吊架相连；伸缩梯及直梯装置可方便人员从地面进入司机室及吊车主梁；依据厂家装配图进行整体装配，检查连接处稳固可靠，再整体吊装，悬挂安装在小车架下；伸缩梯安装完成后，应上下伸缩灵活，无卡阻。司机室示意图见图 7.3-8。

扫一扫，看图

图 7.3-8

（3）大车编码尺安装按照厂家要求，垂直、水平偏差不超过 5 mm，锁紧支架每 10 m 设置一个，每 30 m 进行接地。

（4）各机械部件安装完成后，检查各连接部位符合相关要求，确认无误后，方可拆除大车端梁的临时固定支架。

四、智能行车调试方法及要点

起重机试车应遵循《起重机 检验与试验规范 第一部分：通则》（GB/T 5905.1—2023）《通用桥式起重机》（GB/T 14405—2011）和《通用门式起重机》（GB/T 14406—2011）有关试验方法。

（一）调试前的准备和检查

（1）关闭全部电源，按图纸技术要求检查金属结构螺栓连接是否牢固、各传动机构装配是否牢固、金属结构是否出现变形。

（2）检查起重机的安全装置、防护设施是否齐全。

（3）电气设备方面必须在完成下列工作后才能进行试车：

①用兆欧表检查电路系统和所有电气设备的绝缘电阻，一般环境中不小于 0.8 MΩ，潮湿环境中不小于 0.4 MΩ。

②在断开动力线路的情况下，检验操纵线路接线的正确性和所有操纵设备的转动部分是否灵活可靠。

（4）清除大车运行轨道上、起重机上以及试验区内有碍试车的一切物品。

（5）与试验无关的人员，必须离开起重机和试验现场。

（6）采取措施防止在起重机上参加运转试验的人员触及带电设备。

（7）准备好负荷试验的砝码或重物和检测器具。

（二）无载荷试车要点

（1）只有在试车前的准备和检查都满意时才能进行无负荷试车。

（2）无载荷试车的试验项目：

①起升机构吊钩升降至少 3 次。

②大车运行机构沿厂房全长至少往返 3 次。

（3）无载荷试车检查项目：

①钢丝绳在卷筒上和滑轮中缠绕的正确性。

②大车车轮是否卡轨。

③齿轮在工作时是否发出不正常的响声。

④制动器是否灵活可靠,同时进行适当地调整。

⑤限位开关、超速开关是否灵敏,起升限位开关或高度指示器到位是否报警、断电。大车运行限位开关安装的位置是否正确。

⑥大车运行机构、起升机构的极限位置能否达到。

⑦检查起重机各运行机构和起升机构运行方向(既电机的旋转方向)与控制器操作要求方向是否相符。

(三)额定载荷试车要点

(1)在无载荷试车合格后,才能进行额定载荷试车。

(2)经过 2~3 次逐渐加载直至额定起重量。加载时,应使四个吊钩组上的载荷均匀。在标准电压及电动机额定转速时作各方向的动作试验和测试。

(3)试验载荷不能超出额定起重量的±1%。

(4)载荷起升高度不能超过设计高度的 1.5%。

(四)静载试车要点

(1)静载试车的目的是检验起重机及其各部分的结构承载能力。

(2)在额定载荷试车情况正常之后,才允许进行静载试车,加载时,应使四个吊钩组上的载荷均匀。

(3)静载试验之前,应将空载小车停放在跨度中间位置,定出基准点。首先起吊额定载荷的70%,再起吊额定载荷,最后起吊 1.25 倍的额定载荷,吊离地面 100~200 mm,悬空时间不小于 10 min。卸去载荷后检查起重机主梁基准点处有无永久变形。如此重复 3 次,不得再有永久变形。

(4)试验后,如果未见到裂纹、永久变形、油漆剥落或对起重机的性能与安全有影响的损坏,连接处没有出现松动或损坏,则认为这项试验结果合格。

(五)动载试车要点

(1)动载试验的目的主要是验证起重机各机构和制动器的功能。

(2)以 1.1 倍额定载荷的主钩起重量做动载荷试验。加载时,应使四个吊钩组上的载荷均匀。首先应将起重机各机构分别试验,而后作联合动作的试验,同时开动两个机构(主、副钩不能同时开动)。试验中,对悬挂着的试验载荷作空中启动时,试验载荷不应出现反向动作。试验时应按该机的电动机接电持续率留有操作的间隙时间,按操作规程进行控制,且必须注意把加速度、减速度和速度限制在起重机正常范围内。对起升、回转和运行机构反复运转的累积时间不小于 1 小时。

(3)如果各机构能完成其功能试验,动作灵活,运行平稳,工作可靠。目测检查未发现各零部件出现裂缝、连接处未出现松动、轴承电机电器未出现过热现象,则认为此项试验合格。

(六)电气设备试验要点

(1)起重机各机构做连续反复运转的时间不应超过 15 min,因此,试验时各机构宜交替运转。只有当机构完全停止后才允许反转或转换机构。

(2)当控制器在不同位置时,检查电动机运转是否正常。

(3)检查各种限位、安全保护装置、联锁装置的动作是否正常。

（4）电器设备运转中的故障应消除，不允许电动机和电气温升超过规定标准。

（5）活动接点不得有烧灼情形。设备不应有不正常的响声和振动等现象。

（6）电气设备试验一般与前述各项试车同时进行，当发现有吊不起额定载荷、电气设备发热等异常现象，应检查线路、电流、电压等参数，查明原因，消除故障后，试验才能继续进行。

第四节　汽轮发电机调试方法及要点

汽轮发电机作为工业领域的重要设备之一，在当前经济建设发展过程中，是不可替代的。从某种意义上来讲，汽轮发电机的有效运行不仅仅会给企业带来较好的经济效益，还会对国民经济建设产生极其重要的影响。

一、概述

（一）汽轮发电机构造

汽轮发电机是发电机的一种，是与汽轮机配套的，一般由定子、转子、端盖、轴承等部分组成。发电机的组成部分又可以分为更为细小的部件，例如定子主要由机座、定子铁芯、定子绕组、端盖等部分组成。转子主要由转子锻件、激磁绕组、护环、中心环和风扇等组成，它们与汽轮机组合成为整套的发电装置。轴承和端盖把发电机的定子和转子连接在一起，并且使转子可以在定子中保持旋转，处于持续切割磁力线的状态，进而产生感应电势，在回路中产生电流。

（二）汽轮发电机运转特征

发电机实质上是将机械能转变为电能的一种装置，而汽轮发电机就是与汽轮机相配套使用的发电机，这种发电机在实际运转的过程中工作效率较好。为保证持续较好的工作效率，汽轮机正常运行时大致保持在 3000 r/min 至 3600 r/min 的速度区间。因此高速汽轮发电机为了减少因离心力而产生的机械应力以及降低风磨耗，常常会缩小其半径的大小并增加它的长度，尤其是在大容量的机组中，汽轮发电机转子的加工制造显得更为重要。

二、汽轮发电机升速试验

在执行汽轮发电机组的升速测试时，需要确认发电机出入口的位置，一旦发现中断的情况，应迅速处理。在测试的过程中，励磁电源开关可用于对断路器的位置进行反复确认，操作流程如下：

（1）确保发电机出口断路器在断开位置，试验用励磁电源开关在断开位置，在发电机出线小间投入电压互感器隔离刀闸，测量发电机出线电压，核对发电机出线相序。

（2）升速试验应选择在发电机转速为 1200~3000 r/min 时进行，应先利用高压核相棒或电压互感器二次核实电压幅值，试验人员应做好个人绝缘保护。

（3）发电机保持额定转速 3000 r/min 运行时，利用试验励磁电源使发电机空载升压（U<5% Un），检查发电机励磁回路及发电机电压互感器一、二次回路是否完整，检查发电机输出电压是否可以平滑调节，确认无误，然后断开发电机出线小间电压互感器隔离刀闸。

三、汽轮发电机短路试验

检查发电机的冷却系统投入，发电机组的保护出口全部接到信号或解除位置；检查发电机出口短路点是否安装完毕、连接可靠，短路点派专人监护，发电机出口断路器应在试验位置；分别将发电机控制、保护试验用励磁电源开关投入，发电机组保持额定转速运行；为检查发电机组电流保护，试验前应先将保护定值降低。在主控室发电机控制屏操作试验用励磁电源开关，加励磁使发电机定子电流维持 0.2 In(206 A/0.68 A)，观察发电机定子电流表有无指示，查看电流回路有无开路现象；通过差动主保护检查差动保护回路的相位并绘制六角向量图。

发电机组电流保护试验：

(1)增加励磁至发电机定子过负荷保护动作后，降励磁为零，恢复发电机定子过负荷保护定值并投入该保护，在升流过程中应注意保护装置动作情况及报警信号。

(2)增加励磁至发电机定子复合电压闭锁的过电流保护动作后，降励磁为零，恢复发电机定子复合电压闭锁的过电流保护定值并投入该保护，在升流过程中应注意保护装置动作情况及报警信号。

(3)在发电机保护屏后的端子排处将发电机差动保护 CT 二次电流回路分三次短接一组电流信号，增加励磁至发电机定子差动保护装置的动作值，检查差动保护装置的动作情况，降励磁为零，恢复发电机定子差动保护定值并投入该保护。

(4)逐渐增加励磁，使发电机定子电流 CT 一次/二次分别为发电机额定电流的 In 10%、In 30%、In 50%、In 70%、In 90%、In 100%并录制完整的发电机组短路特性曲线，记录发电机定子电流 Ifd、发电机励磁电压 Ufl、发电机励磁电流 Ifl。

(5)升流过程中注意观察发电机保护装置的动作情况并记录，发电机定子电流维持在额定值，测量发电机组各组电流互感器的负载压降；检查各保护，测量回路的不平衡电流；检查一次设备的运行情况是否正常，观察主控室各保护装置动作情况；励磁电流减小到零，断开试验用励磁电源开关，恢复正常电流保护，测量接线；安装人员在做好接地后，拆除发电机出线三相短路电流线，使发电机为开路状态，并拆除接地线。

四、发电机、励磁机空载特性试验

再一次检查发电机出口升压处，检查所有高压带电处是否均挂安全标示牌，派人到升压的各处监视，在发电机出线小间投入电压互感器隔离闸，检查确认发电机组电流保护应全部投入。

(1)发电机定子接地保护试验，确认试验用励磁电源开关已断开，在开关柜下桩任意一相与地之间接一根 1.5 mm^2 的导线，模拟发电机定子出线接地。合试验用励磁电源开关调节励磁升高定子电压，使发电机保护装置上有相应的指示值后，降励磁为零，断开试验用励磁电源开关。拆除发电机定子出线与地之间的试验接地线并投入该保护。

(2)在发电机保护柜端子上分别将输入的发电机电压 A、B 相对调，发电机电压从零升起，在发电机保护装置上检查负序电压指示和保护动作情况，试验完毕恢复 A、B 接线。

五、启动和运行

汽轮机是在高温、高压下高速旋转的动力设备，是一个由许多零件、部件组成的复杂整体。除了优良的设计、制造、安装工作以外，正确地起动和运行极为重要。保证它的正常运行是一项复杂而细致的工作。操作人员必须熟悉汽轮机本体及相关的附属设备，掌握汽轮机的性能和要求。如果操作不当，就会发生故障，甚至造成重大设备事故。因此必须建立正确的起动、运行和停机等操作程序。此外根据本汽轮机特点，提出一些必须遵守的内容。详细步骤及方法用户可参照水利电力部编制的一些汽轮机组运行规程。

（一）起动及带负荷

按起动时蒸汽参数的不同，可分为额定参数起动和滑参数起动。额定参数起动，一般在几台机组并列运行，由母管制供汽时采用。冷态起动时，不宜用此种方式起动，因为此时产生的热应力较大，起动时间也相应较长。而在热态起动时，对迅速增加到目标负荷是较为方便的。

（1）滑参数起动，适用于单元制或单母管切换制机组。它是将锅炉的升压过程与汽轮机的暖管、热机、冲转、升速、并网、带负荷平行进行的起动方式。起动过程中，随着锅炉参数的逐渐升高，汽轮机负荷也逐渐增加，待锅炉出口蒸汽参数达到额定值时，汽轮机也达到额定负荷或预定负荷，锅炉、汽轮机同时完成起动过程。滑参数起动过程，具有部件温差小、经济、起动时间短等优点，所以得到广泛采用。

滑参数起动又可分为压力法滑参数起动和真空法滑参数起动。目前，大多数发电机组采用压力法进行滑参数起动，而很少使用真空法进行滑参数起动。

（2）真空法起动时，锅炉到汽轮机蒸汽管道上的阀门全部打开，疏水门、空气门全部封闭。投入抽气器，使汽包到凝汽器的空间全处于真空状态。锅炉点火后，一有蒸汽产生，即进入汽轮机进行暖管、暖机，汽轮机自然冲转至额定转速后并网带负荷。

（3）压力法起动时，锅炉先点火升压，当蒸汽压力达到一定数值，并有 50 ℃以上的过热度时，才开始暖管、暖机、冲转。随着蒸汽压力、温度逐渐升高，汽轮机达到额定转速、并网、带负荷，直至达到额定负荷。

（二）冲转前应至少具备下列条件

（1）主蒸汽压力达到额定参数；

（2）控制油泵运行出口油压约 1.0 MPa（g）；

（3）润滑油泵运行油压在 0.08 MPa（g）以上；

（4）油温 40~45 ℃；

（5）真空应达到 -0.066~-0.053 MPa（g）；

（6）盘车运行正常；

（7）油箱油位正常。

（三）起动过程

（1）起动高压电动辅助油泵，冷油器出口油温不得低于 25 ℃；

（2）投入盘车装置；

（3）投入轴封冷却器，向轴封供汽，调整轴封冷却器使汽侧压力为 0.097~0.099 MPa；

（4）开启隔离阀的旁通门，投入汽封压力调节器，必要时由人工控制；

（5）确认电调自检合格后，进入起动模式，选择"手动"或"自动"方式起动机组；

（6）转子转动后，检查通流部分、轴封、主油泵等处有否不正常响声；转速超过盘车转速时，盘车齿轮是否脱开，盘车电机停转；当轴承进油温度高于45℃时，投入冷油器，冷油器出口油温保持在40~45℃；

（7）以下任何启动方式必须严格控制下列数据：

①主蒸汽温升速度为1~2℃/min，升压速度为0.02~0.05 MPa/min；

②汽缸壁温升速度为3~4℃/min；

③上下缸温差小于50℃（饱和蒸汽机组可放宽到70℃）；

④相对胀差控制在+3 mm、-2 mm以内；

⑤各轴承座振动小于0.053 mm；

⑥升速过程应注意：

a.油系统出现不正常现象时，应停止升速，查明原因；

b.油系统出现不正常响声或振动时，应降速检查；

c.热膨胀不正常时应停止升速，进行检查；

d.排气室温度超过70℃时，应投入喷水装置；

e.严格控制金属温升速度及汽缸的金属温差：按第⑦条规定；

f.暖机结束，机组膨胀正常，可逐渐开大隔离阀，关闭旁通门。

⑦达到额定转速后，检查：

a.油泵出口油压；

b.轴承油温、瓦温及润滑油压。

（8）各保安装置分别动作，检查速关阀、调节气阀是否迅速关闭。

（9）汽轮机第一次起动、大修后停机一个月后应进行超速动作试验，超速动作试验安排在带20%额定负荷运行一小时后进行。将负荷降到零，然后：

①进行电超速试验。将转速提升至3240 r/min，电调超速保护应动作；

②进行机械超速试验。将转速提升至3270~3330 r/min，危急遮断器应动作，否则手动停机(仪表超速保护在3240 r/min时自动停机)；

③危急遮断器动作后，待转速降至3060~3030 r/min时复位。

（10）起动一切正常后，将发电机并入电网。

（11）带负荷：

①以100~150 kW/min左右的增负荷速度增至满负荷；

②除特殊需要外，汽轮机不应长时间空负荷运行，发电机并列后，即带上5%的额定电负荷。空负荷运行时，排汽室温度不应超过80~100℃。

③在加负荷过程中，应注意控制汽缸金属温升速度、胀差、温差等。控制指标同升速要求。

④加负荷时，注意相关系统及设备的调整和切换。

⑤注意检查机组振动情况。当振动增大时，应停止增加负荷，在该负荷运行30 min后，若振动没有消除，应降低10%~15%负荷继续运行30 min，若振动仍不能消除，应查明原因。

⑥机组进行冷态启动时，记录各暖机转速和负荷下汽缸调节级区域下部金属温度，以此作为机组停机后再次启动的依据。

（四）额定参数热态启动

1.**热态起动原则**

（1）上、下缸金属温差小于50℃；

255

（2）进汽温度应比汽轮机最热部件的温度高 50 ℃ 以上，防止处于高温状态的部件被冷却；

（3）在盘车状态下先向轴封供汽，后抽真空，轴封气应是高温蒸气；

（4）在中速以下，汽轮机振动超过 0.03 mm 时应立即停机，重投盘车；

（5）严密监视胀差、轴位移变化。

2. 热态起动的操作

（1）热态起动方式与额定参数冷态起动相同，只是升速和带负荷时间缩短；

（2）维持凝汽器真空在 0.067 MPa（500 mmHg）以上；

（3）冲转前润滑油温不低于 40 ℃。

（五）停机

1. 正常停机

（1）以 0.15 MW/min 的速率均匀减负荷。

（2）减负荷时，应严格监控温降、温差等指标。应特别注意机组胀差的变化，若胀差过大，应放慢减负荷的速度，投入轴封高温气源使胀差保持在允许范围内。

（3）当负荷减至 25% 额定负荷时，打开汽机本体所有疏水阀门及旁路。

（4）特别注意低压缸排气温度，必要时投入喷水冷却装置。

（5）负荷减至 5% 额定负荷时，发电机解列，打闸停机，电动主汽阀、自动主汽阀、调节阀、各抽汽速关阀等应全部关闭。

（6）特别注意监视金属温度的变化，防止冷气、冷水倒灌入汽缸而引起大轴弯曲。

（7）发电机解列，速关阀关闭后，应测惰走曲线。

（8）当汽机转速为 0 时，按照相关要求，投入盘车装置，进行盘车。连续盘车 2 h 后，每隔 15 min 将转子转动 180°；经 2 h 后，每 30 min 将转子转动 180°；再经 2 h 后，如果上下缸温差小于 50 ℃，则每隔 4 h 转动 180°，直至完全冷却为止。为减少操作，可改为连续盘车，直至完全冷却为止。如果停机后，短时间内需再次起动，建议连续盘车。

2. 紧急停机

当机组发生下列某一情况时，应紧急停机：

（1）机组转速超过额定值 12% 而未停机；

（2）机组突然发生强烈振动或清楚听到内部有金属声音；

（3）汽轮机轴封内发生火花；

（4）机组任何一个轴承断油或冒烟；

（5）润滑油压低于 0.05 MPa（g）故障无法消除；

（6）轴承回油温度超过 75 ℃ 或轴向位移超过 0.7 mm 而未自动停机；

（7）汽轮机油系统着火，不能很快扑灭，严重威胁机组安全运行；

（8）油箱油位下降至下限值，漏油原因不明；

（9）主蒸汽或给水管道破裂，危及机组安全时。

（六）汽轮机运行中的注意事项

汽轮机在运行中必须按照汽轮机铭牌上的参数进行运行，不然的话容易引起汽轮机故障或重大事故。

（1）汽轮机在运行中要密切注意汽轮机的进、排气参数以及负荷的变化情况。当汽轮机负荷处在某一定值时，汽轮机进气压力逐步下降，调节汽阀已经全开，二次油压处在 0.45 MPa 时要立即减负荷，维持正常的进汽参数。

（2）汽轮机在正常运行时要密切关注汽轮机排气缸的温度，一般排气缸温度在 45～55 ℃，排气缸温度过低会损坏汽轮机末叶片，排气缸温度过高会影响汽轮机的效率。

（3）汽轮机在正常运行时要注意冷凝器循环水的温度差。

（4）汽轮机在正常运行时主油泵进油口压力应该在 0.02～0.05 MPa。

（5）汽轮机在正常运行时要注意滤油器的进出油压的差值，一般情况下小于 0.05 MPa，如果压差过大则应清洗或更换滤油器。

（6）汽轮机在正常运行时要注意油箱的液位，液位过低时要补充汽轮机油。

（7）汽轮机在正常运行时其振动值基本变化不大，出现突然的变化要停机检查。

（8）汽轮机在正常运行时轴承温度一般都很平稳，如果出现比较大的波动要注意观察，做好停机准备。

第五节　通用设备单体调试方法及要点

通用设备单体试车的启动、运行的主要控制要点，以及在试车过程中出现的问题应及时归纳、总结方法，保证在以后的项目中遇到相同问题时，操作人员可以根据总结的方法对症处理，提高设备的试车成功率，减少设备的损坏。（本书中所提及转动设备启动前均应人工盘车，无卡阻现象方可进行试运转）

一、通用设备-水泵

根据水泵的启动形式，水泵分成直接启动、变频启动，按照水泵泵体冷却形式分成风冷、水冷等，其他类型水泵有潜水泵（固定式、移动式和浮船型）、计量泵、管道泵等。

（一）试车启动前

直接启动型水泵启动时首先检查泵体进出口管道是否连接紧固，检查进出口阀门的开合情况，阀门全开全闭良好，确认管道上是否安装有止回阀，止回阀的作用是防止停泵后管道内介质倒灌。同时应检查泵体出口管道上是否安装有压力表或流量计，然后对整个泵进出口管道确认检查，泵进口管道内应清理干净无杂物，出口管路应已冲洗干净，保证泵启动后能够顺利将介质输送至下步工序。

（二）运行过程

泵试车时，出口阀门的开度以泵出口流量为依据，且不能超过泵电积额定电流。启动水泵后一般有以下两种情况：

（1）若未安装压力表或流量计时，需要根据经验对启动后的水泵出口阀门进行调节，一般以测振仪测量的泵体振动为界限，且不得超过泵电机额定电流。当出口阀门开度变大时，泵体振动一般会随阀门的开度同时变大，所以阀门的开度应按照不超过泵体振动规范要求为准则。

（2）出口管道上安装有压力表或流量计时，根据泵体铭牌上标明的参数调节阀门。铭牌上标有扬程、流量、压力等参数，通过调节阀门开度查看压力表或流量计的数值。当数值达到铭牌的参数时，即为符合水泵调试要求。

变频启动型水泵开启较为简单，除需要与直接启动型水泵开车前相同的检查之外，变频水泵的好处在于不需要启动前就打开出口阀门,一般在启动后根据泵体铭牌参数调节出口阀门至规范要求。停车时与直接启动水泵的停车要求不同,变频水泵需要先调节变频装置将频率降低后再按停止按钮。注意:采用水冷方式的水泵在设备启动前先将冷却水打开;设备在调试前都应对电机、泵体之间同轴度调整;检查是否加注了润滑油。

(三)水泵调试过程问题总结和一般处理方案

(1)因设备同轴度未调整到规范要求导致设备本体振动大,处理时应利用百分表对轴线的圆跳动调整使之误差达到规定范围内。

(2)泵体在运行过程中温度变化异常,短时间内温度急剧升高时,一般有以下几种情况:因油位过低使进入轴承的油量减少;油质不合格进水进杂质或乳化变质;油环不转动轴承供油中断;轴承冷却水供水不足;轴承盖或轴封对轴承施加的紧力过大,压死了轴承的径向游隙,失去灵活性。处理时应选用符合要求的润滑油,保证充足的冷却水量,适当松开轴承盖减少压力。

(3)设备进出口管径不同,出口管道过渡长度太长,当出口阀门逐渐开大时,水泵负荷加大导致出口管道瞬间流量变大、流速加快,在流出过渡段后由于管径变大,瞬间流量无法填满管道,导致产生空隙使出口管路的振动变大带动设备振动。

(4)水泵电机温度过热,主要有以下几种原因:电机本身质量问题散热效果差;水泵选型不正确实际工况的扬程低于水泵扬程太多导致水泵出口流量超大使电机过载;管道内未清理干净有杂物造成泵体堵塞使电机运转不畅造成温度升高。

二、通用设备-风机

按照风机启动形式,风机分为直接启动风机、变频启动风机;按功率电压分为高压启动风机、低压启动风机;按冷却形式分为水冷风机、风冷风机;按照风流速方向的不同又分轴流风机和离心风机。

(一)试车启动前

直接启动型风机在启动前检查设备安装情况,螺栓连接是否紧固,风机进出口管道内应检查确认无杂物,风管的管托安装正确,电气接线接地是否完成,控制装置状态是否良好,做好安全防护措施。检查设备外部条件是否具备,冷却循环水打开,电机、风机润滑油是否加注。

(二)运行过程

有润滑系统的风机应先开启润滑系统和循环冷却水系统,风机负荷应以风机进口阀进行调整,启动前风机的进出口阀应全闭。启动时应先关闭风机出口阀门,进口阀门打开,入口导叶打开,启动后待风机状态稳定后一般20 s左右,逐渐打开出口阀门。同时,应实时监测风机电流、进出口压力等数据,风机电流达到额定电流的95%左右,即可认为已达满负荷运行,此时不再调节阀门,但应监测风机前后管道的振动情况、受力状态。若出现阀门、管道应力过大时要及时降低出口阀门的开度,降低风机运行的负荷。一般风机的满负荷运行远远大于现场实际生产状态所要求的负荷。

变频启动型风机一般是以高压驱动,启动前的检查与直接启动型风机相同,不同点是在启动时可以打开出口阀门,可将阀门调节至适当的开度。现场实际操作时经常是启动前将出口阀门开启10%~15%,风机启动后通过变频器调节电机频率,实际操作时以每次增加10%为基准,逐渐将风机运行的负荷加大最终达到满足试运行需要的运行条件。风机停车时先将电机频率降至0后再按停车按钮,最后关闭阀门,防止在不使用时有杂物进入风机叶轮内。

（三）风机调试过程问题总结和一般处理方案

（1）设备电机和风机泵体同轴度未调到规范要求会导致设备振动较大，处理方案是重新调整同轴度，与水泵等设备调整方法相同。

（2）风机温度异常，产生原因较多，现场经常出现是因轴承、液压站、油缸等油量添加不够或因时间较长导致油质变质无法起到冷却润滑的作用，此时需要重新换填油脂。

（3）风机进出口管道安装及支撑不到位，导致在运行状态时受力不稳定。现场安装时，存在管道支撑未做或支撑不牢固、管道未固定在管夹上出现管道虚设的情况，当风机运行负荷不断加大后，管道受力增加整段管道振动，使惯性变大，造成管道带动设备振动达不到试车要求的规范。

（4）大型风机启动前需要清理进出口管道，防止出现风机启动后有杂物未被清理而吸入叶轮腔内造成设备损坏，一般在管道上会开有人孔或观察口便于管道阀门和风机的检修。

三、通用设备-刮板机

按刮板链的布置形式，刮板机分成单链、双链、三链型刮板输送机。

（一）试车启动前

刮板机的启动运行很大程度上取决于现场安装的水平，刮板机内应清理干净，刮板方向应正。溜槽的安装精度与刮板链之间需要保持在规定范围，刮板链底面与溜槽内部上边面之间间隙距离应保持在误差范围内。

（二）运行过程

启动前应在驱动链条上加润滑脂，并检查主动轮与从动轮之间链条的张紧调节，避免过紧或过松。如果在运行时刮板链出现周期性卡顿，要及时停车检查链板，若不检查易出现链板挣断的情况。现场实际操作时防止出现短时间的超量运行，因为电机带动刮板链运行，链板本身质量较大，若短时间物料增加超出电机额定功率，容易烧坏电机，所以需要监控物料状态。

（三）刮板机运行过程总结及注意事项

刮板机输送设备只能沿一个路线向一个方向连续输送物料，所以安装时保证设备的直线度、链板的伸长量最重要。对输送机输送能力根据设备铭牌要求合理使用，不得超出设备额定功率，刮板机运行一段时间后需经常检查链板、电机、润滑、物料通道的情况，及时清理。

四、通用设备-胶带运输机

（一）试车启动前

胶带运输机启动前检查项目较多。

（1）整体的安装情况，电机、减速机是否已加油，联轴器已连接良好，提前对电机方向电动确认。

（2）皮带已铺设完成，跑偏拉绳装置已检查且状态良好，托辊支撑等已安装，皮带架体安装牢固和架体中心线与皮带中心线在误差范围内。

（3）皮带尽量要与托辊等贴合，保证皮带两端的张紧合适。

（4）下料斗和架体两端防护栏保证已安装，下料斗位置需要根据物料的多少保证安装位置与皮带首尾轮间距合适，若运行中出现漏料的情况及时对下料斗调整或调整单位时间内物料的运输量。

（5）胶带运输机启动前必须做好安全防护工作，因设备跨度长，需要安排专职安全人员和保障队伍，启动后对整条皮带不断巡视，监测胶带机的运行状态。

（6）胶带机空载试车和带料试车是不同的，试车时需要制订不同的方案，皮带空载和带料时受力状态不同，下面托辊的接触面随着受力增加而增加。

（二）运行过程

启动后，待设备运行状态稳定后再测量相关数据，测量的数据包括：皮带运行一个周期左右偏移的距离；待停车后再根据偏移距离调整头部、尾部托辊的倾角。胶带运输机的减速机总成温升在启动后每隔 15 min 测量一次，皮带长度越长，驱动装置单位时间做功越大，温度变化越快，达到正常工况后的温度不能超出电机减速机的最大温度。

（三）胶带运输机运行总结及注意事项

胶带运输机启动前的检查应按照安全操作要求进行，因设备运输距离长，设备风险较大，所以开机前的各项工作的确认很重要。

五、通用设备-压滤机

铜冶炼项目中常用压滤机类型是板框压滤机。压滤机工作时由主油缸带动移动板关闭各滤室，用液压传动的隔膜泵，把料浆均匀注入相邻滤板形成的滤室中，在注满滤室后继续入料，给滤室内的料浆施压，使得大部分滤液通过滤布从滤板上的沟槽流出。通过机械挤压或隔膜压榨来缩小滤室容积进行二次脱水，用高压空气均匀通过滤饼的断面进行汽水置换，带走滤饼内的残留水分，最后主液压缸开始工作，连杆带动移动板，打开滤室放下滤饼。

（一）压滤机工作原理及运行

现场调试阶段，首次试车采用半自动模式。按下启动按钮，从关闭滤室到打开一个循环结束此间为自动，若进行下一项循环要再次按下启动按钮。自动模式时压滤机将一个循环接着一个循环工作，直到按下停止按钮，用于正常生产工况下较多。手动模式用于检修设备时，即压滤机可运行或停止在循环过程中任何一点。

（二）压滤机常见故障和处理方案

（1）压滤机压盘本身损坏，主要是由于调试阶段进料状态不稳定和进料中含有不适当的固体颗粒，导致板和框架本身受到过大的应力，需要保证进料尽快达到设计要求。

（2）压滤机板框间漏水，通过检查多数原因是液压压力低、滤布上的褶皱和孔洞导致，要求在处理时提高液压缸的压力，将不平整的滤布和孔洞更换。

（3）滤液浑浊，经常是滤布损坏，泥浆从裂缝进入滤板，又从出口排出，使滤液浑浊，处理时确认损坏滤布及时更换。

六、通用设备-压缩机

（一）试车启动前

压缩机的空负荷试运行前，盘车装置应处于运行启动所要求位置，启动前电动压缩机检车各部位无异常现场后，依次运转 5 min、30 min 和 2 h 以上，运行中润滑油液压不低于 0.1 MPa，曲轴箱和机身内润滑油温度不高于 70 ℃，检查各运动部件有无异常声响，紧固件松动。

（二）运行过程

运行过程中各状态运行时间，根据排气口压力确定排气压力为设备额定压力 1/4、1/2、

3/4 时，分别运转 1 h、2 h、3 h，升压试运行中保证前次试验运行无异常状态才可继续运行。运行状态时每间隔 15 min 检查润滑油油压，保证油压不低于 0.1 MPa。

压缩机试运行完成后，先将开关电源断开，排除气路和气罐中剩余压力，清洗油过滤器和更换润滑油，排除进气管及冷凝收集器和气缸及管路中的冷凝液，曲轴箱检查时应至少停机 15 min 后，再打开曲轴箱。

设备单体调试主要在于考核设备的机械性能，检验动设备的制造、安装质量和设备性能符合规范和设计要求，为后续联动试运行考核联动机组或整条生产线的电气联锁，检验设备全部性能和制造、安装质量做好准备工作。

第六节　电气设备单体调试方法及要点

双闪工艺铜冶炼工厂电气设备主要有同步发电机、高压配电柜、变压器、低压配电柜、高压电机、低压电机等。根据国家标准《电气装置安装工程　电气设备交接试验标准》(GB 50150—2016)及国家电气施工相关规定要求，为提炼铜冶炼项目电气设备单体调试方法和要点，保证人身安全和电气设备安全编写本文。该方法及要点适用于铜冶炼厂 10 kV 及以下电气设备调试。

一、电气设备的基本试验

(一)直流电阻的测量
电力变压器、发电机、电机等电气设备因制造不良或运行中发生振动和受到机械应力，可能造成导线断裂、接头开焊、接触不良、匝间短路等缺陷。测量直流电阻的目的，是鉴定设备导线连接的质量，以便发现和消除隐患，保证电气设备的安全运行。测量直流电阻常用电压降法或电桥法，下面以我们经常使用的电桥法测量方法图解。

1. 电桥形式的选择
按结构不同，直流电桥可分为单臂电桥和双臂电桥两种形式。一般被测电阻在 1Ω 以上时，选用单臂电桥；在 1 Ω 以下时，选用双臂电桥。

2. 注意事项
(1)若不知被试品过去的测量电阻值，可先用万用表粗测其阻值。
(2)接线要牢固，以防测量时因接线松脱造成电桥极不平衡而损坏检流计。
(3)当被测元件电感较大时，应先将电源按钮按下一段时间后，再按检流计按钮，以免因自感电动势较大而损坏检流计。
(4)对含电容的设备进行测量时，应先将其放电一段时间后，再进行测量。

3. 试验结果的分析判断
三相绕组应该和出厂技术参数相差不大于 2%，且三相绕组误差不大于±5%。

(二)绝缘电阻和吸收比试验
电气设备绝缘电阻与吸收比试验的目的：检查电气设备绝缘是否存在普遍受潮、局部严重受潮、贯穿性缺陷，以初步了解设备绝缘状况。绝缘电阻与吸收比试验是电气设备绝缘试验的最基本、最常用的试验项目。

1.吸收比试验设备

长期以来，现场广泛使用摇表进行绝缘电阻与吸收比试验。长距离电缆或者大功率设备需要采用直流耐压设备进行吸收比试验。

2.一般注意事项

(1)兆欧表接线柱的引出线不要靠在一起。若引线较长，应设置良好的绝缘支持。

(2)测量时，摇表转速应尽量保持额定值，最低不能低于额定转速的80%。

(3)测量电容量较大被试品的绝缘电阻时，最初充电电流很大，兆欧表指示数值很小，但这并不表明被试品绝缘不良，须待较长一段时间后才能得到正确的结果。

(4)如测得的绝缘电阻过低时，对能分解者应分部试验，找出绝缘电阻最低的部分。

(5)同一被试品的测量结果与其以前的数据相比较时，应为同一电压等级兆欧表测得的结果。

3.试验结果的分析判断

(1)所测得的绝缘电阻值应不大于《电气装置安装工程 电气设备交接试验标准》(GB 50150—2016)规定值。

(2)与出厂、交接及历年试验结果进行比较。良好的绝缘，其历次测量的绝缘电阻值应相近，否则表明绝缘已受潮或存有某种缺陷。但应注意比较的温度、湿度等试验条件相同。

(3)应对同一设备的三相绝缘电阻进行比较。正常情况下，三相绝缘电阻值应相近。如果某相数值很低或者有其他异常，往往是有问题的。一般规定各相绝缘电阻值之比不应大于2。

(4)与相同设备的绝缘电阻进行比较。结构、形式相同的设备，其绝缘电阻的大小应大致相等。如果个别设备绝缘电阻值特别低，表明绝缘存在问题。

(5)大修前、后，耐压前、后的绝缘电阻进行相互比较，若有明显差别，也表明绝缘存在问题。

(三)直流泄漏电流和直流耐压试验

1.直流泄漏电流和直流耐压试验设备采用

施工现场基本用直流耐压发生器做直流耐压试验和泄漏电流测试。

2.注意事项

(1)如果微安表接在高压侧，则支持微安表的绝缘支架要牢靠，以防操作时发生摇摆和倒塌。

(2)微安表是贵重的精密表计，其过载能力很小。

(3)与被试品连接的试验用导线长度，应尽可能短；对地及其他接地部分应有足够的绝缘距离，以减小杂散电流。

(4)为了保护微安表，在升压过程中应合上微安表短路刀闸，读取泄漏电流时再打开短路刀闸。

(5)升压时，速度要均匀、缓慢。

(6)对能分相试验的设备，必须分相试验，以便比较各相试验结果。

(7)试验中出现闪络、击穿等异常情况时，应立即降压，切断电源，查明原因，进行处理后再继续试验。

3.试验结果的分析判断

(1)泄漏电缆实验数据和《电气装置安装工程 电气设备交接试验标准》(GB 50150—

2016）对比，几次测量数据不能有太大变化，泄漏电流应该随电压升高成线性，如果突然升高，说明绝缘存在问题。

（2）直流耐压试验判断标准为，在规定试验电压下不发生击穿即为合格，击穿则不合格。

（四）工频耐压试验

交流耐压试验是用超过被试品额定电压一定倍数的高电压，按规定对被试品绝缘作用一定的时间。它能有效地发现较危险的集中性缺陷，考核设备的绝缘水平。与直流耐压试验相比，交流耐压试验更符合电气设备绝缘的实际运行情况，因此，较直流耐压试验往往更能有效地发现绝缘弱点。

1. 工频耐压试验设备选择

工频交流耐压试验，主要采用工频交流耐压试验仪。

2. 注意事项

（1）交流耐压试验的主电路都必须装设能跳开主电路的过电流保护装置。

（2）确定试验电压数值的大小时，应保证一方面能有效发现绝缘的缺陷，另一方面能尽量减少积累效应。

（3）升压或耐压过程中，如发现不正常现象，应立即拉开电源刀闸、停止试验，检查原因。

（4）属于有机绝缘的电气设备，若交流耐压后与试验前相比，绝缘电阻下降30%，则认为被试品不合格。

（5）由于空气湿度、温度、表面脏污等影响，被试品表面滑闪放电不应认为被试品不合格，须经清洁处理后，再行试验。

（6）注意输出端电压的"容升"现象。为了保证测量的准确，在对发电机等大电容的设备进行交流附压试验时，应在被试品两端直接测量试验电压。

4. 试验结果的分析判断

交流耐压试验中，一般以被试品不发生击穿为合格，反之为不合格。被试品是否发生击穿，可通过以下三个方面进行判断：

（1）通过测量表计的指示判断一般情况下，电流突然上升，说明被试品被击穿。

（2）通过控制回路的状况进行判断：过电流继电器的动作值应整定为试验变压器额定电流的1.3~1.5倍。若整定值适当，当被试品击穿时，过电流继电器动作，并使自动控制开关跳闸。

（3）通过被试品的状况进行判断：被试品发生击穿响声（或断续放电声）、冒烟、出气、焦臭、闪弧等。这些现象如果确定为发生在绝缘部分，则认为被试品存在缺陷或击穿。

二、发电机试验

双闪系统有三台8 MW汽轮发电机组，在冲车并网前，电气试验需要进行相关交接试验，其试验要点参照本书《汽轮发电机调试方法及要点》。

三、电机实验

（一）直流电机

直流电机的试验项目，应包括下列内容：

（1）测量励磁绕组和电枢的绝缘电阻。不应低于0.5 MΩ。

（2）测量励磁绕组的直流电阻。与制造厂数值比较，其差值不应大于 2%。

（3）测量励磁可变电阻器的直流电阻。与产品出厂数值比较，其差值不应超过 10%。调节过程中应接触良好，无开路现象，电阻值变化应有规律性。

（4）测量励磁回路连同所有连接设备的绝缘电阻。不应低于 0.5 MΩ。

（5）检查电机绕组的极性及其连接的正确性。

（6）调整电机炭刷的中性位置。测量直流发电机的空载特性和以转子绕组为负载的励磁机负载特性曲线。与产品的出厂试验资料比较，应无明显差别。

（二）交流电机

（1）测量绕组的绝缘电阻和吸收比。额定电压为 1000 V 以下，常温下绝缘电阻值不应低于 0.5 MΩ；额定电压为 1000 V 及以上，在运行温度时的绝缘电阻值，定子绕组不应低于每千伏 1 MΩ，转子绕组不应低于每千伏 0.5 MΩ；吸收比不应低于 1.2，中性点可拆开的应分相测量。

（2）测量绕组的直流电阻。1000 V 以上或容量 100 kW 以上的电动机各相绕组直流电阻值相互差别不应超过其最小值的 2%，中性点未引出的电动机可测量线间直流电阻，其相互差别不应超过其最小值的 1%。

（3）测量可变电阻器、起动电阻器、灭磁电阻器的绝缘电阻。其差值不应超过 10%；调节过程中应接触良好，无开路现象，电阻值的变化应有规律性。

（4）检查定子绕组极性及其连接的正确性。

（5）电动机空载转动检查和空载电流测量。电动机空载转动检查的运行时间可为 2 h，并记录电动机的空载电流。当电动机与其机械部分的连接不易拆开时，可连在一起进行空载转动检查试验。

四、电力变压器

电力变压器的试验项目，应包括下列内容：

（1）测量绕组连同套管的直流电阻。测量应在各分接头的所有位置上进行；1600 kV·A 及以下三相变压器，各相测得值的相互差值应小于平均值的 4%，线间测得值的相互差值应小于平均值的 2%；1600 kV·A 以上三相变压器，各相测得值的相互差值应小于平均值的 2%；线间测得值的相互差值应小于平均值的 1%；检查所有分接头的变压比；与制造厂铭牌数据相比应无明显差别，且应符合变压比的规律。

（2）检查变压器的三相接线组别和单相变压器引出线的极性。必须与设计要求及铭牌上的标记和外壳上的符号相符。

（3）测量绕组连同套管的绝缘电阻、吸收比或极化指数。绝缘电阻值不应低于产品出厂试验值的 70%。

（4）测量绕组连同套管的介质损耗角正切值 $\tan\delta$。被测绕组的 $\tan\delta$ 值不应大于产品出厂试验值的 130%。

（5）测量绕组连同套管的直流泄漏电流，标准见表 7.6-1。

表 7.6-1 测量绕组连同套管的直流泄漏电流标准

额定电压 /kV	试验电压峰 /kV	在下列温度时的绕组泄漏电流值/μA							
		10 ℃	20 ℃	30 ℃	40 ℃	50 ℃	60 ℃	70 ℃	80 ℃
2~3	5	11	17	25	39	55	83	125	178
6~15	10	22	33	50	77	112	166	250	356
20~35	20	33	50	74	111	167	250	400	570
63~330	40	33	50	74	111	167	250	400	570
500	60	20	30	45	67	100	150	235	330

（6）绕组连同套管的交流耐压试验。

（7）测量与铁芯绝缘的各紧固件及铁芯接地线引出套管对外壳的绝缘电阻，采用 2500 V 兆欧表测量，持续时间为 1 min，应无闪络及击穿现象。

（8）按照国家电力实验验收规范进行绝缘油实验。

（9）有载调压切换装置的检查和试验。测量限流电阻的电阻值，测得值与产品出厂数值相比，应无明显差别；检查切换开关切换触头的全部动作顺序，应符合产品技术条件的规定。

（10）额定电压下的冲击合闸试验。在额定电压下对变压器的冲击合闸试验，应进行 5 次，每次间隔时间宜为 5 min，无异常现象；冲击合闸宜在变压器高压侧进行。

（11）检查相位。相位必须与电网相位一致。

（12）测量噪声。噪声值不应大于 80 dB（A）。

五、高压开关柜试验

（一）真空断路器调试试验

10 kV 配电室高压柜的调试主体是真空断路器，调试项目围绕真空断路器进行，包括以下调试内容。

1. 真空断路器测量绝缘电阻

主要测量瓷套、拉杆等一次回路对地绝缘电阻，一般使用 2500 V 的兆欧表直接连线测量，其值应大于 5000 MΩ。

2. 导电回路电阻的测量

断路器导电回路的电阻主要取决于断路器的动、静触头间的接触电阻，接触电阻又由收缩电阻和表面电阻两部分组成。断路器导电回路电阻的测量，是在断路器处于合闸状态下进行的，它是采用直流电压降法进行测量的。常采用的测量方式有电压降法（电流－电压降法）。电压降法来测量导电回路的电阻。在被测回路中，通以直流电时，在回路电阻上将产生电压降，测出通过回路的电流值及被测回路上的电压降，根据欧姆定律计算出接触电阻。

3. 机械操作实验

机械操作试验是断路器处于空载（即回路没有电流和电压）的情况下，按照规定条件进行各种操作，验证其机械性能及操作的可靠性试验。试验中需完成以下项目的操作：

（1）30%额定分闸操作电压操作 5 次。

（2）在80%额定电压下合闸，65%额定操作电压下，各5次分闸。

（3）在额定操作电压下进行分-合闸试验，间隔180 s，操作5次。

（4）在额定操作电压下进行分、合闸操作各30次。

以上项目试验是否合格可以直接认定机械操作试验是否成功。

4. 交流耐压试验

断路器的交流耐压试验是鉴定断路器绝缘强度最有效和最直接的试验项目。该试验项目应该在其他试验项目通过后进行。交流耐压试验应在断路器分、合闸状态下分别进行。

对于12~40.5 kV电压等级的和三相共箱式的断路器还应做相间耐压试验，其试验电压值与对地耐压时相同。耐压试验过程中，试品未发生闪络、击穿，耐压后不发热，认为耐压试验通过。交流耐压试验电压见表7.6-2。

表7.6-2　交流耐压试验电压表

额定电压/kV		12	40.5	126	252
试验电压/kV	相间及对地	42（28）	95	160/180	288/336
	隔离断口	49（25）	128	180/212	332/368

注：当12 kV系统中性点为有效接地时，取括号中数据。

对于断路器的辅助回路和控制回路的交流耐压试验，试验电压为2 kV。

（二）互感器试验

互感器的试验项目，应包括下列内容。

1. 绕组的绝缘电阻试验

测量绕组的绝缘电阻，应符合下列规定：

（1）测量一次绕组对二次绕组及外壳、各二次绕组间及其对外壳的绝缘电阻；绝缘电阻不宜低于1000 MΩ。

（2）测量电流互感器一次绕组段间的绝缘电阻，绝缘电阻不宜低于1000 MΩ，但由于结构原因而无法测量时可不进行。

（3）测量电容式电流互感器的末屏及电压互感器接地端（N）对外壳（地）的绝缘电阻，绝缘电阻值不宜小于1000 MΩ。

（4）绝缘电阻测量应使用2500 V兆欧表。

2. 互感器交流耐压试验

互感器交流耐压试验，应符合下列规定：

（1）应按出厂试验电压的80%进行。

（2）电磁式电压互感器（包括电容式电压互感器的电磁单元）在遇到铁心磁密较高的情况时，宜按下列规定进行感应耐压试验。

（3）感应耐压试验前后，应各进行一次额定电压时的空载电流测量，两次测得值相比不应有明显差别。

（4）对电容式电压互感器的中间电压变压器进行感应耐压试验时，应将分压电容拆开。由于产品结构原因现场无条件拆开时，可不进行感应耐压试验。

（5）二次绕组之间及其对外壳的工频耐压试验电压标准应为 2 kV。

3. 绕组直流电阻

绕组直流电阻测量，应符合下列规定：

（1）电压互感器：一次绕组直流电阻测量值，与换算到同一温度下的出厂值比较，相差不宜大于 10%。二次绕组直流电阻测量值，与换算到同一温度下的出厂值比较，相差不宜大于 15%。

（2）电流互感器：同型号、同规格、同批次电流互感器一、二次绕组的直流电阻和平均值的差异不宜大于 10%。当有怀疑时，应提高施加的测量电流，测量电流（直流值）一般不宜超过额定电流（方均根值）的 50%。

4. 检查互感器的接线组别和极性

互感器的接线组别和极性，必须符合设计要求，并应与铭牌和标志相符。

5. 互感器误差的测量

（1）用于计量的互感器（包括电流互感器、电压互感器和组合互感器）必须进行误差测量，且进行误差检测的机构（实验室）必须是国家授权的法定计量检定机构。

（2）用于非关口计量、电压等级 35 kV 以下的互感器，检查互感器变比，应与制造厂铭牌值相符，对多抽头的互感器，可只检查使用分接头的变比。

（3）非计量用绕组应进行变比检查。

6. 铁芯夹紧螺栓绝缘电阻的测量

（1）在做器身检查时，应对外露的或可接触到的铁心夹紧螺栓进行测量。

（2）采用 2500 V 兆欧表测量，试验时间为 1 min，应无闪络及击穿现象。

（3）穿芯螺栓一端与铁芯连接者，测量时应将连接片断开，不能断开的可不进行测量。

六、隔离开关、负荷开关

调试应包括下列内容：

（1）测量绝缘电阻。大于 500 MΩ。

（2）测量高压限流熔丝管熔丝的直流电阻。与同型号产品相比不应有明显差别。

（3）测量负荷开关导电回路的电阻。应符合产品技术条件的规定。

（4）交流耐压试验。与断路器标准一样。

（5）检查操动机构线圈的最低动作电压。

（6）操动机构的试验，应保证隔离开关的主闸刀或接地闸刀可靠地分闸和合闸。

七、高压电缆的试验

高压电缆调试试验项目包括测量绝缘电阻、直流耐压试验及泄漏电流测量、检查电缆线路的相位。

本项目高压电缆直流耐压试验电压为 42 kV，试验时间为 5 min，泄漏电流小于 25 μA。当泄漏电流很不稳定或泄漏电流随试验电压升高急剧上升或泄漏电流随着试验时间延长有上升现象三种情况之一出现时，电缆绝缘可能有缺陷，应找出缺陷并予以处理。

八、电容器

电容器的试验项目，应包括下列内容：

（1）测量绝缘电阻。采用 1000 V 兆欧表测量小套管对地绝缘电阻。

（2）测量耦合电容器的介质损耗角正切值 $\tan\delta$ 及电容值。测得的介质损耗角正切值 $\tan\delta$ 应符合产品技术条件的规定。

（3）耦合电容器的放电试验。局部放电试验的预加电压值为 0.8×1.3Um，停留时间大于 10 s；降至测量电压值为 1.1 Um/$\sqrt{3}$，维持 1 min 后，测量局部放电量，放电量不宜大于 10 pC。

（4）并联电容器交流耐压试验。交接试验电压应按产品出厂试验电压值的 75% 进行。

（5）冲击合闸试验，对电力电容器组的冲击合闸试验，应进行 3 次，熔断器不应熔断；电容器组各相电流相互间的差值不宜超过 5%。

九、避雷器

避雷器的试验项目，应包括下列内容：

（1）测量绝缘电阻。绝缘电阻值不应小于 2500 MΩ；测量电导或泄漏，并检查组合元件的非线性系数；符合各类避雷器的标准，同一相内串联组合元件的非线性系数差值不应大于 0.04；测量时若整流回路中的波纹系数大于 1.5% 时，应加装滤波电容器，可为 0.01 ~ 0.1 μF，试验电压应在高压侧测量。

（2）测量金属氧化物避雷器的持续电流。其阻性电流或总电流值应符合产品技术条件的规定。

（3）测量金属氧化物避雷器的工频参考电压或直流参考电压。应符合产品技术条件的规定。

（4）测量 FS 型阀式避雷器的工频放电电压，见表 7.6-3。

表 7.6-3　工频放电电压表

电压额定电压/kV	3	6	10
放电电压的有效值/kV	9~11	16~10	26~31
额定电压/kV	3	6	10

（5）检查放电计数器动作情况及避雷器基座绝缘。检查放电计数器的动作应可靠，避雷器基座绝缘应良好。

十、二次回路

测量绝缘电阻，应符合下列规定：

（1）二次回路的每一支路和断路器、隔离开关的操动机构的电源回路等，均不应小于 1 MΩ。在比较潮湿的地方，可不小于 0.5 MΩ。

（2）试验电压为 1000 V。当回路绝缘电阻值在 10 MΩ 以上时，可采用 2500 V 兆欧表代替，试验持续时间为 1 min。

（3）48 V 及以下回路可不做交流耐压试验。

（4）回路中有电子元器件设备的，试验时应将插件拔出或将其两端短接。

十一、成套低压开关柜调试

成套开关柜调试试验项目包括以下方面：

(1)线路检查，使用万用表检查线路，检查是否存在接错、未接、短路等问题，包括一次回路、二次回路、控制电缆的接线、联锁接线等。

(2)机械试验：机械试验主要是对手操部件和抽屉的手动试验，这些试验主要是验证各个操作机构是否灵活、可靠，特别是抽屉在试验、连接、断开位置的定位是否可靠。

(3)电气操作实验：在安装和接线都正确的前提下，按电气原理图进行模拟动作试验，即通电试验。主要包括：断路器分、合闸是否正常；按钮操作及相关的指示灯是否正常；手动投切是否正常。

(4)联锁功能试验：通电检查操作机构与门的联锁，抽屉与门的联锁。在合闸(通电)，情况下，门是打不开的，只有分闸后，才能打开。双电源间的机械和电气联锁在正常电源正常供电时备用电源的断路器不能合闸，在主电源切断时，备用电源自动完成互投。

(5)低压电容器：使用 500 V 兆欧表先测其绝缘，再使用万用表测电容器柜电容器投入、切除参数设定。

(6)低压断路器：用电流发生器加电流，用万用表测量断路器保护试验的判断。

(7)绝缘试验使用 500 V 兆欧表测量，其主要测量的部位有：开关柜的主开关在断开位时，同极的进线和出线；主开关柜闭合式时不同带电部件之间；主电路和控制电路之间；各带电元件和金属框架之间。测试时间至少要 60 s。

(8)注意事项，使用 500 V 兆欧表测量二次回路的绝缘电阻，回路中有电子元器件设备的试验时应将其两端短接，小母线在断开所有其他并联支路时，不应小于 10 MΩ，二次回路的每一支路和断路器、隔离开关的操动机构的电源回路等，均不应小于 1 MΩ，地下层在比较潮湿的地方，可不小于 0.5 MΩ。二次回路试验电压为 1000 V，当回路电阻在 10 MΩ 以上时，采用 2500 V 兆欧表代替，试验持续时间为 1 min。

十三、接地装置的测试

电气设备和防雷设施的接地装置的试验项目应包括下列内容：

(1)接地网电气完整性测。

(2)接地阻抗。

(3)测试连接与同一接地网的各相邻设备接地线之间的电气导通情况，以直流电阻值表示。直流电阻值不应大于 3 Ω。

(4)接地阻抗值应符合设计要求，当设计没有规定时应符合附表 2 的要求。试验方法可参照国家现行标准《接地装置特性参数测量导则》(DL/T 475—2017)的规定，试验时必须排除与接地网连接的架空地线、电缆的影响。

十四、注意事项

(1)试验过程中，要注意安全距离，特别是交流、直流耐压试验，按照试验规程设置安全间隔，防止人员触电事故。

（2）试验过程中要按照设备操作规程和试验步骤进行，防止操作不当造成电气设备损坏及试验设备故障。

（3）试验过程中按照试验表格，仔细记录试验数据，分析试验数据，为设备情况作分析，并为验收做好基础工作。

（4）以上是主要电气设备试验，一些特种仪器仪表根据厂家资料和《电气装置安装工程 电气设备交接试验标准》(GB 50150—2016)进行设备试验。

第七节　工程试运行工作经验及要点

试运行在不同的领域表述不同，如试车、开车、调试、联动试车、整套（或整体）试运、联调联试、竣工试验和竣工后试验等。

一、工作原则

（1）全面性：试运行要涵盖该系统的各个方面，综合考虑各种因素，确保全面评估。

（2）系统性：试运行要基于系统思维，将全流程看作一个整体，从系统的角度进行管理。

（3）适应性：试运行要根据实际情况灵活调整，根据试运行过程中的反馈进行改进。

（4）可追溯性：试运行要有清晰的记录和文档，以便总结问题和经验教训，为以后的项目提供参考。

二、试运行管理

应根据合同约定进行项目试运行管理和服务。项目试运行管理由试运行经理负责，并适时组建试运行组。试运行工作一般由总承包单位组织实施。试运行的准备工作包括人力、机具、物资、能源、组织系统、安全、职业健康和环境保护，以及文件资料的准备。试运行管理内容包括试运行执行计划的编制、试运行准备、人员培训、试运行过程指导与服务。

三、试运行大纲

试运行大纲应由试运行经理负责组织编制，项目经理审批，项目监理单位和发包人批准后实施。试运行大纲应根据合同约定和项目特点，安排试运行工作内容、程序和周期。

（一）试运行大纲编制原则

（1）在项目初始阶段，根据合同和项目计划，组织编制试运行大纲。

（2）试运行大纲要与施工及辅助配套设施试运行相协调。

（3）试运行大纲是试运行工作的主要依据，是 EPC 总承包单位实施试运行工作的指导性文件。

（4）试运行大纲编制的依据是项目计划和项目总进度计划。

（5）总承包单位与项目发包人在试运行工作中的分工，要在试运行大纲中明确规定。

（二）试运行大纲主要内容

（1）总体说明。包括项目概况、编制依据、原则、试运行的目标、进度和试运行步骤、对可能影响试运行实施的问题提出解决方案。

（2）组织机构。包括提出参加试运行的相关单位，明确各单位的职责范围，提出试运行组织指挥系统，明确各岗位的职责和分工。

（3）进度计划。即试运行单体试车计划、无负荷联动试车计划、热负荷联动试车计划等进度计划。

（4）资源计划。包括人员、机具、材料、能源配备及应急设施和装备等计划。

（5）培训计划。包括培训范围、方式程序、时间等。

（6）质量、职业健康安全和环境保护要求。按照国家现行有关法律法规和标准规范对试运行的质量、安全、职业健康和环境保护进行要求。

（7）试运行文件编制要求。包括试运行需要的原材料、公用工程的落实计划，试运行及生产中必需的技术规定、安全规程和岗位责任制等规章制度的编制计划。

（8）试运行准备工作要求。包括规章制度的编制、人力资源的准备、人员培训、技术准备、安全准备、物资准备、分析化验准备、维修准备、外部条件准备、资金准备等。

（9）项目发包人、EPC总承包人、监理单位、设备厂家等相关方的责任分工。

（10）试运行实施过程中的应急预案。包括常规应急预案和专项应急预案。

（三）试运行大纲实施要求

为确保试运行大纲正常实施和目标任务的实现，项目应明确试运行的输入要求（包括对施工安装达到竣工标准和要求，并认真检查实施绩效）和满足输出要求（为满足稳定生产或满足使用，提供合格的生产考核指标记录和现场证据），使试运行成为正式投入生产或投入使用的前提和基础。

四、试运行培训及考核计划

（1）试运行培训计划应依据合同约定和项目特点编制，经项目发包人批准后实施。

（2）试运行考核计划应依据合同约定的目标、考核内容和项目特点进行编制，考核计划应包括考核项目名称、考核指标、考核方式、手段及方法、考核时间、检测或测量、化验仪器设备及工具、考核结果评价及确认等主要内容。

五、试运行方案

试运行经理应依据合同约定，负责组织编制试运行方案。

（一）试运行方案的编制原则

（1）编制试运行方案，包括生产主体、配套和辅助系统以及阶段性试运行安排。

（2）按照实际情况进行综合协调，合理安排配套和辅助系统先行或同步投运，以保证主体试运行的连续性和稳定性。

（3）按照实际情况统筹安排，为保证计划目标的实现，及时提出解决问题的措施和方法。

（4）对采用第三方技术或邀请示范操作团队时，事先征求专利商或示范操作团队的意见并形成书面文件，指导试运行工作正常进展。

（5）环境保护设施投运安排和安全及职业健康要求，都应包括对应急预案的要求。

（二）试运行方案主要内容

（1）工程概况。

（2）编制依据和原则。

（3）试运行目标与采用的标准。

（4）试运行应具备的条件。

（5）组织机构。

（6）试运行进度安排。

（7）试运行资源配置。

（8）环境保护设施投运安排。

（9）安全及职业健康要求。

（10）试运行的技术难点和采取的对策措施等。

（11）应急预案。

（三）试运行前的准备工作

总承包单位应进行试运行前的准备工作，确保按设计文件及相关标准完成生产系统、配套系统和辅助系统的施工安装及调试工作。

（1）试运行准备工作，包括项目部试运行服务的准备工作和实施试运行所做的准备工作。

（2）项目部试运行服务的准备工作，包括提供设计文件、试运行大纲、培训计划、操作手册和项目部试运行服务人员的动员等。

六、试运行考核

（1）总承包单位应配合项目发包人进行试运行准备工作，试运行经理应按试运行大纲和试运行方案的要求落实相关的技术、人员和物资，组织检查影响实现考核目标的问题，并落实解决措施。

（2）项目考核的时间和周期应依据合同约定，考核期内，全部保证值达标时，合同双方代表应分项或统一签署考核合格证书。

七、试运行与设计、采购、施工的接口控制

（一）试运行与设计的接口控制

在试运行与设计的接口关系中，对下列主要内容的接口实施重点控制。

（1）试运行对设计提出的要求。

（2）设计提交的试运行操作原则和要求。

（3）设计对试运行的指导与服务，以及在试运行过程中发现有关设计问题的处理对试运行进度的影响。

（二）试运行与采购的接口控制

在试运行与采购的接口关系中，对下列主要内容的接口实施重点控制。

（1）试运行所需材料和备件的确认。

（2）试运行过程中发现的与设备、材料质量有关问题的处理对试运行进度的影响。

（三）试运行与施工的接口控制

在试运行与施工的接口关系中，对下列主要内容的接口实施重点控制。

（1）施工执行计划与试运行执行计划不协调时对进度的影响。

（2）试运行过程中发现的施工问题的处理对试运行进度的影响。

八、试运行管理过程的重点工作

(一)试运行组织机构和人员

(1)项目部应根据合同约定,适时组建项目试运行组。

(2)应明确试运行组的职责和分工。

(二)试运行计划和方案

(1)项目部应编制试运行执行计划。

(2)试运行计划应经审批。

(3)试运行计划应经项目监理单位和发包人确认后实施。

(4)试运行执行计划应依据合同约定和项目特点,安排试运行工作内容、程序和周期。

(三)试运行准备

(1)应按合同约定的培训需求编制试运行培训计划。

(2)应按合同约定编制项目试运行考核计划,且内容满足要求。

(3)项目部应配合发包人进行试运行准备工作并落实试运行所需的资源。

(4)项目部应对试运行的准备工作进行检查,检查发现的问题应得到解决。

(四)试运行考核

(1)考核结束且合格后,应签署考核合格证。

(2)试运行发现的问题应进行分析与反馈。

工程总承包试运行全过程管理,以项目试运行为管理对象,以产品实现为目标,以质量、安全、职业健康和环境保护、进度、费用和风险管理等为重点,贯穿于试运行全过程。试运行大纲是试运行工作的主要依据,是项目部实施试运行工作的指导文件,为确保试运行大纲正常实施和目标任务的实现,应明确试运行的实施要求和满足项目发包人的使用要求,使试运行成为正式投入生产或投入使用的前提和基础。

第八章　良好实践和经验反馈

第一节　工程组织模式

某双闪工艺铜冶炼项目位于某工业园区，该项目建筑单体105栋(座)，分别包含原料区、火冶区、电解区、制酸区、渣选区、动力区、办公生活区等七大区域，总建筑面积206493.78 m²，总占地面积672033.60 m²。建设规模为年处理铜精矿1.6×10⁶ t，年产高纯阴极铜4×10⁵ t，年产硫酸1.5×10⁶ t。

其主工艺为：铜精矿、熔剂和返料配料→混合铜精矿干燥→闪速熔炼→闪速吹炼→阳极炉火法精炼→双圆盘定量浇铸→大板不锈钢永久阴极电解。本工程采用EPC总承包管理模式。

一、本工程EPC管理情况

(一)设计管理

1.设计组织机构及职责

为加强项目设计管理和服务，提高图纸设计效率，需成立设计管理和服务小组，成员包括组长、副组长及专业组员等。

(1)组长职责。

负责对业主、监理、设计院等相关方的协调工作；负责对项目设计管理和服务等重大事项的决策工作；负责对设计单位、管理和服务小组相关人员的考核工作。

(2)土建副组长职责。

负责有关土建专业与业主、监理、设计院的设计沟通工作；负责收集、处理相关人员对土建专业设计图纸的意见建议；负责土建专业施工图出图前预审查工作；负责土建专业施工图纸会审工作；负责审定土建图纸自审意见和设计变更申请审核工作。

(3)安装副组长职责。

负责有关安装专业与业主、监理、设计院的设计沟通工作；负责收集、处理相关人员对安装专业设计图纸的意见建议；负责安装专业施工图出图前预审查工作；负责安装专业施工图纸会审工作；负责审定安装图纸自审意见和设计变更申请审核工作。

(4)专业组员职责。

负责各自分工专业的设计联络工作，包括业主、监理、设计单位及施工单位等；负责本专业施工图纸设计进度的落实，必要时亲自或派人到设计院蹲点，并及时向专业副组长汇报进展情况；负责收集、处理相关人员对设计图纸的意见建议，报专业副组长审定；负责施工图自审，参加设计交底、施工图会审，并起草会议纪要；负责设计管理全过程的档案收集、整理与移交，并对其完整性负责；负责该专业设计管理和服务工作的总结，并提交小组审定。

2.设计管理的效果

（1）施工过程使用电子版图纸，累计收到电子版图纸5231批次；项目竣工前打印施工蓝图9套，共计646个专业工程，每套约2万张。

（2）工程设备订货资料总计3205项，全部招标挂网。

（3）完成94个单位工程施工图及天然气、装饰装修、地质勘查报告等设计文件的第三方审查。

（二）采购管理

1.采购组织机构及职责

为建立采购长效管理机制，提高履约管理水平，需成立采购领导小组，并同步增设工程设备采购组及工程材料采购组。

（1）工程设备采购组。

工程设备采购组成员包括组长、副组长、采购技术及商务人员，主要职责如下：

负责设备采购管理工作，协调业主、监理、设计院、设备供应商等相关方的关系；组织编制设备采购管理制度，明确设备采购工作范围及分工、采购原则、程序和方法，明确采购特殊问题处理原则；组织设备采购计划的编制与审核；组织召开设备采购专题会，协调内外部采购业务；组织编制采购资金计划，确保设备采购资金及时收付；根据项目整体进度情况，监控设备采购进度，提高设备采购小组工作效率；根据项目整体进度情况和采购质量，对设备采购组成员进行考核；审核项目设备采购执行计划与月度设备采购计划；组织设备招标采购、合同签订，并监控合同履行情况；组织设备采购成员完成对供应商先期确认图纸（ACF）和最终确认图纸（CF）的催交，以及催货、驻厂监造、运输和交接等工作；组织供应商提供现场服务及售后服务工作；组织采购档案管理工作，组织编写项目采购完工报告；协调各方做好设备入场前的准备工作，组织相关方设备现场实物交接（量与外观的交接）；根据设备合同条款，负责组织设备厂家做好设备技术服务工作；负责工程完工后的备品备件、专用工具、随机资料的清点与移交。

（2）工程材料采购组。

工程材料采购组成员包括组长、副组长、采购技术及商务人员，主要职责如下：

负责材料采购管理工作，协调业主、监理、设计院、材料供应商等相关方的关系；组织编制材料采购管理制度，明确材料采购工作范围及分工、采购原则、程序和方法，明确采购特殊问题处理原则；组织材料采购计划的编制与审核；组织召开材料采购专题会，协调内外部采购业务；组织编制采购资金计划，确保材料采购资金及时收付；根据项目整体进度情况，监控材料采购进度，提高材料采购小组工作效率；根据项目整体进度情况和采购质量，对材料采购组成员进行考核；审核项目材料采购执行计划与月度设备采购计划；组织材料招标采购、合同签订，并对合同履行情况监控；组织材料供应商提供现场服务及售后服务工作；组织采购档案管理工作，组织编写项目采购完工报告；协调各方作好材料入场前的准备工作，组织相关方材料现场实物交接（量与外观的交接）。

2.采购与设计之间的对接

（1）设计部门：设计阶段，负责编制项目所需的设备表及材料表，作为采购文件提交采购部门；招标阶段，负责编制设备、材料请购单，由采购部门向供货商发起询价，设计部门协助对供货厂商报价的技术部分提出评审意见，为采购部门确定合格厂商提供有效参考；负责技术及资料图纸方面的谈判，参加由采购部门组织的厂商协调会；现场交接阶段，参加由采购部门组织的关于设备材料试验及试运行等检验工作。

（2）采购部门：负责对设计的可施工性进行分析；负责依采购文件编制具体的采购进度计划，对所有设备、材料的采购，分类提出计划方案，获得设计部门认可，提交项目经理批准后报监理和业主审批；选择合格厂商阶段，主要负责商务评审的内容，并结合设计部门、业主专业小组的技术评审意见进行综合评审，确定最终供货厂商报监理和业主审批；负责催交供货商提交的先期确认图纸及最终确认图纸，转交设计部门及业主审查；负责组织采购过程中涉及的各种协调会议，邀请监理及业主参加，必要时可邀请设计部门参加。

总体上来说，设计为采购提供技术支持，采购负责对设计中的采购文件予以响应和具体实施，其过程中发生的成本、设备和材料的质量将影响设计蓝图的实现程度和效果。两者之间的通力合作和完美搭接是工程顺利开展的有效保障。

3. 采购与施工之间的对接

采购和施工是发生项目成本的两个主要环节，在项目开展过程中往往是环环相扣的。良好的采购管理，不仅要满足经济性的要求，还要满足施工进度安排。一方面，采购部门与施工部门协商，根据项目的总体进度计划要求确定所有拟采购设备及材料运抵现场的时间，分类提出进度计划方案，并提交项目经理批准，报监理、业主审批，进而交给现场项目经理部和通知供货商。另一方面，在工程施工过程中出现现场变更、施工进度变更时，会对相应采购工作的开展产生影响，此时施工部门与采购部门进行充分有效的沟通，采取"早意识早预防，早发现早解决"的原则，把握最佳的时机，将变更对工程进度和质量的影响降到最低，实现工程项目提高效率创造利润的最终目的。

4. 采购与财务之间的对接

在编制采购文件、合同条款时要建立在公司相关规章制度的基础上，制订的相关条款在实际执行和账目核算时具有可操作性。及时将发生的采购成本、消耗成本完善相关手续交财务部，每月25号与财务进行账目核对，做到账账相符、账物相符。

5. 建立采购管理全流程成本概念

在探讨项目采购管理中的问题时，关注整个项目采购流程中的成本降低，它是对总成本的控制，而不是单一地针对采购设备（材料）或服务的价格。获得了低价的采购设备（材料）固然是成本的降低，但获得优质的服务、及时快速的供货、可靠的货源保证等也无疑是获得了成本上的利益。同时，降低采购成本不仅指降低采购项目本身的成本，还要考虑相关方面的利益。单独降低某项成本而不顾及其他方面的反应，这种成本降低是不会体现在项目采购管理的利润之中的。所以，需要建立这种全流程成本的概念，来达到对整个项目采购管理总成本的控制和降低，并保证采购与设计、施工相辅相成，打通全流程，保证总承包项目一次投料试车成功，最终生产出合格产品。

（三）施工管理

1. EPC 总承包单位职责

总承包单位代表公司全面履行 EPC 合同，负责 EPC 全过程管理，包含：设计联合体选定及设计控制管理；配合公司进行 EPC 投标及合同签订；协调技术力量参与设计全流程管理；

参考业主意见，牵头组织设备的招标采购；审核总承包单位采购的分部主材计划，配合金通设备采购组及分部主材集采；施工管理及系统试运行；配合业主投料试生产；组织工程保质期维修；负责生活办公区的运营管理；协调各分部及各合作单位的关系等。

2. 土建施工单位职责

在总包部的统一指挥下，负责现场负责全场土建工程施工及部分子项钢结构及小水电安装工作，主要工作包括：根据永临结合思路，负责编制主排水系统、交通主干道、现场洗车槽、永久围墙、现场应急厕所、现场垃圾集中堆放点的方案，报总包项目部批准后实施；认真研读施工图纸，理解设计意图、技术要求和工程质量标准，参加设计交底和图纸会审，提出疑问和建议，确保施工图纸的准确性和可行性；根据工程特点、施工条件和合同要求，制订详细的施工组织设计，包括施工进度计划、施工方法、资源配置、质量保证措施、安全保障措施等，针对关键工序和特殊施工过程，编制专项施工方案，并经审批后实施；建立健全质量管理体系，制订质量管理制度和质量控制措施，严格按照施工图纸、施工规范和质量标准进行施工，加强对施工过程的质量控制；按照施工进度计划，组织施工人员、机械设备和物资材料，确保工程进度按计划进行，定期对工程进度进行检查和分析，及时调整施工进度计划，采取有效的措施解决进度滞后问题；建立健全安全生产管理体系，制订安全生产管理制度和安全操作规程，加强对施工人员的安全教育和培训，提高施工人员的安全意识和自我保护能力；在工程竣工前，组织施工项目部进行工程预验收，对工程质量进行全面检查和整改，邀请建设单位、监理单位等相关单位参加工程预验收，听取各方意见和建议，及时整改存在的问题。

3. 安装施工单位职责

在总包部的统一指挥下，负责全场安装工程及部分子项钢构施工，主要工作包括：结合设计总平面图，负责编制现场临时用水主干线及临时用电主干线方案，报总包项目部批准，负责临水、临电主干线的施工和运行维护；认真审查钢结构及给排水电气施工图纸，理解设计意图、结构形式、连接方式及技术要求等，与土建施工单位进行图纸核对，协调与土建施工的交叉部分；制订详细的钢结构安装及水电暖安装施工方案，包括施工工艺、安装顺序、起重设备选择、安全措施等，确保施工的顺利进行；组建专业的钢结构及水电暖安装施工队伍，包括水电工、管道工、焊工、起重工、安装工等特殊工种人员，并确保其具备相应资质。对钢结构及水电暖安装工程进行全面的自检验收，检查工程质量是否符合设计要求和相关标准，整理施工资料，包括施工记录、检验报告、竣工图纸等，配合总包部、监理单位等进行竣工验收，提供相关资料和技术支持，对验收中提出的问题进行整改，确保工程顺利交付使用。

4. 各类制度建立及执行情况

总承包单位积极健全项目各项规章制度，针对项目特点，分别制订了《设计管理规定》《物资设备管理规定》《工程进度管理规定》《工程影像资料管理规定》《工程信息资料及档案管理规定》《施工用水用电管理规定》《现场协调管理规定》《现场总平面管理规定》《工程技术管理规定》《质量管理规定》《项目经营管理规定》《财务管理规定》《劳务实名制和门禁管理规定》《印章管理规定》《职工队伍建设管理规定》《项目综合后勤办法》等相关管理制度，有效地保证了项目的正常推进，针对分包单位制订了《总包工程部对专业分包单位管理流程》《总包对分包现场管理要求规定》和《年产 40 万 t 高纯阴极铜清洁生产项目-总包直管分包单位周（月）例会制度》，对现场安全、质量、进度等方面起到了较好的控制效果。

5. 施工过程管理及效果

（1）会议制度。

制订日碰头会、周例会、监理例会、业主指挥部例会及根据现场实际问题需召开的各专题会议制度，同时加强督办考核管理，强化项目各参建员工执行力，确保工作及重要事项能够限期处置或解决。

（2）进度管理。

以 P6 进度计划为总线，计划控制部作为事项跟踪督办的具体管理部门，负责各类需完成事项的收集、录入、督办、考核、通报等工作。根据各参建单位按"挂图作战"督办事项完成情况核定责任单位完成情况。项目部根据考核实际情况划定奖惩额度，营造"比学赶超"氛围，促使项目形成"层层有压力，人人有担子"工作局面。

（3）对土建、安装单位管理。

总承包单位按照工艺流程对工程划分责任区域，实行区块化管理，在以土建为主导的施工阶段，对电解车间行车梁、圆盘浇铸机基础、蒸汽干燥机基础等重点部位、重要设备基础组织联合验收，协调土建专业的工作面，确保交安工作有序推进；在设备安装开始后，重点解决设备、材料进场道路，设备安装吊装场地和设备试运行时暴露出的设备本体及联动试车过程中出现需配合协同处理的疑难施工问题。此外，总承包单位还组织了关于全厂公厕、土工膜、配电室的中间验收移交，重点督办了重要房屋和水池渗漏水处理、配电室送电后安全管理、防雷接地第三方验收、防火门整改、厂区绿化前施工余料和垃圾清理等问题，确保事事有人管，件件有落实。其间，还针对白天和夜间施工进行人员盘点，确保施工人数满足施工进度要求。

（4）对各专业分包管理。

总承包单位工程部根据计划进场时间，提前一个月与分包单位联系，要求报送营业执照、资质证书、安全生产许可证、企业业绩、项目组织机构及相应人员证件、社保及合同、施工方案，对提供内容进行审查，配合修改，保障监理审核通过率，确保进场可连续施工。组织分包单位、设计、业主图纸会审，解决影响施工的问题。过程施工中，对安全环保、质量、进度等方面严格管控。

（5）管理效果。

自 2022 年 8 月 16 日成功实现熔炼炉点火以来，各单位紧密协作，日夜奋战，相继实现了 10 月 15 日吹炼炉点火，10 月 23 日熔炼炉顺利投料试生产，10 月 29 日实现阳极炉点火成功，11 月 10 日阳极精炼炉顺利产出阳极铜，11 月 13 日渣选片区投料试生产，11 月 18 日电解车间西区北部电解槽通电并于 11 月 25 日顺利产出高品位阴极铜等目标，项目捷报频传。在投产不足两个月时间就顺利达到了设计产能。

二、本工程采用 EPC 组织模式的成效

（一）优化设计方案

EPC 总承包单位负责整个项目的设计、采购和施工，能够从项目全生命周期角度进行设计优化。在项目的初步设计时，根据施工可行性和实际使用需求，单位对建筑结构进行合理调整，减少不必要的复杂构造，降低施工难度和成本。通过精确的设计计算和模拟分析，如采用 BIM（建筑信息模型）技术进行三维建模和碰撞检测，提前发现设计中的问题并及时解决，避免施工过程中的变更和返工，提高项目质量和效率。

(二)实现设计与施工的深度融合

本项目在设计和施工阶段，均有大量的设计人员进驻施工现场，设计人员与施工团队紧密合作，施工人员在项目早期就参与到设计过程中，提供实际施工经验和技术建议，使设计方案更具可操作性。在本项目中，施工人员根据自己对设备安装和工艺流程的了解，对设计布局进行了大量的优化，确保了施工顺利进行。设计阶段充分考虑施工进度安排，合理划分施工区域和工序，为施工组织提供便利。

(三)集中采购达到降本增效目标

采购单位通过其规模优势和丰富的采购经验，对项目所需的设备、材料等进行集中采购。通过与供应商建立长期合作关系，获得更优惠的价格和更好的服务。对采购物资进行统一管理和调配，减少库存积压和浪费，实现物资的共享和调配，提高物资利用率。通过与物流供应商合作，优化运输方案，确保物资在规定时间内到达目的地。

三、本工程采用 EPC 组织模式的不足

(一)综合能力不足影响项目工作开展

EPC 总承包单位需要提高设计、施工、采购等多方面的综合能力，特别是采购、设计、施工三个环节是一环套一环，如果采购没有完成，无法给设计提供设计参数，而设计没有完成，施工又无法开始。由于综合能力的不足，本项目多次出现波折。

(二)对设计单位管控不力

总承包单位设计经验不足，不能主导设计，且业主及设计单位对施工的便利性和经济性缺乏考虑，导致既增加了施工难度及工程成本，又影响了工程进度。因此，在工程初期，建立好同设计单位的高效的沟通机制、有效的监督机制非常重要。

(三)合同风险较大

本 EPC 合同采用总价合同、按实结算的合同模式。施工过程中，业主单位时常改变生产工艺、增加合同内容，导致工程造价超过了设计概算。超概算之后业主停付工程款，但后续工程未施工完，因资金的问题致使后续工程施工异常艰难，造成了非常大的合同风险及隐患。因此，划分好 EPC 工程的合同风险非常重要。

四、关于工程组织模式的思考

(一)集成化管理

随着工程建设项目的规模和复杂程度不断增加，传统的工程组织模式已经难以满足项目管理的需求。未来的工程组织模式将更加注重集成化管理，将设计、施工、采购等各个环节进行有机整合，实现项目管理的全过程、全方位控制。

(二)信息化管理

信息技术的飞速发展为工程组织模式的创新提供了有力支持。未来的工程组织模式将更加注重信息化管理，利用互联网、大数据、人工智能等技术手段，实现项目管理的数字化、智能化、可视化。

(三)合作共赢

未来的工程组织模式将更加注重合作共赢，强调业主、设计单位、施工单位、供应商等参与方之间的合作关系，通过建立共同的目标、信任和合作机制，实现项目管理的高效、优

质、可持续发展。

（四）灵活性与适应性

在快速变化的市场环境中，工程组织模式需要具备高度的灵活性和适应性。这意味着组织需要能够快速调整结构、流程和人员配置，以应对项目需求的变化和市场挑战。同时，组织还需要建立有效的风险管理机制，以识别和应对潜在的风险和不确定性。

（五）持续改进与创新

工程组织模式需要不断进行持续改进和创新。通过总结经验教训、引入新技术和新方法、培养创新型人才等方式，不断提升组织的竞争力和适应能力。只有这样，工程组织模式才能在激烈的市场竞争中立于不败之地。

第二节　项目设计图纸交付管理

由于铜冶炼工程建设周期较长，包含了多个复杂生产系统的建设，业主为了有效控制财务成本，尽量将设计、施工阶段工期压到最短，要求图纸交付与施工进度匹配，避免产生技术间歇。铜冶炼工厂依据生产工艺，常划分为矿石破碎、磨矿、浮选、冶炼、硫酸、余热发电等功能区，每个环节有特定技术要求和设备配置，要有多专业协同配合。同时，铜冶炼厂是高能耗、有害物质排放限制高的企业，要求在设计阶段充分采用节能、环保设备和工艺，降低总体能耗和减少对环境的影响。

因此，铜冶炼项目的设计图纸交付管理在满足投资概算和工期要求的前提下，需选择合适的工艺方案和结构形式，优化整体建筑方案。在铜冶炼双闪工艺工厂建设中，项目设计图纸是指导施工、确保项目顺利实施的核心文件。图纸不仅反映了工程的设计意图和技术要求，更是项目管理的重要工具。有效的图纸交付管理能够提高施工效率，减少错误与返工，确保项目按时按质完成。本章节将详细探讨项目设计图纸的交付管理，包括交付流程、交付标准、变更管理、版本控制及其在施工中的应用。

一、设计方案选择

（1）宜通过先进案例分析，选择高效、稳定冶炼生产工艺，如闪速熔炼和电解冶炼等，并针对原材特性进行工艺适应性分析，确定最优冶炼方案。同时确保项目可持续性原则，合理规划固废处理和资源综合利用。

（2）综合分析地方资源供应情况和施工企业技术特点，合理统一结构构造。如优先考虑钢结构和预制构件，创造交叉施工组织机会，可以有效缩短工期。又如统一全厂地基处理方法，有利于质量控制和资源调配。

（3）综合考虑功能布局、物流规划、永临结合等施工要求，优化建筑设计方案，确保施工现场通行和设备安装维护便捷。如围墙、厂区干道、排水管网、临建场地等提前进行设计规划，施工时永临结合使用，减少投入成本。

二、设计图纸的重要性

（一）指导施工

设计图纸提供了详细的施工信息，包括材料、尺寸和工艺要求，是施工团队进行施工的依据。

（二）沟通工具

图纸是各方（设计方、施工方、监理方及业主）之间沟通的重要工具，能够有效传达设计意图和具体要求。

（三）质量控制

图纸可以明确质量标准和检查点，有助于项目实施过程中的质量控制。

（四）法律依据

图纸作为合同文件的一部分，在发生争议时可以作为法律依据，保护各方的合法权益。

三、图纸交付管理流程

（一）图纸交付的基本流程

图纸交付管理流程一般包括以下几个阶段。

1. 设计阶段

(1)设计方案确定后，设计团队根据项目需求进行设计，完成初步设计图纸。

(2)初步设计图纸须经过内部审核，确保符合相关标准与要求。

2. 审核与批准

(1)初步设计图纸提交给项目管理团队、业主、监理及相关部门进行审核。

(2)收集反馈意见，进行必要的修改与完善，最终形成正式设计施工图纸。

3. 图纸交付

(1)正式设计图纸经批准并经第三方图审合格后，按照预定的交付计划向施工单位和相关方分发。

(2)交付时需确保图纸的完整性与准确性，包括所有必要的说明和附录。

4. 图纸使用与反馈

(1)施工团队根据交付的设计图纸进行施工。

(2)在施工过程中，施工方应及时反馈图纸使用中遇到的问题或建议，以便进行改进。

（二）交付标准与要求

为确保图纸交付的有效性，需遵循以下标准与要求。

(1)完整性：设计图纸应包括所有必要的视图、剖面、细节图及相关说明，确保信息的全面性。

(2)准确性：图纸中的尺寸、标注、符号及注释须准确无误，避免因错误信息导致施工问题。

(3)可读性：图纸需清晰易读，采用标准的符号和格式，方便施工人员理解与实施。

(4)及时性：按照项目进度安排，确保设计图纸按时交付，避免因延误影响施工进度。

四、设计变更管理

在项目建设过程中，设计变更是常见的现象，合理的变更管理能够有效控制项目风险。

（一）变更的来源

设计变更通常来源于以下几个方面。

(1)设计优化：根据施工现场实际情况，进行设计改进与优化。

（2）技术进步：新技术的出现可能导致原设计的不适用性，需要进行调整。

（3）业主需求：业主可能在项目实施过程中提出新的需求，需相应调整设计。

（4）法规变化：政策法规的变化可能要求对原设计进行整改。

（二）变更管理流程

设计变更的管理流程一般包括以下步骤：

（1）变更申请：任何一方在发现需要变更时，应及时提出变更申请，明确变更的内容、理由及影响。

（2）变更评审：项目管理团队应对变更申请进行评审，分析变更的必要性及对项目的影响。

（3）变更批准：经评审后，若变更合理，需获得项目相关方的批准，形成正式的变更文件。

（4）图纸更新：根据批准的变更内容，及时更新设计图纸，并将更新后的图纸及时交付给施工单位。

（5）变更记录：所有变更均须记录在案，并形成变更日志，详细记录变更的时间、内容、影响及批准情况，以便后续追溯和审计。

（6）变更实施：施工单位在收到更新后的图纸后，须根据新图纸进行施工，并确保所有相关人员知晓变更内容。

（7）变更效果评估：在变更实施后，项目管理团队应对变更效果进行评估，核算对比费用，确保变更达到了预期效果，并识别可能出现的新问题。

五、版本控制管理

在项目实施过程中，设计图纸的版本控制至关重要，以避免因使用过时图纸导致的施工错误。

（一）版本控制的必要性

（1）防止错误：确保所有施工人员使用的是最新版本的图纸，避免图纸不一致导致的施工错误。

（2）追溯性：在项目进展中，需要追溯某一设计变更的具体内容时，版本控制能够提供清晰的历史记录。

（3）协作效率：设计团队和施工团队在协作时，使用相同版本的图纸可以提高沟通效率，减少误解。

（二）版本控制管理流程

（1）版本标识：每个设计图纸应有独特的版本编号，通常包括版本号、日期及变更说明，便于区分不同版本。

（2）版本发布：新版本图纸发布时，须通过正式渠道通知所有相关方，并确保他们立即使用最新版本。

（3）版本存档：旧版本图纸应妥善保存，以备查阅和历史记录参考，避免因过时信息影响后期工作。

（4）定期审查：定期检查和审阅所有设计图纸的使用情况，确保施工现场所用图纸是最新版本，并进行必要的更新。

六、施工过程中的图纸应用

在实际施工中，设计图纸的有效应用对于项目的成功至关重要。

(一)施工准备阶段

在施工前，施工单位应对图纸进行详细的分析与解读，重点关注以下内容：

(1)图纸审核：检查图纸的完整性和准确性，确认所有信息无误后，进行施工准备。

(2)材料准备：根据图纸要求，提前准备所需材料，确保施工过程中材料的及时供应。

(3)施工方案制订：根据设计图纸，制订详细的施工方案，明确每个工序的操作步骤及注意事项。

(二)施工实施阶段

在施工实施过程中，施工团队应遵循图纸的要求，注意以下几点：

(1)严格按照图纸施工：施工过程中，应严格按照设计图纸进行操作，确保每个步骤都符合设计意图。

(2)现场问题反馈：在施工中如果遇到与图纸不符的情况，或对图纸内容不理解情况，及时向业主方及驻场设计师核实解决，必要时通过书面函件确认或进行设计变更。

(3)质量检查：定期对施工进度与质量进行检查，确保施工成果符合设计图纸及质量标准。

(三)施工结束阶段

施工结束后，须对照设计图纸进行以下工作：

(1)竣工验收：施工完成后，进行竣工验收，确保实际施工效果与设计图纸一致。

(2)竣工图纸整理：整理施工过程中的变更记录和竣工图纸，形成完整的竣工资料，供后续维护和管理使用。

(3)经验总结与反馈：项目结束后，及时总结施工过程中的经验与教训，为未来项目的图纸交付管理提供借鉴。

七、信息化管理在图纸交付中的应用

在数字化时代，信息化管理手段的应用有助于提升图纸交付管理的效率和准确性。

(一)信息化管理系统的构建

(1)图纸管理平台：建立统一的图纸管理平台，实现设计图纸的集中存储、管理和查阅，便于各方获取最新信息。

(2)变更管理模块：在管理平台中增加变更管理模块，记录所有变更过程及其影响。

(3)版本控制功能：实现图纸的版本控制功能，自动记录每次更新的时间、变更内容及责任人，确保所有相关方使用最新版本。

(4)权限管理：设置不同角色的权限，确保只有授权人员才能进行设计图纸的修改和审批，提升安全性和合规性。

(5)数据分析与报告：利用数据分析工具，对图纸使用情况、变更频率等进行分析，生成可视化报告，为项目管理决策提供参考。

(二)信息化工具的应用

(1)BIM(建筑信息模型)技术：应用 BIM 技术进行三维建模，提升设计的可视化效果，便于施工团队更好地理解设计意图,减少施工误差。

(2)电子签名与审批:使用电子签名技术简化设计图纸的审批流程,提高审批效率,缩短图纸交付的时间。

(3)移动应用:开发移动应用,使施工人员能够随时随地访问最新的设计图纸、变更记录和施工方案,提升现场工作效率。

(4)云存储与共享:利用云存储技术实现图纸的实时共享,确保项目各方能够及时获取最新信息,促进协作与沟通。

项目设计图纸的交付管理是确保项目顺利实施的重要环节。通过建立科学的交付管理流程、严格的变更管理制度和有效的版本控制,能够显著提高施工效率,降低项目风险。信息化管理工具的应用则为图纸交付管理带来了新的机遇,使整个过程更加高效、透明和可追溯。

扫一扫

扩展阅读

第三节 现场施工道路

在铜冶炼厂的建设与生产过程中,临时道路作为重要的基础设施,承担着运输材料、设备及人员通行的关键任务。其设置合理与否,直接关系到施工效率和工程安全。因此,深入探讨铜冶炼厂现场施工临时道路的布置与维养安排,对于确保项目顺利推进具有重要意义。

某双闪工艺铜冶炼厂工程物料流线图分为人流线、阳极板流线、精矿流线、阴极铜流线、熔炼渣流线、尾渣流线、硫酸流线、冰铜流线、石膏及中和渣流线。

根据厂区规划道路,运用现场已有地材(毛渣),按五横两纵(1#、3#、5#、7#、8#、9#、10#道路)进行施工。电解车间周围环线(15#道路、12#道路)打通后,逐渐打通外围道路及支路。现场道路采取临时道路,将规划道路位置路床进行碾压处理,然后铺 50 cm 厚毛渣,铺设宽度比正式道路路两边各宽 1 m。将熔炼主厂房周围环线 1#、7#、8#、9#、10#道路运用 C20 混凝土进行硬化处理,硬化厚度 20 cm,硬化宽度 6 m。临时道路侧根据路边排水沟规划图开挖临时排水沟,排水沟宽 1 m,深 1.5 m。道路交接处埋设临时过路排水管道。

一、道路设置原则

在冶炼厂现场,临时道路的设置应遵循以下原则。

(一)功能性原则

临时道路布置应充分考虑其功能需求,包括施工机械和材料的运输、人员通行等。确保道路宽度、坡度、转弯半径等参数满足实际使用要求,避免出现交通拥堵或安全隐患。

(二)经济性原则

在保障功能性的前提下,尽量节约投资成本。通过合理规划道路走向、利用现有地形地貌等方式,减少土方工程量,降低建设成本。

(三)环保性原则

施工过程中应注重环境保护,减少对环境的影响。临时道路布置应尽量避开生态敏感区,减少植被破坏;施工结束后,应及时恢复原有生态环境。

二、道路布置的具体要求

(一)合理规划道路走向

(1)地形与交通状况结合:根据施工区域的地形特点和周边交通状况,合理规划临时道路的走向。确保道路能够顺畅连接施工区域与主要交通干道,减少车辆绕行距离和时间。

(2)减少交叉与冲突:尽量避免临时道路与主要交通干道形成过多的交叉点,以减少交通冲突和拥堵。如果无法避免交叉,应设置明确的交通信号和指示标志,确保交通有序进行。

(二)合理设置路面宽度与材料

(1)根据交通流量确定宽度:根据临时道路的交通流量和车辆类型,合理设置路面宽度。确保道路能够容纳施工期间所需的车辆和设备,同时留有足够的空间供紧急车辆通行。

(2)选择耐用材料:选择耐用且易于维护的路面材料,如砂石、碎石或预制混凝土板块等,本项目主要利用场地平整山体开挖毛渣。这些材料不仅能够承受施工期间的交通压力,还能减少维护成本和时间。

(三)加强交通管理与引导

(1)设置交通标志与标线:在临时道路上设置清晰、明确的交通标志和标线,包括限速标志、禁止停车标志、车道标线等。这些标志和标线能够引导驾驶员正确行驶,减少交通事故的发生。

(2)加强交通监管:在施工期间,应加强对临时道路的交通监管力度。特别是对材料设备的进场安排及占道时间,通过碰头会予以明确,可以安排专人进行交通指挥和疏导,确保交通有序进行。同时,还可以利用智能交通技术,如交通监控摄像头和交通信号控制系统等,提高交通管理的效率和准确性。

(四)预留扩展空间与灵活性

(1)预留扩展空间:在规划临时道路时,应预留一定的扩展空间。这有助于应对未来可能出现的交通流量增加或施工需求变化等情况,确保临时道路能够持续满足施工期间的交通需求。

(2)保持灵活性:在临时道路的建设过程中,应保持一定的灵活性。例如,可以采用预制拼装式的路面结构,以便在需要时进行快速更换或调整。同时,还应制订应急预案,以应对可能出现的突发情况。

三、临时道路在现场施工中的重要性和作用

(一)临时道路在冶炼厂现场施工中的重要性

(1)保障施工效率:临时道路是冶炼厂施工期间的重要交通通道,它确保了施工人员、机械设备及材料能够顺畅地进出施工区域,从而提高了施工效率,保证了施工进度。

(2)确保施工安全:良好的临时道路设计和施工能够减少施工过程中的安全隐患,如车

辆倾覆、人员跌落等事故。同时，临时道路的合理规划还能避免与永久设施的冲突，保障施工人员的安全。

(3)降低施工成本：合理的临时道路规划可以减少不必要的运输距离和次数，降低运输成本。此外，通过永临结合的策略，还可以将部分临时道路转化为永久道路的一部分，进一步降低施工成本。

(4)保护生态环境：在冶炼厂施工中，临时道路的合理布局和防护措施能够减少对环境的影响，如防止水土流失、保护植被等，从而有利于生态环境的保护和恢复。

（二）临时道路在冶炼厂现场施工中的作用

(1)交通通道：临时道路是冶炼厂施工期间的主要交通通道，它连接了施工区域与外部世界，确保了施工所需的人员、设备和材料的及时供应。

(2)应急通道：在紧急情况下，临时道路还可以作为应急通道使用，为救援车辆和人员提供快速通道，减少灾害损失。

(3)施工平台：在某些情况下，临时道路还可以作为施工平台使用，如进行管线铺设、设备安装等的作业，提高了施工的灵活性和便利性。

(4)环境保护屏障：通过合理的防护措施和绿化设计，临时道路还可以成为环境保护的屏障，减少施工对周边环境的影响。

四、道路维养

（一）日常维护与检查

(1)定期巡检：建立定期巡检制度，对临时道路进行全面检查，包括路面状况、排水系统、边坡稳定性等，确保及时发现并处理潜在问题。

(2)清理杂物：定期清理道路上的杂物，如碎石、泥土、废弃物等，保持道路整洁，减少车辆行驶过程中的阻碍和安全隐患。

(3)修复破损：对于路面出现的裂缝、坑洼等破损情况，应及时进行修补，防止破损扩大影响道路使用。

（二）排水与防护

(1)保持排水畅通：定期检查和维护排水设施，确保雨水能够顺畅排出，防止积水对道路造成损害。易积水路段可以增设排水沟或排水管道。

(2)边坡防护：对于边坡稳定性较差的路段，应采取有效的防护措施，如设置挡土墙、种植植被等，防止边坡滑坡或坍塌。

（三）环保与绿化

(1)减少扬尘：在干燥季节或风力较大的情况下，可以采取洒水等措施减少扬尘污染。同时，尽量选用环保的施工材料和施工方法。

(2)恢复绿化：施工结束后，应及时对临时道路占用的土地进行绿化恢复，种植适应当地气候和土壤条件的植被，改善生态环境。

五、永临结合

（一）前期规划与设计，提前对接设计

(1)在施工初期，积极与设计单位沟通，明确永久道路的设计方案，包括道路基层和面层的材料、厚度及施工工艺等。

（2）确定永临结合方案：基于永久道路的设计方案，制订临时道路与永久道路相结合的施工方案。考虑将临时道路的面层作为永久道路的基层或底层，以减少后期正式道路施工时的重复工作。

（二）施工实施

（1）道路基层施工：利用临时道路基层，在不影响临时道路使用功能的前提下，按照永久道路基层的标准进行施工。这样，在临时道路使用结束后，只需在其上铺设正式道路的面层即可。

（2）路面铺设：采用预制拼装路面的方法，采用预制拼装的路面材料（如钢制路面、装配式混凝土路面等），这些材料可以方便地拆卸和重复使用，减少浪费。

（3）临时面层保护：在临时道路面层上铺设一层保护材料（如钢板、土工布等），以减少施工车辆对路面的损坏。

（4）排水与防护：完善排水系统，确保临时道路的排水系统畅通无阻，防止积水对道路造成损害；设置防护措施，在边坡等易发生滑坡或坍塌的路段设置防护措施（如挡土墙、护坡等），确保道路安全。

（三）注意事项

（1）确保安全：在永临结合施工过程中，要始终将安全放在首位。加强施工现场的安全管理，确保施工人员和过往车辆的安全。

（2）质量控制：严格按照设计要求进行施工质量控制，确保临时道路和永久道路的质量均达到规范要求。

（3）环境保护：在施工过程中采取有效措施减少对环境的影响，如减少扬尘、噪声污染等。同时，在临时道路使用结束后及时恢复周边环境。

（4）沟通协调：加强与建设单位、设计单位、监理单位等相关方的沟通协调工作，确保永临结合施工方案的顺利实施。

六、案例分析

以某双闪工艺铜冶炼厂建设项目为例，项目在临时道路设置与维养方面取得了一定的成效。

该冶炼厂总平面布置由厂区道路、排水沟、箱涵和污水管等各种管线工程组成。

厂区室外生活污水排水系统：厂区室外污水管全长 4513 m，主线路污水管长 4169 m，公称直径 300 mm；支路污水管长 344 m，公称直径 200 mm，共设 148 个污水检查井。厂区室外生活污水管均为无压力管，管材采用高密度聚乙烯缠绕结构壁 B 型管，管材环刚度 $\geqslant 8.0$ kN/m^2，连接形式为节流式承插连接，敷设方式均为室外埋地。

厂区雨水排水沟：厂区排水沟全长 11658.67 m，靠道路侧共设雨水井 102 个。沟身均为类似 U 形现浇钢筋混凝土结构，沟盖板均为钢筋混凝土预制盖板，盖板顶宽 480 mm，底宽 490 mm，结构混凝土防渗等级不小于 P6。

厂区箱涵：厂区共设箱涵 29 座，长度共计 411.70 m。箱涵结构为整体闭合式箱涵结构，现浇钢筋混凝土结构，防渗等级不小于 P6，箱涵结构外壁涂 3 mm 厚水泥基防水涂料。

厂区道路：厂区道路全长 8542.70 m，其中 3#路、5#路及渣包车道为钢筋混凝土路面，长约 1261.90 m；其余为沥青混凝土路面，长约 7280.80 m。

该厂区的做法如下：

（1）在设计阶段就提前介入，跟设计单位和业主单位联系，结合现场资源情况，对道路设计方案进行调整。如针对现场北边山体毛石较多的实际情况，将正式道路的水稳层改成毛石层。在进场后，按照正式道路的做法施工毛石层，作为临时道路，达到永临结合的目的。此外，长时间的设备碾压，又进一步地提高道路压实的质量，此做法取得了较好的效果。

（2）根据总体施工进度进行谋划，确保临时道路施工不影响正式工程施工，因现场各子项的开工时间不一样，如主厂房最先施工。那么，在主厂房施工前，把围主厂房的道路先行分段施工，既做到永临结合节约施工成本，又不影响主厂房的施工进度。

（3）预制混凝土板、租用钢板，对于一些支路，暂时没有条件形成永临结合的情况，或者是使用时间很短的临时路，可以辅助预制混凝土板及租用钢板的形式。这样，既可以节约成本，又能很快地解决修临时道路周期长的问题，且周转时间长，周转次数多。

（4）保持道路两边排沟水畅通，这是保证临时道路质量的很重要的因素。如果道路两边长时间积水或者道路长时间积水，会浸泡路基，造成道路承载力下降，甚至损坏路基。因此，保持道路不积水是临时道路维护很重要的一环。

（5）安排专人对道路清扫，设置雾炮机、自动洗车槽，这是文明施工的要求，也是环保的要求。定期对道路进行清扫、维护，对车辆进行清洗，既是对临时道路的保护，又能很大程度上提高现场安全文明施工的质量。

在项目结束后，临时道路顺利进行了再利用。该项目的成功经验在于充分考虑了施工需求和资源利用问题，实现了永临结合的目标。

合理设置和维护铜冶炼厂现场施工临时道路对于项目顺利推进具有重要意义。遵循安全性、经济性和实用性原则进行道路设置以及采取有效的维养策略可以确保道路的稳定性和耐久性从而满足施工需求。同时永临结合的策略能够实现资源利用最大化降低建设成本。在实际应用中应关注新技术和新材料在临时道路建设中的应用以提高建设效率和质量。

第四节　基础处理方案组合

冶炼厂作为重型工业设施，其地基的稳固性对于整个建筑的安全和稳定性至关重要。本文旨在探讨铜冶炼厂地基处理方案的组合与实践，包括地基土质勘察及分析、地基类型选择与设计方案、材料选择与配置、施工方法与流程安排、质量控制及检测标准、安全防护措施与环境保护、工程进度计划和成本控制策略等方面，并结合实践案例分析，为冶炼厂地基处理提供参考。

一、地基处理的重要性

（1）确保建筑物的稳定性和安全性。

①高地基承载力：地基处理能够增强地基土壤的承载能力，使其能够承受建筑物的重量和荷载，防止地基沉降和变形，从而确保建筑物的稳定性和安全性。

②防止地基滑动和倾斜：通过加固土壤、填充空隙等方式，地基处理可以改善地基的稳定性，防止地基滑动和倾斜，进一步保障建筑物的稳定和安全。

（2）延长建筑物的使用寿命：地基处理能够有效地延长建筑物的使用寿命。通过提高地基的承载力和稳定性，可以减少建筑物因地基问题而产生的维修和加固次数，降低维修费用，从而提高建筑物的经济效益。

（3）减少对环境的破坏：随着城市化的加速和人口的增长，土地资源变得越来越紧张。地基处理可以减少建筑物对土地资源的占用和破坏，通过优化地基结构，建筑物的重量和荷载被更合理地分散到土壤中，保护环境和资源，促进可持续发展。

（4）应对地质灾害：在一些地质条件复杂的地区，地基处理还能有效应对地质灾害。例如，在地震多发区，通过加固地基、改良土壤等措施，可以提高建筑物的抗震性能，减少地震对建筑物的损害。

（5）改善地基的物理力学性能：地基处理能够改善地基的物理力学性能，如提高地基土的压缩模量、降低地基土的压缩性、改善地基的透水特性和动力特性等。这些性能的改善有助于提升地基的整体稳定性和安全性。

（6）保障工程质量和安全：地基处理是建筑工程中不可或缺的一环。它直接关系到建筑物的稳定性和安全性，是保障工程质量和安全的重要措施。合理的地基处理方案能够确保工程建设的顺利进行，降低工程风险。

二、地基类型选择与设计方案的选择

（1）地基处理方案的选择需综合考虑多种因素，包括地基土的性质、土层结构、地下水条件、建筑物的荷载特性、施工条件及工期要求等。常见的地基处理方案包括换填法、预压法、夯实法、桩基法、化学加固法等。

①换填法：适用于浅层软弱地基或不良土层的处理。通过挖除不良土层，换填性能稳定、强度较高的材料（如砂石、碎石、素土、灰土、矿渣等），并分层压实，提高地基承载力，减少沉降。

②预压法：包括堆载预压法和真空预压法。预压使地基土提前完成大部分沉降，从而提高地基的稳定性。适用于处理淤泥、淤泥质土等饱和黏性土地基。

③夯实法：包括重锤夯实法和强夯法。通过施加较大的夯击能，地基土被压密，从而提高地基土的强度和承载力。适用于处理地下水位以上的粉土、素填土、杂填土等地基。

④桩基法：包括预制桩（如钢筋混凝土桩、木桩等）和现场成桩（如灌注桩、水泥粉煤灰碎石桩等）。通过桩的承载力将上部荷载传递到深层稳定的土层中，从而提高地基的承载力。适用于处理各种复杂地质条件的地基。

⑤化学加固法：向地基土中注入化学浆液（如水泥浆、硅酸钠等），使其与土颗粒发生物理化学反应，形成具有一定强度的加固体，从而提高地基的承载力和稳定性。适用于处理深度较大、难以用其他方法处理的地基。

（2）实际工程由于地基条件的复杂性和多样性，往往需要采用多种地基处理方法的组合来满足工程要求。

①换填法与桩基法组合：对于浅层软弱地基且下部有较好持力层的情况，可以先采用换填法处理浅层软弱土，再在下部采用桩基法以提高地基承载力。

②预压法与桩基法组合：对于深厚软土地基且工期较长的情况，可以先采用预压法使地基土预压固结，减少后期沉降，再在关键部位设置桩基以提高局部承载力。

③化学加固法与桩基法组合：对于深层软弱地基且难以用其他方法处理的情况，可以先采用化学加固法改善地基土的性能，再在加固后的地基上设置桩基以提高整体承载力。

三、实践案例分析

以某双闪铜冶炼厂地基处理工程为例，该项目采用了多种地基处理方式。

（一）强夯法

（1）处理部位：综合仓库、耐火材料库及熔炼循环水区域（强夯一区 31940 m²）、熔炼主厂房区域（强夯二区 44343 m²）、1#路东侧区域（强夯三区 6294 m²）、浓密机及尾精矿堆场区域（强夯七区 25751 m²）、电解车间西南角区域（强夯四区 2808 m²）、酸库区域（强夯五区 5274 m²）、3#路与10#交接区域（强夯六区 1175 m²）。

（2）处理方案：①土方回填深度为 5~7 m，采用两遍点夯（夯击能 3000 kN·m）和两遍满夯（一遍一击，夯击能 1000 kN·m），再加一遍机械碾压；②土方回填深度为 3~5 m，采用两遍点夯（夯击能 2000 kN·m）和两遍满夯（一遍一击，夯击能 1000 kN·m），再加一遍机械碾压。

强夯法施工作业见图 8.4-1。

（3）强夯法地基处理的优点：强夯法处理地基具有提高地基强度与承载能力、改善地基变形性能、适用范围广泛、施工简便与工期短、经济效益显著、环保性以及提高抗震性能等多方面的优势。这些优势使得强夯法在建筑工程中得到了广泛应用和推广。

扫一扫，看图

图 8.4-1

（二）换填法

（1）处理部位：该项目的鱼塘、浓密机及尾精矿堆场深坑、中间矿仓位置农田、渣选主车间位置水塘、5#路1#洗轮机位置积水坑、渣包位东北角水塘、渣破碎及堆场位置深坑、熔炼主厂房北侧积水坑、尾气烟囱位置积水坑。

（2）处理方案：采用清淤换填进行处理，先将面掩埋的虚土进行挖除，然后清除淤泥，清淤后需分层回填至场平移交标高。

抛石挤淤：先进行清表排水，建筑物边线外扩 5 m 范围进行抛石，抛石挤淤后分层回填至场平移交标高。

混凝土充填：先将不符合要求的土质挖除，然后用混凝土充填至设计标高。

（3）换填法地基处理优点：换填法处理地基具有提高地基承载力、减少沉降量、改善地基土质、施工简便以及环保性等多方面的优点。

（三）灌注桩

（1）处理部位：主厂房区、尾气烟冲、酸罐区、厂前区、浓密机、渣选主厂房。

（2）灌注桩法地基处理优点：在正确的施工方法和工艺下，灌注桩的成桩质量可靠。其桩身强度高、承载力大，能够满足各种建筑物的需求。同时，灌注桩还具有一定的抗震性能，能够增强建筑物的整体稳定性。因此，灌注桩地基处理具有造价低、设备简单、施工操作简便、工期短、适用范围广、机械化作业、对周围环境影响小以及成桩质量可靠等优点。

（四）预制方桩复合地基

（1）处理部位：熔炼主厂房部分区域、精矿仓区域。

（2）处理方案：预应力混凝土空心方桩是专业工厂采用先张法预应力、离心成型和蒸汽养护等工艺制成的一种细长的外方内圆等截面预制混凝土构件，运至工地接长并沉入地下成为建(构)筑物的基础。预应力桩对下压荷载的总抗力等于表面摩擦力和底端抗力两个分量之和，以此原理来加强地基的综合承载能力。

施工工艺：桩的预制→工测量定位→压桩机就位→吊桩、插桩、桩身对中调直→静压沉桩→接桩→二次压桩→送桩器送桩→标高控制终止压桩→记录数据。

(3)预制方桩处理优点。

①自动化程度高：静压桩施工设备先进，操作自动化程度高，能够显著提高施工效率。同时，施工过程中可记录全过程的压桩力，有经验的施工人员能根据终压力、桩的入土深度及土质情况较准确地估算出单桩极限承载力。

②工期短：由于施工效率高，静压桩施工能够缩短工期，降低工程成本。

③提高地基承载力：静压桩施工过程中，预制桩被压入土中，使得桩基础的承载力得到提高。同时，桩周土体受到强烈扰动，桩周土体的实际抗剪强度与地基土体的静态抗剪强度有很大差异，这有助于进一步提高桩基的承载力。

④适用范围广，地质条件适应性强。静压桩施工适用于多种地质条件，包括高压缩性黏土层、砂性土的软黏土层等。同时，通过选择合适的预制桩类型和施工参数，可以适应不同土层和地质条件的需求。

⑤质量可靠：预制桩在工厂中制作，质量可靠。同时，静压桩施工过程中可以实时监测压桩力和桩的入土深度等参数，有助于控制施工质量。

⑥易于检测：施工完成后，可以通过静载试验等方法检测桩基的承载力和变形情况，确保施工质量符合设计要求。

(五)水泥搅拌桩

(1)处理部位：精矿仓配电室、精尾矿堆场、综合管网支架基础、脱硝工段、环集烟气脱硫、制酸尾气脱硫

(2)处理方案：水泥土搅拌法是用于加固饱和黏性土地基的一种新方法。它是利用水泥等材料作为固化剂，通过特制的搅拌机械，在地基深处就地将软土和固化剂强制搅拌，由固化剂和软土间所产生的一系列物理–化学反应，使软土硬结成具有整体性、水稳定性和一定强度的水泥加固土，从而提高地基强度和增大变形模量。

施工工艺：施工准备→测量放样→钻机就位及调直→预搅下沉(搅)→制配水泥浆→喷浆搅拌、提升(喷、搅)→重复搅拌下沉(搅)→重复搅拌、喷浆提升直至孔口(喷、搅)→关闭搅拌机、清洗→移至下一桩位

(3)水泥搅拌桩处理优点。

①地质条件适应性强：水泥搅拌桩能够适用于多种地质条件，包括淤泥、淤泥质土、粉土、砂性土、泥炭土以及含水量较高且地基承载力标准值不大于120 kPa的黏性土等。这种广泛的适用性使得水泥搅拌桩在处理复杂地质条件时具有显著优势。

②环保无污染，水泥搅拌桩施工过程中无振动、无噪声、无地面隆起，且不会产生废水、废气等污染物，对环境无污染。这种环保的施工方式有利于保护生态环境和周围居民的生活质量。

③施工工期短：水泥搅拌桩施工机械化程度高，施工速度快，能够缩短工期。同时，其施工过程相对简单，不需要复杂的施工设备和大量的施工人员，有利于降低施工成本。

四、质量控制及检测

(一)地基处理质量控制

(1)资料准备:包括岩土工程勘察资料、邻近建筑物和地下设施的类型、分布及结构质量情况、工程设计图纸、设计要求及须达到的标准等。

(2)材料检验:确保砂石、石子、水泥、钢材、石灰、粉煤灰等原材料的质量符合国家现行标准的规定。

(3)试验段施工:在地基加固工程正式施工前,进行试验段施工,以论证设定的施工参数及加固效果。

(4)工艺控制:根据地基处理的方法(如换填垫层、加筋垫层、预压地基、压实地基、夯实地基等),严格按照施工工艺流程进行操作,确保每一步都达到设计要求。

(5)质量监测:在地基处理过程中,应有专人负责质量控制和监测,对各项指标如土的密实度、承载力、含水量等进行实时监测,确保施工质量。

(二)地基处理检测标准

1.强夯法处理检测

(1)地基承载力:这是强夯地基检测的关键项目,必须符合设计要求。检测方法通常采用现场浅层平板载荷试验等,通过对地基施加一定的荷载,观察地基的沉降情况,以确定地基的承载力是否满足设计要求。

(2)检测点应选在基础底面设计标高以上,一般选在整平 0.8~1 m 处,并根据强夯满夯能级的大小、扰动层厚度、基底标高等因素确定。原位测试检测点(如静载试验、标准贯入试验、瑞利波测试、重型动力触探等)总的数量要求:每个单位工程各不少于 3 点;每个单位工程 1000 m² 以上的每 100 m² 至少应有 1 点,3000 m² 以上的每 300 m² 至少应有 1 点。

2.换填地基检测

(1)检测项目。

厚度:换填地基的厚度应不小于设计值。这是保证地基处理效果和基础承载能力的重要指标。

宽度:宽度需满足设计要求,确保换填范围能有效支撑上部结构,防止基础不均匀沉降。

压实度:压实度是换填地基的关键指标,直接关系到地基的承载能力和稳定性。不同的工程和填料类型,其压实度要求会有所不同,但都必须达到设计规定的标准。

地基承载力:地基承载力应满足设计要求,这是衡量换填地基是否能够承受上部结构荷载的重要依据。只有地基承载力达到设计标准,才能保证建筑物的安全和正常使用。

(2)检测频率。

厚度和宽度:一般每 200 m 测 2 点,且不少于 5 点。具体的检测频率还需根据工程规模、地质条件等因素综合确定。

压实度:每 1000 m² 测 2 点,且不少于 5 点。对于重要的工程或地质条件复杂的区域,检测频率应适当增加。

地基承载力:每工点或分项工程不少于 3 处。如果工程中存在特殊要求或地质条件异常的区域,应增加检测点的数量。

(3)检测方法。

厚度和宽度:可采用水准仪、经纬仪、钢尺等测量工具进行检测。通过测量换填后的地面高程和边界位置，与设计值进行对比，确定厚度和宽度是否符合要求。

压实度：常用的检测方法有环刀法、灌砂法、灌水法等。环刀法适用于细粒土的压实度检测；灌砂法和灌水法适用于各类土的压实度检测，尤其是粗粒土和巨粒土。检测时，应按照相关标准的规定进行操作，确保检测结果的准确性。

地基承载力：主要采用平板载荷试验。该试验是在换填后的地基上放置一定尺寸的承压板，通过逐级施加荷载，观测地基在各级荷载下的沉降情况，根据沉降与荷载的关系曲线，确定地基的承载力特征值。此外，也可以采用动力触探试验、标准贯入试验等间接方法对地基承载力进行初步判断，但这些方法的结果需要与平板载荷试验进行对比验证。

（4）质量标准。

厚度、宽度、压实度和地基承载力等检测项目的结果必须符合设计要求和相关标准的规定。

对于关键项目（如压实度、地基承载力等），其合格率应不低于95%；对于一般项目，合格率应不低于80%，否则该检查项目为不合格。

3. 灌注桩检测

（1）检测项目。

桩身完整性：检测目的是发现桩身的缺陷，如裂缝、夹泥、缩颈、断桩等，以评估桩身结构的可靠性。常用的检测方法有低应变动力测试、高应变动力测试、声波透射法、钻芯法等。低应变动力测试操作简便、成本低，适用于大规模检测，但对缺陷的判定准确性相对较低，主要用于筛查桩身可能存在的问题；高应变动力测试能更准确地反映桩的承载力和桩身质量，但需要重锤冲击桩顶，对桩身有一定的损伤风险；声波透射法通过在桩内预埋声测管，发射和接收声波信号来检测桩身完整性，结果准确可靠，适用于大直径、长桩的检测；钻芯法是直接在桩身上钻取芯样，观察芯样的外观质量，测量芯样的强度等指标，可直观地判断桩身混凝土的质量和完整性，但该方法成本高且对桩身有损伤。

桩的承载力：检测方法有静载试验、自平衡法等。静载试验是确定桩承载力最准确、最可靠的方法，通过在桩顶逐级施加荷载，观测桩的沉降情况，得出桩的承载力特征值，但试验过程耗时较长、成本较高。自平衡法是一种新型的承载力测试方法，利用桩自身的反力来测试桩的承载力，具有试验装置简单、测试速度快等优点，但该方法的理论和技术还在不断完善中。

混凝土强度：混凝土强度直接影响桩的承载能力和耐久性。检测方法有钻芯法、回弹法、超声回弹综合法等。钻芯法可直接获取桩身混凝土芯样，进行抗压强度试验，结果准确可靠，但对桩身有损伤；回弹法和超声回弹综合法属于无损检测方法，操作简便，但结果的准确性相对较低，可作为辅助检测手段。

（2）检测频率。

桩身完整性检测：对于设计等级为甲级或地质条件复杂、成桩质量可靠性低的灌注桩，抽检数量不应少于总桩数的30%，且不应少于20根；其他桩基工程的抽检数量不应少于总桩数的20%，且不应少于10根。

承载力检测：对于地基基础设计等级为甲级或地质条件复杂、成桩质量可靠性低的灌注桩，应采用静载荷试验的方法进行检验，检验桩数不应少于总桩数的1%，且不应少于3根；当总桩数不少于50根时，不应少于2根。

（3）结果判定。

桩身完整性：根据检测方法的不同，依据相应的规范标准对桩身完整性进行判定。例如，声波透射法根据声速、波幅、主频等声学参数的变化，将桩身完整性分为Ⅰ类、Ⅱ类、Ⅲ类、Ⅳ类桩。其中Ⅰ类桩为桩身完整，Ⅳ类桩为桩身存在严重缺陷。

桩的承载力：静载试验中，根据桩的沉降量与荷载的关系曲线，确定桩的承载力特征值。当桩的沉降量满足规范要求时，可判定桩的承载力满足设计要求；否则，判定桩的承载力不满足设计要求。

混凝土强度：钻芯法检测中，根据芯样的抗压强度试验结果，判断桩身混凝土强度是否满足设计要求；回弹法和超声回弹综合法检测中，根据测区的强度换算值，对桩身混凝土强度进行评定

4.预制方桩复合地基

（1）检测项目。

地基强度检测：检测复合地基处理后地基土的强度变化，验证地基处理效果。可采用十字板剪切试验等方法，测定加固前后软土地基强度的变化值。

地基承载力检测：确定复合地基的承载能力是否满足设计要求。常用的检测方法是复合地基载荷试验，包括单桩复合地基载荷试验和多桩复合地基载荷试验。

成桩质量检测：对预制方桩本身的质量进行检测，如桩身的完整性、桩长、桩径等。可采用低应变法、高应变法、钻芯法等检测方法。

（2）检测方法的具体要求。

加载方式：一般采用慢速维持荷载法，保证荷载的施加稳定且符合实际工程情况。承压板要求：承压板应具有足够的刚度，其形状和尺寸根据桩数及桩所承担的处理面积确定。采用多桩复合地基试验时，承压板的中心应与桩群的中心对正，并与荷载作用点重合。加载级数与荷载量：根据设计要求和相关标准确定加载级数和分级荷载量，必要时第一级可取分级的荷载倍数进行加载。终止加载条件：当出现承压板周围隆起或产生破坏性裂缝、荷载－沉降曲线出现符合终止加载的陡降段、最大加载量达到预定的最大试验荷载等情况时，可终止加载。

低应变法：通过在桩顶施加低能量的激振信号，检测桩身的完整性。该方法操作简便、检测速度快，但对桩身缺陷的判定存在一定的局限性，适用于初步筛查。

高应变法：可以检测桩的承载力和桩身完整性，但需要较大的能量激振桩顶，对桩身有一定的损伤风险。检测结果的准确性受到多种因素的影响，如桩土模型的选取、传感器的安装等。

钻芯法：通过钻取桩身混凝土芯样，进行抗压强度试验和观察芯样的完整性，能够直接反映桩身的混凝土质量和内部缺陷情况。但该方法是一种局部破损检测方法，且检测成本较高、效率较低。

（3）检测数量。

单位工程检测数量不应少于总桩数的0.5%，且不应少于3点。

具体的检测数量还应根据工程的重要性、地质条件的复杂性、施工质量的稳定性等因素综合确定。

（4）检测时间。

一般应在复合地基施工完成后，且增强体及其周围土体物理力学指标稳定后进行检测。对于预制方桩复合地基，通常需要在桩体施工完成后的一定时间间隔后进行检测，以保证检测结果的准确性。

5. 水泥搅拌桩检测

（1）施工前检测。

水泥：检查水泥的品种、标号、出厂日期等是否符合设计要求，同时对水泥的强度、安定性等性能指标进行试验检测。一般要求水泥应具有良好的稳定性和耐久性，严禁使用过期、受潮、结块的水泥。

土：对用于搅拌桩的土样进行土工试验，分析土的颗粒级配、含水量、液塑限等指标，确定土的性质是否适合水泥搅拌桩施工，为确定水泥掺入量等施工参数提供依据。

施工设备检查：检查搅拌桩机的性能、型号、规格是否符合施工要求，包括搅拌头的直径、转速、提升速度等参数是否满足设计和施工工艺的要求。同时检查桩机的计量设备、压力设备等是否准确可靠，确保施工过程中水泥浆的配比和喷浆压力能够准确控制。

（2）施工过程中检测。

桩位检测：桩位的偏差应符合设计和规范要求，一般规定桩位偏差不超过 50 mm。施工过程中应定期对桩位进行测量复核，确保桩位的准确性。

桩身垂直度检测：桩身的垂直度直接影响桩的承载性能和施工质量，要求桩身垂直度偏差不超过 1%。可采用经纬仪或吊线锤等方法进行检测，在施工过程中随时进行监测和调整。

水泥浆液检测。①浆液配比：严格按照设计要求的水泥掺入量和水灰比进行浆液配制，定期对浆液的配比进行检测，确保浆液的质量符合要求。例如，水灰比一般控制在 0.45 ~ 0.55。②浆液搅拌均匀性：搅拌后的水泥浆液应均匀，无结块、沉淀等现象。可通过观察浆液的外观和流动性进行初步判断，必要时可进行浆液的密度测试等进一步检测。③喷浆量和喷浆速度：检查喷浆设备的工作状态，确保喷浆量和喷浆速度符合施工工艺要求。喷浆量的偏差一般不应超过设计值的 ±10%，喷浆速度应根据桩径、桩长、土质等因素合理确定，并在施工过程中保持稳定。

（3）成桩后检测。

浅部开挖检验：在成桩后的一定时间内，可进行浅部开挖，检查桩的成型情况、桩径、桩间距等是否符合设计要求，同时观察桩体的外观质量，如是否有缩颈、断桩、夹泥等缺陷。

轻型动力触探试验：采用轻型动力触探设备对桩体进行触探试验，检测桩体的强度和均匀性。根据触探击数判断桩体的强度是否满足设计要求，一般要求触探击数不低于设计值。

钻孔取芯检测。①芯样的采取率：要求芯样的采取率不低于 80%，以保证能够获取足够的桩体材料进行检测。②芯样的强度：将芯样加工成标准试件，进行抗压强度试验，检测桩体的强度是否符合设计要求。桩体的强度应根据设计要求的龄期进行检测，一般要求 28 d 龄期的强度达到设计强度的 70% 以上，90 d 龄期的强度达到设计强度。③芯样的完整性和均匀性：通过对芯样的观察和分析，判断桩体的完整性和搅拌均匀性，桩体应无明显的裂缝、断层、夹泥等缺陷，搅拌均匀性应符合设计要求。

复合地基载荷试验：对于作为复合地基的水泥搅拌桩，应进行复合地基载荷试验，检测复合地基的承载力是否满足设计要求。试验时应按照规范要求的加载方式和加载级数进行加载，观察复合地基的沉降情况，当沉降量达到规范要求的限值或承载力达到设计要求时，即可终止试验。

铜冶炼厂地基处理是一项复杂而重要的工程任务。通过合理的方案组合和实践操作，我们可以确保地基的稳固性和施工质量，为铜冶炼厂的安全和稳定运行提供保障。在未来的工作中，我们应继续加强技术研发和实践探索，不断提高地基处理技术的水平和质量。

第五节　管网设计与施工

铜冶炼厂区的综合管网是连接工厂各工艺片区，保障生产顺畅与高效运行的"生命线"，其设计与施工的质量直接关系到整个铜冶炼厂的运行质量和安全。本节聚焦于综合管网的设计与施工环节，结合铜冶炼双闪工艺的特殊需求，提出一系列建议，以期为构建安全、高效、可持续的铜冶炼工厂提供参考。

一、综合管网在双闪工艺中的重要性

铜冶炼厂区综合管网设计内容，包括厂区范围内的天然气管网、氧气管网、氮气管网、压缩空气管、蒸汽管网、锅炉给水管网、凝结水管网、生产新水管网、生活新水管网、循环水管网、生产废水管网、冶炼工艺管网、硫酸工艺管网、电力桥架、仪表和通信桥架等。管网敷设方式以架空敷设为主，埋地敷设为辅，是现代化工业厂区不可或缺的基础设施。

在双闪工艺铜冶炼工厂中，由于生产流程复杂、能耗高、对环保要求严格，综合管网的设计与施工需更加注重系统性、前瞻性和协调性。它不仅需满足基本的生产需求，还需考虑节能减排、安全应急、智慧化管理等先进理念。

二、综合管网设计原则与建议

（一）设计原则

（1）系统性规划：设计之初，应进行全面系统的调研与规划，明确各工艺片区的功能定位、生产流程、物料运输路径等，确保管网布局合理，避免交叉干扰，提高运行效率。

（2）安全性优先：考虑到铜冶炼过程中的高温、高压、易燃易爆、腐蚀性等特性，管网设计须严格遵守安全规范，采用耐腐蚀、耐高温、耐压材料，设置必要的安全阀、紧急切断阀等安全装置，确保生产安全。

（3）节能环保：采用先进的节能技术和环保材料，如余热回收系统、节水型给排水设备等，减少能源消耗和环境污染。同时，合理布局管网，减少输送过程中的能量损失。

（4）智能化管理：结合物联网、大数据等现代信息技术，实现管网系统的远程监控、智能调度和故障预警，提高管理效率和应急响应能力。

（5）预留发展空间：随着技术进步和产业升级，未来可能需要对管网进行改造或扩建。因此，在设计中应预留足够的空间和接口，以适应未来发展的需要。

（二）设计建议

（1）在管线密集的区域设置综合管架，在管线稀疏的区域设置简易地上钢结构支架，当其他区域设置地上管架有困难时采用埋地敷设。

（2）地上管架有特殊要求的管线，如酸、碱管线，布置在其他管线最下方和管架的边侧，其下部不再敷设其他管线；高温管线与电力电缆、天然气管线、冷却用水管线等保持一定的净距；电缆避开燃油、燃气、高温等管线；氧气和燃气管线考虑其泄漏对其他管线的干扰，适当加大间距。

（3）地上管架横断面的设置，遵循简洁、美观、轻量化、节约和实用的原则，并适当考虑将来扩建的预留。

（4）管线力求短、直，以减小管道阻力。

（5）管线平行于道路、建筑物敷设，保持厂区美观。

（6）管线不穿越易引起事故场所、露天堆场、建筑物及预留发展的用地。

（7）管线之间及管线与道路之间尽量减少交叉，当必须交叉时，宜为垂直交叉。

（8）介质温度较高、管道热位移较大的管线尽量采用自然补偿或方形补偿器，在布置有困难的地方设置其他补偿器，如波纹补偿器等。

（9）分支管上宜设置切断阀。

（10）蒸汽管道设疏水装置，设置在管道上最低点、被阀门截断的各蒸汽管道最低点、垂直升高管段前的最低点、直管段 100~150 m 距离内等位置。

（11）液体管和沿途可能产生凝结水的管道最低点设放水口，最高点设放气口。

40 万 t/a 双闪铜冶炼工艺主要管道参数、材质选择及压力管道等级见表 8.5-1。

表 8.5-1　主要管道参数、材质选择及压力管道等级

管线种类	管线代号	工作压力 /MPa	设计压力 /MPa	设计温度 /℃	材质	压力管道等级
蒸汽类						
高压蒸汽	HS	5	6	275	20G	GC2
中压蒸汽	MS	1.6	1.8	210	20	GC2
低压蒸汽	LS	0.8	1	180	20	GC2
压缩空气类						
杂用压缩空气	CA	0.85	1	40	20	GC2
仪用压缩空气	IA	0.85	1	40	20	GC2
气体类						
中压氧气	MPO	1	1.5	40	20	GC2
低压氧气	LPO	0.25	0.3	40	20	GC2
低压氧气	LPO	0.03	0.05	40	20	GC2
中压氮气	MNT	0.8	1	40	20	GC3
FSF 送风管	A1	微压	—	常温	Q235A	—
FCF 送风管	A2	微压	—	常温	Q235A	—
次高压天然气	HNS	0.4	0.7	40	20	GC2
水管类						

续表8.5-1

管线种类	管线代号	工作压力/MPa	设计压力/MPa	设计温度/℃	材质	压力管道等级
除盐水	DEW	0.4	0.6	40	20	—
高压锅炉给水	HBW	7	9	140	20G	GC2
中压锅炉给水	MBW	2.5	3	140	20	GC2
低压锅炉给水	LBW	1.6	2	140	20	GC2
低压蒸汽冷凝水	LSC	0.5	0.8	80	20	—
生活用水	DW	0.5	0.5	常温	内筋嵌入式衬塑镀锌钢管	—
生产新水	PW	0.5	0.5	常温	Q235A	—
循环给水	CWS	0.5	0.5	常温	Q235A	—
循环回水	CWR	0.5	0.5	常温	Q235A	—
回用水	WWR	0.5	0.5	常温	Q235A	—
生产废水	ACS	0.4	0.4	常温	PVC-U	—
消防给水	FX	0.75	0.75	常温	Q235B+Zn	—
工艺管线类						
10%稀硫酸	WA	1	1	60	钢衬PO	GC2
98%浓硫酸	SA	1	1	50	20	GC2
其他管线						
高压锅炉连续排污	BPD	5	6.6	290	20G	GC2
中压锅炉连续排污	BPD	1.6	1.8	210	20	GC2
低压锅炉连续排污	BPD	0.8	1	180	20	GC2

三、综合管网施工要点与建议

(一)施工要点

(1)精细施工:施工前,应详细编制施工方案,明确施工顺序、工艺要求和质量标准。同时,加强现场管理,确保施工质量和安全。特别是隐蔽工程(如地下管道铺设),要严格进行验收,确保不留隐患。

(2)协调配合:综合管网涉及多个专业领域,施工过程中需加强各专业之间的沟通与协调,以确保施工进度的同步和接口处理得妥当。此外,综合管网的施工应与土建、设备安装等其他工程紧密配合,避免相互干扰。通过三维设计,提前发现各管道之间的相互关系,若存在冲突,需提前解决。技术管理人员可利用平板电脑,直观、及时地解决现场问题。

(3)质量控制:建立严格的质量管理体系,对原材料、施工过程和成品检验等各个环节进行全面控制。采用先进的检测技术和手段,确保管网系统的质量符合设计要求。

（4）环境保护：施工过程中，采取有效措施减少噪声、粉尘等污染物的排放，保护周边环境。对于产生的废弃物和污水，须按环保要求进行妥善处理。

（5）文档管理：建立完善的施工档案管理制度，及时收集、整理和归档施工竣工图纸、隐蔽记录、影像资料，为后续的运维管理提供有力支持。

（6）BIM建模应用：施工前，利用建筑信息模型（BIM）技术进行全面建模，包括管线走向、接口位置及施工顺序等。施工过程中，持续更新BIM模型，记录施工进度和变更信息，实现信息共享和可视化管理，提升施工的精确性与协调性。

（二）施工建议

（1）编制详细施工计划：结合总平面布置和道路、沟道等交叉施工情况，制订详细的施工计划和进度安排，确保各环节衔接顺畅。

（2）人员培训和技术、安全交底：对施工人员进行培训，有针对性地进行安全、技术交底，确保他们熟悉施工流程和安全操作规程。

（3）严格执行施工标准：施工单位应严格按照国家和行业标准进行操作，以确保施工质量。在焊接、法兰连接等关键工序中，应采取严格的检测手段（如超声波检测和射线检测），确保连接质量。

（4）强化施工安全管理：施工过程中，应加强现场的安全管理。严格落实安全生产措施，设置警示标志和安全隔离区域，特别是在高温、高压或有毒环境下作业时，必须配备足够的个人防护设备，并制订详细的安全施工方案、应急预案，以确保施工人员的安全。

（5）加强施工现场环保措施：施工过程中，应采取有效的环保措施，如设置废水处理系统和固体废弃物回收系统，防止施工过程中的污染物对环境造成影响。施工结束后，应及时清理施工现场，恢复原有环境。

（6）注重施工过程中的沟通与协调：施工过程中，各专业工种之间需要密切配合，特别是在管网与设备的连接部分，应加强沟通，确保各项施工工序无缝衔接，避免因沟通不畅导致的施工质量问题。

（7）利用BIM技术进行实时监控：施工过程中，利用BIM技术对施工进度进行实时监控，及时发现和解决问题，确保施工按照既定计划进行。同时，通过BIM模型的可视化展示，增强各专业之间的沟通效率，降低施工风险。

综合管网作为双闪工艺铜冶炼工厂的重要组成部分，其设计与施工的质量直接影响到工厂的整体运行效率和经济效益。未来，随着科技的不断进步和环保要求的日益提高，综合管网的设计与施工将更加注重智能化、绿色化、可持续化的发展方向。因此，我们需要不断创新思路、提升技术水平、加强行业交流与合作，共同推动铜冶炼行业的高质量发展。

第六节　施工逻辑关系动态调整

施工逻辑关系是指在施工过程中各工序之间的先后次序及相互依赖关系。传统的施工计划通常基于项目的初始设计和资源配置，制订一个静态的施工逻辑顺序。然而，在实际施工过程中，由于外部环境、资源条件、技术条件等各种因素的影响，最初制订的施工计划往往无法完全按部就班地执行。因此，动态调整施工逻辑关系的概念应运而生。

所谓动态调整，是指在施工过程中，根据现场实际情况和项目进展，灵活地调整各工序之间的关系，以适应新的需求和条件，从而最大限度地提高施工效率和项目质量。

一、施工逻辑关系动态调整的主要作用

(一)提高施工效率

施工逻辑关系的动态调整能够显著提高施工效率。在项目的执行过程中，某些工序可能会因为材料供应延误、设备故障或人员不足等原因而无法按计划进行。如果按照静态计划，其他依赖该工序的任务也会被延误，从而影响整个项目的进度。通过动态调整，可以重新安排工序顺序，使其他不受影响的任务先行展开，从而避免施工现场的资源闲置，提高施工效率。

(二)应对不确定性和变更

施工过程中常常会遇到各种不确定因素，如天气变化、设计变更、不可预见的地质条件等。这些因素可能导致原有施工计划无法执行，进而影响整个项目的进展。通过动态调整施工逻辑关系，项目可以灵活地应对这些变化。若因天气原因导致外部作业无法进行，可以优先安排室内作业，从而减少时间损失。此外，设计变更在项目实施过程中经常发生，动态调整可以迅速响应设计变更的需求，重新配置资源和调整施工顺序，确保项目按时完工。

(三)优化资源配置

资源的合理配置是施工项目成功的关键。通过动态调整施工逻辑关系，可以更合理地安排人力、设备和材料等资源。当某一工序由于某些原因无法按计划进行时，可以将该工序的资源调整到其他可以继续进行的工序上，避免资源的闲置和浪费。这种动态的资源配置方式可以提高资源利用率，降低项目成本。

(四)降低施工风险

施工项目通常面临各种风险，包括技术风险、管理风险、市场风险等。通过动态调整施工逻辑关系，可以降低这些风险对项目的影响。当某一关键路径上的工序出现延误时，可以通过调整其他工序的顺序，缓解延误对项目整体进度的影响，避免因一个环节的问题导致整个项目的延误。此外，动态调整还可以及早识别施工过程中的潜在问题，通过调整逻辑关系来降低风险的发生概率和影响程度。

(五)提升项目透明度和控制力

动态调整施工逻辑关系可以增强项目对施工过程的控制力。在传统的静态施工计划下，通常只能在计划执行的过程中发现问题，并做出调整，但调整的滞后性可能导致项目出现较大的偏差。而通过动态调整，我们可以实时监控施工进度，根据实际情况及时调整工序顺序和资源配置，使整个施工过程更加透明和可控。这不仅有助于及时发现问题，还能使决策更为精准，有效提升项目的执行力。

二、施工逻辑关系动态调整的实施方法

(一)动态调整的决策机制

施工逻辑关系的动态调整需要依赖有效的决策机制。这个机制包括对施工现场的实时监控、数据的及时收集和分析以及快速的决策响应。在现代项目管理中，建筑信息模型（BIM）技术等工具的应用，可以实时掌握施工现场的各种动态数据。这些数据为施工逻辑关系的调整提供了科学依据，做出精准的决策。

（二）分阶段调整与优化

动态调整不应仅仅是在问题发生时的应急措施，而应是一种贯穿整个项目生命周期的管理策略。项目在不同阶段，其施工逻辑关系的重点和难点各不相同，应根据不同阶段的特点进行调整与优化。在项目的初期阶段，重点是确保各工序的顺利启动和资源的有效配置；而在项目的后期阶段，调整的重点则是确保各工序的顺利收尾和项目的按时交付。因此，动态调整应根据项目的实际进展情况，分阶段进行，以确保项目的顺利实施。

（三）与利益相关者的沟通协调

施工逻辑关系的动态调整通常会涉及多个利益相关者的利益，实施过程中必须加强与各方的沟通与协调。在做出调整决策前，需要充分听取各方的意见和建议，确保调整措施的合理性和可行性。此外，在调整实施过程中，调整情况还应及时向各方通报，并解释调整的原因和预期效果，以获得各方的理解和支持。

（四）技术手段的支持

动态调整施工逻辑关系的有效实施，离不开先进技术手段的支持。BIM 等技术的发展，为施工现场的实时监控和数据分析提供了强大的技术支持。BIM 技术可以让各方在三维模型中实时查看施工进度，并根据实际情况调整施工逻辑关系。

三、施工逻辑关系动态调整的实际效果

（一）缩短工期

施工逻辑关系的动态调整能够有效缩短工期。在某些紧急情况下，我们可以通过动态调整工序顺序，减少不必要的等待时间，加快施工进度。根据相关研究，合理的动态调整可以将工期缩短 5%～15%，大大提高项目的按时完成率。

（二）降低成本

通过动态调整，项目中的资源得以更加合理地配置，减少了资源的闲置和浪费，从而降低了项目成本。据统计，合理的动态调整可以节约项目成本的 5%～10%，对于大型工程项目来说，这一比例的成本节约将是非常可观的。

（三）提高项目质量

动态调整不仅可以提高施工效率，还可以确保各工序在最佳状态下进行，从而提高项目的整体质量。通过调整工序顺序，我们可以避免因天气等外部因素对施工质量的影响，确保每一道工序都能在最佳条件下完成。

（四）提升项目管理水平

通过施工逻辑关系的动态调整，项目可以更好地掌握施工过程中的各项动态，提升项目管理水平。这种动态管理方式使得项目的执行更加灵活和高效，有助于在项目中积累更多的实践经验，提高其决策和管理能力。

四、项目案例

某大型铜冶炼项目在结构施工前制订了如下施工逻辑关系。

首先进行场地平整和基础工程施工，为后续所有建筑物和设备安装打下基础。这一阶段预计耗时 3 个月，并且要求在完成场地平整后，按照不同区域的重要性和施工难度依次开展各建筑基础施工，先进行熔炼车间基础施工，再开展精炼车间等其他车间基础施工。

基础工程完成 50%左右，开始进行主体结构的搭建。熔炼车间主体结构搭建优先，因为其是整个冶炼流程的核心部分，后续设备安装等工作都依赖于其主体结构的完成。主体结构搭建预计耗时 6 个月。

在场地平整和基础工程施工阶段，项目团队发现原料区地质条件远比预期复杂，存在大量的软土层和岩石层交错的情况，导致基础施工难度大增，原计划 3 个月完成的场地平整和基础工程施工，在 2 个月后只完成了约 30%，且按照原进度很难在预定时间内完成。

项目团队及时调整施工逻辑关系，决定先集中优势资源解决地质条件较好区域的基础施工，确保这些关键区域的基础能够按时完成，以便后续主体结构施工可以按计划开展。对于地质条件复杂的原料区，项目团队采用了深层搅拌桩加固，同时调整了施工顺序，先进行周边简单区域的基础施工，待深层搅拌桩加固完成一部分后，再进行复杂区域的核心基础施工，整体上拉长了原料区基础施工的周期，但保障了其他关键区域不受太大影响，从而维持了整个项目的整体进度逻辑。最终项目仍在预定的 6 个月时间内基本完成主体结构施工。

如果没有进行这些动态调整，而是按照初始的施工逻辑关系一成不变地执行，场地地质条件复杂问题就可能使基础工程拖延太久，导致主体结构施工无法按时开展，连锁反应下整个项目进度将严重滞后。

施工逻辑关系的动态调整在现代工程项目管理中具有重要的作用。它不仅能够提高施工效率，优化资源配置，降低风险，还能提升项目的透明度和管理控制力。通过科学合理的动态调整，工程项目可以更好地应对各种不确定性和变更，确保项目按时、高质量地完成。在未来的工程管理实践中，随着技术的不断进步和管理理念的更新，施工逻辑关系的动态调整必将发挥更加重要的作用，为工程项目的成功实施提供有力保障。

第七节　工程工期和计划管理

工程工期和计划管理是工程管理的核心内容之一。工期管理的有效性直接关系到项目能否按期、保质、保量地完成，而计划管理则是确保工期管理顺利进行的重要手段。由于工程项目的复杂性、环境的不确定性以及各种不可控因素的影响，工期和计划管理过程中常常会遇到各种问题。这些问题如果不及时处理，就可能会导致项目延误、成本增加，甚至影响到工程的整体质量和客户满意度。本节将详细探讨工程工期和计划管理中常见的问题及其处置措施。

一、工期和计划管理中的常见问题

（一）计划编制不合理

工程管理中，计划的编制是工期管理的基础。然而，在实际操作中，计划编制不合理的问题较为常见。常见的问题包括：工期安排过紧或过松、关键路径不明确、资源配置不合理等。这些问题可能会导致项目在执行过程中出现进度偏差或资源浪费等情况。

一些项目在初期为了满足客户需求，往往会在工期上做出过于乐观的估计，导致实际执行时难以按计划完成。此外，计划编制时忽略了可能的风险因素，未能为工期变动预留足够的缓冲时间，这也会导致后续的计划无法按预期进行。例如，在项目计划编制过程中未充分考虑设备安装调试的复杂工序，导致部分设备安装时间预估过短。

（二）外部环境变化

工程项目通常会受到外部环境的影响，如天气、法律法规的变化、市场波动等。这些因素在计划编制阶段可能难以完全预测，因此在执行过程中，如果出现这些外部因素的变化，往往会导致工期延误或计划的调整需求。天气突变可能影响某些施工工序的正常进行，特别是在需要进行户外作业的项目中。这种情况下，如果没有预留足够的应对时间，工期将受到严重影响。

此外，市场材料价格的波动或供应链问题，也会导致工程计划的调整，从而影响项目的顺利进行。例如，项目建设期间，当地环保政策收紧，要求增加额外的环保设备及相关审批流程，打乱了原计划进度。

（三）资源配置不当

资源配置不当是工程项目管理中常见的问题之一。资源包括人力、材料、设备和资金等。在工程计划的执行过程中，如果资源配置不合理，就可能会导致施工进度受阻，进而影响整个工期。例如，施工高峰期，熟练技术工人数量不足，关键施工设备出现故障且维修配件供应不及时，这些都会影响工程进度的推进。

此外，资源的过度配置同样可能导致问题。如果在某一阶段投入了过多的资源，就可能会导致后续阶段资源不足，或者引发资源闲置和浪费，最终影响项目的整体效率和成本控制。

（四）管理协调不力

项目管理涉及多部门、多单位的协作，各方在计划执行中协调不力，往往会导致工期的延误。参建单位之间的信息沟通不畅，可能导致在执行计划时遇到无法解决的问题，从而影响施工进度。例如，各施工团队间沟通不畅，土建施工与设备安装衔接不紧密，出现多次返工情况等。此外，项目管理者之间的职责分工不清、沟通不畅，也可能导致决策的滞后性和执行的低效性。

（五）技术和质量问题

技术和质量问题也会对工程工期和计划管理产生重大影响。在工程实施过程中，可能会遇到设计技术难题、质量问题或施工错误，此类问题如果不及时发现和有效解决，都可能会导致返工或延误。例如，在冶炼炉体筑炉过程中，因技术把控不到位，出现部分缺陷，返工修复耗费大量时间。

二、工期和计划管理问题的处置措施

（一）科学编制计划

针对计划编制不合理的问题，我们应在项目初期进行科学合理的计划编制。首先，必须在项目启动前充分了解项目的整体需求和各项细节，确保计划的制订具有全面性和科学性。在编制计划时，应充分考虑项目的各项约束条件，如时间、成本、质量和资源等。同时，计划编制应包括关键路径的分析，明确项目中的关键工序，并为可能的延误预留缓冲时间。例如，计划编制过程中应充分结合过往经验及专家意见，合理安排各环节时间，如给设备安装调试增加充足时间。

此外，在制订主要计划的同时，制订应急预案和调整计划，以应对可能出现的不可控因素。

（二）动态监控和调整计划

针对外部环境变化的挑战，项目管理者应建立动态监控和调整机制。在项目实施过程中，应通过信息化手段实时监控项目的进展情况，并对可能出现的风险进行预测和评估。一旦发现环境变化可能影响工期时，应立即启动应急预案，对计划进行调整，避免延误的发生。在天气突变时，通过调整施工顺序，先行开展不受天气影响的室内工作或其他不依赖于天气条件的工序，避免因天气影响导致的工期延误。例如，密切关注环保政策变化，及时调整计划，增加环保设备采购及安装环节，并积极配合审批。

（三）优化资源配置

针对资源配置不当的问题，项目初期应进行全面的资源需求分析，并制订合理的资源配置方案。资源配置方案应根据项目的不同阶段进行动态调整，确保各阶段的资源需求能够得到满足。同时，应建立资源监控机制，及时发现资源配置中的问题，并做出相应的调整。

在资源配置过程中，应避免"重头轻尾"现象，即在项目初期投入过多资源，导致后续阶段资源不足。应根据项目的关键路径合理分配资源，确保关键工序的顺利进行。同时，还应通过加强与供应商的沟通，确保材料和设备的及时供应，避免因资源短缺导致的工期延误。例如，可以紧急招聘补充熟练工人，在设备合同中与设备供应商签订配件快速供应协议，保障施工资源。

（四）加强管理协调

针对管理协调不力的问题，应加强各方的沟通与协调。在项目启动前，应明确各方的职责和分工，建立有效的沟通机制，确保信息的及时传递和问题的快速解决。同时，应定期召开协调会，及时解决各部门、各单位之间的矛盾和问题，确保项目计划的顺利执行。例如，建立每日土建安装协调会机制，协调各团队工作，确保土建与安装无缝衔接。

此外，还应加强项目管理团队的建设，提高管理者的综合素质和协调能力。通过培训和实践，提高管理团队的决策能力和应变能力，从而提高项目的整体管理水平。

（五）加强技术和质量控制

针对技术和质量问题，项目管理者应加强技术管理和质量控制。在项目实施过程中，应严格按照技术规范和质量标准进行施工，确保每一道工序的质量。同时，应加强技术攻关，及时解决施工中遇到的技术难题，避免因技术问题导致的工期延误。

在质量控制方面，应建立严格的质量管理体系，定期进行质量检查和评估，确保施工质量符合标准。如发现质量问题，应立即采取补救措施，避免问题扩大化。此外，还应加强对施工人员的技术培训，提高其技能水平，减少施工错误的发生。必要时可以提前邀请专家对关键技术环节把关，加强质量检测，避免出现熔炼炉筑炉缺陷问题。

工程实践中，工期和计划管理常常面临计划编制不合理、外部环境变化、资源配置不当、管理协调不力以及技术和质量问题等多方面的挑战。针对这些问题，项目管理者应采取科学编制计划、动态监控和调整计划、优化资源配置、加强管理协调以及加强技术和质量控制等多种措施，确保项目的顺利实施。通过科学合理的工期和计划管理，项目可以更好地应对各种不确定性和挑战，减少延误和成本超支的风险，提高项目的整体质量和客户满意度。

第八节　全厂安全控制与文明施工

根据某双闪工艺铜冶炼厂项目建设安全文明施工管理经验，紧紧盯住项目如何充分抓好安全控制、文明施工改进和提高等工作，确保全厂安全环保目标、考核指标实现。

一、安全控制

(一)加强安全生产责任制考核

虽然项目建立了全员安全生产责任制，每季度也进行了考核，但可能有时流于形式，各职能部门的安全责任并没有落实到位，项目系统安全管理没有形成合力，并没有达到安全综合治理的局面。

(1)项目部应结合实际，制订全员安全生产责任制具体清单，明确其各项工作，加强日常工作监督和提醒。同时，在项目部每月安全生产例会常态化通报各部门安全环保工作情况，督促各部门安全环保履职尽责。

(2)项目部应认真组织全员安全生产责任制的季度考核，考核结果须与季度绩效工资有效挂钩，否则考核无意义。

(3)转变安全只罚不奖的思想观念，大力开展各类安全激励性活动，采取多种安全主动性激励措施，如"安全行为之星"评比活动等。充分调动员工参与"人人都是安全员"的积极性，形成全员齐抓共管的合力，夯实末端穿透管理。

(二)提升安全培训质量

项目安全教育培训虽然开展较多，但有时效果不理想，主要原因还是入场安全培训较多，其他方面培训少之又少。项目部对安全教育培训重要性的认识不足，未牢固树立"培训不到位就是最大的安全隐患"的意识。且在开展安全教育培训时内容单一，针对性不强，流于形式，存在侥幸和应付心理，未能对员工起到较好的警示教育作用，导致现场"三违"屡禁不止，为安全事故发生埋下了隐患。

1. 提高入场安全培训质量

一是需加强入场培训课件编制质量，内容具有针对性；二是培训后考试把关需严格，考试及格方可上岗，考试不及格不允许进场作业，重新培训考试合格后方可上岗；三是培训讲师授课很重要，要生动结合实例，提高从业人员学习的兴趣，便于掌握相关安全理论知识。

2. 增加工作许可培训

项目领导、工程管理人员、安全管理人员、工长及班组长都要进行工作许可的培训，经过培训的相关人员才有资格在工作许可上签字。

3. 增加危险作业培训

高空作业、有限空间作业、动火作业等建筑施工八大危险作业安全管理规定和要求，项目应结合实际，有计划组织进行培训。

4. 强化各工种培训

项目应加强各工种培训，每月有计划组织轮训，使从业人员能熟练掌握各工种安全操作规程。

5.加强对司机培训

施工现场工程车辆司机，每月需进行一次场内安全驾驶培训。

（三）加强安全环保基础建设

（1）完善安全环保制度体系。结合项目实际，建立健全安全环保制度，强化制度宣贯、学习和执行。

（2）规范安环内业资料的管理。加强对安环内业资料的检查和指导，做到"逢检必查"。

（3）提升安管人员的综合业务能力。每季度组织一次安全环保系统集中培训，并对现行安全环保相关法律法规电子版进行收集，制订清单目录，下发至所有安管人员自主学习，鼓励、督促具体资格的安管人员积极参加注册安全工程师考试，开展内部交叉安全检查和交流学习，建立安全管理人员考评机制，推动项目安全环保管理人员认真履责，逐步提升专业技能水平。

（4）加强安全生产费用的管理。加大对安全生产费用使用范围、相关票据凭证的审核力度，对安全生产费用未投入或相关凭证资料不全的坚决不予以返还，对安全措施使用规范、现场安全文明施工好的项目加大返还力度，对安全措施费投入不到位、资料不全、现场文明施工差的项目严格考核。

（5）推进项目安全管理平台的建设。要高度重视推广应用，充分利用信息化解决安全管理中的问题，掌握项目的动态，及时纠偏。安全环保部每月要定期应用和录入。

（6）加强职业健康管理。建立健全职业健康监护及其档案管理等相关制度。按规定组织好上岗前、在岗期间和离岗时的职业健康检查，并建立职业健康监护档案。对于长期从事职业危害的作业人员，要通过改善作业环境、配备针对性的防护用品、工作岗位轮换等多种途径来给予关怀。

（四）加强项目安全生产标准化建设

（1）确保项目安全策划落实见效。严格项目 HSE 专项方案、危大工程专项方案的编制、审核、执行，定期进行纠偏。强化方案的针对性和可行性，真正做到"写自己能做到的，落实自己所写的"。

（2）推进安全环保设施设备的标准化。依据公司安全文明施工标准化管理手册，项目要不断加大安全投入，切实推进标准化设施配置到位，实现现场安全硬件设施标准化，全面提升项目安全文明施工水平。

（3）推进安全环保管理过程标准化。依据公司项目管理手册，规范项目安全环保管理流程，推动安全环保管理过程的模块化、流程化、表单化，实现管理业务标准化。

（4）强化信息化管控手段。项目在目前的基础上不断地推进智慧化工地的建设，实现人员出入动态管理、主要污染物排放、大型机械（特种）设备、环保设备运行主要参数实时监控、自动报警联锁、关键施工过程和施工区域的视频监控，并及时接入公司调试中心，便于开展项目实时调度。

（五）加强分包单位安全管理

强化分包单位的过程管控和考核。各直属单位要严格督促分包单位认真履行分包合同和安全环保管理协议，按要求配齐专职安全管理人员，确保分包单位安全生产措施投入到位；要将分包单位纳入项目统一管理，不得以包代管、以罚代管、包而不管；要严格分包单位的过程考核，对不服从安全管理、严重扰乱安全管理秩序、出现一次重伤及以上事故的分包单位，要及时清退出场并列入黑名单。

二、文明施工改进和提高

项目文明施工最大的问题是管理人员和施工人员施工文明意识较低，这是导致项目文明施工水平低下的根源。从以下五个方面加以改进和提高。

（一）策划先行，过程控制，加强文明施工管理

项目开工前，组织相关人员认真编制好项目前期策划、HSE 专项方案、总平面管理等指导性文件，并向全员交底。加强过程控制、监管和通报，定期组织文明施工检查。

（二）提升全员的文明施工意识

（1）加强对全员的岗前培训，培养全员绿色文明施工、安全文明施工、环保文明施工等意识。

（2）加强对全员进场前的文明施工规则和制度宣传，施工过程中，坚决做到每日"工完料清场地净"，同时要对建筑材料进行综合利用，降低施工对周围环境的影响。

（三）树立典型，强化文明施工创建意识

围绕文明施工和文明工地创建活动，通过观摩会、交流会、总结评比营造创立标杆、持续创新、奖优罚劣、共同提高的项目内部创建氛围，形成自下而上、全面覆盖项目的创建目标体系，使全体管理人员对创建活动的意义有了进一步的、更直观的认知，形成主动创建和全面创建文明施工的意识观念。

（四）强化文明施工"六个百分百"工作

（1）施工工地周边 100%围挡：施工现场实行封闭管理，连续设置硬质围挡，做到坚固、平整、整洁、美观，并在建筑工程的外立面应用安全网，实现全封闭围护。

（2）物料堆放 100%覆盖：工程渣土、建筑垃圾和生活垃圾做到集中分类堆放、严密覆盖、及时清理；在施工现场裸露的场地和集中堆放的土方，采取覆盖、固化或绿化等防尘措施。

（3）出入车辆 100%冲洗：在施工现场出入口设置自动车辆冲洗装置和沉淀池，运输车辆底盘和车轮冲洗干净后，方可驶入施工现场。

（4）施工现场地面 100%硬化：对施工场地的主要通道、进出道路、材料加工区及办公生活区地面进行硬化处理，场地硬化强度、厚度、宽度应满足安全通行、卫生保洁需求。

（5）拆迁工地 100%湿法作业：施工现场安排专人负责卫生保洁工作，遇到干旱和大风天气时，增加洒水降尘次数，确保无浮土扬尘。

（6）渣土车辆 100%密闭运输：车辆在运输煤炭、垃圾、渣土、砂石、土方、灰浆等散装、流体物料时，必须采取密闭或其他措施，做到车辆密封、装载均衡，不得沿途洒落。

（五）切实做到"八个必须"

（1）施工单位必须编制文明施工专项实施方案，并报建设单位的监理单位审核。

（2）建设单位必须将经过审核的文明施工专项实施方案提交给属地住房和城乡建设行政主管部门备案。

（3）施工工地现场必须公示建设、监理、施工等单位及负责人的信息和污染防治措施（五牌一图）。

（4）必须推行远程视频监控系统的安装使用，以便对施工现场进行实时监控。

（5）必须设置喷淋降尘系统和"三池一设备"，规范排水（泄洪）系统，污水处理达标后

外排。

（6）施工现场必须设置PM10自动检测装置，实时监测空气中的颗粒物浓度。

（7）施工工地现场进出口必须安装门禁系统，控制进出工地的车辆和人员。

（8）必须设置围墙（围挡）并进行美化，以提升建筑施工现场的整体形象。

三、安全文明施工亮点实例

双闪工艺铜冶炼厂项目的熔炼主厂房安全文明施工控制主要从以下几方面抓落实。

（1）对主厂房区域总平面合理规划，明确材料堆放区、机械施工区和便道，合理组织施工。

（2）开工前，做好作业人员的入场安全培训、工种安全培训和安全技术交底工作，规范作业人员的安全行为。

（3）加强危险作业（如动火、临电、高处、起重吊装等）的安全过程管理。

（4）重点抓好主厂房安全设施"三同时"建设，杜绝临边和洞口防护不到位带来的高坠风险。

（5）设置标准化的进出安全通道，防止人员进出厂房遭受高空物体打击。

（6）设置垂直垃圾通道，各层平台每日清理的垃圾可通过垃圾通道快捷安全运输到地面进行集中处理。

（7）在楼梯间处设置固定吸烟点，杜绝车间内随意吸烟的现象。

（8）每天巡查各作业点的安全运行情况，并督促各班组每日做到"工完料尽场地清"。

双闪工艺铜冶炼厂项目安全管理难点：动火、高空、吊装、有限空间等危险作业涉及较多，危险作业全部做到规范管理难度大；塔吊、施工升降机等特种设备作业精细化管理还存在差距；危大工程作业全过程旁站和监督力度不够；安全标准化建设标准不高等。文明施工管理难点：施工现场进行全面规划、组织、协调和控制整体的难度大；文明施工"六个百分百"管理难到位。

安全文明施工管理是一项系统管理工作，要确保项目在"人机料法环"各个环节都不出问题，就需要全员齐抓共管，共同治理，严格按照全员岗位责任制，认真履行各自安全环保工作，为项目履约和公司发展提供坚实的安全保障。

第九节　工程资料管理

工程资料是指项目从可研、筹备、勘测、设计、采购、施工到最终竣工投产等过程中形成的文件材料、图纸、影像材料等各种形式的信息总和。工程资料的收集和管理是项目管理的重要环节。在双闪工艺铜冶炼厂建设EPC总承包管理模式背景下，需要实施管理的项目工程资料总量很大，资料类型也更复杂，需进行全面总结和分析，以期为日后类似冶炼工艺或其他项目管理提供借鉴。

一、工程资料管理的重要性

（一）为工程建设提供依据

工程资料是工程建设过程中的重要文件，它记录了工程的设计、采购、施工、验收等各个环节的详细信息。在工程建设过程中,工程资料可以为工程决策、设计变更、施工组织等提供重要依据。同时,工程资料也是工程质量评定、竣工验收、项目结算的重要依据。

(二)为工程管理提供支持

工程资料管理是工程管理的重要组成部分。通过对工程资料的收集、整理、归档和管理,我们可以及时了解工程建设的进展情况,发现问题并及时解决。同时,工程资料管理也可以为工程成本控制、进度控制、质量控制等提供支持。

(三)为工程后期维护提供保障

工程建成后,工程资料是工程后期维护的重要依据。它可以为工程的维修、改造、设备再次采购等提供详细的技术资料和历史记录。同时,工程资料里的各种试验检验记录也可以供维护时参考。

二、工程资料管理的主要内容

(一)设计资料

设计资料包括但不限于:设计勘察和施工勘察、初步设计(含初步设计、初步设计概算)、非标设计、施工图设计(含施工图预算)、设计变更等。

(二)采购资料

采购资料包括但不限于:材料和工程设备采购计划及其批复文件、材料和工程设备采购招标方案、材料和工程设备采购招标文件、材料和工程设备采购中标通知书、材料和工程设备采购合同、采购发票(或复印件)。

(三)施工资料

施工资料包括工程管理文件(A类)、工程技术文件(B类)、工程测量记录(C类)、工程施工记录(D类)、工程试验检验记录(E类)、工程物资文件(F类)、施工质量验收文件(G类)七类。

(四)其他资料

其他资料主要包括项目的合规手续、创优资料、会议纪要、往来函件等。

三、工程资料管理的措施

(一)建立健全工程资料管理制度

(1)制订工程资料管理办法,明确工程资料管理的职责、流程和要求。

(2)建立工程资料档案管理制度,规范工程资料的收集、整理、归档和管理。

(3)加强对工程资料管理人员的培训和考核,提高工程资料管理水平。

(二)加强工程资料的管理工作

(1)根据合同中相关条款的要求列出需交工的内容及要求,对不明确之处组织建设单位、监理单位、档案馆等相关方召开专题会进行明确。

(2)开工前确定项目资料选用表格样式(国标或行业用表),相关人员培训后上岗,确保表格内容填写规范。

(3)保证资料人员稳定,避免中途更换人员。

(4)建立资料台账,每月定期组织检查,保证资料与施工进度基本同步。

(5)设立专门的资料存放房间,做好防潮和防盗措施,对工程资料进行备份和存储,防止资料丢失和损坏。

四、项目资料管理实例

国内某双闪工艺铜冶炼厂，由于工期紧，其施工图设计频繁更改，工程管理人员重现场施工、轻内业资料，材料报审及隐蔽记录报审不及时，竣工结算时发现其部分签证支撑资料缺失或相关方签字手续不齐全，导致无法计量。

项目实施过程中未明确资料表格的版本及优良率要求，待项目交工后才发现竣工资料不符合创优要求，部分资料填写不规范，分部工程划分不符合行业验收规范的规定，施工过程中工程质量较好的图片未收集或数量太少，不能满足工程创优的需要。

资料人员更换或调离时未办理交接手续，直到后期交工时才发现资料缺失，资料管理仅依靠电子版、纸质版台账，资料管理效率不高。

五、工程资料管理的经验与建议

（一）经验

（1）领导重视是工程资料管理的关键。公司领导高度重视工程资料管理工作，加强领导和协调，将其纳入工程建设的重要督办内容，为工程资料管理提供有力保障。

（2）建立健全制度是工程资料管理的基础，严格按流程要求及时收集整理。

（3）加强培训是工程资料管理的重要手段。施工过程中，定期针对工程资料管理人员开展培训和指导，提高相关人员的业务水平和综合素质。

（4）根据职责分工将责任落实到人，定期检查通报，奖优罚劣。

（5）设计、采购及施工的资料管理人员尽量保持稳定，无法避免时应做好全面工作交接。

（6）信息化管理是工程资料管理的发展方向，建议采用先进的工程资料管理软件，以提高工程资料管理的效率和水平。

（二）建议

（1）重视工程资料管理，提高工程资料管理意识。配齐各岗位的资料管理人员，对重现场施工、轻资料管理的现象通过制订管理制度进行纠正。

（2）设计、采购及施工资料均要及时收集整理，定期检查，在管理制度中明确考核办法。

（3）工程资料填写规范，填写内容前先行填写样表，组织所有资料管理人员进行培训交底，确保人人知晓。

（4）创优需根据合同内容明确创优的具体要求，提前编制创优策划，过程中定期归集整理照片、视频等相关资料。

（5）要高度重视试验检验资料，包括但不限于及时进行试验委托，保证检验频次符合设计及规范规定，各种试验应在监理见证下进行并形成正式资料等。

（6）特种设备安装前需办理告知手续，过程中按要求进行监检，取得使用登记许可证后方可投入使用。

（7）施工过程中往来函件均需建立台账，特别是涉及费用的会议纪要、工程联系单、设计变更等相关资料需做好标注统计，以备工程结算时使用。

第十节　火冶区实践

火法冶炼区简称火冶区，是铜冶炼双闪工艺也是其他各类火法铜冶炼工艺中的重要功能区域，是一座铜冶炼厂的核心区域。以双闪工艺项目的建设实践中总结的一些经验，可供在以后的类似项目中借鉴。

一、技术管理与实践

火冶区子项多，各建(构)筑物密集程度非常高。各子项内工艺复杂，各类结构、设备、管道繁杂，不同专业间交叉程度也高。因此，技术管理的重要性就显得尤为重要，技术管理的正常实施应为项目顺利进行保驾护航。

(一)技术准备

(1)在项目正式开工前的准备阶段，收集并重温以往双闪工艺冶炼厂建设相关资料，包括初步设计书、施工图纸、前期策划、施工方案等。组织项目团队主要负责人到已建成的双闪工厂实地参观考察。了解已建成的双闪工厂在建设过程中遇到的重点和难点，以及当时的解决措施，结合即将开工的双闪项目的现场条件、初步设计、已到施工图等具体情况，提前分析可能出现的问题，并制订相应的应对策略。

(2)重视图纸自审和会审。双闪铜冶炼工艺相较其他铜冶炼工艺更复杂，体量更大，配套设备也更多，导致设计难度和内容增加。在紧张的工期要求下，势必会有更多的图纸问题出现。因此，只有通过图纸审核才能减少因图纸问题造成的现场返工，以节约工期和成本。

①收到图纸后，遵循已建立的图纸收发制度由专人负责发放，对于变更升版的图纸，要按图纸收发制度将老版本收回后再发放新版本，并在图纸上做明显的标识和分类，避免新旧版本图纸混用。

②组织图纸自审。由项目部总工牵头组织专业技术员对图纸进行自审，书面记录发现的图纸问题，并对不合理或不利于施工、不利于成本的设计提出优化建议。比如，图纸中的材料规格为不常用规格，市场上不易采购，将造成采购成本和周期增加，提出替代方案，供监理、业主参考和设计院确认。

③参与图纸会审。组织专业技术人员参加图纸会审，会同监理、业主和设计单位讨论图纸问题，并提出自审中发现的问题和修改建议。图纸会审达成修改意向后要由会审组织人出具会审纪要，并由参会各方人员签字确认。

④方案及交底。根据已到图纸、设备安装技术要求、现场工作面以及已完工类似工厂的建设经验，结合项目部资源情况编制施工方案。在施工前，根据方案和现场实际情况，编制更为具体的技术交底和安全交底，并指定责任人进行日常监督和纠偏，以确保施工遵循设计图纸、方案和交底要求。

(3)图纸深化。因为设计院的设计图很多是不便于直接指导工人施工的，所以技术人员需要对图纸进行深化和细化，以便于工程量和需用材料的计算统计、提高工人施工的便利性，减少因设计图易用性不足造成的现场返工和损失。例如，采用三维建模软件绘制钢结构施工详图，使用放样软件对异型非标件放样展开，使用 BIM 软件绘制管道走向布置图等。又例如，施工前通过 BIM 软件辅助对闪速炉冷却水管走向进行排布，并根据排布图进行管线加工和安装，达到了高效和美观的效果，见图 8.10-1。

（二）现场实践

施工中经常会遇到各类问题，设计图纸问题尤为突出，特别是不同专业间的干涉问题。虽然前期进行了图纸审核，但因设计单位各专业间的沟通不畅、设计细节上的疏漏等原因，以及设计单位的设计图会因为订货资料和各方诉求的变化而修改，图审和实际施工会存在时间差，所以图审没有办法完全审查出设计图上的全部问题。诸如此类问题，就需要我们将现场情况与技术工作相结合，提高自身技术业务能力，能分析出问题成因，并能提出便于施工和降低成本的方案建议，及时和设计单位反馈和沟通，从而尽量降低甚至避免对现场施工进度和成本造成的影响。

图 8.10-1

例如：在冰铜磨子项施工中，13 m 平台上有一根 H 形框架梁，既作为支座支撑其上设备，又作为下一层设备间的楼面梁。但因设计院工艺和结构专业间的信息沟通问题，此梁与其下部的回转下料器碰撞，导致回转下料器无法正常就位。最常规的解决方案就是平移该梁保证其下设备就位，但该梁作为上层平台设备的支座，不能移动。如果移动，其上设备也要对应移动，则上层平台的整个工艺布置就会改变，那是不可行的。由此，只有在这根框架梁上想办法，才能保证上下两层设备都能在原位置安装，工艺布置不改变。项目部多次实勘现场，查证回转下料器安装参数，拟定将与回转下料器碰撞位置的框架梁下翼缘修改为上凹的形式就能满足设备安装要求。但是如果将该框架梁改成下翼缘局部上凹式，将会使其截面减小，承载能力降低，不能满足上部设备的荷载要求。针对这个问题，项目总工牵头制订方案，利用箱型梁受力好的特性，拟在 H 形框架梁改成下翼缘局部上凹的基础上，侧面增加钢腹板，使 H 形截面变成箱型截面，以确保其承载力满足要求。

方案确定后，项目部积极与设计院沟通，设计院经验算通过并同意了我们的方案。技术员立即组织交底安排施工，很顺利地解决了这个结构与设备碰撞的问题。修改前后对比见图 8.10-2。

图 8.10-2

二、施工组织与实践

（1）根据双闪工艺特性，各专业施工队按工段进行组织和任务划分。比如火冶区钢结构，分别以熔炼主厂房、吹炼主厂房为核心，结合资源情况进行划分，整个熔炼主厂房设 2 个施工队，主厂房以外分散子项设 2~3 个施工队，而且制作和安装都归该区域同一个施工队负责，减少跨施工队工序交接次数，同时也便于有限资源的协调调配。

（2）火冶区施工体量大、各建（构）筑物密集布局紧凑，施工人员、设备较多，内部正式道路形成晚，遇上雨天道路泥泞难行，会制约工程的进展。项目部在开工前提前预制了大批混凝土路基板，配合后期租赁的铺路钢板，很大程度上减轻了雨天道路泥泞对施工的影响，而且解决了部分吊装区域地基承载力不足的问题。

（3）火冶区有熔炼工段和吹炼工段 2 个高跨厂房，最高处达 60 m，而且厂房钢结构体量大，内部设备、非标、管道多，工作面、工序交叉多。再加上工期紧，厂区布局紧凑，场地狭小，起重设备无法大量投入。现场在熔炼、吹炼工段各布置一台 400 t·m 塔吊，在两工段间设置一台 350 t 履带吊用于两工段间机动和补充，大型吊装设备已无位置设置，仅能在周边零星安排汽车吊进行临时补充。起重设备不足，只能通过已有设备合理统筹安排和提高设备利用率的方法解决。例如，在主厂房施工阶段，钢结构安装和闪速炉安装交叉，且都要大量使用所在区域的 400 t·m 塔吊，所以总体协调安排钢结构吊装在白天进行，闪速炉吊装在晚上进行，通过错开工作时间和提高设备使用率的方式解决。

（4）除了在设备协调上的经验外，还有在施工顺序组织上的。主厂房内有很多非标仓体，体积较大、安装位置较高，需要与钢结构安装进度配合。例如，熔炼工段顶部的炉顶干矿仓，需要在钢结构平台安装完毕具备工作面后且上部平台未安装之前吊装，以便干矿仓吊装就位。经统筹决定，提前安排干矿仓制作完毕，在其所在平台安装完毕前一天运至地面堆场，平台安装完毕后随即吊装干矿仓，以减少对后续钢结构吊装的影响。又如，闪速炉体的安装，因在闪速炉厂房内部，且闪速炉安装周期较长，厂房钢结构安装进度较闪速炉安装快，两者无法同步进行。因此，在厂房低跨安装完毕后要预留低跨屋面不安装，将工作方向转向高跨钢结构安装，既给闪速炉安装预留构件进入开口，又在工期紧张的条件下保证厂房钢结构安装持续进行。

（5）火冶区域的安装也运用了一些新的思路和方法。例如，火冶区钢结构量大且集中，其中熔炼、吹炼、精炼和蒸汽干燥厂房钢结构量约 1 万 t。熔炼、吹炼和蒸汽干燥厂房为高层框架结构，精炼厂房为门式结构。这几个厂房构件数量多，吊装场地少，大部分构件吊装由于高度和位置限制，只能使用本来利用率就很高的塔吊，所以除了做好场地协调和起重设备协调外，减少吊装钩数就是解决问题的主要途径。项目部结合构件特点，将诸如小型平台、组合件桁架等先在地面组装成整体，然后一钩整体吊装。

图 8.10-3

对于场地情况较好，且跨度较小的门式钢架厂房，我们采用先地面分片预拼装后整体吊装的方式，以减少高空安装作业。如渣包车维修间，其结构形式为门式钢架结构，我们先行在地面将一个立面的相邻钢柱及支撑、横梁、檩条等预拼装成整片，然后整体吊装，最后再安装其他构件，见图 8.10-3、图 8.10-4。这种分片整体预拼整体吊装的施工方法，减少了高空作业频次，提高

图 8.10-4

了施工人员地面施工便利性，提高了拼装和焊接质量，提高了效率，而且提高了钢结构安装的安全性，整体工期比常规安装方法缩短 20%。

三、相关方的沟通与协调

项目建设顺利与否除了与施工单位的技术管理、施工组织能力等方面直接相关外，与相关各方沟通、协调是否顺畅也有很大的关系。

在项目建设全周期，与设计单位、监理单位、业主单位间的沟通交流是最多也是最有必要的。与他们的沟通交流要在平等的前提下充分尊重对方，除了在工作沟通中要有理有据有节，还要夯实自身的业务能力，得到监理和业主的认可和尊重。

根据双闪火冶区建设的实践和经验，施工单位除了与设计院、监理和业主沟通交流外，还需要和工厂片区生产车间加强交流，特别是项目建设的中后期。通过与片区生产车间交流沟通，提前了解投产后操作上可能出现的设计和施工中的不足，并遵照片区生产车间提出的意见，对不完善的地方进行改进，满足其要求，同时提高验收通过率。对诸如需要增加、修改设计的部分，通过设计、监理和业主途径办理相关手续后实施，以确保符合施工和经营工作程序。这样一来，不仅使施工实体得到完善，还建立了与业主生产车间的良好关系，更有利于以后工作的开展。

例如，熔炼主厂房分熔炼、吹炼和精炼三个工段，三个工段厂房相邻，每两个工段内相邻平台标高相错 1~2 m 不等。建设初期因为图纸问题，各工段相邻平台之间楼梯通道设计数量不足，影响了施工期间各工段间的人员及材料流动，因此需要增设工段间的楼梯通道。我们向设计单位提出设计建议，并会同业主火冶区生产车间负责人，综合施工便利和后期生产的需要，一起确定增设楼梯通道的位置和尺寸，最终得以顺利实施。这样一来，既方便了施工单位施工，又解决了业主以后生产的通道问题，也提前完善了设计图纸，可谓是一举多得。

第十一节　电解区实践

电解区主要由电解车间、净液车间、电解循环水组成，采用大板不锈钢永久阴极电解工艺。由火法精炼车间产出的铜阳极板，用阳极板智能转运送至电解车间。首先在阳极整形机组上进行压板、矫耳、铣耳、排板后，按间距 100 mm 排列，经专用吊车吊入电解槽内进行电解，产出的电铜用电解专用吊车送入阴极剥片机组进行烫洗、剥离、码垛、称重，最后送入成品铜库。本节主要是总结电解车间施工过程中一些施工管理要点及建议，为铜冶炼厂电解区施工提供参考。

一、施工管理要点

（一）平面管理

电解车间一般地势较低，预制构件多，吊装量大。施工便道、排水沟及平面管理对施工进度有着重要的影响。因此，在施工前要对施工便道、排水沟合理布置，需在施工过程中进行动态管理。

（二）施工组织管理

电解车间主、副跨涉及专业较多，施工队伍的合理配置对施工组织、工序衔接和内外协调尤为重要。在项目前期策划阶段，一定要根据工程量、工程特点合理选择施工队伍。在组织主、副跨施工过程中，要无缝衔接穿插施工，副跨开挖不能影响主跨屋面板吊装，以及砌筑施工材料进出。行车梁以上部分墙体需防腐施工，阳极、残极机组设备基础灌浆安装须预留必要的土建施工时间。

（三）施工协调管理

电解车间对内施工协调主要解决好施工材料、机械、人员组织、交叉作业、工作面、验收等协调问题，对外主要解决好土方外运、雨污水排放等环保问题。

（四）施工进度管理

在电解车间施工进度控制的过程中，要牢固树立主跨优先原则，要自始至终高度关注进度管理。任何一个非关键工作都可能影响到关键工作，不能盲目为了施工进度而主次颠倒，各项工作相互制约，相互影响。

（五）施工质量管理

电解地下结构质量好坏，直接关系着各种介质是否渗漏污染土壤，各种预制构件的外观质量将直接影响着防腐效果。因此，在电解车间施工过程中，要重点控制阳极泥地坑、电缆沟、电解槽支架、预制构件等施工关键环节。

（六）安全环保管理

电解车间预制构件多，吊装量大，防腐施工材料种类多，容易发生安全环保事故。在施工过程中，要做好事前、事中控制，确保预制构件制作吊装、高处作业、防腐防渗等施工过程安全高效。

二、施工管理建议

（一）平面管理建议

电解车间外部宜设置环形施工便道，内部宜在主跨中间和消防通道设置宽 6 m、厚 0.5 m 毛石、级配碎石嵌缝压实的施工便道。沿着道路四周挖排水沟道，过路段埋设预制管涵。

（二）施工组织管理建议

土建主体结构宜将结构工程、吊装工程、建筑工程划分为两个班组便于协调、进度控制，其中吊装工程负责人须有近五年大型预制构件吊装经验；屋面板、屋架制作过程中，宜派专人驻场进行质量、进度控制；电解车间主跨与副跨相连，必须树立先主跨后副跨，主、副跨流水、平行施工的方法。

（三）施工协调管理建议

项目部要设立日碰头会议机制，周、月生产例会机制，专题会机制以及协调沟通群，不定期传达业主、监理等相关方合理诉求。通过一些会议建立问题清单，明确完成时间、责任人及督办领导，要做到事情件件有落实有跟踪有结果。

（四）进度管理建议

在施工过程中，预制柱、预制混凝土行车梁制作宜 3 天一个周转，预制柱吊装宜 8 根/台·天，钢屋架、行车梁、屋面板吊装宜 2 天/跨控制。为了加快施工进度，屋面系统吊装完一组电解槽支架长度后即可主跨半幅同步、对称、流水施工电解槽支架，施工检修平台、机组平台待主跨外墙砌筑完即可进行副跨施工。

（五）施工质量管理建议

（1）阳极泥地坑施工质量控制：在阳极泥地坑施工过程中宜用定型模板加固，不锈钢板止水，抗渗混凝土振捣密实，混凝土侧壁内、外打磨后进行防渗、防腐施工。

（2）电缆沟施工质量控制：电缆沟地基承载力必须满足设计要求，底板宜设置集水井，坡度不小于设计要求；侧壁施工缝宜留凹槽或钢板止水带；土方回填时宜小型机械、机具结合人工分层夯实。

（3）电解槽槽下地坪质量控制：土方回填宜小型机动车提前储土，分层压实，纵坡、横坡每层都要复测调整，基层标高必须避免负公差，土工材料搭接焊接、翻边固定须符合要求；随时关注天气采取覆盖、晾晒等防雨措施。

（4）预制构件施工质量控制：预制构件制作区应整平、压实，具有足够的承载力；预制柱地胎膜采用混凝土压实抹光，在制作前铺塑料薄膜提高预制柱外观质量及脱模；预应力混凝土行车梁地胎膜按设计要求起拱，侧模、端模采用定型钢模，涂刷隔离剂，钢模侧壁宜装设附着式平板振捣器，混凝土浇筑过程中波纹管内宜用 PVC 管抖动防止堵塞，预应力混凝土行车梁顶面宜留糙面；行车梁找平前须逐跨复测、统一确定找平层控制标高。

（5）电解槽支架施工质量控制：电解槽支架梁及预埋件的固定，支架梁顶标高控制点的数量、位置、稳固度，支撑架体的刚度、稳定性及沉降均须符合要求。在混凝土浇筑过程中要勤复测勤纠偏，支架梁顶面压实收光。

（六）安全环保管理建议

（1）预制构件施工安全控制：预制柱吊环应经设计验算，埋设长度、位置严格按照设计要求布置，预制柱翻身、脱模时一定要用倒链牵引缓慢滑动提起，变截面较长的预制柱宜在行车梁牛腿位置焊接对称三角形支架防止开裂，吊装验收完的预制柱应立即灌浆，并拉缆风绳固定；预应力混凝土行车梁地台膜底部一定要预留脚手架管方便模板拆除后支撑稳固。

（2）屋面板防腐、防水施工安全控制：在行车箱梁上搭设脚手架喷涂防腐施工时，其底部宜铺木跳板，操作层宜铺镀锌跳板，作业人员在操作平台上施工必须系挂安全带，上下操作平台、行车钢梯宜慢宜稳。屋面板防水施工时，坡屋面端部应搭设脚手架管硬防护，上、下屋面一定要搭设单独的安全通道。

（3）电解槽吊装、防腐施工安全控制：电解槽吊装应用专用吊带，专人指挥，行车运行速度宜均匀，忌急停；电解槽玻璃钢防腐时，作业周边严禁堆放保温、易燃材料，应通风、配备灭火器材，严禁与动火作业上、下交叉施工，防腐材料宜存储在专用库房，限额领料，工完料清。

（4）电解车间环保控制：电解车间地下结构土工防渗材料须焊接牢固并经试验检测合格；玻璃钢、氯磺化防腐基层必须平整、干燥、厚度、湿度、温度等满足施工要求；耐酸砖、地面变形缝需拼缝严密；防腐施工废弃材料需专业厂家回收处置。

电解区作为铜冶炼工厂的重要组成部分，其施工进度、质量、安全直接影响到工厂的投产、运行和经济效益。因此，我们需要在施工过程中运用系统性思维管理，在牢牢把握关键线路的进度控制下，不断提高施工质量，提升安全环保管理水平，加强同行业交流与合作，共同推动铜冶炼行业的建设与发展。

第十二节　硫酸区实践

硫酸区是利用火法铜冶炼工艺的高温烟气制取硫酸的各子项统称，主要包括净化工段、干吸工段、转化工段、尾气脱硫、脱硝工段、酸库、废酸处理工段、尾气烟囱等，通过"双闪工艺"制酸项目的建设实践，从技术管理和现场组织协调两大方面总结了一些经验，供以后类似项目借鉴。

一、技术管理

该区域的主要特点是需制作及安装的非标设备多，工艺管道走向复杂且工程量大，废酸处理的污酸硫化工艺管道属于GC1类压力管道，设备及场地的防腐及防渗要求高，所以技术管理显得尤为重要，必须提前做好相关技术准备。

（一）技术管理

1. 扎实做好图纸自审及会审

（1）组织图纸自审。由项目总工牵头组织各专业技术员对图纸进行自审，书面记录发现的图纸问题，重点审查大型设备基础的标高、工艺介质管道走向及施工便利性等，对不合理或不利于施工、不利于成本的设计提出优化建议。比如环集脱硫区域设备基础较密集，部分浅基础落在回填土上，因此该区域的回填应优先采用素混凝土充填，以避免不均匀沉降。干吸区域属于重点防渗区域，各种设备基础深浅不一，应采用按深基础标高开挖后一次性施工完防渗膜，再在内部继续施工其他浅基础的设计，这样可有效降低防渗膜的施工难度，同时提高防渗施工质量。

（2）做好各专业间的图纸会审工作。硫酸区工艺管道密集，需仔细核查各专业间是否有干涉或冲突现象，比如：有内衬耐酸砖的非标设备的法兰短管尺寸需结合砌筑图纸确认。有防渗要求的水池不得采用抗浮桩设计，以免损坏防渗膜。酸罐基础优先选用条形基础，便于后期及时发现罐体有无漏酸现象。提前根据厂家返资图审核设计转化图纸，对设计遗漏、设计尺寸、标高不满足等问题，及时反馈设计更改，减少因图纸问题造成的重新出图，以及现场工期延误或者返工，从而节约工期和成本。

2.编制合理可行的施工方案

SO_2风机为硫酸区的核心设备，风机含齿轮增速箱，转速较高；风机叶轮、变速箱、联轴器、电机的同轴度要求高。叶轮加工精度高，需采用专用吊具，不能有损伤，因此需参照厂家安装说明书编制专项施工方案，报批后在厂家指导下进行安装。尾气烟囱筒体施工难度大，需结合施工进度及质量要求采取合适的施工工艺，超过一定规模的内筒吊装工程还需组织专家论证，通过后才能组织施工，其他如GC1压力管道、酸罐大体积混凝土浇筑、三塔四槽的耐酸砖砌筑等均需结合现场实际情况，编制有针对性、指导性的施工方案，确保施工顺利进行。

3.对施工任务进行合理的划分

硫酸区工艺较复杂，对施工资质及能力要求高，因此，脱硫系统、脱硝系统、污酸硫化系统、低温位余热回收系统、尾气烟囱等专业性较强的施工任务一般采用专业分包模式，以便在保证施工质量的前提下高效快速推进，同时明确施工界区，避免出现遗漏。

二、现场实践

（一）焊接采用自动焊接机器人

硫酸区的非标结构以及大管径工艺介质管道的焊接工程量巨大，如果采用人工焊接，不仅焊接质量不稳定，而且速度慢。例如某双闪项目的单台酸罐直径为20 m，高度为28.21 m，重量约358 t。罐体共分13层，自下而上采用35 mm至8 mm厚的钢板，单台酸罐的焊缝长度达800 m。通过采用自动焊接机器人，单台罐体的施工周期缩短10 d以上，而且焊接成形好、质量稳定，降低了对工人操作技术的要求，节约了施工成本。

（二）中心筒不锈钢转化器采用倒装法施工

转化器外壳体 ϕ12300 mm/ϕ5028 mm×高 22730 mm，本体重量为 732.59 t，该设备以两个同心圆筒为主体，内圆筒为中心筒可从其中进气，外圆筒为设备壳体。中心筒段设置有第Ⅱ、Ⅲ热交换器用于支撑结构和热交换。其中转化器设四层转化床，外圆筒与中心筒形成的环形空间内设置转化触媒层，每个床层从上到下的布置为耐火瓷球+触媒+耐火瓷球+矩鞍环填料+筛网，转化器各层之间用弧形隔板隔开。与传统的梁柱式转化器相比，中心筒式转化器在制作、施工方面的难度系数相对较高，经论证采用外壳体倒装法比正装法节约机械台班，减少了高空作业，合理利用了有效空间。根据中心筒和内置热交换器的结构特点，将中心筒分为 4 段，按照由下而上正装法施工，待第Ⅲ热交换器试压合格后，方可进行第Ⅱ热交换器安装。顶部封头在地面制作平台上组装焊接好后整体吊装，与传统的顶部组装焊接相比，同样减少了高空作业，节约了脚手架搭设等措施费用。封头第二层纵向缝采用反面贴陶瓷衬垫单面焊双面成型焊接工艺，比双面焊反面成形美观，减少了反面打磨焊接工序。采用以上方法施工，整体成本少，安全可靠，施工质量得到了各方好评，同时还需注意转化器的管板、环板、支撑板一般由专业厂家制造，为保证到场后能够顺利穿管，开孔时先配钻，经预组装合格后才能出厂。转化器穿管后焊接见图 8.12-1。

图 8.12-1

（三）钢筋使用直螺纹连接技术

水池底板和侧板、尾气烟囱的筒身以及渣缓冷地面的钢筋原设计均采用了绑扎连接，在充分理解了设计意图后与设计人员沟通，对钢筋连接采取优化措施，采用钢筋直螺纹连接技术，不仅提高了施工速度，还节约了大量的钢筋。水池底板钢筋采用直螺纹连接见图 8.12-2。

图 8.12-2

三、施工组织协调

（一）耐酸砖砌筑及非标设备之间的配合

三塔四槽的内衬耐酸砖施工周期较长，对环境要求较高，因此三塔四槽的非标设备制作及安装必须尽早开始，设备内部搭设的脚手架需离侧壁保持 300 mm 左右间距，待非标设备验收通过后利用此脚手架涂刷钾水玻璃，砌筑前还必须完善设备本体的进出口管路，以免雨水进入，同时有利于低温时采取加热措施。耐酸砖砌筑过程中，周边不得有扬尘及除锈打磨作业，更不得敲击或振动壳体，以免影响胶泥固化。耐酸砖砌筑后所有进出管口均不得有水进入，因此管路远端施工时必须采取防雨水措施。

（二）尾气烟囱及周边施工的协调

烟囱是硫酸区的最高建筑，混凝土筒身结构尽早封顶可以极大减少对周边子项施工的不利影响，因此应督促设计优先出图，同时现场采取措施，选择合适的施工工艺抢抓进度，待结构封顶后，内部施工钢平台及烟气管道时，周边的脱硫工段、脱硝工段等可同时施工。

（三）玻璃钢制品加工与焊接作业的协调

一般情况下，烟气净化、尾气脱硫、动力波、净化塔、脱硫塔及烟气管道等均为玻璃钢材质。由于玻璃钢加工过程中极易燃烧，因此尽量减少与焊接工作的交叉作业，通常做法是选择远离动火作业的区域围护一个封闭的加工场地，用于卷制玻璃钢制作，待钢结构厂房基本完成后，再将玻璃钢管道或设备分段安装就位，设备类的玻璃钢容器安装完成后马上注满水保存，杜绝起火的风险，同时做好警示及成品保护工作。

（四）场地及道路的协调

硫酸区很多非标设备及管道需现场制作或拼装，对场地占用较多，因此必须做好组织与协调工作，确保蒸发器本体、开工预热装置等大件设备可以直接运抵设备基础附近。土建基础应分片全面施工，避免二次开挖，减少后期土建与安装的交叉，同时划分专用场地用于先期可吊装的非标设备制作及拼装，以便基础交安后可及时吊装就位。钢结构安装前，必须统筹好内部的非标设备先行制作完成，以便安装过程中或封顶前及时就位。硫酸区道路施工应提前规划或沟通，道路施工时，保证区域内至少有一条进出道路畅通，以免导致其他专业窝工。

第十三节　渣选区和动力区实践

渣选区和动力区都属于双闪项目的非重点区域，从表面上看，并不是很重要，实际上对项目的有序建设也起着重要作用。通过双闪项目的建设，总结了以下几点建设过程中的实践和经验。

一、渣选区良好实践和经验

(一)合理穿插，节约工期

(1)粗碎车间由于工艺问题，考虑到倒渣方便，将卸渣平台一般都设计在±0.0 m标高，导致下方的料仓、板式输送机、破碎机、皮带机基础底板标高降到−15 m左右。基坑开挖面积一般都较大，加上防护、材料堆放等后，总占地面积更大，协调好施工顺序、合理安排穿插施工，就显得非常关键。

一般各专业施工顺序：基坑开挖→基础施工→钢结构施工→设备、管道、电气施工。但为了确保整体施工工期，项目会调整施工顺序，中间穿插一些设备、管道的施工，节约整体工期。主要有以下几点。

基础施工到±0.0 m时，验收合格后，将内外脚手架全部拆除，尽快将周边回填到位，给安装工序提供工作面。同时保障大型吊车作业区域，将料仓、板式给料机、破碎机等大件设备吊装就位，并做好设备的成品保护，然后移交给土建继续往上施工。

成品保护的措施主要有：为防止灰浆污染设备本体将设备整体覆盖；为防止脆弱部位被碰坏，将小部件拆除后做好标识，再归类收集保管；不适合拆除或太大无法拆除而又已损坏的地方，搭设防护隔离棚。

地面以上部分屋面施工前，将行车梁、轨道安装并验收完，及时安装检修行车，接着完成行车的电气安装，给行车通电、试车，验收合格后即可使用，为后续的材料倒运、各专业的安装提供保障。行车安装就位后就可以继续施工屋面、墙面系统。

(2)中间矿仓为矿渣临时储存的地方，一般多为混凝土结构圆筒料仓，下方设置板式给料机。底部基础施工时，优先施工板式给料机基础，基础养护期间施工其他框架，下部框架结构施工完成后板式给料机基础的强度也同步满足要求，可以将板式给料机吊装就位后，继续施工上部的料仓。

这样的穿插施工，要求土建、安装密切配合，过程中影响土建0.5~1天，但给后续的安装节约至少5天时间。

(3)磨浮车间的球磨机、半自磨机是渣选的核心设备。该车间施工时，优先施工两个大型设备基础并移交工作面，然后立即安装两台磨机，将磨机的两端、筒体吊装就位后，即可继续恢复上方的土建施工。

(4)磨浮车间的检修行车，特别是磨机上方的行车优先安装。屋面安装前，将行车吊装就位(1天)，继续屋面的安装和行车的收尾安装。行车调试、检验后，即可投入车间的大量安装工作中，后面几乎不再发生额外的机械台班费，节约施工费用。

(二)加强信息反馈，提高协调效率

双闪项目建设过程中，一般优先保障熔炼区的施工资源，渣选区放到最后，从而导致施

工周期较短。要求施工协调高效，这样才能确保不被耽误。项目建设过程中，加强过程中的现场信息管理，建立信息及时反馈、现场专项协调会、计划分析会等制度，提高施工效率。

（1）现场信息收集。现场信息收集工作是基础，为后续的工作提供源头。项目建设过程中，对这些信息首先要制订各类信息的流程，明确相关责任人，建立信息报告渠道，并鼓励现场员工积极报告发现的各类信息，相关责任人相互提醒，及时解决。

（2）现场专项协调会。涉及多专业穿插施工、交叉施工时，组织相关责任人现场沟通，确认各工序的完成时间、交接时间，交叉作业的时间段、防护措施等。为穿插施工、交叉施工提供可行性的保障，现场进行简单纪要并跟踪督促落实。

（3）计划分析会。对于重要工段，比如，粗碎车间多个穿插作业位置、球磨机重要节点施工位置，建立召开计划分析会制度。检查施工资源配置情况和进度计划对比分析，确定相应的调控措施，及时纠偏，确保重要部位按期完成。

二、动力区良好实践和经验

动力区主要包括空压机房、各配电室、各水泵房、锅炉房等设施，为保障整个厂区的稳定运行，源源不断地输送风、水、电能源，其地位也至关重要。

动力区各系统跟生产车间相比，要提前 1~2 月完成并试车，为各车间的设备试车提供先决条件。结合动力区的特点，建设过程中的良好实践和经验主要有以下几点。

（1）空压站的空压机、鼓风机以及配套设备试车合格后，正常运行。为厂区管道系统压力试验、吹扫提供能源介质条件，特别是管网系统的吹扫，其风量大，在建设过程中难以找到其他风机代替。

（2）配电室送电成功后，逐步将现场临时用电改为正式用电，增加了用电的安全、稳定等可靠性，且容量负荷绝对满足要求。同时，结合现场照明安装情况，这样可以保障夜间照明，为最后的工期冲刺提供优质的照明条件，也为车间的各个设备的试车提供了电力保障。

（3）各水泵房试车合格后，即可带动厂区内部的管网、各车间内部支管进行试压冲洗。同时配合水池的清洗，将管道和水池都清洗干净。冲洗合格后，根据水池的大小和管网长度，可采取不间断试运行 3~7 天，提前发现并解决各水路系统可能存在的问题，为后面的既定点火试车节点提供保障。

各车间可优化的施工经验主要有以下几点。

（1）考虑到空压站内部的空压机、过滤装置、鼓风机等主要设备重量较大。在墙面施工前，先将车间内所有设备安装就位，并做好成品防护，再移交给墙面、屋面施工。采用穿插施工的方法，节约总工期。

（2）配电室内有大量的高低压柜，对周边粉尘环境要求高。土建要优先安排施工，并将墙面粉刷完、门窗安装完后，才能交付电气柜到场安装。电气柜安装完毕后，及时关窗锁门，做好防盗措施。

（3）水泵房安装完后，试车时，水流先走内部小循环，不进厂区管网。若没有设计内部小循环，就要采取临时措施，以将水泵出口的管道尽快引回水池。试车合格后拆除措施、接通厂区管网，进行试压冲洗工作。

第十四节 场外配套资源管理和协调

外部配套资源主要指与项目建设相关的公共资源和其他企业的资源，具有可利用性和相对充足的特征。公共资源主要指项目建设所需的建设项目所在地的交通运输、能源供应、通信设施、行政管理服务、周边社会环境等资源；其他企业的资源可以理解为外部企业和团体可为项目建设提供的资源。

每一座铜冶炼工厂的建设都是一个系统工程，从开工到竣工，从内部到外部，方方面面都会涉及各类资源的管理和协调。双闪工艺铜冶炼工厂因其体量相对较大、工艺复杂程度高的特性，对资源管理和协调的要求会更高，其中外部配套资源的管理和协调对工厂建设顺利与否起着重要的作用。

一、做好外部配套资源管理和协调的重要性

（1）保障项目顺利进行。外部配套资源的优质稳定供应是项目顺利进行的重要保障。

（2）影响项目成本。合理、高效的外部配套资源的管理和协调可降低项目成本，促进各类资源利用效率的提高。

（3）影响项目进度。有效的外部配套资源的管理和协调能避免因资源短缺或供应不及时而导致的项目进度延误。

（4）影响项目质量和安全环保。优质的外部配套资源能促进项目建设质量的提升，同时也是安全环保工作的基本条件。

二、公共资源

建设项目所涉及的公共资源通常包括外部交通、能源供应、通信保障、行政管理服务和周边社会环境等。这些公共资源，特别是项目建设前期的协调，通常对建设单位起着更重要的作用，但随着项目的进行，承建单位对公共资源管理和协调工作的参与程度就越来越高。

（一）外部交通

冶炼厂所在地周边的交通运输条件会直接影响项目建设所需物资，特别是大型设备进场，关系到项目建设是否能顺利进行。外部交通运输方式通常选择陆路运输，但当陆路运输不具备条件时，可根据项目所在地地理条件选择水路运输等其他方式。双闪铜冶炼工厂所需的一些大型设备，比如阳极炉炉体、蒸汽干燥机筒体等直径通常达到 5 m，进场时对经行道路的承载力、限高限宽等都有要求。所以，外部道路的状态和各类物资进出所需的道路交通协调就需要提前规划和实施，以确保交通通畅和运输安全。

以阳新弘盛铜冶炼厂阳极炉进场为例，阳极炉筒体直径 5.12 m，不考虑其运输车辆高度时，就已经超过了大部门道路 4.5 m 的限高。为了保证筒体能顺利运至安装现场，项目团队配合制造厂家及建设单位协调交警、路政等部门提前实地勘察规划周边运输线路，对运输有影响的位置提前制订措施并实施运输过程中对车流、人流量大的路段由警车开路或封路，最终阳极炉筒体安全运抵安装现场。

同样以阳新弘盛铜冶炼厂闪速炉反应塔环形梁进场为例，为保证环形梁制造和安装精度，将每层环形梁整体制造、运输。但其直径超过 7.5 m，无法通过正常陆运方式从位于江

苏的制造厂运至位于湖北的厂区。根据制造厂和冶炼厂都靠近长江的地理优势，最终选择水路运输，从而确保了反应塔构件的安全抵达。

（二）能源供应

任何一座冶炼厂从项目开工建设到投产运行，能源供应都不可或缺。特别是在项目建设初期，生产生活用水、生产生活用电、生产用气等都需要从外部接入，有大量的外部协调管理工作要做。虽说建设单位在这几方面与外部协调中起着主导作用，但是承建单位的配合和后期的管理协调更为重要。

项目建设初期，厂内各项设施都未开建，为确保后续施工正常进行，需要在开工前规划、搭建临时用水管路和用电线路，同时配合业主与供水、供电部门确认用水、用电接入端的位置及参数要求，办理相关手续。根据项目工期计划反推供水、供电部门送水、送电的时间，对其配套建设提出要求，以保证用水、用电的接通能满足项目建设和生产的要求。

在项目开工阶段，国家电网的接入需要提前与电力部门沟通并配合业主进行报批。通常电力部门还需要架设外线高压线路接入厂区，外线施工由电力部门负责。为确保建设项目能正常进行，承建单位会配合业主提出外线建设完工时间和开始供电时间要求，并会在过程中主动协调督促，需确保外线建设能在要求供电时间前2个月完成。

在项目后期，在汽轮发电机并网发电前至少一个月，承建单位配合业主与电力单位协调沟通，报送验收资料，配合电力单位完成汽轮发电机并网验收相关工作，直至验收通过并网发电。

冶炼厂点火投料及正式生产所用的氧气、天然气等能源一般由外部单位供应。接口对接的时间、位置及相关技术要求在建设单位牵头下由项目承建单位负责协调沟通。承建单位需要在供气前完成相应管道的建设及相关管理。

在项目点火期间，由于双闪铜冶炼工艺特点，点火烘炉期间天然气用气量大，后期正式生产相对较小，因此，建设单位需要在点火烘炉前与天然气供应单位协调，提高点火烘炉期间的天然气分配气量。承建单位要在建设单位牵头下完成大量的报批协调工作，以确保点火烘炉的天然气供应。

（三）通信保障

良好的信息通信已经成为项目建设全周期中不可缺少的重要条件。项目参建各方的日常办公、内外沟通都需要诸如电话信号、网络信号的畅通和覆盖。智能化双闪工厂正常运行所需的各节点的事态感知和远程控制也离不开网络信号的支持。

项目开工前，由建设单位主导，根据项目所在地具体通信覆盖情况与当地政府部门和通信单位联系沟通，对移动电话信号未覆盖的位置进行覆盖。为满足工厂智能化建设要求，新搭设一座5G信号基站，对网络未覆盖的工地接入光纤接入点。承建单位根据需求及实际情况对接通信部门，做好沟通与配合，确保通信信号畅通和覆盖。

（四）行政管理服务

行政管理服务可理解为建设项目所在地各级政府职能机构或部门，依照法律法规相关管理要求，对项目建设各阶段进行行政管理和服务。例如，建设项目所在地各级政府、规划局、环保局、住建局、供电局、水务局、市场监督管理局、公安局、交警队、消防队等。

项目建设与这些政府职能机构或部门有着密切的关系，例如：项目初期的水、电、通信的接入和后期的正常使用，各类行政备案，建设过程中的安全、质量、环保的监督检查服务，稳定安全的施工环境保障，特种设备、压力管道施工的告知和监检服务等。

项目建设的全周期都在接受他们的监督管理和服务，是确保项目合规、顺利进行的重要保证，所以做好自身管理工作的同时，必须要和他们建立良好的沟通。

（五）周边社会环境

冶炼厂通常在郊区或园区建设，周边往往是乡镇和村庄。项目建设过程中不可避免地要与周边村民接触，因此与周边乡镇政府、村委会、派出所等建立良好的关系和顺畅的沟通渠道就显得尤为重要。冶炼厂的建设不免伴随拆迁、安保等情况发生，良好的周边社会环境是项目正常建设的重要保障。承建单位通常会组建专班与他们建立良好的协调沟通，并加强对所辖各部门及施工队伍的教育和监督。

三、其他企业资源

其他企业资源可理解为，因本单位内部资源局限性，可由本单位以外的其他企业或团体提供的资源，包括设备材料等物资供应商、检测单位、危废处理单位、技术支持单位等。项目建设所需公共资源的水、电、气等供应企业也同样属于其他企业资源范畴，在此就不再赘述。

（一）设备、材料供应与协调

设备、材料等物资供应通过招标等形式确定供应商，由供应商根据合同要求向建设项目按时、按质、按量提供。

因双闪工艺所需各类设备、材料种类和数量众多，为提高采购管理成效和降低采购管理成本，保证设备、材料的顺利供应，提前将双闪工艺所需设备、材料按重要性、供应难度、供应周期等因素进行分类分级，按分级的级别高低顺序进行设备、材料的询源、招标采购等管理和协调。例如，进口设备、制造周期长的设备，如蒸汽干燥机、阳极炉等作为特别优先级；技术含量高、集成度高或具有专利的单一来源的设备，如机器人、精矿喷嘴、智能行车等作为优先级；其他设备及材料作为普通级。

对使用量比较大且品种相对较少的大宗材料和设备采用询源、招标及签署框架协议的模式，如彩板、油漆等。

建立和执行设备、材料招标采购及过程管理制度，确保设备、材料供应工作顺利进行。

（1）建立严格的供应商筛选标准。从供应商的信誉、产品质量、供货能力、价格水平等多方面进行综合评估，初选具备资格的供应商进入招标平台库，制订满足项目建设所需物资的技术质量、供货时限、价格水平、付款条件、售后服务、供货商信誉业绩等条款，通过招标程序筛选优质的符合项目建设要求的供应商和物资。

（2）加强合同管理，不定期对供应商进行考核。合同应明确对供应商所供产品规格、数量、质量技术标准，以及供货状态、售后服务等条款要求，在交货及时性、产品质量稳定性等方面设置不定时段考核和检查，派遣驻厂或巡查监造，动态对供应商进行考核，确保其物资供应的可靠性。到货后在现场对货物的质量、数量、交货状态等进行验收确认，验收合格后再进入付款等流程，直至其合同履行完毕。

（二）检测单位的管理与协调

项目建设全周期中，各专业施工应按相应标准和规范要求进行检测并出具检测报告，如地基基础、材料复验、钢结构管道焊缝探伤等。这些检测可通过招标选择具有相应资质的第三方检测单位提供服务。根据各专业施工进展及相应标准和规范要求，每批次检测前对检测单位进行交底，使其知晓该批次检测时间、范围、现场检测环境及安全注意事项等，随后到场进行检测，承建单位做好配合工作。

（三）危废物资处理企业

双闪铜冶炼项目建设过程中会产生诸如空油漆桶、空填料桶、空触媒桶等危废物品，根据国家相应法律法规要求，此类物品不能随意丢弃和填埋，需要经过无害化处理，并由具有相应资质的企业处置。危废物品处理企业同样通过招标筛选而来，通过招标选择具备对应危废物品处理资质的企业为项目建设服务。承建单位在项目建设初期就要甄别可能产生危废物品的种类、大体数量和需要处理的时间段，作为招标技术要求提前进行招标。承建单位根据项目实际进展情况，与危废处理企业保持良好沟通，按危废处理要求打包封存，在每批次危废品需要处置前，将种类、规格、数量、封存地环境等信息与危废处理企业确认，约定具体时间由其进行运输和处置。

（四）技术支持

在项目建设过程中，不可避免地会遇到一些工程难题，这时就需要借助外部专家或大专院校等机构、团体来提供技术支持和服务。当项目建设中遇到一些以前施工中未涉及过的新领域、新难题时，我们需要邀请外部专家或有相关研究经验的大专院校来现场把脉共商解决方案和措施；另一种情形是法律法规规定超过一般规模的危险性较大分部分项方案需要实施前进行专家论证的，就需要在当地专家库中抽取对应专业 5 名及以上数量的专家对方案进行论证，通过后方可实施。

第十五节　整体工作一体化管理实践

基于建筑市场项目规模扩大、综合化和业主需求多样化背景，建筑施工企业向产业链前后端延伸是大势所趋。EPC 承包模式更大程度地实现了设计、采购、施工等各阶段的深度融合和资源的高效配置，在项目造价、质量、安全和工期等方面具有显著优势。EPC 项目一体化管理可实现将项目的各个环节有机地整合在一起，实现资源的优化配置、风险的有效控制和效益的最大化，为企业在当今竞争激烈的市场环境中的生存与发展提供更大竞争优势。现以 40 万 t/a 铜冶炼双闪工艺 EPC 项目的管理实践为例，对大型 EPC 项目的一体化管理工作进行讨论、实践和总结。

一、项目一体化管理概述

（一）概念体系

项目一体化管理是指将项目的各个阶段、各个环节、各个要素进行有机整合，形成一个统一的整体，实现项目目标的最优化。它涵盖了项目的全过程，包括项目的策划、设计、采购、施工、调试、运营等各个阶段，以及项目的进度、质量、成本、安全、环保等各个要素。它充分体现了将项目各参建方的最优势资源的一体化集成，如业主在工艺、功能及当地政府审批要求等方面有很强优势，将业主的这些优势与项目总包单位、施工单位在管理体系、施工经验及工具上的优势紧密地结合起来，必然对项目建设带来增值效果。

（二）项目主要参建相关方职责

（1）业主单位代表出资方行使业主权利，负责项目立项、可研报批、环评报批、安评报批、规划报批、开工许可办理、水电排报批、设计比选方案选定、生产工艺指标确定、主要工艺设备选型、项目资金管理等主要工作；负责施工现场七通一平（道路通、给水通、排水通、电力通、电信通、热力通、燃气通及场地平整）工作等。

（2）总承包单位负责项目的 EPC 总承包，对项目的设计、采购、施工、交验等进行全面管理，主要包括：设计勘察及其评审与验证、初步设计、设计概算、施工图设计及图审备案、施工图预算；设计范围内的设备、物资材料（不含试车用物料、油料、动力消耗；不含生产准备必需的工器具、办公和生活家具等）；施工图设计范围内建筑、安装、单体试车、系统联动试车、绿化、协助负荷联动试车、协助业主性能考核与达标达产，以及在缺陷责任期内的消缺等全过程工作；负责特种设备、压力容器、压力管道等安装报批或备案、验收与办证等。

（3）监理方代表业主对项目现场实施管理及对项目造价进行限额控制。

（4）分包方主要包括设计单位、勘察单位、设备厂商、材料供货商、土建安装施工单位、专业分包单位等，根据与总承包单位的合同履约相应职责内容及权利义务。

（5）政府部门：园区管委会、规划局、发展局、环保局、气象局、消防大队、供电局、建设局、市政府人防办、市场监管局、自来水公司等，完成项目的相关审批、办证工作。

总承包单位要成立专门部门协调项目各相关方关系，必须建立相关会议制度、沟通与信息管理流程及评价与考核标准机制。

二、项目一体化管理的实施步骤

40 万 t/a 铜冶炼双闪工艺建设工程根据项目推进不同的时期，划分成项目策划阶段、项目设计阶段、项目施工阶段和项目调试阶段等。

（一）项目策划阶段

400 kt/a 铜冶炼双闪工艺 EPC 项目策划主要包括项目目标确定、项目范围界定、组织机构和项目团队建立及项目计划制订等内容。

1. 项目目标确定

在项目策划阶段，首先要明确项目的目标。项目目标应包括项目的进度、质量、成本、安全、环保等方面的要求，并具有可量化和可实现性。设计要高起点策划，要体现工艺上的先进性、环保和智能化的要求，实现项目可研中达产达标的各项指标。设备采购要与业主单位充分沟通，对比国产和进口设备性能，最大化使用中国制造设备，降低设备投入成本。施工要借鉴欧标管理模式，严格文控管理，运用 P6 软件进行进度控制，尝试使用 BIM 技术创新管理，推进智能建造和装配式建筑，总结出一套可复制可推广的 EPC 管理成果。

2. 项目范围界定

根据 EPC 合同内容明确项目的范围，包括项目的工作内容、工作边界、交付成果等。项目范围的界定应清晰、准确，避免出现模糊不清或遗漏的情况。

3. 组织机构和项目团队建立

根据项目的规模、特点和合同要求，拟定项目组织结构，包括设计、选定合理的组织模式，明确各职能部门、各人员岗位职责，规定项目中各部门的协作关系。EPC 项目管理组织机构按总承包项目管理层、施工承包管理层和分包管理层三个层面设置，主要设置职能部门有设计控制部、计划控制部、工程管理部、试运行部、采购部、QA/QC 管理部、HSE 管理部、文控部、商务部、财务部、综合部等。组建合适的项目团队，项目团队主要包括项目经理、执行经理、P6 计划经理、项目工程师、施工经理、质量经理、安全经理、采购经理、商务经理、各专业工程师及各职能管理人员，确保项目团队具备完成项目任务的能力。项目策划人数要满足项目实际需要，人员配置要从项目开工一次配置到位且主要管理人员在施工过程中不允许提前调离，以免造成衔接出现缺口或断档。

4. 项目计划制订

在项目前期策划完成后，项目经理要组织召开《项目实施计划书》编制启动会，明确实施计划编制工作安排及各责任人，制订项目的总进度计划和各个阶段的详细计划。项目总进度计划主要包括项目的设计管理计划、采购计划、主要里程碑节点计划、项目各专业接口管理计划、施工进度计划、质量计划、成本计划、安全计划、环保计划等，确保项目的各项工作有序进行。主要里程碑节点计划应作为项目的管理重点，主要包括报建计划、设计计划、采购计划和施工计划等。

（二）项目设计阶段

年产 40 万 t 铜冶炼双闪工艺 EPC 项目设计主要分方案设计、初步设计、施工图设计、设计优化及限额设计等内容。

1. 设计方案优化

在项目设计阶段，设计方案要进行优化，确保设计方案符合项目的目标和要求。设计方案的优化应从技术、经济、安全、环保等多个角度综合考虑，选择最优的设计方案。

2. 设计进度控制

加强对设计进度的控制，确保设计工作按时完成。设计进度的控制应建立有效的沟通机制和协调机制，及时解决设计过程中出现的问题。在工程施工前，根据工程总进度计划和工程进展情况，及时组织设计会审、设计交底和设计修改工作，尽量将设计问题在施工前处理完毕。在施工实施阶段，设计人员能否对施工、开车中提出的设计问题及变更，及时处理、能否及时派设计代表进驻现场，都对施工进度的持续进行和施工单位的经济效益，有着举足轻重的影响。

3. 设计质量控制

严格控制设计质量，确保设计文件符合相关标准和规范。设计质量的控制应建立健全的设计审查制度，对设计文件进行严格的审查和把关。设计质量不高及多次更改图纸造成的图纸版本过多及现场多次返工，使第三方图审费用多次发生并增加施工返工成本，进而增加项目成本。

（三）项目施工阶段

年产 40 万 t 铜冶炼双闪工艺 EPC 项目施工主要有施工组织设计、施工进度控制、施工质量控制、施工安全管理和施工成本控制等内容。

1. 施工组织设计

制订详细的施工组织设计，明确施工的工艺流程、施工方法、施工进度、质量控制、安全管理等方面的要求。按照施工组织设计要求，对照编制各专业主要专项施工方案、危大方案及安全技术交底方案等。

2.施工进度控制

对照项目总进度计划，建立分阶段、分部分项工程的进度控制目标，同时加强对施工进度的控制，确保施工工作按时完成。施工进度的控制应建立有效的进度监测机制和纠偏调整措施，及时发现和解决施工过程中出现的进度问题。设计图纸滞后、部分设备采购滞后及劳动力投入不足、工效低，都会导致项目工期严重偏离 P6 计划节点。要提前谋划项目报备手续办理，避免与政府部门对接办事不及时、因手续合法性等外部因素影响项目整体进度。

3.施工质量控制

严格控制施工质量，确保施工质量符合相关标准和规范。施工质量的控制应建立健全的质量检验制度，对施工过程中的各个环节进行严格的质量检验和把关。

4.施工安全管理

加强施工安全管理，确保施工过程中的安全。施工安全管理应建立健全的安全管理制度和安全操作规程，加强对施工人员的安全教育和培训，提高施工人员的安全意识和安全技能。

5.施工成本控制

加强施工成本控制，降低施工成本。工期延误导致项目管理成本超支，合同总包管理费会严重不足。工期延长将导致较多设备履约保函过期，大多数供货商不配合办理保函展期时，项目面临较大风险，并给后续设备款项支付带来不必要的麻烦。施工成本控制应建立健全的成本管理制度和成本控制措施，加强对施工过程中的成本核算和成本分析，及时发现和解决成本问题。

（四）项目调试阶段

年产 40 万 t 铜冶炼双闪工艺 EPC 项目调试主要包括调试方案制订、调试进度控制、调试质量控制和调试安全管理等内容。

1.调试方案制订

制订详细的调试方案，明确调试的工艺流程、调试方法、调试进度、质量控制、安全管理等方面的要求。调试方案应具有可操作性和指导性，确保调试工作的顺利进行。

2.调试进度控制

加强对调试进度的控制，确保调试工作按时完成。调试进度的控制应建立有效的进度监测机制和调整机制，及时发现和解决调试过程中出现的进度问题，尤其是调试过程中暴露出来的设备问题处理的及时性应作为调试进度控制的重点内容。

3.调试质量控制

严格控制调试质量，确保调试结果符合相关标准和规范。调试质量的控制应建立健全的质量检验制度，对调试过程中的各个环节进行严格的质量检验和把关。

4.调试安全管理

加强调试试车安全管理，确保调试过程中的人身安全和设备安全。调试安全管理应建立健全的安全管理制度和安全操作规程，加强对调试人员的安全教育和培训，提高调试人员的安全意识和安全技能。

三、项目一体化管理的关键过程

年产 40 万 t 铜冶炼双闪工艺 EPC 项目一体化管理过程是一个系统性工程，体现在设计管理、采购管理、施工管理、接口管理和工程资料档案管理方方面面，关键控制点也各有侧重。

（一）设计管理

设计管理要解决设计进度管理、设计过程中的施工便利性、设计控制及控制概算、设计过程中的协调和配合四个方面的问题。

（1）初步设计阶段。生产工艺的先进性、环保型、智能化是项目立项的依据，设计要围绕工艺方案比选，在保证产能指标、建筑质量安全的前提下，最大限度降低建造成本、提高施工便利性缩短工期。以总包项目部为主导，牵头组织设计交流会议，业主方、施工方、勘查单位配合，重点做好设计资料提供、总图优化、技经指标控制等工作。总包项目部要成立图审小组，在项目初期要进驻设计单位，全过程参与初步设计审核工作及设计进度管控。图审小组人员主要由业主单位、总包单位和施工单位技术人员组成。

（2）施工图设计阶段。以总包项目部为主导，主要设计单位负责总协调各专业接口，以及不同设计单位的设计接口对接。重点做好设计进度管理、施工便利性设计、设计过程的配合协调。施工单位重点做好施工图设计的优化，根据工程进度计划，考虑图纸审查审核时间，编制各专业、各专项设计进度计划，按计划组织相关工作。项目建设前期，施工现场为了尽快形成生产能力，设计进度管理要围绕设计结构形式调整思路，混凝土结构、混凝土预制构件要往前提设计进度，跟载荷无关的设计先出图，不试桩区域确保桩基先开始施工。主厂房周边管网基础与主厂房基础同时设计同时施工，管网支架优先采用钢结构。

（3）项目实施阶段。总包项目部设计控制部负责牵头组织业主方、监理单位、设计单位、施工单位进行设计交底、图纸会审、设计变更、安排设计单位驻场设计服务等工作。设计、经营、技术三部门共同参与设计评审，设计部门审查施工图设计质量，技术部门审查图纸施工便利性，经营部门审查图纸概算控制。设计和建造主导整个项目的交付品质，EPC 项目成功的关键是做好设计与施工的融合管理并发挥设计的核心作用。

（二）采购管理

设备和材料的招采工作在 EPC 总承包模式下发挥着重要作用，在设计、采购和施工之间的逻辑关系中居于承上启下的中心位置。积极推行"采购引导设计、采购指导施工、采购保障质量、采购控制进度、采购提升效益"管理理念，对项目的采购工作进行策划管理。本项目工作量大、设备材料种类繁多，工程主要设备及材料采购通过公司集采平台采购。采购进度及仓储管理工作是项目采购工作的控制重点。前期策划中对设备、材料的仓储投入必须确保足够，避免因投入不足导致设备乱堆乱放及丢失造成的工期滞后和成本增加。

（1）主要设备采购由总包项目部、公司采购物资中心、业主方联合成立招标采购小组开展工作，设备招标采购全流程以公司采购物资中心为主导，总包项目部和业主方参与配合并提供技术支持。

（2）主要材料的采购由总包项目部、公司采购物资中心、施工单位根据前期策划确定的采购范围实施。材料价格的核准执行 EPC 总包合同的约定。施工单位采购的材料需业主核价的，由各施工方报计划给总承包项目部审核，经业主审批后采购。

（3）各施工单位根据工程进度计划编制设备材料进场计划，大型设备按施工方案一次卸货到指定地点。设备进场计划中，要紧密结合工程进度计划，合理安排大型设备进场时间。

（4）所有设备进场后，总包项目部组织一次性验收并移交各施工单位，由各施工单位进行入库、出库、仓储、安保、维护等管理工作。总包项目部在现场设置精密仪器仪表、设备专用工具及备品备件库，各施工单位根据需求建造各自的仓库。

（5）在设备验收及调试过程中，公司采购物资中心根据总承包项目部进度及采购合同要求，安排厂家服务人员进场并协调相关工作。设备到货后，各施工单位配合总包项目部及时对备品备件清点入库，总包项目部负责对备品备件的仓储、保管及移交。

（6）重点做好长周期设备及特殊材料的采购策划，总包项目采购部、各施工单位与业主充分沟通，编制长周期采购设备及材料清单，根据清单制订专门的招标及采购计划。

（三）施工管理

各施工单位是施工管理的实施责任主体，总包项目部负责下达生产经营指标、协调内外部关系、检查监督进度质量安全等工作。

（1）HSE管理。安全是一切工作的出发点和落脚点。施工单位根据各自施工区域设置专职安全员，借鉴欧标安全管理的要求，重点抓好安全培训（进场培训、专项培训、应急培训等）制度、工作许可证（危大、动火、高空、吊装、密闭、调试等）制度、安全检查制度的执行和落实。文明工地创建由总包项目部统一标准策划，各施工单位严格按统一标准配置软硬件设施。要对项目总平面布置、道路、排水等策划投入充足，确保落实政府部门对施工现场安全文明施工要求"6个100%"。

（2）QA/QC管理。大力推行项目标准化施工，编制通用施工工艺标准化手册，制订相应施工工艺流程。大力推行施工样板工程，严格执行首件样板、实体样板和班组管理样板。施工过程中要重点抓好工序报验、检测试验、隐蔽工程，严格按"三检"程序进行质量检查，不合格的产品要坚决返工。重点做好产品的外观细节处理质量管理过程，要重点关注土方回填、装饰装修、防水防潮、混凝土面光洁、焊缝外观、油漆喷涂等细节的处理。

（3）施工总平面管理。实行动态管理，统一策划，分阶段实施。施工阶段主要包括土方开挖阶段、基础施工阶段、结构及设备安装阶段、管道电气施工阶段、联试联调阶段。施工总平面管理由总包项目部牵头，根据创建安全文明工地的要求，组织各施工单位进行施工总平面的道路永临结合、排水永临结合、土方平衡、临时水电、设备材料堆放、现场文明施工的策划和设计，各施工单位根据设计图纸和标准要求进行施工。

（4）进度管理（P6）。能否按合同工期完工，是工程成败的关键，牢固树立"工期就是最大的成本"的理念。土建和安装要紧密配合，实现最大限度的交叉作业，土建要将交安的工作面作为进度控制的重点，保证厂房基础、设备基础、配电室、控制室按期交付。安装要将设备就位及钢构作为进度控制重点，为后续机电管施工创造条件。总承包项目部下达一级进度计划及节点里程碑计划，各施工单位分别编制二级、三级、四级进度计划，三、四级进度计划中要将资源投入（工、料、机）输入，总包项目部及各施工单位要设置专职P6计划控制工程师。

（5）系统试车管理：系统试车是多专业配合工作，分设备单体试车阶段（C1）、无负荷系统试车阶段（C2）、带负荷联动试车阶段（C3）（即带料试生产阶段）三个阶段。

设备单体试车由安装施工单位牵头组织成立设备单体试车小组，总包项目部配合，协调设备厂家人员参与。单体试车阶段主要测试单体设备性能，设备单体试车前，要对设备安装进行检查，消除安装过程中的缺陷后，方可对设备进行通电检测。

无负荷系统试车，由总包项目部负责牵头组织开展工作。总包项目部试运行部牵头安装施工单位、设备厂家、设计单位联合成立无负荷联动试车小组。无负荷系统试车主要测试各车间独立系统的运行情况，无负荷试车过程中，要确保泵类等设备有足够的运行介质。

带负荷联动试车阶段(即带料试生产阶段)，由业主方负责牵头组织开展工作，总包项目部配合处理试生产过程中出现的设备制造和设备安装问题。

(四)EPC项目接口管理

EPC项目不同相关方之间、各实施阶段之间存在大量的接口问题，接口管理成为项目管理关键点之一，主要体现在设计各专业之间的衔接；设计计划与采购和施工等有序衔接；不同设计单位之间界区接口；设计单位与专业分包单位在设计界区接口；施工单位与专业分包单位的施工碰头接口。任何一个接口衔接沟通协调不到位，势必影响项目顺利推进。

(1)设计应根据总包合同等内容的要求及时提出请购文件，由采购人员加上商务条款后，汇集成完整的招标、询价文件。

(2)由采购负责催交制造厂商返回的设备先期确认图纸及最终确认图纸，转交设计人员审查后，设计应将审查意见及时返回采购。返资资料若无异议，提交设计人员进行施工图设计。

(3)在编制设备材料采购进度计划时，按项目总进度计划要求，由采购人员提出所有设备材料进场时间计划方案，需要经施工单位认可。

(4)采购及时将批准后的设备材料进场计划，交给现场施工单位，明确设备材料的到货时间和数量，以及进库的时间要求等，施工单位应根据供货计划，做好接货准备，提前策划准备存放场地、开箱检验用的工具、量具和仪器。

(5)设备材料运抵现场后，采购人员要及时通知供货厂商到场与现场设备材料管理人员进行交接，按库房管理要求一起进行开箱检验。开箱检验出现的产品质量、缺件、缺资料等问题，由采购人员负责与供货厂商联系解决。设备在安装调试过程中，出现与制造质量有关的问题，采购人员应及时与供货厂商联系，采取措施，把问题处理好。

(五)工程资料档案管理

(1)总包项目部负责编制档案管理标准、资料的接收、编码、汇总、保存、移交等工作。各施工单位负责施工过程中的资料收集。工程资料与施工进度保持同步，是归档考核的基本原则。总包项目部负责对档案资料的及时性、完整性、准确性制订考核细则并监督实施。

(2)归档资料主要包括设计资料、设备资料、施工资料、经营资料、前期策划、会议纪要、施工过程录像及图片、各单位往来邮件、各种工作计划、科技创新及应用、专利发明等。

四、项目实践

案例一：40万t/a铜冶炼双闪工艺EPC项目涉及设备15362台(套)，在项目工期紧张的前提下，为了满足"设计进度及设计服务于采购、采购为设计节约时间"的理念，项目初期，由业主单位牵头总包及设计单位，对照设计单位提供的设备采购清单，组织专题会议，对全厂的主要设备电气、仪表控制形式进行了多次充分讨论，确定9大类设备采购及设计原则，对涉及45个子项143台(套)的收尘器、过滤器、压滤机、干燥机等设备由相应的设备供货商进行其控制系统设计，集中控制信号由设计单位预留接入DCS系统的通信接口。提早确定了主要设备的控制形式是否由厂家成套设计，使设备厂家分担了主设计单位部分设计工作量，确保了总设计进度，也为后面的设备采购明晰了采购边界。

案例二：火法冶炼区的 2 台重要设备——蒸汽干燥机，单台外形尺寸为 16.8 m×5.45 m×5.4 m，其单件最大运输重量为 204 t 的筒体，由设备厂家从南京的制造车间运至项目现场车板交货。整个设备超高、超宽、超重，对经行道路的承载力、限高限宽等提出较高要求，所以外部道路的路况和道路交通协调就需要提前规划和实施，确保交通通畅和运输安全。如果设备从南京陆运至黄石，途经三省，交通运输协调就成为工作难点。总包项目部组织制造厂家及其货运公司召开多次专题会议，提前两个多月实地勘察规划周边运输线路，对运输有影响的位置提前制订措施。考虑到设备运输安全及经济便利性，最后确定水陆联运专项方案，形成从南京制造工厂（陆运）——南京大件集团重件码头（水运）——黄石新港码头（陆运）——黄石阳新项目现场的路线；水运选择 550 t 级浮吊进行卸船装车作业，陆运配车采用动力鹅颈+16 m 连接平台+6 轴线液压平板装载运输方式，额定载重 180 t；配 50 铲车及 360 挖机各一台，用于加强路面条件及配合助力运输车辆通过江堤部分斜坡路面。结合长江汛期特点，限期 8 月底之前，设备必须到达项目现场。经过 80 多天总包方、供货厂家、货运公司、业主、园区政府部门等通力合作，确保了 2 台干燥机筒体在长江丰水期以 7 天的最短时间安全到达项目现场，为后期的设备安装、厂房封闭及整个项目工期提供了保障。

案例三：火冶区的熔炼主厂房和吹炼主厂房高达 60 m，厂房钢结构体量大，厂区布局紧凑狭小。为了赶工期，在施工组织设计时，考虑在熔炼、吹炼区各布置一台 400 t 塔吊平行组织施工，用于厂房钢结构和主厂房高层平台设备吊装，塔吊基础需设在冰铜粒化和渣粒化子项区域。施工单位进行塔吊基础设计施工时，因为冰铜粒化和渣粒化两子项的基础还未设计，为了防止提前施工塔吊基础会对两粒化子项的正式基础造成冲突，施工单位要求对冰铜粒化和渣粒化子项的基础设计时一并考虑塔吊基础设计。总包单位牵头，设计单位讨论，听取施工单位的合理化建议，且把两台塔吊基础标高降到了 0 m 以下，塔吊拆除后，如果此区域有设备基础，不需破除，可以在塔吊基础上结合设备基础施工；如果没有设备基础直接掩埋即可。为了确保安全，设计还在塔吊区域增加了 4 根桩基，做到了从设计阶段考虑施工便利性及危大设备使用安全，也降低了此重点区域施工协调的难度并节约了工期。

通过以上项目实践，在 40 万 t/a 铜冶炼双闪工艺 EPC 项目的建设过程中，我们深刻体会到了项目一体化管理的重要性。项目的一体化管理要从项目的全局出发，综合考虑项目的各个方面，制订统一的项目目标和计划，确保项目的整体效益最大化；要强调项目各参与方之间的协同合作，通过建立有效的沟通和协调机制，实现项目各环节无缝衔接；要随着项目的进展不断调整和优化项目目标和计划，实行动态管理，以适应项目内外环境的变化；要将项目的各个要素进行集成，实现资源的优化配置和风险的有效控制。我们坚信，在今后的项目建设中，项目一体化管理将发挥更加重要的作用，为企业的发展做出更大的贡献。

附录　国内外双闪工艺铜冶炼工厂集锦

附录1　铜陵有色绿色智能铜基新材料项目

（一）工程概况

铜陵有色绿色智能铜基新材料项目，位于安徽省铜陵市经济技术开发区，占地约76公顷，所属铜陵有色金属集团股份有限公司，于2024年4月10日开工建设，目前正在建设中，预计2025年2月28日竣工投产。设计产能为年产阴极铜50万t，是目前国内设计规模最大的双闪工艺铜冶炼厂。

项目主要建设内容包括铜熔炼区、铜电解区、铜材加工区、烟气制酸区、炉渣处理区、公共工程区、厂前区等。

（二）项目亮点

（1）主产品年产高端铜杆线材50万t，其中高导铜材38.5万t，高导铜线11.5万t。

（2）副产品年产硫酸174.81万t，黄金6.02t，白银167.45万t。

（3）现代化绿色、智能工厂。

（三）生产工艺

铜精矿、熔剂和返料配料→混合铜精矿干燥→闪速熔炼→闪速吹炼→阳极炉火法精炼→双圆盘定量浇铸→大板不锈钢永久阴极电解。

（四）工程节点

熔炼区域施工：2023年4月18日

厂区综合管网区域开工：2023年8月20日

精炼车间钢结构吊装：2023年9月8日

熔炼主厂房钢结构吊装：2023年9月25日

动力中心开工：2023年10月10日

闪速炉炉体吊装：2023年10月21日

熔炼主厂房封顶：2024年1月31日

闪速炉炉体砌筑：2024年10月24日

闪速炉点火：2024年12月28日

（五）项目特点

（1）绿色、智能工厂建设理念贯彻设计、建设全过程。设置光伏发电装置，在生产各个工序设置余热回收装置，回收蒸汽用于生产供热、驱动设备和余热发电。

（2）投产后主产品年产高端铜杆线材50万t，其中高导铜材38.5万t，高导铜线11.5万t；副产品年产硫酸174.81万t，黄金6.02t，白银167.45万t。

（六）项目图片

见附录1图-1、附录1图-2、附录1图-3。

附录 2　阳新弘盛 40 万 t/a 高纯阴极铜清洁生产项目

（一）项目概况

阳新弘盛 40 万 t/a 高纯阴极铜清洁生产项目，位于湖北省黄石市新港（物流）工业园区，项目占地约 86 公顷，所属大冶有色金属集团控股有限公司，于 2020 年 5 月 28 日开工建设，2023 年 6 月 30 日正式竣工投产。设计产能为年产阴极铜 40 万 t。该冶炼厂在吸收借鉴以往双闪工艺冶炼厂经验的基础上，加大推进绿色环保、清洁生产和智能化生产，建设成为一座环境优美、技术先进、智能环保的世界一流示范工厂。

弘盛铜业铜冶炼厂由原料区、火法冶炼区、电解区、硫酸区、渣选区、动力及水处理系统、总图运输、仓储区、DCS 系统及通信信息系统、渣场等十余个区域组成，制氧站及其循环水外包建设，整个项目共 96 个子项。

（二）项目亮点

（1）自动化、智能化、标准化程度高。

（2）年处理铜精矿 160 万 t，年产高纯阴极铜 40 万 t、硫酸 150 万 t。

（3）最大 EPC 铜冶炼总承包项目

（4）铜冶炼全流程覆盖。

（三）生产工艺

见附录 2 图-1。

（四）项目节点

熔炼主厂房桩基施工：2020 年 5 月 28 日

熔炼主厂房第一根钢柱吊装：2020 年 8 月 10 日

闪速炉烘炉：2022 年 5 月 1 日

半自磨机、球磨机试车：2022 年 9 月 30 日

闪速炉投料：2022 年 10 月 23 日

阳极铜产出：2022 年 11 月 10 日

阴极铜产出：2022 年 11 月 25 日

（五）项目特点

（1）引进世界一流的"双闪工艺"，依托工业互联网+，是一座环保优良、技术先进的现代化智能工厂。

（2）该项目是国内单体投资的最大项目，也是最大的 EPC 总承包项目。

（3）年处理进口铜精矿 160 万 t，年产高纯阴极铜 40 万 t、硫酸 150 万 t。

六、项目图片

见附录 2 图-2、附录 2 图-3、附录 2 图-4。

附录 3　东南铜业 40 万 t/a 铜冶炼基地项目

（一）项目概况

东南铜业 40 万 t/a 铜冶炼基地工程，位于福建省宁德市蕉城区，属于中铝东南铜业有限

公司。项目占地约 88 公顷。项目建设规模为年产高纯阴极铜 40 万 t、硫酸 146.2 万 t,年处理铜精矿量 173 万 t(干基)。项目总投资近 50 亿元,建成投产后,年产值约 166 亿元。项目主要由原料系统、冶炼系统、电解系统、硫酸系统、渣选矿系统、总降压站系统及其附属公用工程等组成,共包含 99 个子项、182 个单位工程。此项目于 2017 年 4 月 1 日开工建设,2018 年 10 月 24 日竣工,创造了铜冶炼项目建设史上进度管理新标杆。

(二)项目亮点

(1)创中国铜冶炼双闪项目建设最快纪录。

(2)年产阴极铜 40 万 t、硫酸 146 万 t。

(3)圆盘浇筑机一次性浇筑成型。

(三)项目节点

软地基处理:2016 年 8 月 22 日

熔炼区桩基施工:2017 年 2 月 5 日

闪速炉点火烘炉:2018 年 6 月 30 日

原料干燥系统投料:2018 年 8 月 30 日

闪速炉投料:2018 年 9 月 2 日

阳极铜产出:2018 年 10 月 24 日

阴极铜产出:2018 年 11 月 15 日

(四)项目特点

(1)从 2017 年 4 月 1 日开工到 2018 年 6 月 30 日闪速熔炼炉点火烘炉,创造了中国铜冶炼双闪项目建设最快纪录。

(2)运用 NGL 炉精炼工艺和双向平行流高电流密度电解工艺在内的多项中国瑞林自主创新技术。

(3)阳极精炼双圆盘浇铸机大型设备基础,号称"有色第一难",单盘直径 16.5 m,混凝土标高繁杂共 36 种,大型预理水管、电缆套管共 8 t,基础外形呈不规则形状,混凝土方量 1350 m³,采用一次性浇筑成型,保证了施工质量及美观。

(五)项目图片

见附录 3 图-1、附录 3 图-2、附录 3 图-3。

附录 4　祥光铜业 40 万 t/a 阴极铜项目

(一)项目概况

山东阳谷祥光铜冶炼厂,位于山东省聊城市阳谷县,所属厦门建发股份有限公司。冶炼厂分两期建设,一期工程于 2005 年 6 月 18 日开工,2007 年 8 月投产。二期工程于 2009 年 12 月开工,2011 年 8 月竣工投产。产能为年产阴极铜 40 万 t。阳谷祥光铜业是继美国肯尼科特冶炼厂后世界第二座、中国第一座采用双闪工艺的铜冶炼厂。通过生产实践与革新,祥光铜业设计并生产了具有自主知识产权的"旋浮铜冶炼"精矿喷嘴,并于 2020 年打包出口美国肯尼科特冶炼厂,标志了中国铜冶炼关键技术与装备首次向北美输出取得成功。

(二)项目亮点

(1)国内首个双闪工艺冶炼工程、首个 40 万 t 工程。

(2)全球技术最先进、环境最洁净的冶炼厂之一。

（3）两台 630 t 阳极炉为当时世界最大。

（4）建设期仅 15 个月，创铜冶炼建设史新纪录。

（三）项目节点

基础施工：2010 年 4 月 2 日

电解槽区域施工：2010 年 5 月 15 日

电解车间封闭：2010 年 6 月 25 日

（四）项目特点

（1）国内首个双闪工艺冶炼工程、首个 40 万 t 工程，是全球技术最先进、环境最洁净的冶炼厂之一。

（2）两台 630 t 阳极炉为同时期世界最大。

（3）年产阴极铜 40 万 t、硫酸 120 万 t、黄金 12 t、银 400 t、粗硫酸铜 1.2 万 t。

（五）项目图片

见附录 4 图-1、附录 4 图-2、附录 4 图-3。

附录 5　铜陵有色金冠铜业冶炼厂项目

铜陵有色金冠铜业冶炼厂，位于安徽省铜陵市，占地约 122 公顷，隶属于铜陵有色金属集团股份有限公司。金冠铜业冶炼厂的双闪工艺充分吸收了犹他冶炼厂和祥光铜业闪速吹炼技术方案设计与生产操作等方面的经验，结合铜陵有色在闪速熔炼技术上多年的生产经验，在工艺配置、设备选型方面进行了诸多技术创新。

金冠铜业设计产能为年产 40 万 t 阴极铜。该项目主要包括：蒸汽干燥、闪速熔炼、闪速吹炼、回转式阳极精炼、永久不锈钢阴极法电解、动力波洗涤两转两吸制酸、熔炼渣选矿处理等工艺流程。该项目 2010 年 3 月开工建设，2012 年 10 月建成，2012 年 12 月 18 日闪速熔炼炉投料试生产，2013 年 1 月 18 日闪速吹炼炉投料试生产，1 月 21 日产出第一炉阳极铜，2 月 6 日电解通电生产，2 月 14 日产出首批阴极铜。

项目图片见附录 5 图-1。

附录 6　广西金川有色金属项目

广西金川有色金属有限公司（以下简称"广西金川公司"），位于广西壮族自治区防城港市，隶属于金川集团股份有限公司。设计产能为年产阴极铜 40 万 t，年产硫酸 160 万 t，铜精矿年处理量为 164 万 t。

项目采用先进的"闪速熔炼+闪速吹炼+回转式阳极炉精炼"工艺，主要建设有熔炼、吹炼、精炼、烟气余热回收和排烟收尘系统。该项目于 2012 年 2 月 18 日开工建设，2013 年 11 月 30 日正式投产，2014 年 1 月 7 日产出合格阳极板，1 月 27 日产出阴极铜。

项目图片见附录 6 图-1。

附录 7　美国犹他州肯尼科特冶炼厂项目

美国犹他州肯尼科特冶炼厂是全球第一座采用双闪工艺的铜冶炼厂，位于犹他州盐湖城，所属力拓集团。该项目于 1995 年 6 月建成投产，产能为年产阴极铜 28 万 t。肯尼科特冶炼厂也是国外目前已建成投用的唯一一家采用双闪工艺的铜冶炼厂。

该冶炼厂采用 1 台闪速熔炼炉将铜精矿熔炼成含 Cu 70% 的冰铜。将冰铜水淬，在辊磨机里磨细并干燥，然后采用肯尼科特-奥托昆普闪速吹炼技术在 1 台闪速吹炼炉中吹炼，生产含 Cu 99% 的粗铜。该炉子是奥托昆普设计的。肯尼科特冶炼厂的设计策略是制造现代化的设备，包括最有效的排放控制设备以符合当时和预期的环境方面的规定。该冶炼厂捕集的硫超过 99.9%。

项目图片见附录 7 图-1。

附录 8　印尼阿曼铜冶炼项目

印度尼西亚阿曼铜冶炼项目，位于印度尼西亚西努沙登卡拉省松巴哇岛，所属印度尼西亚阿曼矿业公司。为打通产业链，印尼阿曼矿业公司正在松巴哇岛建设一座年处理精矿 90 万 t 规模的大型铜冶炼厂，每年可生产 23 万 t 阴极铜、18 t 黄金、55 t 白银和 85 万 t 硫酸副产品。项目建成后将大幅提高印尼矿产资源的附加值，对印尼经济发展产生积极影响。

项目于 2022 年开工，目前正在建设中，预计 2025 年 2 月投产。该项目由中国有色金属建设股份有限公司总承包，中国瑞林工程技术股份有限公司承担项目的全厂设计及部分专有技术设备供货，中国十五冶金建设集团有限公司负责主工艺标段施工。

2022 年 8 月，项目建设首批管理人员进场；10 月 8 日，第一根预制桩打桩施工，后续施工节点逐一按计划完成，项目于 2024 年 9 月 23 日实现闪速熔炼炉一次性点火成功，标志着项目顺利进入热负荷试车阶段。

项目图片见附录 8 图-1。

附录 9　印尼自由港铜冶炼项目

印度尼西亚自由港格雷西克铜冶炼项目（以下简称"印尼自由港项目"），位于印度尼西亚东爪哇省格雷西克，占地约 103 公顷，投资约 30 亿美元，所属自由港-麦克莫兰印尼公司，目前正在试生产，预计 2025 年初正式投产。该冶炼厂设计产能为年产阴极铜 60 万 t，是目前世界最大规模的双闪工艺铜冶炼厂。

印尼自由港项目于 2021 年 10 月 12 日正式破土动工，截至 2024 年 5 月 31 日建筑和机械部分全部建设完工，2024 年 6 月开始调试，2024 年 9 月开始试生产，预计 2025 年初正式投产。

该项目由日本千代田株式会社进行 EPC 总承包，由奥图泰公司提供冶炼技术支持。

该项目建成后主要产品包括阴极铜、纯金银条以及铂族金属（PGM），副产品包括硫酸、石膏和铅。预计阴极铜的年产量将达到 60 万 t。此外，该冶炼厂每年还将生产包括金和纯银在内的阳极泥副产品，总量达 6000 t。其他副产品包括每年 150 万 t 硫酸、130 万 t 铜渣及 15 万 t 石膏。

项目图片见附录 9 图-1。

附录1图-1　项目全景

附录1图-2　各子项布置图

附录1图-3　项目实景图

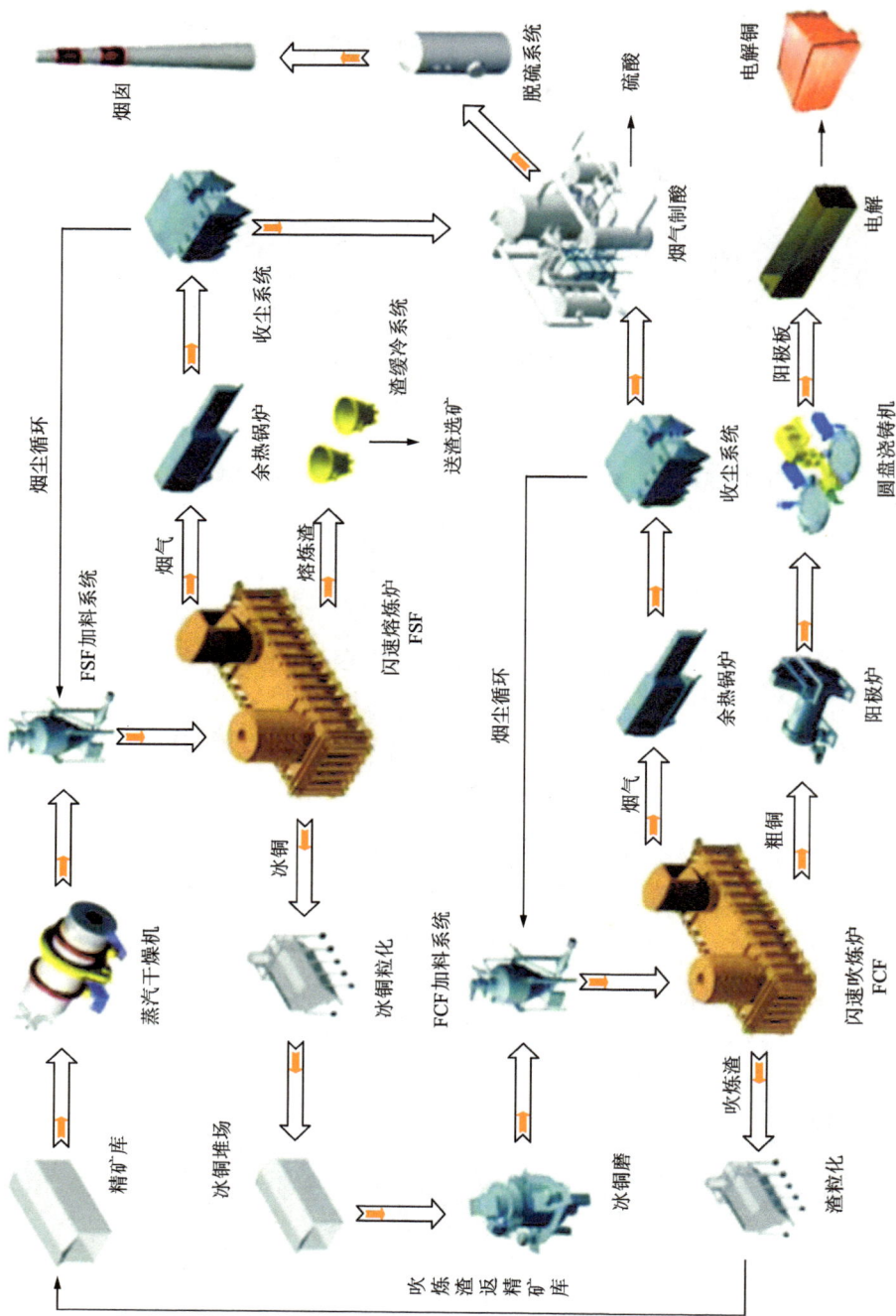

附录2图-1　双闪工艺流程图

烟囱

脱硫系统

硫酸

电解铜

收尘系统

渣缓冷系统

烟气制酸

电解

烟尘循环

余热锅炉

送渣选矿

阳极板

圆盘浇铸机

FSF加料系统

烟气

熔炼渣

闪速熔炼炉
FSF

烟尘循环

收尘系统

余热锅炉

阳极炉

烟气

粗铜

蒸汽干燥机

冰铜

冰铜粒化

FCF加料系统

闪速吹炼炉
FCF

精矿库

冰铜堆场

冰铜磨

吹炼渣

渣粒化

吹炼渣返精矿库

附录 2 图-2　项目全景

附录 2 图-3　项目一角

附录 2 图-4　电解槽施工

附录 3 图-1　项目全景

附录 3 图-2　项目全景

附录 3 图-3　项目一角

附录 4 图-1　项目全景

附录 4 图-2　熔炼主厂房

附录 4 图-3　高纯度的阴极铜出产

附录 5 图-1　金冠铜业冶炼厂

附录 6 图-1　广西金川有色金属项目照片

附录 7 图-1　肯尼科特冶炼厂

附录 8 图-1　印尼阿曼铜冶炼项目

附录 9 图-1　印尼自由港格雷西克铜冶炼项目照片

表索引

参考文献

[1] 夏也.浅析阳新弘盛铜业400 kt/a清洁铜生产项目智能工厂建设[J].中国有色金属,2023(17):66-67.

[2] 骆祎.弘盛铜业智能化工厂建设路径分析[J].中国有色金属,2024(7):45-50.

[3] 王东兴,李明,张伟,等.火法炼铜技术方法概述[C]//中国有色金属冶金学术年会论文集.北京:中国有色金属学会,2016:123-128.

[4] 涂建华,罗铜."双闪"铜冶炼工艺技术的发展[J].有色金属(冶炼部分),2022(3):1-9.

[5] 吴德平.发挥好基层党支部战斗堡垒作用的思考[J].产业与科技论坛,2018,17(5):220-221.

[6] 朱建华,王伟.项目管理[M].北京:中国人民大学出版社,2018.

[7] 孙建波.项目设计管理理论与实践[M].北京:机械工业出版社,2016.

[8] 张伟,李明.项目设计管理的关键因素研究[J].建设科技,2020,36(2):45-48.

[9] 王芳,赵强.基于BIM的建筑项目设计管理研究[J].土木工程学报,2019,52(3):15-21.

[10] 朱晓东.项目设计管理中的风险识别与控制[C]//全国项目管理学术会议论文集.北京:中国建筑出版社,2019:220-225.

[11] 崔国柱.圆盘浇铸机施工技术控制[J].科技传播,2016,8(14):212-213.

[12] 王在晨.建筑钢结构防火涂料的防火性能及发展趋势[J].新材料·新装饰,2024,6(9):49-51.

[13] 刘剑兴,赖睿智,吴尽.BIM技术在建筑施工企业的应用思路[J].重庆建筑,2019,18(12):59-60.

[14] 梁靖涵.对基于BIM技术的4D建模及其应用的探讨[J].中国住宅设施,2019(11):16-17.

[15] 乔兵锋,吴世明.建筑机电安装工程中BIM技术的应用[J].地产,2019(22):109.

[16] 纪博雅,戚振强.国内BIM技术研究现状[J].科技管理研究,2015,35(6):184-190.

[17] 张俊,刘洋,李伟勤.基于云技术的BIM应用现状与发展趋势[J].建筑经济,2015.

[18] 王宏军,张震.绿色建筑中的BIM工程进度管理的应用[J].现代盐化工,2020.

[19] 黄圣妩.耐热混凝土概述[J].广东建材,2016(1):23-27.

[20] 程明龙.钢结构施工管理要点探析[J].江西建材,2018(3):220,223.

[21] 王有钰.钢结构施工管理要点及全过程质量控制研究[J].建筑技术开发,2018,45(4):41-42.

[22] 李培.高层建筑钢结构施工的关键技术和措施[J].建材与装饰,2018(15):30.

[23] 蒋美荣.高层钢结构施工技术要点浅析[J].技术与市场,2018,25(6):88-89.

[24] 钱富婷.浅议钢结构厂房中钢结构施工质量控制要点与措施[J].居舍,2018(20):176.

[25] 杨生,郝齐旺.试论高层钢结构施工焊缝的超声波探伤[J].居舍,2018(25):219.

[26] 文建伟.建筑钢结构用膨胀型防火涂料的选择及涂装技术[J].新材料.新装饰,2024.

[27] 闫鹏.钢筋骨架复合管安装及应用[R].北京:国家科技图书文献中心,2013:27.

[28] 牛万林,胡伟,王旭道.铜电解槽的防腐蚀施工及精确安装[J].腐蚀与防护,2013,34(11):1030-1033.

[29] 董长敏.阐述电解槽槽体制作安装施工工艺[J].建材与装饰,2014(17):88-89.

[30] 易文华.大型排架结构混凝土柱预制及吊装技术研究[J].建筑工程技术与设计,2016(31):56-62.

[31] 王家俊.预制混凝土柱吊装施工要点分析.企业技术开发,2018,(16)

[32] 邓名杰，王天堂，陆士平.工业污、废水处理池玻璃钢防腐蚀衬里失效原因分析[J].化肥设计，2011，49(2)：45-48.

[33] 高振江.浅谈混凝土的玻璃钢防腐技术[J].科技创新导报，2013，10(15)：97.

[34] 马建.污水池环氧树脂玻璃钢防腐施工质量全过程控制[J].石油化工建设，2019，41(5)：56-59.

[35] 徐兰洲，尤莲华，宋波.YJ呋喃树脂在建筑防腐工程中的应用[J].工业建筑，1991.

[36] 陈凯.冶金防腐工程的浅析[J].新疆有色金属，2016.

[37] 王虎，李颖颖.常见的预制混凝土构件粗糙面处理工艺[J].住宅与房地产，2018，519(33)：197.

[38] 潘超，王泽峰，蒋宇涛.超高压水射流拆除钢筋混凝土构筑物的研究现状及前瞻[J].混凝土，2022，397(11)：164-169，176.

[39] 王帅.基于超高压水射流的混凝土破碎机理研究[D].天津：天津职业技术师范大学，2018.

[40] 王梦瑾.高压水射流冲击混凝土参数影响分析及致损预测模型研究[D].重庆：重庆交通大学，2020.

[41] 黄小霞.硫酸装置中不锈钢转化器的设计[J].石油和化工设备，2018，21(2)：23-24.

[42] 张运霞.大型硫酸装置不锈钢转化器结构分析与改进[J].硫磷设计与粉体工程，2012(3)：10-15.

[43] 李良建.中心筒转化器隔板优化[J].有色冶金设计与研究，2021，42(4)：12-25.

[44] 于明，王举良，张均杰.二氧化硫风机的使用与改进[J].有色金属(冶炼部分)，2013，42(5)：54-56.

[45] 冯勇.风机安装工程质量控制要点分析[J].江西建材，2017(7)：216.

[46] 尉成剑.风机安装工程质量控制要点分析[J].建筑工程技术与设计，2019(4)：15-25.

[47] 刘大忠.风机安装工艺及质量控制方法[J].山西建筑，2012，38(36)：106-108.

[48] 杜明勇.风机安装工艺改进与发展方向研究[J].装备维修技术，2020(1)：35，51.

[49] 张懿.化工建筑工程中各种水池防腐蚀、防渗设计要注意的问题[J].中文科技期刊数据库(引文版)工程技术，2021(11)：229-231.

[50] 李海涛.浓磨机基础地脚螺栓孔施工工艺[J].城市建设理论研究，2012(9)：1-5.

[51] 卢有钰.球磨机设备基础螺栓预埋安装方法[J].城市建设理论研究，2012(17)：1-3.

[52] 任石开.设备基础螺栓组预埋加固措施研究[J].建材与装饰，2018(1)：1-5.

[53] 蔡振杰.大型预埋螺栓的精准预埋方法与质量控制[C]//中国土木工程学会，福建省土木建筑学会.第二十届华东六省一市建筑施工技术交流会论文集.2013：67-68.

[54] 段连蕊，武立现，丁洪建，郭建厅，高扬.抗浮锚杆施工优化分析[J].江苏建筑，2023(1)：67-68.

[55] 庄文寿.浅谈抗浮锚杆的设计与施工技术[J].四川建材，2012(2)：67-68.

[56] 吴延宏，吴彬彬，吴振军，李兵生.复杂地质条件下抗浮锚杆的设计与施工[J].土工基础，2008，22(6)：25-28.

[57] 帅海乐，詹黔花，龙举.抗浮锚杆的设计、施工及试验[J].施工技术，2015，44(S2)：28-32.

[58] 陈后中.岩石锚杆在基坑抗浮中的应用[J].城市建筑，2013(22)：157-158.

[59] 林桂堂.HDPE复合土工膜施工过程及质量控制[J].湖南水利水电，2023(2)：73-75，78.

[60] 赵志诚.HDPE复合土工膜的施工质量管理分析[J].湖北农机化，2020(14)：47-48.

[61] 李闪莹，李建华.复合土工膜焊接施工工艺试验[J].低碳世界，2013，3(22)：112-113.

[62] 徐安营.复合土工膜焊接施工常见问题及对策研究[J].科技与企业，2015(12)：108-108，110.

[63] 吴燕斌，刘鑫，王云愢，等.球磨机小齿轮轴安装及调整技术[J].云南化工，2024，51(09)：134-137.

[64] 武允鑫.球磨机运行中的故障分析与预防措施研究[J].中国高新科技，2024(14)：158-160.

[65] 张龙.球磨机试车中存在的故障分析及解决方案[J].设备管理与维修，2022(22)：74-76.

[66] 顾建成.球磨机的安装与维修[J].花炮科技与市场，2020，26(1)：93-94.

[67] 谭聪权.论球磨机安装技术及质量控制[J].中国设备工程，2020(14)：192-193.

[68] 谷德明，姜志勇，常亮.球磨机大小齿轮的安装[J].水泥技术，2019(4)：33-35，39.

[69] 丁士文.金隆铜业公司电解行车轨道的治理[J].有色冶金设计与研究，2013(6)：48-50.

［70］龙明万.电解车间关键设备安装质量控制［J］.工程质量，2014，32（S2）：422－425.

［71］刘亮，明江勇.30万吨铜电解主要设备维护保养浅谈［J］.中国有色金属，2018（S2）：132－134.

［72］大冶有色金属有限责任公司冶炼厂，有色金属冶金与循环利用湖北省重点实验室.安全转矩模块在32T电解行车的应用［J］.中国有色金属，2018（S1）：145－148.

［73］高双喜，曹桂宝，李杰远，牛四成.工作面大倾角胶带输送机安装及安全运行技术分析［J］.科技创新与应用，2013，3（33）：107.

［74］刘元柱.带式输送机跑偏的原因与调试［J］.煤炭技术，2011，30（8）：32－33.

［75］赵志荣.煤矿胶带输送机常见故障及处理分析［J］.矿业装备，2022（4）：228－229.

［76］金子健.EPC工程总承包管理存在的问题与对策分析［J］.中文科技期刊数据库（引文版）工程技术，2022（4）：1－4.

［77］杨磊.浅谈关于EPC总承包工程项目质量管理的思考［J］.中国科技期刊数据库 科研，2017（3）：244.

［78］王海涛.EPC工程总承包项目合同管理分析［J］.经济管理，2019（12）：211－212.

［79］穆晓辉，贾立安，张学滨.白银炉铜冶炼渣选矿实践［J］.有色冶金设计与研究，2014，31（6）：422－425.

［80］丁鹏.某铜冶炼渣选厂破碎系统升级改造与应用［J］.世界有色金属，2019（16）：9－11. DOI：10.3969/j.issn.1002－5065.2019.16.003.

［81］夏自发，邹毅仁，张晓刚，等.铜冶炼炉渣选矿的典型性分析［J］.中国矿山工程，2021，50（2）：1－5. DOI：10.3969/j.issn.1672－609X.2021.02.002.

［82］李新华.铜冶炼炉渣选矿工艺设备探讨［J］.世界有色金属，2022（19）：23－26.

［83］林鹏.冶金机械设备安装调试要点分析［J］.冶金与材料，2018，10（4）：46，48.

［84］邱世旋，贾富.冶金机械机电设备安装的关键问题及发展分析［J］.设备管理与维修，2021（20）：123－124.

［85］白生治.冶金机械维护检修与安装研究［J］.中国金属通报，2022（3）：67－69.

［86］薛旭利.冶金设备安装调试要点探究［J］.科技风，2019（20）：179.

图书在版编目(CIP)数据

双闪工艺铜冶炼工厂建设技术与管理／中国十五
冶金建设集团有限公司编. --长沙：中南大学出版社，
2025.1.
　　ISBN 978-7-5487-6177-8

Ⅰ. F426.32

中国国家版本馆 CIP 数据核字第 202513QR94 号

双闪工艺铜冶炼工厂建设技术与管理

SHUANGSHAN GONGYI TONG YELIAN GONGCHANG JIANSHE JISHU YU GUANLI

中国十五冶金建设集团有限公司　编

□ 出 版 人	林绵优	
□ 责任编辑	胡　炜	
□ 责任印制	唐　曦	
□ 出版发行	中南大学出版社	
	社址：长沙市麓山南路	邮编：410083
	发行科电话：0731-88876770	传真：0731-88710482
□ 印　　装	广东虎彩云印刷有限公司	

□ 开　　本　787 mm×1092 mm　1/16　　□ 印张 23　　□ 字数 599 千字
□ 互联网+图书　二维码内容　图片 154 张
□ 版　　次　2025 年 1 月第 1 版　　□ 印次 2025 年 1 月第 1 次印刷
□ 书　　号　ISBN 978-7-5487-6177-8
□ 定　　价　98.00 元